DIREITO EMPRESARIAL E O CPC/2015

MARCIA CARLA PEREIRA RIBEIRO
GUILHERME BONATO CAMPOS CARAMÊS
Coordenadores

DIREITO EMPRESARIAL E O CPC/2015

2ª edição revista, ampliada e atualizada

Belo Horizonte

Fórum
CONHECIMENTO JURÍDICO

2018

© 2017 Editora Fórum Ltda.

© 2018 2ª edição revista, ampliada e atualizada

É proibida a reprodução total ou parcial desta obra, por qualquer meio eletrônico, inclusive por processos xerográficos, sem autorização expressa do Editor.

Conselho Editorial

Adilson Abreu Dallari
Alécia Paolucci Nogueira Bicalho
Alexandre Coutinho Pagliarini
André Ramos Tavares
Carlos Ayres Britto
Carlos Mário da Silva Velloso
Cármen Lúcia Antunes Rocha
Cesar Augusto Guimarães Pereira
Clovis Beznos
Cristiana Fortini
Dinorá Adelaide Musetti Grotti
Diogo de Figueiredo Moreira Neto
Egon Bockmann Moreira
Emerson Gabardo
Fabrício Motta
Fernando Rossi
Flávio Henrique Unes Pereira

Floriano de Azevedo Marques Neto
Gustavo Justino de Oliveira
Inês Virgínia Prado Soares
Jorge Ulisses Jacoby Fernandes
Juarez Freitas
Luciano Ferraz
Lúcio Delfino
Marcia Carla Pereira Ribeiro
Márcio Cammarosano
Marcos Ehrhardt Jr.
Maria Sylvia Zanella Di Pietro
Ney José de Freitas
Oswaldo Othon de Pontes Saraiva Filho
Paulo Modesto
Romeu Felipe Bacellar Filho
Sérgio Guerra
Walber de Moura Agra

Luís Cláudio Rodrigues Ferreira
Presidente e Editor

Coordenação editorial: Leonardo Eustáquio Siqueira Araújo

Av. Afonso Pena, 2770 – 15º andar – Savassi – CEP 30130-012
Belo Horizonte – Minas Gerais – Tel.: (31) 2121.4900 / 2121.4949
www.editoraforum.com.br – editoraforum@editoraforum.com.br

D597	Direito empresarial e o CPC/2015 / Marcia Carla Pereira Ribeiro, Guilherme Bonato Campos Caramês (Coord.). 2. ed. rev., ampl. e atual. – Belo Horizonte : Fórum, 2018.
	326 p.
	ISBN 978-85-450-0523-0
	1. Direito empresarial. 2. Direito processual civil. I. Ribeiro, Marcia Carla Pereira. II. Caramês, Guilherme Bonato Campos. III. Título.
	CDD 341.46
	CDU 346.2

Informação bibliográfica deste livro, conforme a NBR 6023:2002 da Associação Brasileira de Normas Técnicas (ABNT):

RIBEIRO, Marcia Carla Pereira; CARAMÊS, Guilherme Bonato Campos (Coord.). *Direito empresarial e o CPC/2015*. 2. ed. rev., ampl. e atual. Belo Horizonte: Fórum, 2018. 326 p. ISBN 978-85-450-0523-0.

SUMÁRIO

APRESENTAÇÃO 13

PARTE I
DISSOLUÇÃO PARCIAL DAS EMPRESAS NO CPC

CAPÍTULO 1
APURAÇÃO DE HAVERES NA AÇÃO DE DISSOLUÇÃO DE SOCIEDADE
Fábio Ulhoa Coelho 17
1.1   Introdução 17
1.2   A data da resolução 19
1.2.1   Morte de sócio 20
1.2.2   Retirada imotivada 21
1.2.3   Retirada motivada 22
1.2.4   Recesso 22
1.2.5   Exclusão extrajudicial 23
1.2.6   Exclusão judicial 24
1.2.7   Direitos do sócio desligado 24
1.3   As metodologias de avaliação (art. 606) 25
1.3.1   Impropriedade da avaliação econômica como critério legal 27
1.3.2   O art. 607 do CPC 29
1.4   Conclusão 30

CAPÍTULO 2
LEGITIMIDADE NA AÇÃO DE DISSOLUÇÃO PARCIAL NAS SOCIEDADES CONTRATUAIS NO CPC/2015
Marlon Tomazette 33
2.1   Introdução 33
2.2   As sociedades contratuais – o contrato plurilateral 34
2.3   Da resolução da sociedade em relação a um sócio (dissolução parcial) 37
2.3.1   A morte de um sócio 38
2.3.2   Recesso 38

2.3.3	Exclusão do sócio	40
2.3.3.1	Exclusão de pleno direito	40
2.3.3.2	Exclusão pela sociedade	40
2.4	Apuração de haveres	43
2.5	Ação de dissolução parcial de sociedade – duas pretensões no mesmo procedimento	44
2.6	Legitimidade na ação de apuração de haveres	46
2.7	Legitimidade na ação de dissolução parcial propriamente dita ...	48
2.7.1	Morte do sócio	48
2.7.2	Recesso	49
2.7.3	Exclusão	49
	Referências	51

CAPÍTULO 3

A LEGITIMIDADE ATIVA NA AÇÃO DE DISSOLUÇÃO PARCIAL DA SOCIEDADE LIMITADA, À LUZ DO NOVO CÓDIGO DE PROCESSO CIVIL (LEI Nº 13.105, DE 16.3.2015)

Sérgio Campinho, Mariana Pinto 53

3.1	Breves notas sobre a dissolução das sociedades limitadas	53
3.2	A Ação de Dissolução Parcial de Sociedade como um procedimento especial do Código de Processo Civil de 2015	55
3.3	Uma crítica ao teor do *caput* do artigo 599 do novo Código de Processo Civil	57
3.4	A legitimidade ativa na ação de dissolução parcial da sociedade limitada	60
3.5	Conclusão	69
	Referências	70

CAPÍTULO 4

DA AÇÃO DE DISSOLUÇÃO PARCIAL PARA RESOLUÇÃO DE SOCIEDADE EMPRESARIAL OU SIMPLES POR ESPÓLIO OU SUCESSORES DE SÓCIO FALECIDO

Sandro Mansur Gibran 71

4.1	Introdução	71
4.2	Dos diferentes tipos societários	74
4.3	Natureza Jurídica da Sociedade	78
4.4	Considerações finais	83
	Referências	84

PARTE II
PENHORA DAS PARTICIPAÇÕES SOCIETÁRIAS, SEGURO-GARANTIA E ARBITRAGEM

CAPÍTULO 5
A PENHORA DE QUOTAS E AÇÕES NA LEI Nº 13.105/2015: CÓDIGO DE PROCESSO CIVIL

Alexandre Ferreira de Assumpção Alves 89

5.1	Introdução e Escorço Histórico	89
5.2	Síntese das alterações promovidas pelo Código de Processo Civil em relação a penhora de quotas e ações	93
5.3	Inclusão das quotas de sociedade simples como bem objeto de penhora (art. 835, IX)	94
5.4	Alteração do procedimento de liquidação e pagamento da quota, fixando prazo global de até 3 (três) meses para sua conclusão, permitindo, ainda, a dilação em situações específicas (art. 861, *caput* e §4º)	95
5.5	Ampliação do direito de preferência aos acionistas de companhia fechada (art. 681, II)	99
5.6	Extensão da sistemática de pagamento ao credor prevista no art. 1.026, parágrafo único, do Código Civil às ações de companhia fechada, com exclusão das companhias abertas (art. 861, III e §2º)	101
5.7	Imposição de uma ordem de preferência para fins de pagamento ao credor (art. 861, *caput*, §1º e §5º)	103
5.8	Possibilidade de a sociedade adquirir suas próprias quotas ou ações em caso de insucesso da oferta aos sócios (art. 861, §1º)	105
5.9	Possibilidade de nomeação, a pedido, de um administrador pelo juiz para liquidação da quota ou da ação (art. 861, §3º)	110
5.10	Previsão, como última alternativa de pagamento ao credor, de leilão judicial das quotas ou ações (art. 861, §5º)	111
5.11	Aplicação do art. 861 à Empresa Individual de Responsabilidade Limitada – EIRELI	113
5.12	Conclusão	115

CAPÍTULO 6
A EFICIÊNCIA DA ARBITRAGEM E O NOVO CÓDIGO DE PROCESSO CIVIL

Bruno Guandalini 117

6.1	Introdução	117

6.1.1	Primeira: a preservação da confidencialidade da arbitragem pelo judiciário	118
6.1.2	Segunda: a criação do mecanismo de comunicação árbitro-juiz...	121
6.1.3	Terceira: os novos casos de presunção de parcialidade do árbitro	123
6.1.4	Quarta: a falsa oportunidade para que as partes repensem o mecanismo de resolução de disputas mais eficiente	125
6.1.5	Quinta: a consolidação da eficiência no controle da jurisdição do árbitro	127
6.1.6	Sexta: a redução dos custos de transação no controle da sentença	128
6.1.7	Sétima: ineficiência gerada pelo oportunismo das tutelas de urgência	130
6.1.8	Oitava: a concorrência do judiciário como fator incentivador da evolução da arbitragem	130
6.2	Notas conclusivas	131

CAPÍTULO 7
O SEGURO-GARANTIA JUDICIAL E O CÓDIGO DE PROCESSO CIVIL DE 2015: DA CONCEPÇÃO À EFETIVIDADE
Gladimir Adriani Poletto 133

7.1	Introdução	133
7.2	O seguro-garantia e a sua relação jurídica	135
7.3	A evolução normativa do seguro-garantia judicial e o Código de Processo Civil de 2015	140
7.4	Conclusão	152
	Referências	153

PARTE III
DESCONSIDERAÇÃO DA PERSONALIDADE JURÍDICA E A PRESERVAÇÃO DA EMPRESA

CAPÍTULO 8
INCIDENTE DE DESCONSIDERAÇÃO DA PERSONALIDADE JURÍDICA E SUA APLICAÇÃO AO PROCESSO DO TRABALHO
Roxana Cardoso Brasileiro Borges, Irena Carneiro Martins 157

8.1	Introdução	157
8.2	Origem e desconsideração da personalidade jurídica: um breve apanhado histórico	158
8.3	A assimilação da *disregard doctrine* no direito positivo brasileiro	160

8.4	O incidente de desconsideração da personalidade jurídica no CPC/2015	164
8.4.1	Pressupostos de admissibilidade	165
8.4.2	Momento do pedido de desconsideração	166
8.4.3	Legitimidade ativa e passiva	168
8.4.3.1	Desconsideração e empresas do mesmo grupo econômico	170
8.5	A aplicação do CPC/2015 ao Processo do Trabalho	171
8.6	Considerações finais	174
	Referências	175

CAPÍTULO 9
O INCIDENTE DE DESCONSIDERAÇÃO DA PERSONALIDADE JURÍDICA

Oksandro Gonçalves, Helena de Toledo Coelho		**179**
9.1	Introdução	179
9.2	A desconsideração da personalidade jurídica	179
9.3	O incidente de desconsideração da personalidade jurídica no novo CPC	182
9.3.1	Estrutura legal do incidente	183
9.3.1.1	Legitimados	183
9.3.1.2	A desconsideração inversa	184
9.3.1.3	Cabimento	184
9.3.1.4	Citação	187
9.3.1.5	Decisão: seus efeitos e recorribilidade	189
9.3.2	Aplicação do incidente a todos os ramos do Direito	190
9.4	Conclusão	193
	Referências	194

CAPÍTULO 10
PERSPECTIVAS DO INCIDENTE DE DESCONSIDERAÇÃO DA PERSONALIDADE JURÍDICA DO CPC/2015 E SUA APLICAÇÃO NO PROCESSO DO TRABALHO

João Glicério de Oliveira Filho, Bárbara Victória Müller Marchezan		**197**
10.1	Introdução	197
10.2	Personalidade jurídica e desconsideração	198
10.3	Perspectivas do Incidente de Desconsideração da Personalidade Jurídica previsto no CPC/2015	201
10.3.1	Instrumentalização do Direito Material	201
10.3.2	Respeito ao Devido Processo Legal	202

10.4   Aplicabilidade do Incidente ao Processo do Trabalho 205
10.5   Conclusão 207
       Referências 207

CAPÍTULO 11
O VALOR DA PRESERVAÇÃO DA EMPRESA NO NCPC E SUA PROTEÇÃO ATRAVÉS DA ATUAÇÃO COOPERATIVA ENTRE MAGISTRADOS (ANÁLISE DO ART. 69, §2º, IV)
Sabrina Maria Fadel Becue 211
11.1   Introdução 211
11.2   Preservação da empresa: um valor constitucional 212
11.3   Sentido e alcance da cooperação no NCPC 214
11.3.1 A cooperação judiciária interna orientada para preservação e recuperação da empresa 216
11.4   Minoração de Conflitos de Competência através do diálogo e cooperação entre magistrados 218
11.5   Síntese conclusiva 219
       Referências 221

PARTE IV
NEGÓCIOS PROCESSUAIS

CAPÍTULO 12
NEGÓCIOS JURÍDICOS PROCESSUAIS NAS RELAÇÕES SOCIETÁRIAS BRASILEIRAS: "QUANTO CUSTA O ÔNUS DA PROVA"?
Marcia Carla Pereira Ribeiro, Giovani Ribeiro Rodrigues Alves 227
12.1   Considerações iniciais 227
12.2   Os Negócios Jurídicos Processuais 229
12.3   Os Negócios Jurídicos Processuais sob o viés do Direito Societário – limitação e aspectos positivos 233
12.4   Pontos negativos e aspectos polêmicos 238
12.5   Considerações finais 241
       Referências 242

CAPÍTULO 13
TUTELAS PROVISÓRIAS E NEGÓCIOS JURÍDICOS PROCESSUAIS EM MATÉRIA SOCIETÁRIA
Gustavo Saad Diniz, Fernando da Fonseca Gajardoni 243
13.1   Impactos de uma nova codificação instrumental 243

13.2	Facetas da tutela provisória	244
13.3	Influência no direito societário	248
13.3.1	Demandas originárias das relações entre os sócios	248
13.3.2	Ordenamento patrimonial	250
13.3.3	Ordenamento empresarial	251
13.4	Impactos na arbitragem	255
13.5	Negócios jurídicos processuais	256
13.6	Conclusão	259
	Referências	260

CAPÍTULO 14
OS NEGÓCIOS PROCESSUAIS E A ESTRUTURA DE GOVERNANÇA DOS CONTRATOS EMPRESARIAIS DE LONGO PRAZO
Vinícius Klein, Matheus Vasconcelos 261

14.1	Introdução	261
14.2	Negócios processuais no Novo Código de Processo Civil: apontamentos iniciais, regramento legal e limitações às convenções processuais	262
14.3	O *design* dos contratos empresariais de longo prazo	268
14.4	Os benefícios e os desafios da adoção das convenções processuais nos contratos empresariais de longo prazo	275
14.5	Conclusão	277
	Referências	278

PARTE V
INCIDENTE DE RESOLUÇÃO DE DEMANDAS REPETITIVAS E LITIGÂNCIA DE MÁ-FÉ

CAPÍTULO 15
OS MECANISMOS DO CÓDIGO DE PROCESSO CIVIL DE 2015 ORIENTADOS À INIBIÇÃO DA LITIGÂNCIA PREDATÓRIA NO ÂMBITO DA TUTELA À PROPRIEDADE INTELECTUAL
Eduardo Oliveira Agustinho, Diogo Kastrup Richter 283

15.1	Introdução	283
15.2	Sham Litigation: Origem e Conceituação	284
15.3	A sistemática da tutela provisória no Código de Código de Processo Civil de 2015	286
15.3.1	A Tutela de urgência no Código de Processo Civil de 2015	287
15.3.2	A Tutela da evidência no Código de Processo Civil de 2015	290

15.4	A sistemática da tutela de urgência na lei da propriedade industrial	290
15.5	Uma releitura da responsabilidade objetiva como forma de combater a litigância predatória	291
15.5.1	Os princípios da boa-fé e da cooperação como normas fundamentais do Código de Processo Civil de 2015	292
15.5.2	A cessação de efeitos da tutela de urgência e o consequente dever de indenizar como indícios de prática de litigância predatória nos casos envolvendo direitos de propriedade industrial	294
15.5.2.1	Quanto aos princípios	295
15.5.2.2	Quanto à indenização devida	295
15.6	Conclusão	296
	Referências	297

CAPÍTULO 16
O IRDR SOB A PERSPECTIVA EMPRESARIAL
Guilherme Bonato Campos Caramês, Gustavo Osna, Emerson Luís Dal Pozzo 299

16.1	Introdução	299
16.2	Direito Comercial e processo: previsibilidade e IRDR?	300
16.2.1	Direito Comercial e segurança: calculabilidade e quebra de expectativa	300
16.2.2	Processo Civil e interesses seriais: o caminho ao IRDR	303
16.3	IRDR: duas perspectivas críticas	311
16.3.1	O incidente e as *small claims*	311
16.3.2	IRDR, Participação e Assimetria	314
16.4	Considerações finais	319
	Referências	321

SOBRE OS AUTORES 323

APRESENTAÇÃO

Com o início da vigência do Código de Processo Civil de 2015 em 18 de março de 2016, aflora a complexa equação sobre as consequências de sua aplicação, especialmente quando a temática material abarca o Direito Empresarial.

Além das dúvidas abstratas e eminentemente teóricas que decorrem já de uma primeira leitura do texto, no dia a dia surgem elementos fáticos e de natureza jurisprudencial até então não contingenciáveis.

Nesse cenário, a presente obra busca congregar esforços de importantes profissionais do Direito brasileiro, munidos de grande conhecimento acadêmico e prático, no intuito de esclarecer quais as perspectivas das inovações legislativas quando confrontadas com a realidade empresarial.

O desafio, portanto, torna-se ainda mais irresistível na medida em que se pretende analisar a legislação processual não apenas como um terceiro indiferente, mas sim sob um enfoque que visa a redimensionar os papéis dos agentes econômicos e os custos envolvidos em cada nova perspectiva criada a partir de sua aplicação.

A temática do livro perpassa temas relacionados à dissolução parcial das empresas no CPC, à penhora das participações societárias, seguro-garantia e arbitragem, à desconsideração da personalidade jurídica e à preservação da empresa, e aos negócios processuais, além de incidentes de resolução de demandas repetitivas e litigância de má-fé.

Qualquer tentativa de alteração das instituições formais de um sistema precisa ser bem compreendida para que possa surtir os efeitos esperados em termos de efetividade e desenvolvimento socioeconômico de nosso País.

Os Coordenadores

PARTE I

DISSOLUÇÃO PARCIAL DAS EMPRESAS NO CPC

CAPÍTULO 1

APURAÇÃO DE HAVERES NA AÇÃO DE DISSOLUÇÃO DE SOCIEDADE

Fábio Ulhoa Coelho

1.1 Introdução

Em um Código de Processo normalmente se abrigam apenas normas processuais, no pressuposto de que as regentes da relação jurídica por assim dizer material encontrar-se-iam em outros diplomas (Código Civil, Comercial, Penal, leis esparsas etc.). Esse critério na alocação de normas, contudo, malgrado sua inegável pertinência, nem sempre se observa com rigidez. Acontece, então, de leis processuais veicularem uma ou outra norma de direito material, ao arrepio de purismos formais. De um lado, porque não se mostra, em alguns casos, totalmente clara a distinção entre normas substantivas e adjetivas; de outro, porque nem sempre o ordenamento está aparelhado de normas materiais, que lastreiem adequadamente a regência do processo.

Nesse segundo caso, a tramitação de um projeto de código de processo é a oportunidade para o legislador suprir a lacuna do diploma legislativo material. Precisando dar o devido tratamento a certa ação, mas não contando com o necessário contraponto normativo substantivo, na verdade, o legislador processual não tem outra alternativa senão expandir, um tanto, o seu foco e dispor sobre a relação jurídica material.

Encaixa-se nessa situação a disciplina da apuração de haveres no âmbito da ação de dissolução parcial de sociedade, empreendida pelo Código de Processo Civil de 2015 (CPC, arts. 599 a 609). No plano do direito material, o legislador era extremamente econômico, reservando ao tema apenas um único e lacônico dispositivo (CC, art. 1.031). A alta complexidade da apuração de haveres, com seus inúmeros desdobramentos e nuanças, que extrapolam o conhecimento especificamente jurídico, para transitar pela contabilidade e economia, não podia ser ampla e satisfatoriamente tratada dessa maneira. Não havia, portanto, como o legislador processual dar à ação de dissolução parcial de sociedade disciplina consentânea com as suas feições atuais sem contemplar, ainda que minimamente, normas de direito material.

Nesse contexto, podem-se classificar como normas de direito material as dos artigos 605, 606 e 608 do CPC, que tratam, respectivamente, dos critérios para a definição da data da resolução da sociedade, da metodologia de avaliação da quota no caso de omissão do contrato social e dos direitos do "sócio desligado"[1] (*rectius*, do excluído, retirante ou do espólio do sócio falecido). Claramente não são normas de processo, mas elas se mostravam imprescindíveis à moderna disciplina desse procedimento especial. De pouco adiantaria o CPC determinar ao juiz, na abertura da fase de apuração de haveres, que decretasse a data da resolução e o critério de avaliação, se continuassem inexistentes balizas normativas acerca dessas importantes definições da matéria societária.

O objeto do presente capítulo é o estudo das normas de direito material encontradas no capítulo do CPC referente à ação de dissolução parcial de sociedades. Ele está dividido em quatro itens, incluindo esta breve introdução. No próximo (item 2), examinam-se os critérios legais para a definição da data da resolução e a sua importância para a delimitação dos direitos e obrigações dos envolvidos. O seguinte (item 3) trata das metodologias de avaliação da quota titulada pelo sócio em relação ao qual a sociedade foi resolvida, um complexo tema que tem atormentado os profissionais da área, principalmente em função da pouca clareza de seus conceitos básicos. O derradeiro (item 4) abriga uma pequena conclusão.

---

[1] Para fins de facilitar a exposição dos argumentos, peço licença ao leitor para me utilizar desta expressão – "sócio desligado". Ela é reconhecidamente imprecisa, por abranger também a hipótese do espólio do sócio falecido, sujeito de direito que, evidentemente, não se confunde com o *de cujus*. O ideal seria falar em *credor da sociedade parcialmente dissolvida*, que é o *status* jurídico correto em que se insere aquele que, tendo sido seu sócio, deixou de ser por sua vontade (exercício de retirada) ou pela dos demais (exclusão) ou do seu espólio (condomínio legalmente constituído entre os sucessores, que passa a titular a participação societária até a finalização da partilha). Mas há tantos outros credores da sociedade dissolvida, que esta expressão teria que ser, igualmente, esclarecida.

1.2 A data da resolução

Antes do CPC entrar em vigor, muitos processos de dissolução parcial simplesmente perdiam a racionalidade por não haver uma definição prévia da data da resolução da sociedade. A apuração de haveres consiste na avaliação da participação societária do sócio desligado, o que pressupõe necessariamente um corte temporal. O valor de qualquer empresa naturalmente varia ao longo do tempo, qualquer que seja a metodologia adotada. Numa imagem comum nos manuais de direito comercial, a avaliação é uma fotografia da sociedade num determinado momento.

O CPC, ao determinar que o juiz fixe este corte temporal (a data da resolução), logo no despacho inicial da fase de apuração de haveres (art. 604, I), passou a garantir maior racionalidade a esta. Anteriormente, diante da indefinição, o assunto se tornava um ponto a mais a tumultuar a perícia judicial. Para realizar seu trabalho, o perito tinha necessariamente que eleger um marco, e se valia, então, dos elementos que lhe pareciam ser os mais apropriados. Não chegava, porém, nem sempre à correta solução jurídica. Muitas vezes, o trabalho todo de perícia acabava perdendo utilidade porque a definição da pertinente data da resolução não o antecedia.

A data da resolução da sociedade varia segundo a causa que a desencadeia. Em princípio, são três os fundamentos da resolução: morte, retirada ou exclusão do sócio. Acontece, porém, que estes dois últimos se desdobram, aumentando a complexidade da questão. A retirada pode ser *imotivada*, quando a sociedade é contratada por prazo indeterminado, mas deve fundar-se em *justa causa*, sendo determinado o prazo.[2] Além disso, em hipótese que o legislador processual chamou de *recesso*, a retirada pode estar relacionada à dissidência do sócio relativamente à alteração do contrato social ou operação societária, seja a sociedade limitada por prazo determinado ou indeterminado.[3]

---

[2] É o que decorre do art. 1.029 do CC: "Além dos casos previstos na lei ou no contrato, qualquer sócio pode retirar-se da sociedade; se de prazo indeterminado, mediante notificação aos demais sócios, com antecedência de sessenta dias; se de prazo determinado, provando judicialmente justa causa".

[3] Confira-se o art. 1.077 do CC: "quando houver modificação do contrato social, fusão da sociedade, incorporação de outra, ou dela por outra, terá o sócio que dissentiu o direito de retirar-se da sociedade, nos trinta dias subsequentes à reunião, aplicando-se, no silêncio do contrato social antes vigente, o disposto no art. 1.031".

A exclusão, por sua vez, pode ser extrajudicial, quando presentes os respectivos requisitos,[4] ou judicial.

São, portanto, ao todo seis situações diferentes a considerar. Convém examiná-las individualmente com mais vagar.

1.2.1 Morte de sócio

Quando falece um sócio, a herança que deixa transmite-se como um todo unitário, mesmo havendo mais de um sucessor. Enquanto não se conclui a partilha, a propriedade e posse da herança serão exercidas pelos herdeiros, na qualidade de cotitulares do patrimônio deixado pelo morto (CC, art. 1.791, parágrafo único). Constitui-se, então, um condomínio entre os herdeiros, que recebe da lei a designação específica de "espólio", e cujo representante legal é o inventariante.

A participação societária (quota) é um dos bens do patrimônio do *de cujus* que passa à titularidade do espólio (vale dizer, à cotitularidade dos herdeiros). Somente após a partilha, e consequente desconstituição do condomínio, é que cônjuge, filhos e outros sucessores (os que tiverem sido contemplados com quotas da sociedade na divisão dos bens deixados pelo falecido) passam à condição de *sócios* da sociedade.

A regra geral é a de que a morte do sócio importa a resolução da sociedade.[5] Quer dizer, em princípio, ocorrendo o falecimento de titular de participação societária, os sócios sobreviventes devem proceder à apuração de haveres e o pagamento do reembolso ao espólio. Como a lei prevê exceções à regra geral de resolução por morte de sócio,[6] pode ser que o espólio entenda ter direito de permanecer na sociedade. Nesse caso, a sociedade deve promover a ação de dissolução parcial (CPC, art. 600, III). Pode ocorrer também o inverso, vale dizer, o espólio considera liquidada a quota pela morte do *de cujus*, mas os sócios sobreviventes entendem presente alguma das hipóteses que excepcionam a regra geral. Nesse caso, é o espólio a parte legítima para propor a ação de

---

[4] Previstos no art. 1.085 do CC: "Ressalvado o disposto no art. 1.030, quando a maioria dos sócios, representativa de mais da metade do capital social, entender que um ou mais sócios estão pondo em risco a continuidade da empresa, em virtude de atos de inegável gravidade, poderá excluí-los da sociedade, mediante alteração do contrato social, desde que prevista neste a exclusão por justa causa".

[5] Art. 1.028 do CC: "No caso de morte de sócio, liquidar-se-á sua quota (...)".

[6] Dispõe o art. 1.028, I a III, do CC: "No caso de morte de sócio, liquidar-se-á sua quota, salvo se: (I) o contrato dispuser diferentemente; (II) se os sócios remanescentes optarem pela dissolução da sociedade; (III) se, por acordo com os herdeiros, regular-se a substituição do sócio falecido". São hipóteses que, obviamente, não interessam aqui, porque nelas, não há apuração de haveres.

dissolução parcial (art. 600, I). Havendo manifestação expressa e unânime pela concordância da dissolução ou sendo julgada procedente a ação, instaura-se a liquidação, que se faz por apuração de haveres (art. 603).

Cabe, além dessas, também a ação quando as partes não discordam sobre a resolução da sociedade causada pela morte do sócio, mas não chegam a acordo relativamente ao valor do reembolso. Tanto a sociedade quanto o espólio podem, então, ingressar com a ação de dissolução parcial apenas para que se realize a apuração de haveres em juízo, superando-se o conflito de interesses (CPC, art. 599, II).

Nas duas situações (instauração da liquidação na forma do art. 603 ou pedido exclusivo de apuração de haveres, na forma do art. 599, II), a data do óbito será a da resolução da sociedade (CPC, art. 605, I). Essa regra está em plena harmonia com a do art. 1.028, *caput*, do CC, em que a liquidação da quota é consequência do falecimento. A data do inventário, judicial ou extrajudicial, da partilha e de outros atos ou processos derivados do passamento do sócio não são relevantes, para fins de fixar a referência para a avaliação da quota liquidada.

1.2.2 Retirada imotivada

Quando a sociedade é contratada por prazo indeterminado, o sócio pode se desligar dela a qualquer momento. Trata-se de faculdade decorrente da natureza *contratual* da sociedade limitada. Considerando-se que ninguém pode ficar vinculado a qualquer contrato eternamente, quando o sujeito não contratou um limite temporal para sua vinculação, entende-se que sua vontade foi a de poder se liberar das obrigações contratadas a qualquer tempo.

Em uma sociedade contratada por prazo indeterminado (ou "sem prazo"), a obrigação básica do sócio, de investir naquela empresa, não o pode vincular indefinidamente. Nesse caso, a qualquer momento, o sócio pode retirar-se da sociedade, com direito ao reembolso do investido (o valor de sua participação societária).

Nessa hipótese, a data da resolução é o sexagésimo dia seguinte ao do recebimento, pela sociedade, da notificação do sócio retirante. Essa disposição prevista no art. 605, II, do CPC, está em harmonia com o art. 1.029 do CC, que estabelece o prazo de 60 dias entre a manifestação de retirada e a sua eficácia.

Na verdade, essa solução do CC, que o CPC não podia deixar de acompanhar, é altamente criticável. Em sessenta dias, os sócios administradores da sociedade podem adotar decisões que alteram substancialmente o valor da quota do retirante, mesmo sem incorrer em qualquer abuso ou fraude. Basta, por exemplo, anteciparem investimentos que estavam ainda em estudo ou procederem à reestruturação de passivo, para que sobrevenha forte impacto à avaliação. Por isso, enquanto não se corrigir a falha da lei,[7] o sócio que exerceu o direito de retirada deve dispensar especial atenção aos atos praticados pela administração da sociedade nesse período, para poder questionar aqueles que se mostrarem ilícitos.

1.2.3 Retirada motivada

A hipótese de retirada motivada é necessariamente de dissolução parcial da sociedade decretada em juízo. Tem cabimento na sociedade contratada por prazo determinado. Nesse caso, o sócio obrigou-se contratualmente a investir na sociedade durante certo tempo e não pode se desvincular dessa obrigação de modo unilateral. Havendo, porém, justa causa, a resolução do vínculo contratual de natureza societária é prevista em lei.

Claro, se o sócio que deseja se retirar e os demais concordam ter ocorrido um fato que justifica o desligamento, eles o formalizam mediante alteração do contrato social. Como não ocorre nenhum conflito de interesses, a própria existência de justa causa para a retirada torna-se, então, uma questão irrelevante. Na inexistência do acordo, a justa causa haverá de ser reconhecida em juízo. Assim, quando se operar o trânsito em julgado da decisão que a tiver reconhecido, verificar-se-á a resolução da sociedade, servindo essa data como critério temporal para a apuração de haveres (art. 605, IV).

1.2.4 Recesso

No plano doutrinário, já havia quem diferenciasse o recesso da retirada, ligando a primeira hipótese de desligamento voluntário do sócio à dissidência relativamente às deliberações da maioria que comprometessem as bases essenciais do investimento. O CPC positiva essa diferenciação conceitual no inciso III do art. 605. Desse modo, quando a causa geradora da insatisfação do minoritário tiver sido alteração contratual ou operação societária (incorporação ou fusão) deliberada pela maioria, a apuração de haveres tomará por referência

---

[7] A solução mais correta seria a lei material conferir à notificação do sócio retirante eficácia imediata, servindo, então, de data da resolução o recebimento desta pela sociedade. O Projeto de Código Comercial em tramitação na Câmara dos Deputados, corrige este ponto (Substitutivo do Relator Geral, art. 182, II).

temporal o dia em que a sociedade recebeu a notificação do sócio dissidente.

Desse modo, se uma reunião de sócios (ou assembleia) deliberar por se proceder a alteração no contrato social ou a operação societária, o minoritário descontente (ausente, vencido ou que se absteve de votar) tem trinta dias para exercer o direito de recesso, mediante manifestação perante a sociedade. A data da notificação desta é a da resolução da sociedade.

Pode ocorrer de a sociedade, uma vez notificada, proceder à apuração de haveres com a qual concorde o dissidente. Nesse caso, formaliza-se a alteração contratual evitando o litígio. Mas se, uma vez transcorridos dez dias do recebimento da notificação, essa composição amigável ainda não estiver devidamente formalizada no Registro Público de Empresas, o minoritário fica legitimado a propor a ação de dissolução parcial (CPC, art. 600, IV).

1.2.5 Exclusão extrajudicial

A exclusão de sócio minoritário pode ser extrajudicial quando presentes os seguintes pressupostos: (i) previsão contratual autorizando esse modo de desligamento; (ii) risco à continuidade da empresa, em virtude de atos de inegável gravidade praticados por sócio minoritário; e (iii) deliberação da maioria em assembleia especialmente convocada para esse fim, com ciência do minoritário (CC, art. 1.085).

Atendidos esses pressupostos, opera-se a exclusão, devendo, em seguida, a sociedade proceder à apuração de haveres. Normalmente, em razão da intensidade do conflito entre os sócios, o minoritário excluído acaba não concordando com os valores apresentados pela maioria. Ele está, então, legitimado a promover a ação de dissolução parcial (art. 600, VI).

Se o excluído não tomar a iniciativa de ingressar em juízo com a dissolução parcial e a sociedade tiver interesse em resolver judicialmente o conflito sobre o valor do reembolso, ela deve proceder à consignação em pagamento (CPC, arts. 539-549). A sociedade não tem legitimidade ativa para a ação de dissolução parcial, nesse caso específico, mas, a rigor, isso não leva a nenhuma diferença substancial. Se na ação de consignação em pagamento, o valor for objeto de contestação, a perícia que nela se realizar será forçosamente a apuração de haveres. Não há como avaliar se o reembolso consignado pela sociedade está correto ou não de outro modo. Nessa perícia na ação de consignação, não poderá, portanto, o juiz deixar de aplicar os preceitos contidos nos arts. 604 e seguintes do CPC.

A data da resolução da sociedade, no caso de exclusão extrajudicial, é a da assembleia ou reunião que a tiver deliberado (CPC, art. 605, V).

1.2.6 Exclusão judicial

Quando não estão presentes os requisitos que autorizam a exclusão extrajudicial, a sociedade deve necessariamente propor a ação de dissolução parcial para desligar o sócio que descumpriu seus deveres (CPC, art. 600, V). Desse modo, se o descumprimento do dever não teve gravidade ou não colocou em risco a continuidade da empresa, se inexiste autorização contratual ou se não foi possível realizar-se a reunião específica com ciência do minoritário, então só resta à sociedade promover a ação de dissolução parcial (CPC, art. 600, V). Nesse caso, como prescrito pelo art. 605, IV, a data da resolução da sociedade será a do trânsito em julgado da decisão que dissolver a sociedade.

Anote-se, à passagem, ser admissível a exclusão do sócio majoritário, quando ele descumpre os seus deveres societários. Aqui, porém, não é o caso de se conferir legitimidade ativa para a sociedade promover a ação de dissolução parcial e a lei realmente não a prevê. Legitimados para pedirem em juízo a exclusão do majoritário são os sócios minoritários (ou o sócio, se for um apenas). Nesse caso, contudo, não terá lugar o procedimento especial. A pretensão da exclusão deverá ser objeto de ação de conhecimento pelo procedimento comum, até mesmo tendo em vista a complexidade das alegações e de sua comprovação. Se julgada procedente e decretada a dissolução parcial da sociedade, o cumprimento da sentença deverá necessariamente obedecer ao disposto nos arts. 604 e seguintes do CPC. Mais uma vez, não haverá nenhuma diferença, na apuração de haveres, entre o cumprimento da sentença dissolutória, caso seja proferida em ação de dissolução parcial de sociedade ou em ação fundada em procedimento diverso (consignação em pagamento ou comum).

1.2.7 Direitos do sócio desligado

No art. 608, o CPC resolve uma questão doutrinariamente controvertida, que é a do momento em que o sócio deixa de titular direitos societários e passa a ser mero credor da sociedade de que participava. Esse momento, claro, é o da resolução da sociedade. Não é possível admitir-se a situação intermediária, em que alguém deixa de ser integrante da sociedade, mas continua a titular, perante esta, direitos exclusivos de sócios, como participação nos resultados ("dividendos") ou juros sobre capital próprio ("JCP").

Enquanto não se opera a resolução (vale dizer, a dissolução parcial), remanesce o vínculo societário, tendo, então, todos os sócios (inclusive aquele em relação ao qual a sociedade há de se resolver) direito à participação nos lucros e aos JCP. Após a resolução, porém, desvestido de sua condição societária, o desligado terá apenas um crédito perante a sociedade, a ser devidamente corrigido e acrescido dos juros contratuais ou legais.

Desse modo, a data em que o Poder Judiciário declara ter ocorrido a resolução não tem importância apenas como marco referencial para fins de orientar o trabalho da perícia. Essa data também é decisiva para fins de delimitar a substancial alteração na natureza e extensão dos direitos titulados pelo desligado, em face da sociedade parcialmente resolvida.

Note-se, acerca desse dispositivo, ademais, que a lei fala em participação nos resultados e JCP *declarados* pela sociedade. Quer dizer, o crédito do sócio desligado existe apenas relativamente aos valores que tiverem sido já reconhecidos como devidos pela sociedade, na forma prescrita pelo direito societário (isto é, mediante deliberação regular e formal de órgão social competente). Em termos concretos, se a data da resolução cair, por exemplo, em janeiro ou fevereiro, quando a sociedade ainda não realizou sua reunião ou assembleia ordinária relativa ao exercício anterior, os dividendos ainda não terão sido declarados. Nesse cenário, tais montantes não integram o crédito do desligado. Mas, se a data da resolução cai em maio ou junho, após a realização da reunião ou assembleia ordinária, em que a obrigação de pagar aos sócios a participação nos lucros já tiver sido reconhecida pela sociedade, o crédito do desligado abrangerá essas verbas, salvo se já tiverem sido pagas antes da data da resolução.

1.3 As metodologias de avaliação (art. 606)

São basicamente duas metodologias as de avaliação de quotas de uma sociedade limitada: *patrimonial* ou *econômica*. Diferem-se de modo significativo, a ponto, evidentemente, de o avaliador chegar a valores bem distintos, dependendo da metodologia adotada.

Em termos bastante gerais, as duas avaliações têm a mesma referência temporal, que é a data da resolução. Chamemos essa referência de "presente", no sentido de que representa um recorte no tempo, destinada a definir o momento do desligamento. Pois bem, enquanto a avaliação patrimonial olha o passado (isto é, *antes* da data da resolução), a econômica olha o futuro (*após* esta data), para dimensionarem quanto a sociedade vale no presente (isto é, na data da resolução).

O pressuposto básico da avaliação patrimonial é a de que o reembolso deve ser calculado em função da sociedade construída até a resolução com os recursos do sócio desligado. Já o da avaliação econômica é a de que o cálculo deve levar em conta o potencial de rentabilidade da sociedade.

Cabe ao contrato social estabelecer, preferencialmente de modo técnico e claro, o critério a ser adotado na apuração de haveres, optando pelo patrimonial ou econômico e o detalhando o quanto possível. Uma vez estabelecido o critério pelo contrato social, não pode o Judiciário negar-lhe validade ou eficácia, apenas por considerar que não seria o mais equânime ou justo. Afinal, ao contratarem o critério de apuração de haveres, os sócios podem ter tido em mira objetivos diversos, como, por exemplo, precificar para baixo a participação societária como forma de desestimular o desligamento do sócio. A adoção de um critério que subvalorize a participação societária, na resolução da sociedade, tanto pode servir como desestímulo ao exercício do direito de retirada como de estímulo ao estrito cumprimento dos deveres societários (para fins de evitar o preenchimento das condições para a exclusão). Por essa razão, ainda que importe em avaliação das quotas em prejuízo do sócio desligado, ou mesmo em prejuízo da própria sociedade (hipótese menos comum), o contrato social deve ser respeitado pelo Poder Judiciário, de modo a realizar a vontade declarada pelos sócios, no momento da constituição da sociedade.

Apenas em casos muito especialíssimos, em que o contrato social estipular critério tão aviltante que equivalha ao aniquilamento do patrimônio do sócio desligado, é que poderá o Poder Judiciário intervir para evitar a lesão aos direitos deste.

Mas, como deve proceder o juiz no caso de omissão do contrato social? O CPC estatui regras a respeito. Reprise-se que tais regras somente devem ser aplicadas quando o contrato social não contiver cláusula dispondo sobre a apuração de haveres. Havendo essa cláusula, o perito não pode se afastar dela na apuração de haveres, por mais que a considere inapropriada.

Em suma, sendo omisso o contrato social, a quota do sócio desligado será avaliada pelo critério patrimonial, mediante o levantamento de balanço de determinação, em que se tomará por referência a data da resolução fixada pelo juiz no despacho inaugural da apuração de haveres. Os bens do ativo e passivo serão contabilizados, nesse balanço, pelo valor de mercado. Além disso, devem ser contabilizados, também, os bens intangíveis. O CPC, nessa passagem, nada mais fez do que reproduzir, no plano processual, o que vem disposto no art. 1.031 do CC, bem como consagrar a jurisprudência pacífica construída em torno da matéria, cujo alicerce foi a Súmula 265 do STF, aprovada há mais de meio século, em 1963: "*na apuração de haveres não prevalece o balanço não aprovado pelo sócio falecido, excluído ou que se retirou*".

1.3.1 Impropriedade da avaliação econômica como critério legal

A lei, como visto, elegeu o critério patrimonial para avaliação das quotas do sócio desligado, em caso de omissão do contrato social. A escolha do legislador, além de fundar-se na jurisprudência construída em torno do tema e alinhar-se à prevista no direito material, *foi a mais acertada*.

Essa afirmação pode parecer, à primeira vista, estranha a diversos profissionais da área. De há muito, os especialistas em avaliação de ativos chegaram ao consenso de que a forma mais adequada para estimar o valor de uma empresa assenta-se nos critérios econômicos (*fluxo de caixa descontado, múltiplos de EBITDA* etc.). Há quem considere, ademais, esses critérios como mais aprimorados e modernos, relativamente aos patrimoniais. Também se deve fazer menção àqueles que reputam ocorrer enriquecimento indevido dos sócios que permanecem na sociedade, quando se paga ao desligado o reembolso pelo valor patrimonial, já que, fora do contexto da dissolução parcial, a empresa tende a ser avaliada por critérios econômicos.

Repito que a escolha do legislador pelo critério patrimonial, no caso de omissão do contrato social, foi a mais acertada. Isso porque o critério econômico não é, e não pode ser visto, como um aperfeiçoamento do patrimonial, um modo mais "moderno" de avaliar as empresas. Trata-se exclusivamente de definir a metodologia mais adequada para cada contexto.

Numa mesa de negociações, cada parte propõe e contrapropõe sobre o preço de participações societárias tomando por referência o quanto a empresa vai gerar de riqueza a partir daquele momento. Tanto o potencial comprador como o potencial vendedor raciocinam a partir do mesmo parâmetro – o futuro do negócio explorado pela sociedade. Fazem (é certo!) apostas diametralmente inversas. Quer dizer, se chegarem ao acordo de ser justo, por exemplo, o preço de $100 para as quotas sociais, é porque o comprador considerou que, com esse dinheiro, ele terá mais lucro num outro investimento e o vendedor, de sua parte, calculou que investir naquela sociedade é o melhor emprego que se pode fazer com este dinheiro, não havendo outro investimento melhor.

Antes de sentarem à mesa para negociar, cada parte contratou a avaliação da empresa para terem elementos substanciais a nortearem suas propostas e contrapropostas. Pois bem, não há dúvidas de que essa avaliação teve que ser feita pela metodologia econômica, isto é, olhando o futuro da sociedade, o potencial de geração de riqueza que ela apresenta.

Mas, atente-se, a racionalidade da avaliação econômica é incontestável apenas quando se trata de fornecer elementos para uma negociação de empresas. Fora desse contexto, isto é, fora das tratativas visando à compra e venda de participações societárias, nem sempre a metodologia da avaliação econômica mostra-se racional. Quando se trata de reembolso de sócio desligado, ao contrário, ela é prenhe de irracionalidade.

Calcular o reembolso do sócio desligado em função das perspectivas de rentabilidade da sociedade implica sérias contradições com fundamentos básicos da economia de modelo liberal. Porque o sócio desligado, nesse caso, terá assegurado um retorno ao investimento *sem* estar correndo os riscos correspondentes. Isto é, a partir da resolução parcial da sociedade, ele deixa de ser sócio e, consequentemente, não corre mais nenhum risco empresarial em relação àquela empresa. A metodologia econômica de avaliação procura quantificar exatamente o retorno que o investimento naquela sociedade tende a proporcionar, num prazo definido, a quem for sócio dela. Mas esse retorno pode ou não existir, em razão dos riscos próprios da atividade empresarial. Trata-se de simples estimativa. Com a adoção do critério econômico na apuração de haveres, o sócio desligado tem *assegurado* um retorno *projetado* de um investimento *sem* correr minimamente o risco correspondente.

Não é só isso. Quem vai arcar com a conta são os sócios que permanecerem na sociedade. Isto é, aqueles que estão correndo o risco empresarial e que não têm nenhuma garantia de que realmente embolsarão o lucro projetado pelos especialistas em avaliação de ativos. Quer dizer, avaliada a sociedade resolvida pela metodologia econômica, os investidores que irão correr o risco empresarial (os sócios que permanecem) ficam obrigados a anteciparem o valor de um hipotético retorno a quem deixou de investir na mesma empresa (o sócio desligado). É uma clara distorção nos fundamentos da economia, nos estímulos e desestímulos próprios do capitalismo, que associam lucro ao risco, e este àquele.

Note-se bem o alcance da impropriedade: se a lei tivesse escolhido a metodologia econômica como supletiva da vontade dos sócios, para a apuração de haveres, isso implicaria claro e altamente indesejável estímulo ao *descumprimento* dos deveres societários pelo minoritário. Para ele, seria muito mais interessante descumpri-los para ser *excluído* da sociedade, porque embolsaria, antecipadamente, todo o lucro que (calcula-se) ele receberia em alguns anos, mas sem correr minimamente nenhum risco empresarial.

Mesmo se abstraindo o descumprimento dos deveres societários, a adoção pela lei da metodologia econômica no caso de omissão do contrato social serviria de estímulo ao exercício do direito de retirada, sempre em prejuízo da estabilidade das empresas. Quem não se interessaria em substituir seu investimento de risco pela garantia de recebimento do mesmo retorno, calculado pelos especialistas, independentemente do sucesso ou fracasso da empresa?

Se, na questão relativa ao critério de avaliação mais adequado no contexto da dissolução parcial, há enriquecimento indevido, certamente seria do sócio desligado em prejuízo dos que permanecem na sociedade, caso a lei tivesse elegido o econômico para a apuração de haveres, no caso de omissão de contrato.

1.3.2 O art. 607 do CPC

O art. 607 do CPC estabelece que "*a data da resolução e o critério de apuração de haveres podem ser revistos pelo juiz, a pedido da parte, a qualquer tempo antes do início da perícia*". Como deve ser interpretado o dispositivo? Estaria o juiz autorizado, por essa norma, a se afastar do critério constante expressamente do contrato social, para proceder à "revisão judicial" de suas cláusulas?

A melhor interpretação do art. 607 do CPC é a de que não se encontra, nele, nenhum fundamento para o juiz, na ação de dissolução de sociedade, alterar o critério de avaliação *contratado expressamente* pelos sócios. Isso porque a lei deve ser interpretada de modo sistemático, considerando-se os diversos dispositivos como integrantes de um conjunto harmônico e isento de contradições.

Não se pode interpretar o art. 607 dissociado dos arts. 604, II, e 606. E a intelecção em conjunto desses dispositivos leva à conclusão inexorável de que a lei processual não autoriza o Poder Judiciário a negar validade ou eficácia à cláusula do contrato social relativa ao critério de apuração de haveres. A intelecção do conjunto sustenta, com ênfase, que cabe ao juiz *interpretar* essa cláusula.

Em outros termos. O art. 604, II, é claríssimo ao dizer que o juiz, no despacho de instauração da apuração de haveres, deve fixar o critério de avaliação da sociedade à *vista do disposto no contrato social*. Assim, ao dar início à apuração de haveres, o juiz deve se ater ao que os sócios contrataram, *interpretando* o contrato social e definindo o critério nele escolhido. O art. 606, por sua vez, é claríssimo ao estabelecer um critério legal apenas para o caso de *omissão* do contrato social. Reforça-se que, não sendo omisso o contrato social, o critério a ser adotado será o constante deste, segundo o que for interpretado pelo Poder Judiciário.

Em consequência, o art. 607 estatui que o juiz só pode alterar o despacho inicial, na fixação do critério de apuração de haveres, caso ele, uma vez provocado pela parte, reveja a *interpretação* que anteriormente havia dado ao contrato social.

A hipótese albergada pelo art. 607 é muito clara: o juiz pode ter dado ao contrato social, no momento de deflagrar a apuração de haveres, uma interpretação que, à vista das considerações apresentadas pela outra parte, não se sustente. Por exemplo, o contrato social pode ter uma redação um tanto imprecisa que leve o juiz a definir, no despacho inicial, que os sócios haviam contratado o critério de avaliação patrimonial contábil (em que o ativo não é reavaliado ao preço de mercado). Em seguida, o sócio desligado peticiona indicando outros elementos, no contrato social, ou até mesmo na própria cláusula da apuração de haveres, indicativos de que o critério eleito pelos sócios é, na verdade, o de avaliação patrimonial real (com reavaliação do ativo a preços de mercado). Nesse caso, evidentemente cabe ao juiz *rever* a interpretação anteriormente dada e corrigir a decisão judicial.

O que o art. 607 do CC estabelece é, em suma, a preclusão, para as partes e para o juiz, de alterar a data da resolução e o critério da avaliação *após* ter-se iniciado a perícia. Não se encontra nele nenhum fundamento para o juiz, ignorando o art. 604, II, e o art. 606, definir como critério para apuração de haveres qualquer outro diferente do contido no contrato social.

1.4 Conclusão

O grande mérito na disciplina, pelo CPC, da ação de dissolução parcial de sociedade encontra-se na estruturação do procedimento especial com o objetivo de conferir-lhe maior racionalidade, contribuindo para sua celeridade e adequação ao direito positivo.

Antes da entrada em vigor do CPC, a perícia se iniciava sem que o Poder Judiciário tivesse decidido dois elementos fundamentais para a sua realização, que são exatamente os previstos nos incisos I e II do art. 604: a data da resolução da sociedade e o critério de apuração de haveres.

O que acontecia, então? Como o juiz não havia estabelecido esses balizamentos, o perito adotava a data de resolução e o critério que lhe parecessem os mais adequados. Claro, os profissionais encarregados da perícia não são necessariamente os mais bem preparados para fixarem o marco temporal e interpretarem a cláusula de apuração de haveres constante do contrato social. Na verdade, essas são tarefas próprias e exclusivas do juiz, por representarem o *cerne* da prestação jurisdicional buscada pelo sócio desligado ou pela sociedade parcialmente dissolvida.

Com a entrada em vigor do CPC, a decisão dessas questões passa a anteceder a realização da perícia. Aliás, pode-se até mesmo dizer que a principal justificativa para a disciplina da ação de dissolução parcial como um procedimento especial reside precisamente nesse ponto, na indispensabilidade de o Poder Judiciário definir a data da resolução da sociedade e o critério de apuração a ser observado *antes* de o perito iniciar seus trabalhos. A outra grande justificativa encontra-se na obrigatoriedade do depósito judicial da parte incontroversa e seu levantamento pelo sócio desligado, mesmo antes da finalização da apuração de haveres (CPC, art. 606, §§1º e 2º).

Também é consequência imediata e necessária dessa definição prévia dos balizamentos da perícia a absoluta *impossibilidade* de o perito afastar-se do estabelecido no despacho judicial. Não pode mais o perito, por exemplo, avaliar a sociedade por critérios patrimoniais se o juiz tiver decidido, ao instaurar a apuração de haveres, que o critério contratado pelos sócios foi o econômico, ou vice-versa. Também não pode mais o perito avaliar a situação da sociedade na data em que foi nomeado, ou outra qualquer que lhe parecer mais pertinente, devendo forçosamente observar a fixada pelo juiz no despacho inicial da apuração de haveres.

Caso venha a ter efetividade essa simples previsão do CPC e os juízes realmente fixarem, desde logo, a data da resolução da sociedade e o critério de apuração de haveres, atendendo-se, em caso de omissão, *estritamente* ao que vem contido no contrato social e respeitando o disposto nos arts. 1.031 do CC e 606 do CPC, as ações de dissolução parcial de sociedades ganharão muito em racionalidade, celeridade e adequação ao direito.

Informação bibliográfica deste texto, conforme a NBR 6023:2002 da Associação Brasileira de Normas Técnicas (ABNT):

COELHO, Fábio Ulhoa. Apuração de haveres na ação de dissolução de sociedade. In: RIBEIRO, Marcia Carla Pereira; CARAMÊS, Guilherme Bonato Campos (Coord.). *Direito empresarial e o CPC/2015*. 2. ed. rev., ampl. e atual. Belo Horizonte: Fórum, 2018. p. 17-32. ISBN 978-85-450-0523-0.

CAPÍTULO 2

LEGITIMIDADE NA AÇÃO DE DISSOLUÇÃO PARCIAL NAS SOCIEDADES CONTRATUAIS NO CPC/2015

Marlon Tomazette

2.1 Introdução

Ao longo da vida da sociedade, é possível que haja a sua dissolução parcial, com a saída do sócio e a resolução do seu vínculo em relação à própria sociedade, com o eventual pagamento da apuração de haveres. Tais pretensões podem ser exercidas de modo extrajudicial ou de modo judicial, neste último caso por meio da chamada ação de dissolução parcial, prevista nos artigos 599 a 609 do Código de Processo Civil de 2015.

Dentro desse novo panorama normativo, surgem inúmeras questões sobre a legitimidade processual dentro do referido procedimento, tanto na legitimação ativa, quanto na legitimação passiva. O propósito do presente trabalho é sistematizar as discussões sobre a legitimidade para o referido processo, apontando possíveis soluções na interpretação do CPC/2015.

Em primeiro lugar, será estudada a natureza contratual das sociedades, com as suas peculiaridades, para justificar a possibilidade da dissolução parcial, em razão da natureza *sui generis* do contrato.

A partir dessa natureza, serão indicadas e explicadas as hipóteses de dissolução parcial da sociedade, sob a ótica do Código Civil, bem como o reflexo patrimonial da dissolução parcial (apuração de haveres), para, então analisar a referida ação no CPC/2015, com enfoque especificamente na legitimidade para o processo.

2.2 As sociedades contratuais – o contrato plurilateral

A sociedade se forma pela manifestação de vontade de duas ou mais pessoas (art. 981 do Código Civil de 2002). Tal manifestação é o ato constitutivo das sociedades, imprescindível para sua formação. Caio Mário da Silva Pereira nos define o ato constitutivo como o "instrumento continente da declaração da vontade criadora e a bem dizer é a causa geradora primária do ente jurídico". Normalmente, é um ato reduzido a escrito, assinado por todos os sócios, que define a configuração da sociedade.

Nas sociedades, é imprescindível a existência de uma finalidade comum, o que não ocorre nos contratos bilaterais típicos ou contratos de permuta, pois em tais contratos cada parte tem uma finalidade diversa. "Nos contratos de troca o escopo perseguido por cada um dos contratantes é diverso (assim, o vendedor pretende obter o preço, o comprador a coisa), e cada um dos contratantes alcança seu escopo mediante a prestação do outro".[1] As prestações dos contratantes não são contrapostas, mas sim dirigidas a um fim comum.

Outrossim, nos contratos bilaterais se aplica a exceção do contrato não cumprido (art. 476 do Código Civil de 2002), pela qual uma das partes não é obrigada a cumprir sua prestação se a outra não cumprir a sua. Tal exceção não se aplica nas sociedades, uma vez que as obrigações dos sócios são independentes.

Diante desses problemas, Tullio Ascarelli desenvolveu a teoria do contrato plurilateral. O ato constitutivo das sociedades é um contrato, pois há uma contraposição de vontades, mas não é um contrato bilateral típico, é um contrato plurilateral.

Tal espécie contratual, normalmente chamada de contrato de colaboração e organização, está submetida ao regime geral dos contratos (BUONOCORE, 2000, p. 34), possuindo algumas características que lhe dão os contornos aptos a justificar a natureza jurídica dos atos constitutivos das sociedades.

Nos contratos bilaterais ou de permuta, por mais pessoas que estejam envolvidas, podemos falar em apenas dois polos; no contrato de compra e venda, ou se é comprador ou se é vendedor. Diferente é a situação nos contratos plurilaterais: nestes podem existir dois ou mais polos, duas ou mais partes, assumindo, todas as partes, direitos

---

[1] Tradução livre de *"nei contratti di scambio lo scopo perseguito da ciascusno dei contraenti é diverso (così il venditore intende avere il prezzo, il compratore la cosa) e ciascun contraente raggiunge il suo scopo mediante la prestazione dell'altro"*. (FERRARA JUNIOR; CORSI, 1999, p. 251).

e obrigações. O contrato plurilateral não significa necessariamente a existência de mais de dois polos, a existência de apenas duas partes não retira tal característica, continuará existindo a possibilidade de mais de duas, em oposição aos contratos bilaterais típicos (JAEGER; DENOZZA, 2000, p. 95; MARASÁ, 2000, p. 125). Trata-se de um contrato "potencialmente plurilateral: novas partes podem somar-se às partes originárias [...] sem que isso represente a estipulação de um novo contrato".[2]

Nos contratos plurilaterais o escopo objetivado abandona o campo exclusivo dos motivos e passa a gozar de uma importância, enquanto elemento unificador das várias adesões, e determinante nos direitos e deveres das partes. Nos contratos plurilaterais, todas as partes buscam o mesmo fim, não são partes animadas com intuitos diversos como no contrato de compra e venda, no qual uma quer a coisa, e a outra quer o preço. São "contratos com mais de duas partes, nos quais as prestações de cada um são dirigidas ao atendimento de uma finalidade comum".[3]

Ao contrário dos contratos de permuta, em que cada parte assume a obrigação para com apenas uma outra parte, nos contratos plurilaterais, todas as partes assumem obrigações para com todas as outras e para com a sociedade. E mais, assumem o mesmo tipo de obrigação, como preleciona Tullio Ascarelli (1969, p. 275): "todas as partes de um mesmo contrato plurilateral gozam de direitos do mesmo tipo [...] nos demais contratos, ao contrário, o direito de cada parte é tipicamente distinto daquele da parte contrária".

O contrato plurilateral não é um fim em si, sua função não termina com o cumprimento das obrigações pelas partes, ele é um instrumento para um fim maior. A execução das obrigações das partes constitui uma premissa para uma atividade ulterior, cuja realização, mesmo após o cumprimento das obrigações das partes, é o objetivo do contrato. "Nos contratos plurilaterais é mister distinguir entre o que respeita à formação do contrato e o que respeita ao preenchimento da função instrumental dele: os requisitos exigidos a este último respeito não visam apenas o momento da conclusão do contrato, mas, também à vida da organização e devem, por isso, continuamente subsistir" (ASCARELLI, 1969, p. 273-274). As partes ingressam no contrato não

---

[2] Tradução livre de "*contratto potenzialmente plurilaterale: nuove parti possono aggiungersi alle parti originarie* [...], *senza che ciò comporti stipulazione di un nuovo contratto*". (GALGANO, 1999, p. 268).

[3] Tradução livre de "*Contratti con più di due parti, in cui le prestazioni di ciascuno sono dirette al conseguimento di uno scopo comune*". (GALGANO, 1999, p. 268).

para obter o cumprimento da obrigação da outra parte, mas para uma finalidade posterior e maior, o exercício da atividade.

Os vícios na adesão de uma das partes afetam tão somente a sua adesão e não todo o contrato (FERRARA JUNIOR; CORSI, 1999, p. 253), pois nos contratos plurilaterais é possível distinguir o que diz respeito à adesão de cada parte e o que diz respeito ao contrato como um todo (FERRARA JUNIOR; CORSI, 1999, p. 285). É possível continuar a sociedade, mesmo com a anulação ou nulidade de alguma adesão e mesmo após a morte ou incapacidade de qualquer dos membros. Há que se ressaltar que a continuidade do contrato não é uma regra absoluta, mas uma possibilidade, pois, se com a saída de qualquer sócio, seja por um vício na sua adesão, seja pelo seu falecimento, deixar de existir a finalidade comum, o contrato será extinto.

Ao contrário dos contratos bilaterais típicos, o contrato plurilateral permite o ingresso de novas partes, sem que isso implique a formação de um novo contrato, porquanto a finalidade objetivada pelas partes é maior, podendo ultrapassar as possibilidades dos membros originários, o período da sua existência, ou mesmo do ânimo dos sócios na condução dos negócios. Desse modo, o ingresso de novas partes permite novos investimentos, e também a revitalização das forças dos membros na condução da atividade.

Nos contratos bilaterais, se uma das partes não cumpre suas obrigações, não pode exigir o cumprimento das obrigações da outra parte (art. 474 do Código Civil de 2002), e tal fato pode conduzir à extinção do contrato. Já nos contratos plurilaterais, tal exceção não se aplica. A inexecução da obrigação de uma das partes não implica a dissolução do contrato, dada a distinção entre o que concerne à adesão da parte e ao que concerne ao contrato em si. Além disso, tal inexecução não implica a extinção do contrato, mas pode implicar tão somente a dissolução do vínculo do sócio faltoso. "O inadimplemento de uma das partes não dá direito às outras de recusar sua contribuição, ou de pedir a resolução do contrato, mas apenas de excluir da relação o inadimplente".[4]

O regime contratual geral, acrescido das peculiaridades do contrato plurilateral, as quais são aptas a superar os inúmeros problemas decorrentes das relações societárias, mostra, a nosso ver, uma solução coerente e tecnicamente correta a respeito da natureza jurídica do ato constitutivo das sociedades. Diante disso, tal doutrina possui a aceitação

---

[4] Tradução livre de *"l'inadempimento di una delle parti non da diritto alle altre di rifiutare il proprio conferimento o di chiedere la risoluzione del contrattto, ma solo de escludere dal rapporto l'inadempiente"*. In: (FERRARA JUNIOR; CORSI, 1999, p. 253).

quase unânime da doutrina pátria,[5] podendo-se afirmar que, em relação às sociedades regidas pelo Código Civil de 2002, a natureza jurídica do seu ato constitutivo é de um contrato plurilateral.[6]

2.3 Da resolução da sociedade em relação a um sócio (dissolução parcial)

Além da cessão, os sócios podem sair da sociedade resolvendo o seu vínculo com ela.

Em se tratando de sociedade regida pelo Código civil, o ato constitutivo tem natureza de contrato plurilateral, o qual é um contrato *sui generis* que, dentre outras peculiaridades, permite distinguir o que diz respeito ao contrato como um todo e o que diz respeito à adesão de uma parte (ASCARELLI, 2001, p. 413). Diante disso, é possível que, quanto a problemas relativos a um único sócio, se dissolva apenas o seu vínculo, mantendo-se a sociedade.

Assim, a construção do contrato plurilateral permite que se atenda também ao princípio da preservação da empresa, pelo qual, sempre que possível, há que se manter a empresa como organismo econômico produtor de riquezas, tendo em vista os inúmeros interesses envolvidos, como os dos trabalhadores, do fisco e dos consumidores (ESTRELLA, 2001, p. 34; COELHO, 2002, p. 444-445). Ademais, há que se atentar para a função social que a sociedade desempenha, equacionando os interesses da sociedade, dos sócios que saem da sociedade, ou seus herdeiros, e dos sócios que permanecem.

Em face disso, doutrina e jurisprudência consagraram a figura da dissolução parcial, na qual a sociedade se resolve apenas em relação a um sócio, continuando a existir normalmente, mesmo que isso acarrete uma unipessoalidade temporária, que é admitida por 180 dias pelo Código Civil. Por uma precisão terminológica, é oportuno afirmar que o fenômeno regido pelo Código Civil de 2002 sob o título de resolução abrange tanto hipóteses de resolução decorrente do inadimplemento, como hipóteses de resilição decorrente da vontade de um sócio (GOMES, 1999, p. 183).

---

[5] Tal solução não é aceita pacificamente em relação às sociedades anônimas, nas quais alguns autores, a nosso ver com razão, pugnam pela aceitação da teoria do ato institucional.

[6] (REQUIÃO, 1998, p. 344); (BULGARELLI, 1998, p. 24); (COELHO, 2002, p. 374); (MARTINS, 1998, p. 189); (BORBA, 2003, p. 31); (GOMES, 1999, p. 393); (ROQUE, 1997, p. 31); (FAZZIO JUNIOR, 2000, p. 152); (HENTZ, 2000, p. 94-95); (CAMPINHO, 2004, p. 59).

A resolução do contrato societário relativamente a um sócio pode ter lugar nos casos de morte, exclusão e recesso.

2.3.1 A morte de um sócio

De acordo com o Código Civil, no caso de morte de um sócio deve, a princípio, ocorrer a resolução da sociedade apenas no que tange ao vínculo daquele sócio, liquidando-se suas quotas, apurando-se seus haveres e entregando-os aos seus herdeiros (art. 1.028). A sociedade, a princípio, não deve ser extinta. Deve-se apenas apurar o que seria devido ao sócio, caso a sociedade seja extinta, e transferir os valores aos herdeiros, em virtude do direito de crédito inerente à qualidade de sócio, que lhes é transferido.

A natureza personalista da relação entre os sócios impede que haja de pleno direito a transmissão da condição de sócio aos herdeiros do sócio falecido (FERRARA JUNIOR; CORSI, 1999, p. 321), pois não é indiferente para a vida da sociedade quem adquire a qualidade de sócio. Todavia, havendo acordo dos sócios remanescentes ou cláusula contratual com os herdeiros, pode haver a substituição do sócio falecido, não havendo sequer a dissolução parcial da sociedade, mas apenas a entrada de um novo sócio. No caso da cláusula contratual, é óbvio que o ingresso dos herdeiros no quadro societário dependerá da manifestação deles, pois a declaração de vontade do sucedido não pode criar obrigações para eles. Trata-se de direito potestativo dos herdeiros, o ingresso na sociedade, no caso de previsão contratual (cláusula de continuidade) (CAVALLI, 2011, p. 157).

De outro lado, a natureza personalista da sociedade pode impedir o prosseguimento da empresa, diante da importância que o sócio falecido possuía na vida da sociedade. Nesse caso, os sócios podem deliberar a dissolução total da sociedade, que agora não é consagrada como a regra, mas como uma exceção que depende da manifestação dos sócios em assembleia, ou no próprio contrato social.

Em síntese: no caso de morte de um sócio, deve ocorrer a resolução do contrato em relação apenas ao vínculo deste, salvo no caso de se decidir a dissolução total da sociedade, ou a substituição do sócio falecido por acordo com os seus herdeiros.

2.3.2 Recesso

Outra forma de resolução da sociedade relativamente a apenas um sócio é a saída deste por iniciativa própria, vale dizer, ele se retira da sociedade, apurando os seus haveres. A retirada do sócio, também denominada recesso, pode ocorrer em diversas situações, variando de acordo com a duração da sociedade.

Tratando-se de sociedade por prazo indeterminado, assiste ao sócio o direito de a qualquer tempo se retirar apurando os seus haveres (COELHO, 2002, p. 420; LUCENA, 1997, p. 567), não implicando tal fato dissolução da sociedade. Essa possibilidade de retirada é um corolário da natureza contratual de tais sociedades, vigendo o princípio de que ninguém é obrigado a ficar preso a um contrato por toda a sua vida, podendo denunciá-lo a qualquer momento, retirando-se.[7]

Nas sociedades simples, exige-se apenas a notificação dos demais sócios com antecedência mínima de 60 dias, a fim de lhes possibilitar analisar os efeitos de tal retirada sobre a sociedade. Tal manifestação de vontade será o marco final da condição de sócio e servirá também de data-base para a definição da apuração de haveres.[8] Reconhecendo a natureza personalista e a possível influência determinante do sócio que se retira, admite-se que os demais sócios deliberem a dissolução total da sociedade até 30 dias após a notificação (art. 1.029, parágrafo único, do Código Civil de 2002).

Nas sociedades por prazo determinado, não se admite a denúncia imotivada do contrato, exigindo-se, para o recesso do sócio, o reconhecimento judicial de uma justa causa para tanto. Nesse particular, o Código Civil de 2002 foi um tanto quanto lacônico, na medida em que não define a justa causa para a retirada dos sócios nas sociedades por prazo determinado (ANDRADE JUNIOR, 1999, p. 120).

Pier Giusto Jaeger e Francesco Denozza afirmam que tal justa causa se identifica com eventos que não permitem a continuação da sociedade (2000, p. 163). Francesco Messineo fala que há justa causa quando não mais existe a confiança nos outros sócios (1954-1956, p. 321). A decisão da existência ou não de justa causa deverá ser apreciada caso a caso pelo juiz, podendo-se ter como uma ideia geral a quebra da relação de confiança entre os sócios e da *affectio societatis*.[9]

---

[7] (DE CUPIS, 1978, p. 21), (GOMES, 1999, p. 185), e (PEREIRA, 1993, p. 101).
[8] STJ – 3ª Turma – Resp 646221/PR, Relatora p/ acórdão Ministra Nancy Andrighi, *DJ* de 30.05.2005.
[9] STJ – 4ª Turma – Resp 65439/MG, Relator Ministro Sálvio de Figueiredo Teixeira, *DJ* de 24.11.1997.

2.3.3 Exclusão do sócio

Por derradeiro, também configura uma das hipóteses de resolução da sociedade relativamente a um sócio a sua exclusão por iniciativa da sociedade, ou de pleno direito (MOSSA, 1951, p. 326).

2.3.3.1 Exclusão de pleno direito

A exclusão de pleno direito ocorre nos casos em que a quota do sócio é liquidada em virtude da sua falência pessoal, ou da iniciativa de seus credores pessoais (art. 1.030, parágrafo único combinado com o artigo 1.026, ambos do Código Civil de 2002). Nessas hipóteses, deixa de existir a quota do sócio, isto é, deixa de existir a sua contribuição para o capital social, não mais se justificando a atribuição da condição de sócio a ele (FERRARA JUNIOR; CORSI, 1999, p. 327). Nesses casos, fala-se em dissolução de pleno direito, pois ela independe de decisão judicial ou deliberação dos outros sócios.

2.3.3.2 Exclusão pela sociedade

A par da exclusão de pleno direito, existe a exclusão por iniciativa da sociedade.

Tal exclusão se justifica pelo princípio da preservação da atividade exercida pela sociedade, isto é, por razões de ordem econômica que impõem a manutenção da atividade produtora de riquezas, em virtude dos interesses de trabalhadores, do fisco e da comunidade. O ordenamento jurídico deve assegurar os meios capazes de expurgar todos os elementos perturbadores da vida da sociedade, uma vez que a sua extinção pode afetar os interesses sociais na manutenção da atividade produtiva (NUNES, 2001, p. 58; BERTOLDI; RIBEIRO, 2001, p. 229).

E não se diga que se trata de uma medida drástica contra os sócios, que teriam interesses que devem ser respeitados. Conforme se verá, a exclusão não é imotivada, e o motivo dela faz com que prevaleça o interesse da sociedade em detrimento do interesse individual do sócio, ainda que majoritário, "cuja presença é elemento pernicioso para o seu normal funcionamento e para a prosperidade da sua empresa" (NUNES, 2001, p. 58).

São possíveis motivos da exclusão: (a) grave inadimplência das obrigações sociais; (b) incapacidade superveniente; (c) impossibilidade do pagamento de suas quotas.

Ao subscrever uma quota do capital social, os sócios adquirem direitos, mas também assumem obrigações diversas além daquela de contribuir para o capital social. Para a exclusão do sócio, deve haver o descumprimento de tais obrigações. Todavia, não se trata de qualquer inadimplemento, mas daquele que impede ou dificulta extremamente a continuação da sociedade, o que se depreende do adjetivo *grave*. Para a exclusão, "a conduta do sócio faltoso prejudica de tal modo a empresa que a sua exclusão se torna a única forma de proteger a organização econômica de que a sociedade é titular" (NUNES, 2001, p. 73).

Nesse particular, em relação às sociedades de pessoas, assume especial relevo o chamado dever de colaboração (GALGANO, 1999, p. 389; NUNES, 2001, p. 84-85), que consiste na cooperação do sócio para se alcançar o fim comum objetivado pela sociedade. Caso haja a violação desse dever, a presença do sócio é inútil para a sociedade, e por vezes até prejudicial (NUNES, 2001, p. 84), justificando, por conseguinte, a sua exclusão. A título exemplificativo, imagine-se o sócio que vota em sentido contrário a determinadas decisões, por mero capricho e não para defender os interesses sociais, ou que atrapalha os atos dos administradores, travando a agilização da vida da sociedade. A mera quebra da *affectio societatis* não é motivo suficiente para exclusão do sócio, sendo essencial que se analise o motivo que gerou essa quebra.[10]

Outro caso de exclusão do sócio, que tem o mesmo fundamento, é a incapacidade superveniente, entendida como a perda da capacidade de agir por si só. Nesse caso, o sócio não pode cooperar para o fim social, não se justificando sua presença em uma sociedade de pessoas. Ademais, em tal tipo de sociedade não se admite a intromissão de um terceiro estranho, tutor ou curador do sócio incapaz, pelo que se justifica a sua exclusão (NUNES, 2001, p. 172).

Por fim, admite-se a exclusão do sócio remisso constituído em mora pela notificação da sociedade para pagamento de sua parte no prazo de 30 dias. Em tal caso, também há uma violação grave ao dever primordial do sócio, que é contribuir para o capital social, e consequentemente para a formação de uma base material para o exercício da atividade.

Ressalvada a hipótese do sócio remisso (ANDRADE JUNIOR, 1999, p. 122), que pode ser excluído extrajudicialmente, a exclusão deve ser decretada judicialmente (art. 1.030), o que protege os sócios minoritários de eventuais desmandos dos sócios majoritários. Nesse particular, acreditamos que a melhor orientação seria aquela do direito

---

[10] STJ – REsp 1129222/PR, Rel. Ministra Nancy Andrighi, Terceira Turma, julgado em 28.06.2011, *DJe* 1º.08.2011.

italiano, que assegura aos demais sócios o direito de deliberar a exclusão, assegurando ao excluído o recurso ao Poder Judiciário (GALGANO, 1999, p. 390-391). Isso porque a quebra do dever de colaboração pode prejudicar de tal maneira a consecução do fim social, que a demora do trâmite de uma ação judicial poderia conduzir a resultados desastrosos para a própria preservação da sociedade.

Especificamente em relação às limitadas, o Código Civil de 2002 admite a exclusão extrajudicial de um sócio por justa causa, desde que haja previsão no contrato social admitindo tal despedida (art. 1.085). Tal exclusão deverá ser deliberada pela maioria do capital social, em assembleia convocada especificamente para tal finalidade, com a notificação do sócio para, querendo, comparecer e exercer o direito de defesa.

Não se trata de um mero ato discricionário da sociedade; deve haver uma justa causa para excluir o sócio, pois este tem um direito de permanecer na sociedade, enquanto cumpra suas obrigações. Assim, a exclusão do sócio estará imediatamente ligada ao descumprimento do dever de colaboração ativa do sócio (LEÃES, 1995, p. 91), pois tal descumprimento torna inútil a permanência do sócio na sociedade, justificando a sua exclusão pela prevalência do interesse social. A mera quebra da *affectio societatis* não é motivo suficiente para exclusão do sócio, sendo essencial que se analise o motivo que gerou essa quebra.[11]

Tal exclusão extrajudicial é perfeitamente constitucional, pois não viola as garantias constitucionais do devido processo legal e da inafastabilidade da apreciação do poder judiciário. A despedida será feita em obediência ao procedimento previsto na lei e não precisa ser judicial, pois o sócio excluído poderá ter acesso ao poder judiciário, se entender que seus direitos foram violados (LEÃES, 1995, p. 92-93).

A ausência da cláusula contratual não implica a impossibilidade da exclusão, mas apenas haverá a necessidade de uma decisão judicial para tanto (COELHO, 2002, p. 416). Ora, a exclusão é um direito inerente à finalidade comum do contrato de sociedade e, por isso, independe de previsão contratual ou legal (NUNES, 2001, p. 61-62). A presença ou não da previsão contratual influirá apenas na forma da exclusão, judicial ou extrajudicial, e não na sua possibilidade.

O mesmo raciocínio deve ser aplicado para a exclusão do sócio majoritário, pois em relação a este não será alcançada a exigida maioria

---

[11] STJ – REsp 1129222/PR, Rel. Ministra Nancy Andrighi, Terceira Turma, julgado em 28-6-2011, DJe 1º.08.2011.

do capital social, para deliberar a exclusão do sócio extrajudicialmente. Assim sendo, para a exclusão do sócio majoritário será necessária uma decisão judicial, provocada pelo ajuizamento de uma ação, uma vez que não se poderá atingir a maioria do capital social.

2.4 Apuração de haveres

Operada a resolução da sociedade em relação a um sócio, pode ser exercido por este um dos direitos patrimoniais inerentes à condição de sócio, qual seja, a apuração dos seus haveres, vale dizer, o recebimento de sua parte no patrimônio da sociedade. Ao contribuir para o capital social e adquirir a qualidade de sócio, este passa a ser titular de um direito potencial de crédito, consistente na divisão do patrimônio social, o qual se concretiza no caso de resolução em relação a um sócio.

Tal direito também pode ser exercido nos casos de dissolução total da sociedade, daí a confusão terminológica e a utilização da expressão *dissolução parcial* para os casos que geram a apuração de haveres (ESTRELLA, 2001, p. 82). Essa confusão é justificável na medida em que para o sócio ou para os seus herdeiros não há nenhuma diferença concreta. Todavia, há uma grande diferença: na apuração de haveres, a sociedade deve continuar a existir, ao passo que, na dissolução, a finalidade é extinguir a sociedade. Além disso, na dissolução surge um novo órgão, o liquidante, enquanto na apuração de haveres a relação se desenvolve entre o sócio e a sociedade (ESTRELLA, 2001, p. 83).

Para a apuração de haveres, é necessária a dissolução do vínculo de um sócio em relação à sociedade e a manutenção da sociedade. Diante de tal situação, o sócio faz jus à liquidação da sua quota, isto é, faz jus a uma parte do patrimônio da sociedade. Para este mister, são necessários dois procedimentos: a determinação do patrimônio da sociedade e a definição do quinhão que toca a cada um dos sócios e, consequentemente, do quinhão do sócio que se afastou da sociedade, ou de seus herdeiros.

A determinação do patrimônio de uma sociedade é feita por meio do levantamento de um balanço patrimonial, que é um processo técnico contábil, pelo qual se define a situação patrimonial da sociedade num dado momento, e segundo a finalidade que presidiu o seu levantamento (ESTRELLA, 2001, p. 144). Para a apuração de haveres, exige-se um balanço especial (art. 1.031 do Código Civil de 2002) que defina a situação patrimonial da sociedade na data da resolução, isto é, na data da morte do sócio, na data da exclusão ou na data da manifestação de vontade no caso de recesso,[12] levando-se em consideração os valores prováveis de liquidação dos bens componentes do patrimônio da sociedade.

A princípio, não se pode utilizar o balanço do exercício, na medida em que este se destina à finalidade restrita de apuração dos resultados da gestão social naquele exercício (ESTRELLA, 2001, p. 149). Todavia, a autonomia da vontade permite que os próprios sócios convencionem a utilização do balanço do exercício (NUNES, 2001, p. 287; FERRARA JUNIOR; CORSI, 1999, p. 333-334), haja vista que a livre manifestação da vontade das partes é válida, e nesse particular não está eivada de qualquer vício.

Apurado o valor patrimonial da sociedade, há que se determinar a parte em dinheiro que caberia a cada sócio se a sociedade fosse extinta. Nesse particular, andou muito bem o Código Civil de 2002 ao determinar que tal divisão leve em conta o capital efetivamente realizado (art. 1.031). Ora, se foi o capital efetivamente realizado que permitiu que a sociedade se desenvolvesse e alcançasse o patrimônio que possui, é nessa medida que esse patrimônio deve ser dividido. Ressalte-se que a divisão levará em conta o capital realizado por todos os sócios, e não apenas pelo que faz jus à apuração de haveres.

Definido o valor a ser recebido, a título de apuração dos haveres, ele deve ser pago no prazo de 90 dias contados da liquidação da quota, salvo disposição em contrário do contrato social. Este pode e, normalmente, fixa o procedimento para o pagamento dos haveres do sócio falecido, do que se retira ou do que é excluído, prevendo o tempo e a forma de pagamento.

Feito o pagamento do sócio que não mais faz parte da sociedade, a princípio deve ser operada a redução do capital social na proporção das quotas que ele possuía, pois não mais existe a contribuição que justificava a existência das quotas. Entretanto, admite-se que os demais sócios supram o valor da quota, mantendo íntegro o capital social.

2.5 Ação de dissolução parcial de sociedade – duas pretensões no mesmo procedimento

Com o CPC/2015, passa a existir um procedimento especial para a dissolução parcial de sociedades, nos artigos 599 a 609. Os sócios e a sociedade, conforme o caso, serão citados para concordar com o pedido

---

[12] STJ – 3ª Turma – Resp 646221/PE, Relatora p/ acórdão Ministra Nancy Andrighi, *DJ* de 30.05.2005.

ou apresentar contestação no prazo de 15 dias. Regularmente citada, a sociedade poderá ainda formular pedido de indenização compensável com o valor dos haveres a apurar, como uma espécie de reconvenção no caso. Com manifestação expressa de todos os citados e concordância quanto ao pedido de dissolução, o juiz julgará de imediato o pedido de dissolução, iniciando a liquidação para apuração de haveres. Nos demais casos, será seguido o procedimento tradicional (réplica, produção de provas...) até a prolação da sentença.

Em todo caso, ao sentenciar o feito o juiz deve, além de decidir os pedidos formulados, fixar a data da resolução, definir o critério de apuração de haveres e nomear o perito, se necessário. O juiz determinará à sociedade ou aos sócios que nela permanecerem que depositem em juízo a parte incontroversa dos haveres devidos, salvo previsão contratual diversa sobre a forma de pagamento que prevalecerá.

Para a fixação da data da resolução, o artigo 605 do CPC/2015 dá parâmetros para a decisão do juiz. Assim, no caso de falecimento do sócio, a data da resolução será a data do óbito. No caso de retirada imotivada, será o sexagésimo dia seguinte ao do recebimento, pela sociedade, da notificação do sócio retirante. No recesso motivado, será considerado o dia do recebimento da notificação pela sociedade. Na exclusão extrajudicial, será considerada a data da deliberação. Na exclusão judicial e no recesso por justa causa nas sociedades por prazo determinado, será considerada a data do trânsito em julgado da decisão que dissolver a sociedade.

Para fixar o critério de apuração dos haveres, o juiz deverá atentar, em primeiro lugar, ao disposto no contrato social, dando-se primazia aqui a autonomia da vontade. No silêncio do contrato social, o juiz deverá definir "como critério de apuração de haveres, o valor patrimonial apurado em balanço de determinação, tomando-se por referência a data da resolução e avaliando-se bens e direitos do ativo, tangíveis e intangíveis, a preço de saída, além do passivo também a ser apurado de igual forma" (CPC/2015 – art. 606), vale dizer, o valor patrimonial real da sociedade, incluindo-se os intangíveis. Sendo necessária perícia, o juiz nomeará o perito, preferencialmente dentre pessoas especializadas em avaliação de sociedades. A data da resolução e o critério de apuração de haveres podem ser revistos pelo juiz, a pedido da parte, a qualquer tempo antes do início da perícia.

Após tal sentença, segue-se a fase de liquidação com a definição dos valores devidos. Com a liquidação, pode-se seguir na fase de cumprimento de sentença, obedecendo, porém, ao que estiver previsto no estatuto, sobre a forma de pagamento dos haveres. Até a data da resolução, incluem-se a participação nos lucros ou os juros sobre o capital próprio declarado pela sociedade e, se for o caso, a remuneração como administrador. Após a data da resolução, só incidirão correção monetária dos valores apurados e os juros contratuais ou legais.

Tal procedimento especial pode ter por objetivo o reconhecimento da resolução por morte, recesso ou exclusão do sócio, numa pretensão de caráter nitidamente constitutivo, pois o objetivo do processo no caso será a resolução do vínculo contratual, isto é, a alteração de uma relação jurídica já existente.

Além disso, o mesmo procedimento pode ser usado para uma pretensão de caráter condenatório, que consistirá na condenação pagamento da apuração de haveres, criando uma obrigação de pagar o valor apurado. Veja-se que a pretensão aqui não envolve mais a resolução do vínculo contratual, mas apenas o pagamento decorrente desta dissolução parcial.

O tratamento unitário das duas pretensões é equivocado e gera dúvidas na aplicação dos dispositivos que geram certa insegurança jurídica (FRANÇA; ADAMEK, 2016, p. 17-18). Apesar de tratadas no mesmo procedimento pelo CPC/2015, podendo até serem cumuladas, as pretensões são distintas, inclusive na sua natureza o que, naturalmente, vai influenciar a legitimação das partes para o feito.

2.6 Legitimidade na ação de apuração de haveres

A ação de dissolução parcial prevista no CPC pode ser usada com o objetivo exclusiva de obter o pagamento da apuração de haveres. Veja-se que a pretensão aqui não envolve mais a resolução do vínculo contratual, mas apenas o pagamento decorrente dessa dissolução parcial.

Nesse caso, a ação deverá ser proposta pelos titulares do direito de crédito, isto é, o próprio sócio que teve seu vínculo resolvido, pois é ele que tem o direito patrimonial ao recebimento de parte do patrimônio líquido da sociedade. Assim, o sócio excluído (CPC/2015, art. 600, V) ou que exerceu o recesso é quem terá a legitimidade ativa para ajuizar a ação que vise ao pagamento dos haveres que lhe são devidos.

No caso de dissolução parcial em razão do falecimento do sócio, tal ação deverá ser proposta pelo espólio enquanto não encerrada a partilha (CPC/2015, art. 600, I) e pelos sucessores após o encerramento da partilha (CPC/2015, art. 600, II). Excepcionalmente, antes da partilha a legitimidade pode ser estendida aos coerdeiros, desde que no interesse do espólio, como já decidiu o STJ: "A legitimidade ativa, em decorrência do direito de saisine e do estado de indivisibilidade da herança, pode ser estendida aos coerdeiros, antes de efetivada a partilha. Essa ampliação excepcional da legitimidade, contudo, é ressalvada tão somente para a proteção do interesse do espólio".[13]

A própria sociedade poderá ajuizar ação para obter a dissolução parcial da sociedade, no caso de sócio falecido, se não for o caso de cessão das quotas *causa mortis*. Vale dizer, se não houver cláusula contratual autorizando a entrada dos herdeiros nem acordo com os demais sócios, ocorrerá a dissolução parcial da sociedade, que poderá ser formalizada por meio da ação de dissolução parcial, mas cujo objetivo primordial é o pagamento da apuração de haveres aos herdeiros do sócio falecido. Trata-se de uma ideia muito similar à de uma consignatória (FRANÇA; ADAMEK, 2016, p. 35-36).

O cônjuge ou companheiro do sócio cujo casamento, união estável ou convivência terminou poderá requerer a apuração de seus haveres na sociedade, que serão pagos à conta da quota social titulada por esse sócio (CPC/2015, art. 600, parágrafo único). Em todos esses casos, não há comunicação do estado de sócio, mas garante-se ao ex-cônjuge, ex-companheiro ou seus herdeiros o exercício de dois direitos patrimoniais, quais sejam, a participação nos lucros e a participação no acervo social. Os demais direitos inerentes à quota, como o direito de voto, permanecerão na pessoa do sócio originário. Com a ação de dissolução parcial, não há mais necessidade de se esperar a liquidação da sociedade, como estava previsto no artigo 1.027 do CC, assegurando-se imediatamente a possibilidade de ajuizamento da ação de apuração de haveres.

Em todo caso, a ação deverá ser ajuizada contra a própria sociedade, pois ela é quem deve pagar a apuração de haveres. Trata-se de pretensão que visa à condenação da própria sociedade ao pagamento dos haveres, pois o cálculo irá considerar o patrimônio da sociedade e não o patrimônio dos sócios.

O direito aos haveres é o direito ao recebimento de uma parcela do patrimônio da sociedade. Não se trata de uma compra das quotas pelos demais sócios, mas sim do recebimento de parcela do patrimônio da sociedade. Todo o cálculo do valor é feito em cima do patrimônio da sociedade, que não se confunde com o patrimônio dos sócios. Logo, não há dúvida de que a devedora da obrigação é a sociedade, e não os sócios remanescentes.

---

[13] REsp 1645672/SP, Rel. Ministro Marco Aurélio Bellizze, Terceira Turma, julgado em 22.08.2017, *DJe* 29.08.2017.

Ocorre que o artigo 604, §1º do CPC/2015 estabelece que "O juiz determinará à sociedade ou aos sócios que nela permanecerem que depositem em juízo a parte incontroversa dos haveres devidos", denotando alguma obrigação por parte dos sócios. No entanto, como já mencionado, a legitimidade processual é da sociedade, pois é ela que tem a obrigação de pagar o sócio ou seus sucessores. A nosso ver, o depósito é devido pela sociedade, mas pode ser feito pelos sócios, a fim de evitar a redução do capital social, isto é, o depósito pelos sócios é uma faculdade, e não uma obrigação.

Como dizem os professores Erasmo Valladão Azevedo e Novaes França e Marcelo Vieira von Adamek, o litisconsórcio passivo nessa pretensão é despropositado, pois a "devedora dos haveres será, sempre e sempre, a sociedade; mesmo em sociedades de responsabilidade ilimitada, os sócios não são devedores dos haveres" (FRANÇA; ADAMEK, 2016, p. 48).

2.7 Legitimidade na ação de dissolução parcial propriamente dita

Tal procedimento especial pode ter por objetivo o reconhecimento da resolução por morte, recesso ou exclusão do sócio, numa pretensão de caráter nitidamente constitutivo, pois o objetivo do processo no caso será a resolução do vínculo contratual, isto é, a alteração de uma relação jurídica já existente. Embora possa ser cumulada, não será considerada aqui a pretensão do pagamento da apuração de haveres, cujo item anterior deverá ser aplicado, sempre que houver a cumulação de pedidos.

2.7.1 Morte do sócio

No caso de morte do sócio, a ação poderá ser proposta pelo espólio do sócio falecido ou por seus sucessores, para buscar a declaração da resolução do vínculo do falecido. A legitimidade ativa será do espólio do sócio falecido, até a partilha, ou dos sucessores, após concluída a partilha do patrimônio do sócio falecido. Excepcionalmente, antes da partilha a legitimidade pode ser estendida aos coerdeiros, desde que no interesse do espólio.

Nos dois casos, a ação será ajuizada contra a sociedade e contra os demais sócios, na medida em que se trata de pretensão constitutiva negativa, que repercutirá na esfera jurídica tanto da sociedade como dos demais sócios. A sociedade não será citada se todos os seus sócios o forem, mas ficará sujeita aos efeitos da decisão e à coisa julgada (art. 601, p. único do CPC/2015), numa medida de excepcional ignorância a autonomia entre a sociedade e seus sócios.

De acordo com o artigo 600, III do CPC/2015, a própria sociedade poderá ajuizar ação se os sócios sobreviventes não admitirem o ingresso do espólio ou dos sucessores do falecido na sociedade, quando esse direito decorrer do contrato social. Nessa hipótese, a sociedade ajuíza a ação para obter a declaração da resolução do vínculo societário, uma vez que tal hipótese que se refere apenas aos casos em que não admite a entrada dos herdeiros (não houve acordo com os demais sócios nem há cláusula autorizando a continuidade com herdeiros).

2.7.2 Recesso

No caso de recesso, o próprio sócio terá legitimidade para propor a ação para reconhecer a dissolução do seu vínculo. No entanto, para obter a dissolução parcial, o sócio só poderá ajuizar a ação se a alteração contratual consensual efetivando o seu desligamento não for formalizada depois de transcorridos 10 (dez) dias do exercício do direito. Se a alteração não for formalizada, qualquer interessado poderá arquivar a notificação aos demais sócios, por qualquer forma, desde que ateste o recebimento por todos eles. A junta comercial fará a anotação da retirada do sócio e a sociedade deverá regularizar o quadro societário na próxima alteração contratual (IN n. 38/2017-DREI). Com tal formalização, a ação poderá ser ajuizada para buscar a apuração de haveres. Sem a formalização da saída, ação poderá ser ajuizada também com o objetivo de reconhecer a dissolução do vínculo.

Neste último caso (reconhecimento da dissolução do vínculo), a ação será ajuizada contra a sociedade e contra os demais sócios, na medida em que se trata de pretensão constitutiva negativa, que repercutirá na esfera jurídica tanto da sociedade como dos demais sócios. A sociedade não será citada se todos os seus sócios o forem, mas ficará sujeita aos efeitos da decisão e à coisa julgada (art. 601, p. único do CPC/2015), numa medida de excepcional ignorância a autonomia entre a sociedade e seus sócios.

2.7.3 Exclusão

Nos casos de exclusão, a ação poderá ser ajuizada pelo sócio excluído para impugnar sua exclusão no prazo de 3 anos (art. 48 do

CC).¹⁴ Todavia, não há nesse caso uma ação de dissolução parcial propriamente dita, mas uma ação de anulação da deliberação por falta dos requisitos necessários para a exclusão. Nessa perspectiva, a previsão do artigo 600, VI do CPC/2015 se limita à apuração de haveres (GUILHARDI, 2017, p. 30).

A própria sociedade poderá ajuizar a ação para obter a exclusão, quando não for admissível a exclusão extrajudicial do sócio. A exclusão do sócio é um direito da própria sociedade de se defender contra aqueles que põem em risco sua existência e sua atividade. É um direito inerente à finalidade comum do contrato de sociedade, independentemente de previsão contratual ou legal (NUNES, 2001, p. 61-62).

O direito de excluir o sócio faltoso é da sociedade e não dos demais sócios,¹⁵ por isso a sociedade é a autora da ação de exclusão. Sempre houve grande controvérsia neste ponto, mas a opinião que nos parece mais acertada é a legitimidade ativa da sociedade, pois as obrigações sociais violadas são para com a própria sociedade. É ela que tem o direito de receber a contribuição no caso do sócio remisso, é ela que é prejudicada pela quebra do dever de lealdade, logo, é dela a possibilidade de defender a sua própria continuidade. O texto do artigo 600, V do CPC/2015 resolve essa controvérsia deixando claro que a titularidade da pretensão de exclusão é da sociedade.

Em função dessa titularidade do direito à exclusão, é necessário que a sociedade delibere o ajuizamento da ação. Para se decidir pelo ajuizamento da ação, é necessária a concordância da maioria absoluta dos sócios, computados pela participação no capital social, conforme a opinião majoritária.¹⁶

Nos casos de exclusão, em que a sociedade for autora, a ação a princípio será ajuizada em face do sócio a ser excluído, podendo haver litisconsórcio ativo facultativo com os demais sócios, pois o artigo 601 se refere apenas a um litisconsórcio passivo. Não vemos a possibilidade dos demais sócios figurarem no polo passivo da demanda, pois eles não terão interesse contraposto ao da sociedade.

---

14 STJ – REsp 1459190/SP, Rel. Ministro Luis Felipe Salomão, Quarta Turma, julgado em 15.12.2015, *DJe* 01.02.2016.
15 Neste sentido: (NUNES, 2001, p. 253; CARVALHOSA, 2003, p. 323).
16 Desta forma: Enunciado 216 das III Jornadas de Direito Civil do CJF; (LORDI, 1943, p. 223), (MAMEDE, 2004, p. 160), (BORBA, 2003, p. 79), (WALD, 2005, p. 238), e (VERÇOSA, 2006, p. 153).

Referências

ANDRADE JUNIOR, Átila de Souza Leão. *O novo direito societário brasileiro*. Brasília: Brasília Jurídica, 1999.

ASCARELLI, Tullio. *Problemas das sociedades anônimas e direito comparado*. 2. ed. São Paulo: Saraiva, 1969.

BERTOLDI, Marcelo M.; RIBEIRO, Márcia Carla P. *Curso avançado de direito comercial*. São Paulo: Revista dos Tribunais, 2001, v. 1.

BORBA, José Edwaldo Tavares. *Direito societário*. 8. ed. Rio de Janeiro: Renovar, 2003.

BULGARELLI, Waldirio. *Sociedades comerciais*. 7. ed. São Paulo: Atlas, 1998.

BUONOCORE, Vincenzo. *Le società*. Milano: Giuffrè, 2000.

CAMPINHO, Sérgio. *O direito de empresa à luz do novo Código Civil*. 4. ed. Rio de Janeiro: Renovar, 2004.

CARVALHOSA, Modesto. *Comentários ao Código Civil*. São Paulo: Saraiva, 2003. v. 13.

CAVALLI, Cássio. *Sociedades limitadas*: regime de circulação das quotas. São Paulo: Revista dos Tribunais, 2011.

COELHO, Fábio Ulhoa. *Curso de direito comercial*. 5. ed. São Paulo: Saraiva, 2002. v. 2.

DE CUPIS, Adriano. *Istituzioni di diritto privato*. Milano: Giuffrè, 1978. v. 3.

ESTRELLA, Hernani. *Apuração de haveres*. Atualizado por Roberto Papini. 3. ed. Rio de Janeiro: Forense, 2001.

FAZZIO JUNIOR, Waldo. *Manual de direito comercial*. São Paulo: Atlas, 2000.

FERRARA JUNIOR, Francesco; CORSI, Francesco. *Gli imprenditori e le società*. 11. ed. Milano: Giuffrè, 1999.

FRANÇA, Erasmo Valladão Azevedo e Novaes; ADAMEK, Marcelo Vieira Von. *Da ação de dissolução parcial de sociedade*: comentários breves ao CPC/2015. São Paulo: Malheiros, 2016.

GALGANO, Francesco. *Diritto civile e commerciale*. 3. ed. Padova: Cedam, 1999. v. 3, t. 1.

GOMES, Orlando. *Contratos*. 18. ed. Atualizada por Humberto Theodoro Júnior. Rio de Janeiro: Forense, 1999.

GUILHARDI, Pedro. Apuração de haveres e o Código de Processo Civil. *Revista de Direito Bancário e do Mercado de Capitais*, v. 75, p. 219-257, jan.-mar. 2017.

HENTZ, Luiz Antonio Soares. *Direito comercial atual*: de acordo com a teoria da empresa. 3. ed. São Paulo: Saraiva, 2000.

JAEGER, Pier Giusto; DENOZZA, Francesco. *Appunti di diritto commerciale*. 5. ed. Milano: Giuffrè, 2000.

LEÃES, Luiz Gastão Paes de Barros. Exclusão extrajudicial de sócio em sociedade por quotas. *Revista de Direito Mercantil, Industrial, Econômico e Financeiro*, ano XXXIV, n. 100, out./dez. 1995.

LORDI, Luigi. *Istituzioni di diritto commerciale*. Padova: Cedam, 1943. v. 1.

LUCENA, José Waldecy. *Das sociedades por quotas de responsabilidade limitada*. 2. ed. Rio de Janeiro: Renovar, 1997.

MAMEDE, Gladston. *Direito empresarial brasileiro*. São Paulo: Atlas, 2004. v. 2.

MARASÁ, Giorgio. *Le società*. 2. ed. Milano: Giuffrè, 2000.

MARTINS, Fran. *Curso de direito comercial*. 22. ed. Rio de Janeiro: Forense, 1998.

MESSINEO, Francesco. *Manual de derecho civil y comercial*. Traducción de Santiago Sentis Melendo. Buenos Aires: EJEA, 1954-1956. v. 5.

MOSSA, Lorenzo. *Trattato del nuovo diritto commerciale*. Padova: Cedam, 1951. v. 2.

NUNES, A. J. Avelãs. *O direito de exclusão de sócios nas sociedades comerciais*. São Paulo: Cultural Paulista, 2001.

PEREIRA, Caio Mário da Silva. *Instituições de direito civil*. 9. ed. Rio de Janeiro: Forense, 1993. v. 3.

REQUIÃO, Rubens. *Curso de direito comercial*. 23. ed. São Paulo: Saraiva, 1998. v. 1

ROQUE, Sebastião José. *Direito societário*. São Paulo: Ícone, 1997.

VERÇOSA, Haroldo Malheiros Duclerc. *Curso de direito comercial*. São Paulo: Malheiros, 2006. v. 2.

WALD, Arnoldo. *Comentários ao novo Código Civil*. Rio de Janeiro: Forense, 2005. v. XIV.

Informação bibliográfica deste texto, conforme a NBR 6023:2002 da Associação Brasileira de Normas Técnicas (ABNT):

TOMAZETTE, Marlon. Legitimidade na ação de dissolução parcial nas sociedades contratuais no CPC/2015. In: RIBEIRO, Marcia Carla Pereira; CARAMÊS, Guilherme Bonato Campos (Coord.). *Direito empresarial e o CPC/2015*. 2. ed. rev. e ampl. Belo Horizonte: Fórum, 2018. p. 33-52. ISBN 978-85-450-0523-0.

CAPÍTULO 3

A LEGITIMIDADE ATIVA NA AÇÃO DE DISSOLUÇÃO PARCIAL DA SOCIEDADE LIMITADA, À LUZ DO NOVO CÓDIGO DE PROCESSO CIVIL (LEI Nº 13.105, DE 16.3.2015)

Sérgio Campinho
Mariana Pinto

3.1 Breves notas sobre a dissolução das sociedades limitadas

As sociedades limitadas podem ser *dissolvidas total* ou *parcialmente, de pleno direito* ou *de modo judicial*.

O capítulo do Código Civil dedicado a essa forma societária[1] possui uma seção VIII, intitulada *"Da Dissolução"*, que é composta por um único preceito: o artigo 1.087.[2] Esse dispositivo, referindo-se à dissolução de pleno direito, limita-se a remeter o leitor ao artigo 1.044 que, por seu turno, situa-se no capítulo das sociedades em nome coletivo.[3]

O mencionado artigo 1.044[4] conduz o leitor na direção do artigo 1.033, além de cometer o flagrante equívoco de apontar a falência como

---

[1] Capítulo IV ("Da Sociedade Limitada"), do Subtítulo II ("Da Sociedade Personificada"), do Título II ("Da Sociedade"), do Livro II ("Do Direito de Empresa"), da Parte Especial, do Código Civil.

[2] "Art. 1.087. A sociedade dissolve-se, de pleno direito, por qualquer das causas previstas no art. 1.044".

[3] Capítulo II ("Da Sociedade em Nome Coletivo"), do Subtítulo II ("Da Sociedade Personificada"), do Título II ("Da Sociedade"), do Livro II ("Do Direito de Empresa"), da Parte Especial, do Código Civil.

[4] "Art. 1.044. A sociedade se dissolve de pleno direito por qualquer das causas enumeradas no art. 1.033 e, se empresária, também pela declaração da falência".

hipótese de dissolução de pleno direito, quando, em verdade, é nítida espécie de dissolução judicial.

Já o aludido artigo 1.033, localizado no capítulo das sociedades simples,[5] apresenta como modalidades de dissolução de pleno direito: (i) o vencimento do prazo de duração, salvo se, vencido este e sem oposição de sócio, não entrar a sociedade em liquidação, caso em que se prorrogará por tempo indeterminado; (ii) o consenso unânime dos sócios; (iii) a deliberação dos sócios, por maioria absoluta, na sociedade de prazo indeterminado;[6] (iv) a falta de pluralidade de sócios, não reconstituída no prazo de cento e oitenta dias;[7] e (v) a extinção, na forma da lei, de autorização para funcionar.

Como o capítulo da limitada não possui qualquer dispositivo voltado para a dissolução judicial, aplicam-se-lhe os artigos 1.034 e 1.035 do Código Civil, ambos situados no capítulo das sociedades simples.[8] O primeiro preceito menciona, em seu inciso I, a hipótese de anulação de sua constituição e, no inciso II, as de exaurimento do fim social e sua inexequibilidade;[9] já o segundo, faz expressa menção à possibilidade de o contrato "prever outras causas de dissolução, a serem verificadas judicialmente quando contestadas".

As situações até então referidas vinculam-se essencialmente à *dissolução total* da sociedade limitada, que enseja a sua *liquidação* – com a apuração e a alienação de seu ativo para o pagamento de seu passivo e a distribuição do remanescente entre seus sócios – e culmina em sua *extinção*.

Contudo, tem-se que a sociedade limitada pode ser *parcialmente dissolvida*, nos cenários de exercício do direito de recesso ou de retirada[10]

---

[5] Capítulo I ("Da Sociedade Simples"), do Subtítulo II ("Da Sociedade Personificada"), do Título II ("Da Sociedade"), do Livro II ("Do Direito de Empresa"), da Parte Especial, do Código Civil.

[6] Nas sociedades limitadas, o quórum é de ¾ do capital social, por força do disposto no artigo 1.076, inciso I, combinado com o artigo 1.071, inciso VI, ambos do Código Civil.

[7] O parágrafo único do dispositivo em comento complementa essa regra, ao preconizar que "não se aplica o disposto no inciso IV caso o sócio remanescente, inclusive na hipótese de concentração de todas as cotas da sociedade sob sua titularidade, requeira, no Registro Público de Empresas Mercantis, a transformação do registro da sociedade para empresário individual ou para empresa individual de responsabilidade limitada, observado, no que couber, o disposto nos arts. 1.113 a 1.115 deste Código".

[8] As disposições aplicam-se compulsoriamente à sociedade limitada, ainda que em seu contrato social se tenha a previsão de regência supletiva pela Lei das Sociedades Anônimas, por se tratar de matéria concernente ao desfazimento do vínculo social.

[9] "Art. 1.034. A sociedade pode ser dissolvida judicialmente, a requerimento de qualquer dos sócios, quando: I – anulada a sua constituição; II – exaurido o fim social, ou verificada a sua inexequibilidade".

[10] Para nós, as expressões *direito de recesso* e *direito de retirada* são sinônimas, refletindo a despedida do sócio da sociedade por sua iniciativa. Há, contudo, quem prefira estabelecer

(artigos 1.029 e 1.077 do Código Civil); exclusão judicial ou extrajudicial de sócio (artigos 1.030 e 1.085 do mesmo diploma, respectivamente) e falecimento (artigo 1.028 do referido *Codex*).

Nos casos de exercício do direito de recesso e de exclusão, a sociedade se resolve em relação ao retirante ou excluído, o qual passa a fazer jus ao pagamento de seus haveres – pagamento este que é feito pela sociedade.[11] Mas há que se ressaltar que, nos casos de exclusão de pleno direito (parágrafo único do artigo 1.030 do Código Civil), o excluído não será o destinatário do valor de suas quotas. Na hipótese da falência do sócio,[12] para a massa falida serão destinados os seus haveres, com vistas ao pagamento dos credores (artigo 123 da Lei nº 11.101/2005); já na situação de liquidação da quota do sócio devedor requerida por seu credor (parágrafo único do artigo 1.026 do Código Civil), o valor apurado será depositado em dinheiro, em favor deste último, no juízo da execução.

O falecimento do sócio, nos moldes do mencionado artigo 1.028, pode ensejar a liquidação de suas quotas ou, ainda, (i) a aplicação de cláusula contratual que disponha de modo distinto; (ii) a opção dos remanescentes pela dissolução total da sociedade; ou (iii) a substituição do falecido por seus herdeiros, mediante acordo entre estes e os sócios remanescentes.

Uma vez apresentado esse brevíssimo panorama, somos tragados na direção do novo Código de Processo Civil.

3.2 A Ação de Dissolução Parcial de Sociedade como um procedimento especial do Código de Processo Civil de 2015

O novo Código de Processo Civil, que entrou em vigor no dia 18.03.2016, inovou ao dedicar um de seus capítulos, composto pelos artigos 599 a 609, exclusivamente à "ação de dissolução parcial de

---

uma distinção entre elas, sustentando que o recesso traduziria o desligamento motivado e a retirada, a saída imotivada.

[11] Cabe ressaltar que, se o recesso é exercido com amparo no artigo 1.029 do Código Civil, nos termos do parágrafo único do indigitado preceito, tem-se que, nos trinta dias subsequentes à notificação, podem os demais sócios optar pela dissolução total da sociedade.

[12] Sobre a falência do sócio da sociedade limitada, confira-se: Sérgio Campinho. (2015, p. 378 *et seq*., item 212).

sociedade",[13] constituindo-a como um procedimento especial de jurisdição contenciosa. Antes do advento desse novo diploma, nenhum outro havia disciplinado essa relevante ação que, a nosso ver, traduz uma das principais demandas do processo societário.

O Código Comercial de 1850 dispunha tão somente sobre a dissolução total. Todavia, algumas das hipóteses elencadas pelos seus artigos 335 e 336 fomentaram a consagração, por parte da doutrina e da jurisprudência, do que se convencionou chamar de *dissolução parcial da sociedade*,[14] em prestígio à própria preservação da empresa. Desse modo, por um lado assegurava-se ao sócio dissidente o direito de ele retirar-se da sociedade, mediante o recebimento de seus haveres e, por outro, repelia-se, como regra de princípio, a possibilidade de este sócio pretender dissolvê-la totalmente.

A construção ganhava sustentáculo no âmbito do próprio Decreto nº 3.708/1919 que, em seu artigo 15, expressamente preconizava assistir aos sócios que divergissem da alteração do contrato social "a faculdade de se retirarem da sociedade, obtendo o reembolso da quantia correspondente ao seu capital". O conceito de divergir "da alteração do contrato social" foi elastecido pelas construções doutrinária e pretoriana, tendo prevalecido o entendimento de que o fato ensejador da retirada não necessitava traduzir formalmente um dissenso quanto à alteração do contrato social; bastava haver a ruptura da *affectio societatis*, em função de o sócio discordar da forma da condução dos negócios sociais pela maioria, para restar legitimado o exercício do direito de retirada (CAMPINHO, 2000, p. 118).

O Código de Processo Civil de 1939 também não enfrentou o tema da dissolução parcial; cuidou, apenas, da dissolução total e da consequente liquidação da sociedade, ao longo dos artigos 655 a 674. Possivelmente não o fez em função da "falta de compreensão clara,

---

[13] Trata-se do Capítulo V, do Título III ("Dos Procedimentos Especiais"), do Livro I ("Do Processo de Conhecimento e do Cumprimento de Sentença"), da Parte Especial, do referido diploma codificado.

[14] A expressão *dissolução parcial* foi alvo de críticas por boa parte da doutrina considerando que a ideia de dissolução estava necessariamente associada ao fim da vida normal da sociedade, ensejando um processo de liquidação e, finalmente, a sua extinção. Apesar das críticas, o termo ganhou força no mercado jurídico societário, em contraposição à dissolução total, em um primeiro momento para traduzir – em saudável medida de preservação da empresa exercida pela sociedade – o desligamento do sócio em feitos nos quais pretendia liberar-se por meio do pedido de dissolução total, com a resistência dos demais sócios. A despeito do fundamento científico para a formulação da aludida crítica, o uso da expressão se espraiou para albergar os casos de retirada, exclusão ou falecimento de sócio sem que seus sucessores ingressem na sociedade.

à época, do direito material correspondente à dissolução parcial" (BUENO, 2015, p. 392).

O Código de Processo Civil de 1973 perdeu a oportunidade de cuidar da matéria, de modo que, ao longo de sua vigência, a ação de dissolução parcial de sociedade sujeitou-se ao procedimento comum. Com precisão, Erasmo Valladão Azevedo e Novaes França e Marcelo Vieira von Adamek anotam que a "falha que se pode eventualmente reconhecer e atribuir ao CPC/1973 – embora compreensível e justificável à luz da realidade jurídica e econômica da época – é a de não ter trazido a disciplina para os processos societários. Essa falha, no entanto, tem uma explicação: o Anteprojeto Buzaid foi concebido na mesma época do Anteprojeto da Lei das S/A e houve aí uma dupla abdicação de atribuições: o CPC/1973 não disciplinou os processos societários (e inclusive eliminou a disciplina da cautelar de suspensão de deliberação assemblear prevista no anteprojeto) porque isso seria feito na Lei das S/A; esta, por sua vez, deixou de disciplinar a mesma matéria, na suposição de que o CPC/1973 viria a fazê-lo – e, assim, ao final, nenhum dos dois tratou de nada" (FRANÇA; ADAMEK, 2016, p. 17).

O longo silêncio legislativo foi quebrado pelo Código de Processo Civil de 2015, cujo Capítulo V ("Da Ação de Dissolução Parcial de Sociedade"), do Título III ("Dos Procedimentos Especiais"), do Livro I ("Do Processo de Conhecimento e do Cumprimento de Sentença"), de sua Parte Especial é justamente inaugurado pelo polêmico artigo 599, sobre o qual teceremos algumas considerações, antes de tratarmos propriamente da legitimação ativa regida pelo artigo 600, na medida em que este último preceito está umbilicalmente ligado ao primeiro.

3.3 Uma crítica ao teor do *caput* do artigo 599 do novo Código de Processo Civil

O artigo 599 do novo diploma processual civil estabelece, em seu *caput*, que: "A ação de dissolução parcial de sociedade pode ter por objeto: I – a resolução da sociedade empresária contratual ou simples em relação ao sócio falecido, excluído ou que exerceu o direito de retirada ou recesso; e II – a apuração dos haveres do sócio falecido, excluído ou que exerceu o direito de retirada ou recesso; *ou* III – somente a resolução *ou* a apuração de haveres".

Ao conferir ao *caput* do aludido preceito a redação acima reproduzida, o legislador culminou por estabelecer – de modo categórico e, a nosso ver, equivocado – que a expressão "ação de dissolução parcial de sociedade" pode contemplar (i) a pretensão de desfazimento do vínculo societário mantido entre o sócio e a sociedade (ação de dissolução parcial propriamente dita (CAMPINHO, 2016, p. 201) ou *stricto sensu* (FRANÇA; ADAMEK, 2016, p. 17)) cumulada com a de apuração de haveres; (ii) somente a pretensão de desfazimento do indigitado vínculo; ou (iii) somente a pretensão de apuração de haveres.

Desse modo, em *ultima ratio*, pode-se ter uma "ação de dissolução parcial de sociedade" vinculada a um caso em que já se tenha efetivamente por desfeito o vínculo social em relação a um ou mais sócios, restando pendente de definição judicial tão somente o valor e eventualmente o modo de pagamento de seus haveres. Com o objetivo de tornar mais concreta a assertiva, tomemos um exemplo. Imaginemos que uma sociedade limitada, constituída por prazo indeterminado, possua cinco sócios e que, em um determinado momento, um deles opte por exercer o seu direito potestativo de recesso, com amparo no disposto no artigo 1.029 do Código Civil.[15] Os sócios remanescentes não criam qualquer embaraço em relação ao passo dado pelo retirante, de modo que, após o decurso do prazo de sessenta dias previsto no mencionado preceito, todos firmam uma alteração contratual, refletindo adequadamente o desligamento e, ato contínuo, providenciam o seu registro. Contudo, em paralelo, aquele que se retirou (e indubitavelmente não mais ostenta a condição de sócio) e os remanescentes divergem em relação ao valor dos haveres devidos pela sociedade ao primeiro, o que o leva a demandar em juízo a sua correta apuração. Na linguagem do novo Código de Processo Civil, esta não será uma simples ação de apuração de haveres, mas sim uma "ação de dissolução parcial de sociedade", muito embora, enfatize-se, não haja mais qualquer sociedade a ser parcialmente dissolvida, mas simplesmente haveres a serem apurados.

Os institutos da dissolução parcial e da apuração de haveres não se confundem, sendo certo que ensejam a prolação de sentenças com naturezas jurídicas completamente distintas.

Por um lado, a ação de dissolução parcial propriamente dita se manifesta pela ruptura do vínculo que une o sócio à sociedade, desafiando sentença de natureza *constitutiva negativa* ou *desconstitutiva*. Por outro lado, a ação autônoma de apuração de haveres pressupõe o

---

[15] No que tange a esse específico tema, confira-se o nosso O Recesso na Sociedade Limitada in *Sociedade Limitada Contemporânea* (2013, p. 115-153).

prévio desfazimento do vínculo e rende ensejo à sentença de natureza condenatória.[16]

Na hipótese de cumulação de ambos os pedidos, logicamente, o capítulo da sentença que se voltar para o tema da dissolução terá natureza constitutiva negativa ou desconstitutiva e o que tratar da apuração de haveres terá, por seu turno, natureza condenatória.

Parece-nos que o legislador, ao redigir o artigo 599, teve a simples intenção de estabelecer que as regras constantes do Capítulo V, do Título III, do Livro I, da Parte Especial, do novo *Codex* se aplicariam tanto no caso de cumulação de pedidos, quanto no de não cumulação. Contudo, ao fazê-lo, não se valeu de boa técnica. O *caput* do preceito em comento indiscutivelmente culminou por atribuir à ação autônoma de apuração de haveres o *nomen iuris* de "ação de dissolução parcial de sociedade". E isso, de fato, não poderia ter ocorrido, justamente porque se a ação tiver por objeto apenas a apuração de haveres, a dissolução parcial já terá se realizado, já estará em algum lugar do passado.

---

[16] (CAMPINHO, 2016, p. 201). Nesse mesmo sentido, Erasmo Valladão Azevedo e Novaes França e Marcelo Vieira von Adamek dedicam ao tema as seguintes palavras: "Aceita por esse modo a ideia de dissolução *parcial* como alternativa à dissolução *total* da sociedade, as suas bases dogmáticas foram, a partir daí, paulatinamente se cristalizando entre nós, ao mesmo tempo em que foram estabelecidas as diferenças fundamentais entre (*i*) a ação de dissolução parcial *stricto sensu*, demanda de carga predominantemente constitutivo-negativa, e (*ii*) a ação de apuração de haveres, de carga condenatória – duas das principais demandas do processo societário, conexas, mas distintas, e que encontraram a sua elaboração teórica definitiva apenas em tempos recentes" (2016, p. 17). Cassio Scarpinella Bueno assim sustenta: "Do ponto de vista classificatório tradicional, não há dúvidas, nem para o CPC/1973 e nem para o CPC/2015, de que a sentença (ou capítulo) relativa à dissolução parcial de sociedade tem natureza *constitutiva*, enquanto a sentença (ou capítulo) relativa ao pagamento dos haveres é *condenatória*" (2015, p. 415). Humberto Theodoro Júnior também enfrenta a questão, referindo-se às sentenças de natureza *constitutiva negativa* (que associa às hipóteses "em que sócio solicita retirar-se de sociedade por prazo determinado ou sócios remanescentes requerem a exclusão de ex-sócio") e *condenatória* (relacionada à ação de apuração de haveres) e também mencionando situações em que eventual sentença possuiria natureza simplesmente *declaratória*, justamente porque estaria se limitando a reconhecer uma situação pré-existente. Segundo o referido processualista, isto ocorreria "na ação que declara dissolvida parcialmente a sociedade, quando o sócio exerce o direito de retirada de sociedade por tempo indeterminado ou em caso de falecimento do ex-sócio" (2016, p. 230-231). Além das situações por ele enquadradas como ensejadoras de sentenças de natureza *constitutiva negativa* e *declaratória*, identificamos outras três. A sentença vinculada à ação de dissolução parcial de sociedade anônima fechada, constituída cum *intuitu personae*, ante a impossibilidade de preenchimento de seu fim (artigo 206, inciso II, alínea *b*, da Lei nº 6.404/76 e §2º do artigo 599 do novo Código de Processo Civil) seria *constitutiva negativa*. Já as sentenças proferidas com o escopo de confirmar o exercício do direito de retirada nas hipóteses elencadas no artigo 1.077 do Código Civil e a exclusão extrajudicial de sócio, por iniciativa de maioria representativa de mais da metade do capital social, quando o mesmo estivesse pondo em risco a continuidade da atividade explorada pela sociedade, em função da prática de atos de inegável gravidade (artigo 1.085 do Código Civil), seriam *declaratórias*.

3.4 A legitimidade ativa na ação de dissolução parcial da sociedade limitada

A disciplina da legitimidade ativa para propor a ação de dissolução parcial propriamente dita, a ação autônoma de apuração de haveres e a ação que cumule essas duas pretensões foi concentrada no artigo 600 do Código de Processo Civil, sobre o qual nos debruçaremos ao longo das próximas linhas.

Os três primeiros incisos do referido dispositivo relacionam-se com a hipótese de dissolução parcial que decorre do falecimento do sócio.

O inciso I atribui legitimação ativa ao "espólio do sócio falecido, quando a totalidade dos sucessores não ingressar na sociedade". E, ao fazê-lo, comunga com a ação autônoma de apuração de haveres, enquanto ainda pendente o inventário[17] dos bens deixados pelo sócio falecido.

Chega-se a essa conclusão após o percurso da linha de raciocínio adiante apresentada. Como destacado ao final do item 1 deste trabalho, o artigo 1.028 do Código Civil estabelece que, no caso de falecimento do sócio, sua quota *será liquidada*, salvo a verificação de uma das seguintes situações: (i) aplicação de cláusula contratual que disponha de modo distinto (inciso I); (ii) opção dos remanescentes pela dissolução total da sociedade (inciso II); ou (iii) substituição do falecido por seus herdeiros, mediante acordo entre estes e os sócios remanescentes (inciso III). Nitidamente, ao conferir legitimação ativa ao "espólio do sócio falecido, quando a totalidade dos sucessores não ingressar na sociedade", a regra se volta na direção do *caput* do artigo 1.028, que trata da liquidação da quota. E se, *in casu*, o falecimento enseja a simples liquidação da quota, o certo é que a sociedade já terá se resolvido em relação ao *de cujus* no momento de seu óbito, não se fazendo necessário demandar em juízo a dissolução parcial. O que pode ocorrer, portanto, é a necessidade de se demandar judicialmente a apuração de haveres quando houver negativa, mora ou divergência de valores.

A doutrina, em sua maioria, associa a hipótese de legitimação ativa preconizada no inciso I exclusivamente à ação de apuração de haveres. Nesse sentido, sustentam Sérgio Campinho (2016, p. 204), coautor deste trabalho, Erasmo Valladão Azevedo e Novaes França e Marcelo Vieira von Adamek (2016, p. 34), Flávio Luiz Yarshell e Felipe do Amaral Matos (2012, p. 225) e Tiago Asfor Rocha Lima (2015, p. 814).

---

[17] O inciso em comento se vale expressamente da palavra "espólio". Se o espólio ainda existe, é porque o inventário ainda não foi encerrado.

Contudo, há entendimentos distintos. Igor Bimkowski Rossoni parece caminhar exclusivamente na direção da ação de dissolução parcial *stricto sensu*, ao sustentar: "O que se pode cogitar, e talvez essa tenha sido a intenção do legislador, é o espólio, representado pelo inventariante, antecipar-se aos sucessores e, desde já, solicitar a dissolução da sociedade". Entretanto, o próprio autor encontra dificuldades em ultimar o enquadramento, consoante se atesta a partir da leitura do restante de sua exposição: "Todavia, condicionar a legitimidade do espólio a que a totalidade dos sucessores não tenha ingressado na sociedade é um total contrassenso. Ora, se o espólio requereu a dissolução e consequente apuração dos haveres, os sucessores receberão o correspondente monetário às quotas e não as quotas sociais do 'de cujos'. Ou seja, eles nunca ingressarão na sociedade. Embora seja clara a legitimidade do espólio para a propositura da ação, a circunstância em que essa legitimidade se verifica é equivocada, dada a atecnia da redação do dispositivo. Da atual redação do inciso I do art. 586,[18] a legitimidade do espólio mostra-se impossível" (ROSSONI, 2012, p. 341-342).

O vocábulo "totalidade" é significativo. Se todos os sucessores do falecido ingressarem na sociedade, não há que se cogitar de dissolução parcial e tampouco de apuração de haveres. Ademais, se um ou alguns sucessores passarem a ostentar o *status socii*, mas não a totalidade deles, estaremos diante da mesma situação; não será caso de ruptura de vínculo ou de apuração de haveres.[19] [20]

---

[18] À época da tramitação do Projeto de Lei nº 166/2010, o preceito em comento vinha assim numerado. De todo modo, o teor de seu inciso I vinha na mesma linha do inciso I do artigo 600.

[19] Nesse sentido: (FRANÇA; ADAMEK, 2016, p. 34).

[20] Ao tratar especificamente dessa restrição estabelecida pelo dispositivo, Tiago Asfor Rocha Lima apresenta a seguinte crítica: "No entanto, embora a dicção do texto legal seja clara em restringir essa legitimação aos casos em que nem todos os sucessores ingressam na sociedade, parece razoável que possa se permitir e que seja útil e necessária a apuração dos haveres mesmo nas hipóteses em que todos os sucessores ingressam na sociedade, porém, com participações (quotas ou ações) não equivalentes. É que quando as participações dos sucessores na sociedade não foram equânimes será necessária a apuração dos haveres, a fim de se verificar financeiramente o *quantum* que está sendo destinado a cada um dos herdeiros quotistas/acionistas, proporcionando-lhes condições de efetuar as devidas compensações com os demais bens que compõem o acervo hereditário. Aqui vale uma observação: nessa hipótese, a decisão judicial não será de cunho condenatório, mas sim declaratório, pois a intenção da parte autora limitar-se-á a ter reconhecido o valor de cada quota, muito embora não se tenha a pretensão de liquidá-las, mas tão somente de ter aquele patrimônio avaliado. Basta, para tanto, que a parte ao promover a ação restrinja o objeto de seu pedido. Trata-se, assim, de exceção à regra de que nas ações de apuração de haveres se busca um provimento de natureza condenatória. O legislador parece, pois, ter sido infeliz na redação do inc. I, do art. 600, pois, ao restringir a legitimidade ativa do espólio para promover a apuração dos haveres do sócio falecido aos casos em que nem todos os herdeiros ingressam na sociedade,

O inciso II do artigo 600 contempla a legitimidade ativa dos "sucessores, após concluída a partilha do sócio falecido". Essa hipótese também se relaciona especificamente com a ação autônoma de apuração de haveres. Mas, nesse caso, o inventário dos bens deixados pelo falecido já foi encerrado, tendo desaparecida a figura do espólio e não tendo ocorrido o ingresso de sucessores no seio social (CAMPINHO, 2016, p. 204). Se o inventário ainda estivesse em curso, o legislador teria se valido do vocábulo *"espólio"*, e não *"sucessores"*, e teria dispensado o trecho final do dispositivo; e se estes últimos tivessem de fato ingressado na sociedade, o legislador teria utilizado a palavra *"sócios"*.

Desse modo, tem-se que o inciso II também se volta para o *caput* do artigo 1.028 do Código Civil, que prevê a liquidação da quota do falecido. Mas aqui, diferentemente da hipótese contemplada no inciso I, a apuração de haveres se dará quando já ultimada a partilha e será demandada diretamente pelos sucessores do *de cujus*. Esse também é o entendimento de Erasmo Valladão Azevedo e Novaes França e Marcelo Vieira von Adamek (2016, p. 35).

Há também quem vislumbre a possibilidade de se atrelar a hipótese à ação judicial que cumule os pedidos de dissolução parcial e de apuração e pagamento de haveres. Nesse sentido, ao tratar especificamente desse inciso, Fábio Ulhoa Coelho se vale das seguintes palavras: "Os sucessores do sócio falecido (art. 586, II)[21] somente se legitimam para a ação de dissolução após o desfazimento do espólio, isto é, quando concluída a partilha do sócio falecido. É o caso em que apenas parte dos sucessores quer ingressar na sociedade. Logo em seguida ao falecimento, o espólio assume, de imediato, a posição de titular das quotas sociais do falecido. Essa situação jurídica pode (na verdade, deve) ser, o quanto antes, retratada em alteração contratual levada a registro na Junta Comercial. Enquanto não se procede à partilha dessas quotas, o sócio é o espólio.[22] Quando nem todos os sucessores querem

---

terminou por desconsiderar situações outras em que esta apuração far-se-á útil e necessária para a realização isonômica da partilha no bojo do inventário" (2015, p. 815). Temos duas considerações a respeito dessa crítica. A primeira delas é que não enxergamos no preceito uma restrição à legitimação ativa do espólio "aos casos em que *nem todos* os sucessores ingressam na sociedade". A nosso ver, a legitimação existe quando *nenhum* deles ingressa na pessoa jurídica. A segunda delas é que, em nossa visão, tecnicamente a hipótese não seria de apuração de haveres, mas sim de simples pedido de avaliação de participações societárias.

[21] Tal como registrado na nota 20 acima, quando da tramitação do Projeto de Lei nº 166/2010, o preceito em comento vinha assim numerado. De todo modo, o teor de seu inciso II vinha na mesma linha do inciso II do artigo 600.

[22] Anotamos que, em nossa visão, o espólio jamais ostentará a condição de sócio da sociedade. Consagrando o *droit de saisine*, o artigo 1.784 do Código Civil estabelece que "aberta a

o desfazimento do vínculo societário, o espólio não está legitimado para a ação de dissolução. Uma vez, contudo, feita a partilha, ele deixa de ser o sócio, para que ingressem na sociedade os sucessores. Agora, cada um titula parte das quotas sociais que eram do falecido e tem, em relação à continuidade do vínculo societário, o seu próprio interesse; pode buscar, em juízo, o desfazimento do vínculo e a apuração de haveres, caso não haja acordo com os demais sucessores (os que desejam permanecer na sociedade) e com os sócios sobreviventes" (2011, p. 151). Semelhante trilha parece ser percorrida por Igor Bimkowski Rossoni, que assim defende: "Também é assegurada a legitimidade ativa para a propositura da demanda de dissolução parcial ao(s) sucessor(es) que tenha(m) herdado as quotas sociais (art. 586, II).[23] Ao que tudo indica, nesse caso, uma vez ingressando na sociedade, para sua retirada, o sócio teria de invocar o art. 1.029 do CC, hipótese de retirada comum a todos os sócios, e não só ao herdeiro do 'de cujos'" (2012, p. 342).

Não nos parece que a hipótese ora analisada (legitimação ativa dos "sucessores, após concluída a partilha do sócio falecido") guarde relação com "o caso em que apenas parte dos sucessores quer ingressar na sociedade", conforme sustentado por Fábio Ulhoa Coelho (2011, p. 151), ou com o cenário em que, após ter ingressado na sociedade, um determinado sócio opte por exercer o direito de recesso, nos moldes do artigo 1.029 do Código Civil, como cogitado por Igor Bimkowski Rossoni (2012, p. 342). Se após o falecimento do sócio um, alguns ou todos os sucessores manifestam o desejo de ingressar na sociedade, o acordo com os sócios remanescentes é feito justamente neste sentido; e, após a conclusão da partilha e o encerramento do inventário, esse fato passa a ser refletido no contrato social, aqueles que haviam manifestado o desejo de ingresso (e que, neste momento, efetivamente já ingressaram) não são mais simples *sucessores* do falecido, mas propriamente *sócios* da pessoa jurídica. E, logicamente, se optarem por deixar a sociedade, motivada ou imotivadamente, com amparo nos artigos 1.029 ou 1.077 do Código Civil, o farão como *sócios*.

Avancemos na direção do intrigante e desafiador inciso III do artigo 600, por meio do qual se confere legitimação ativa à "sociedade,

---

sucessão, a herança transmite-se, desde logo, aos herdeiros legítimos e testamentários". Há, portanto, a transmissão imediata da posse e da propriedade com a abertura da sucessão. Tecnicamente, o espólio não adquire o *status socii*. O seu inventariante exerce os direitos inerentes às quotas, nos moldes do §1º do artigo 1.056 do Código Civil, até que se ultime a partilha e, assim, se tenha a liquidação da herança. E deve fazê-lo sempre no interesse dos sucessores do falecido.

[23] Confira-se a nota 23 acima.

se os sócios sobreviventes não admitirem o ingresso do espólio ou dos sucessores do falecido na sociedade, quando esse direito decorrer do contrato social".

Diz-se que o preceito é intrigante e desafiador, pois a expressão "esse direito" gera uma ambiguidade, que enseja duas possíveis leituras. A qual direito, afinal, o inciso em comento se refere: ao *direito de ingresso*, titularizado pelos sucessores do falecido ou ao *direito de não admissão* dos referidos sucessores, titularizado pelos sócios remanescentes?

A primeira possível leitura do inciso III seria a de que a sociedade poderia ir a juízo demandar a apuração de haveres se os sócios remanescentes não admitissem o ingresso dos sucessores do falecido quando *esse direito de ingresso* estivesse contemplado em cláusula contratual. De acordo com esse cenário, o contrato social, tal como permitido pelo inciso I do artigo 1.028 do Código Civil, possuiria uma cláusula que estabeleceria que, com o falecimento de um sócio, haveria a sua substituição por seus sucessores. Entretanto, após o óbito, os sócios remanescentes simplesmente descumpririam o mandamento contratual e não admitiriam o ingresso dos mesmos. A nosso ver, a interpretação literal advinda dessa possível primeira leitura do texto legal deve ser de plano afastada, sob pena de conduzir o intérprete na direção de conclusão absurda (CAMPINHO, 2016, p. 204), conforme acima exposto. Não se pode cogitar da positivação de uma regra que tenha como premissa o descumprimento de uma cláusula contratual por parte da maioria dos sócios sobreviventes. Em verdade, "não se pode obstruir a eficácia de cláusula do contrato social que assegure o ingresso dos sucessores do sócio falecido na sociedade. Seria uma agressão ao direito garantido. Contra ele, não podem os sócios sobreviventes se opor. Se o direito ao ingresso decorre do contrato (art. 1.028, I, do Código Civil), não há espaço para essa interdição do direito dos sucessores. Uma lei processual não pode, contrariando o disposto no direito material, incentivar o descumprimento do contrato, propondo a alternativa da apuração de haveres como solução para esse descumprimento" (CAMPINHO, 2016, p. 205).

A segunda possível leitura do dispositivo – que, diga-se desde já, é a que nos parece cabível – seria a de que a sociedade poderia ir a juízo demandar a apuração de haveres se os sócios remanescentes não admitissem o ingresso dos sucessores do falecido quando *esse direito de não admissão* decorresse do contrato social. Esse cenário estaria relacionado "à especial situação ligada ao *caput* e ao inciso III do art. 1.028 do Código Civil, em que o contrato social veda, inicialmente, o ingresso dos herdeiros, ou simplesmente se mostra silente, e os sócios sobreviventes não se dispõem a regular a substituição do sócio falecido por acordo com os herdeiros, como forma de se evitar a liquidação da quota. Nesse caso, o desfecho será a apuração de haveres do sócio falecido, que se mostra como caminho ordinário na espécie" (CAMPINHO, 2016, p. 205). Assim, o direito decorrente do contrato social mencionado no trecho final do inciso III do artigo 600 "seria o direito de não admissão dos herdeiros, que restaria reafirmado pelos sócios sobreviventes no caso concreto" (CAMPINHO, 2016, p. 205).[24]

Erasmo Valladão Azevedo e Novaes França e Marcelo Vieira von Adamek chegam a esse mesmo entendimento ao concluírem que "a menção a 'esse direito', contida no inc. III, só pode estar se referindo à situação em que não há no contrato social cláusula de continuação pela qual os sobreviventes de antemão prestaram validamente o seu assentimento ao ingresso dos sucessores, isto é, quando há o direito de opor-se ao ingresso" (2016, p. 36).

Essa hipótese contemplada no inciso III também se refere à ação autônoma de apuração de haveres, na medida em que os sucessores do falecido não ingressarão na sociedade e, assim, não haverá vínculo a ser parcialmente dissolvido.[25]

Antes de prosseguirmos na direção do inciso IV, não podemos deixar de registrar a atecnia do inciso III ao fazer referência a um possível ingresso do espólio na sociedade. Como destacamos na nota 24 deste trabalho, a qual ora nos remetemos, o espólio jamais ostentará a condição

---

[24] Tiago Asfor Rocha Lima parece ter vislumbrado uma terceira possível leitura para o inciso III do artigo 600. Eis as suas palavras: "A terceira hipótese de legitimação ativa relacionada à apuração de haveres *post mortem* é conferida à própria sociedade à qual fazia parte o falecido. Isso para os casos em que houver divergência entre os sócios sobreviventes e o espólio ou os sucessores do falecido, quanto ao ingresso destes na sociedade. Aqui, diferentemente das duas situações anteriores, haverá uma dupla discussão: primeiro, a respeito do direito dos sucessores de ingressarem ou não nos quadros societários; segundo, acerca da apuração dos haveres propriamente dita. Esse debate pode ocorrer por diversos motivos. O mais comum, todavia, dá-se pela má redação dos dispositivos concernentes ao tema nos atos constitutivos das empresas, levando à interpretações dúbias pelos interessados. [...] Ademais, mesmo quando o contrato social for claro a respeito da possibilidade de que os sucessores ingressem na sociedade, pode ocorrer eventual incompatibilidade, *verbi gratia*, por conflito de interesses entre um herdeiro ingressante e a sociedade. Isso sói ocorrer quando o sucessor quotista já for sócio de outra empresa no mesmo ramo, sendo, pois, concorrente no mercado" (2015, p. 816-817). A nosso ver, o cenário cogitado não se amolda com o preceito em comento, pois o mesmo tem como premissa justamente um direito de não admissão dos sucessores do sócio falecido, o qual decorre do próprio contrato social.

[25] Nesse sentido: Erasmo Valladão Azevedo e Novaes França e Marcelo Vieira von Adamek (2016, p. 35). Em sentido contrário, Flávio Luiz Yarshell e Felipe do Amaral Matos sustentam que "nos casos dos incisos III e V, o que se discute é, primeiramente, a resolução da sociedade em relação aos sucessores do falecido ou do sócio que não pode ser excluído extrajudicialmente. Somente depois é que se passa à apuração dos haveres" (2012, p. 225).

de sócio da sociedade. Há que se entender bem essa figura do espólio. O sócio falecido é sucedido em seu patrimônio pelos seus herdeiros, havendo entre eles a partilha dos bens, conforme o procedimento judicial ou extrajudicial adequado. O artigo 91 do Código Civil define como universalidade de direito "o complexo de relações jurídicas, de uma pessoa, dotadas de valor econômico". Neste conceito, enquadram-se a herança e o patrimônio, os quais reúnem diversas relações jurídicas ativas e passivas. Falecido o sócio, surge a herança. Instaurado o procedimento de inventário, objetivando a partilha do patrimônio do falecido entre os seus herdeiros, surge o espólio, assim compreendido como o somatório ou a totalidade dos bens deixados pelo *de cujus*. E esse acervo hereditário – o espólio – jamais será sócio de qualquer sociedade. Em função do direito de *saisine*, tem-se que a posse e a propriedade da herança se transmitem aos herdeiros com a abertura da sucessão. Durante o processamento do inventário, o inventariante do espólio, a quem cabe administrá-lo e representá-lo, exercerá, no interesse dos herdeiros, os direitos inerentes às quotas, em consonância com o §1º do artigo 1.056 do Código Civil.

O inciso IV do artigo 600 também demanda cuidados por parte do intérprete. Ele prevê que a ação pode ser proposta "pelo sócio que exerceu o direito de retirada ou recesso, se não tiver sido providenciada, pelos demais sócios, a alteração contratual consensual formalizando o desligamento, depois de transcorridos 10 (dez) dias do exercício do direito".

De plano, atesta-se que a regra estimula a judicialização. O sócio que exerceu o direito de recesso, nos moldes da parte inicial do *caput* do artigo 1.029 ou do artigo 1.077, ambos do Código Civil, deve averbar a comunicação receptícia de vontade no registro da sociedade. Isso é o suficiente para que o seu desligamento do quadro social produza efeitos perante terceiros.[26]

A ruptura do vínculo existente entre o sócio retirante e a sociedade ocorrerá (i) após o decurso do prazo de sessenta dias a contar da data do recebimento da notificação (ou do último recebimento, caso não se verifiquem dentro do mesmo dia), na hipótese da parte inicial do *caput* do artigo 1.029 do Código Civil; ou (ii) após o recebimento da manifestação pela sociedade, no caso do artigo 1.077 do referido diploma. Se, por qualquer razão, o retirante optar por ir a juízo, em função do fato de

---

[26] (CAMPINHO, 2016, p. 205). Nesse mesmo sentido: Erasmo Valladão Azevedo e Novaes França e Marcelo Vieira von Adamek (2016, p. 37).

os demais sócios não terem retratado o seu desligamento por meio de alteração do contrato social, seu pedido será meramente declaratório (CAMPINHO, 2016, p. 205), sendo certo que a sentença que o acolher produzirá efeitos *ex tunc*, retroagindo à data da efetiva resolução do vínculo que o unia à pessoa jurídica. Essa ação judicial poderá abranger tanto o mencionado pedido declaratório, quanto o pedido de apuração e pagamento dos haveres. Caso isso se verifique, o capítulo da sentença voltado ao primeiro terá natureza declaratória e o que cuidar do segundo possuirá natureza condenatória.

De todo modo, o prazo de dez dias mencionado no inciso terá como termos *a quo* o sexagésimo dia contado na forma do item (i) do parágrafo anterior e a data do recebimento da manifestação indicada em seu item (ii), conforme o caso (CAMPINHO, 2016, p. 206).

Cabe anotar que o sócio que exerceu eficazmente o seu direito de retirada e obteve junto aos demais a alteração contratual consensual formalizando o seu desligamento estará sempre legitimado a propor a ação de apuração de haveres quando estes não forem levantados pela sociedade no prazo contratual ou legal ou quando, tendo o sido, discordar do valor apurado.

O inciso V do artigo 600, por sua vez, confere legitimação ativa à "sociedade, nos casos em que a lei não autoriza a exclusão extrajudicial", voltando-se, com nitidez, na direção do *caput* do artigo 1.030 do Código Civil. Nesse caso, a ação terá por fim a ruptura do vínculo que une o sócio à sociedade e "usualmente virá com cumulação de pedido de apuração judicial de haveres" (CAMPINHO, 2016, p. 206).

Nos moldes do artigo 1.085 do Código Civil, sócios que representem mais da metade do capital social podem excluir extrajudicialmente aquele que esteja pondo em risco o prosseguimento das atividades, em função da prática de atos de inegável gravidade, desde que o contrato social preveja tal possibilidade. Se a exclusão extrajudicial não encontrar amparo no contrato social, restará apenas a via judicial contemplada no referido *caput* do artigo 1.030. Este preceito preconiza a possibilidade de exclusão judicial tanto do sócio que cometeu falta grave no cumprimento de suas obrigações, como daquele que foi acometido por incapacidade superveniente, sempre mediante iniciativa da maioria dos demais sócios.

A redação do inciso V sob análise suscita interessante questão vinculada à possibilidade (ou não) de se requerer judicialmente a exclusão de um sócio na hipótese de o contrato social possuir cláusula que permita a sua realização de modo extrajudicial, nos moldes do citado artigo 1.085. Há quem entenda que, quando o contrato social permite que a exclusão se dê extrajudicialmente, não é possível demandá-la em juízo,[27] por falta de interesse de agir.[28] Nós divergimos.[29] Diversos motivos podem justificar a opção pela obtenção da tutela jurisdicional, como, por exemplo, a necessidade de se produzir provas para ultimar a caracterização da falta grave ou do conjunto de atos de inegável gravidade; a busca por maior segurança jurídica, advinda da estabilização gerada por uma decisão judicial transitada em julgado (em um cenário em que os demais anteveem que o sócio que pretendem excluir buscará reverter a medida) etc. Não fosse isso o bastante, há dois pontos que nos parecem decisivos para o desfecho da questão. O primeiro deles é que o próprio artigo 1.085, no princípio de seu *caput*, faz uma expressa ressalva ao disposto no artigo 1.030. O segundo deles volta-se justamente ao fato de a exclusão do sócio majoritário só ser admitida em juízo. Ao tratar da exclusão extrajudicial, o artigo 1.085 é claro ao exigir que a deliberação seja tomada pela "maioria dos sócios, representativa de mais da metade do capital social", ao passo que o artigo 1.030 limita-se a prever que exclusão judicial se dê "mediante iniciativa da maioria dos demais sócios".

Ainda no que tange ao inciso V, cabe salientar que o preceito faz expressa menção à "sociedade", pois ela precisa realmente estar no polo ativo, na medida em que a ela cabe o pagamento dos haveres. De todo modo, diante da própria natureza contratual da sociedade limitada, pensamos que ela possa vir acompanhada dos demais sócios ou da maioria deles, nos moldes do próprio artigo 1.030 do Código Civil. Ela não precisa estar acompanhada, mas pode estar.

O inciso VI do artigo 600, de modo objetivo, atribui legitimação ativa ao "sócio excluído". Como o vínculo que o unia à sociedade já se rompeu, a sua pretensão ficará restrita à apuração de seus haveres.[30] Logicamente, se o excluído pretender se insurgir contra a deliberação que resultou em sua exclusão, poderá propor a competente ação de invalidação da assembleia ou da reunião de sócios, conforme o caso.

Ao caminharmos para o fim do artigo 600, constatamos que o seu parágrafo único estabelece que "o cônjuge ou companheiro do sócio cujo casamento, união estável ou convivência terminou poderá

---

[27] Nesse sentido: Fábio Ulhoa Coelho (2011, p. 151-152).

[28] Nesse sentido: Priscila M. P. Corrêa da Fonseca (2012, p. 92-93); e Igor Bimkowski Rossoni (2012, p. 343-344).

[29] Também divergem desse entendimento Erasmo Valladão Azevedo e Novaes França e Marcelo Vieira von Adamek (2016, p. 41-42).

[30] Nesse sentido: Erasmo Valladão Azevedo e Novaes França e Marcelo Vieira von Adamek (2016, p. 42-43); Flávio Luiz Yarshell e Felipe do Amaral Matos (2012, p. 225); e Igor Bimkowski Rossoni (2012, p. 344).

requerer a apuração de seus haveres na sociedade, que serão pagos à conta da quota social titulada por este sócio", distanciando-se do artigo 1.027 do Código Civil.[31]

Olvidou-se o legislador de fazer referência, no artigo 600, à possibilidade de a ação de dissolução parcial também ser proposta pelo sócio que deseja se retirar da sociedade contratada por prazo determinado, mediante a prova da justa causa (parte final do *caput* do artigo 1.029 do Código Civil) (CAMPINHO, 2016, p. 206).

Por fim, não podemos deixar de registrar o nosso entendimento no sentido de que o sócio de uma sociedade limitada contratada por prazo indeterminado – apesar da via do recesso garantida pelo envio de notificação aos demais sócios e à sociedade com sessenta dias de antecedência (parte inicial do *caput* do artigo 1.029 do Código Civil) – sempre poderá optar por submeter a sua pretensão de desligamento do vínculo social à apreciação judicial, fazendo uso da ação de dissolução parcial. Isso também se justifica diante da controvérsia referente à plena aplicação do artigo 1.029 a esse tipo societário.[32] Face à dúvida, embora para nós totalmente infundada, é pertinente o ingresso em juízo para assegurar o direito de se desfazer do indigitado vínculo, diante da certeza de que ninguém é obrigado a se manter contratado por prazo indeterminado. E, certamente, tal pedido será cumulado com o de apuração de haveres (CAMPINHO, 2016, p. 206).

3.5 Conclusão

O Código de Processo Civil de 2015 não foi feliz na disciplina do procedimento especial dedicado à ação de dissolução parcial da sociedade em diversos pontos. Neste trabalho, conferimos destaque ao tratamento dispensado à legitimação ativa, que gera mais dúvidas do que certezas, desafiando grande esforço exegético para se imprimir racionalidade e utilidade às disposições normativas, as quais, inclusive, se mostram incompletas no objetivo de declinar os legitimados ativos.

---

[31] "Art. 1.027. Os herdeiros do cônjuge de sócio, ou o cônjuge do que se separou judicialmente, não podem exigir desde logo a parte que lhes couber na quota social, mas concorrer à divisão periódica dos lucros, até que se liquide a sociedade".

[32] No que se refere à controvérsia acerca da plena aplicação do artigo 1.029 do Código Civil à sociedade limitada, confira-se o nosso O Recesso na Sociedade Limitada *in Sociedade Limitada Contemporânea* (2013, p. 115-153).

Referências

BUENO, Cassio Scarpinella. Ação de dissolução parcial de sociedade. In: COELHO, Fábio Ulhoa (Coord.). *Tratado de direito comercial*. São Paulo: Saraiva, 2015. p. 388-420. v. 8.

CAMPINHO, Sérgio. *Sociedade por quotas de responsabilidade limitada*. Rio de Janeiro: Renovar, 2000.

CAMPINHO, Sérgio. *Falência e recuperação de empresa*: o novo regime da insolvência empresarial. 7. ed. Rio de Janeiro: Renovar, 2015.

CAMPINHO, Sérgio. *Curso de direito comercial*: direito de empresa. 14. ed. São Paulo: Saraiva, 2016.

CAMPINHO, Sérgio; PINTO, Mariana. O Recesso na Sociedade Limitada. In: AZEVEDO, Luís André N. de Moura; CASTRO, Rodrigo R. Monteiro de (Coords.). *Sociedade limitada contemporânea*. São Paulo: Quartier Latin, 2013. p. 115-153.

COELHO, Fábio Ulhoa. A ação de dissolução parcial de sociedade. *Revista de Informação Legislativa*, n. 190, p. 141-155, abr/jun. 2011. Disponível em: <https://www2.senado.leg.br/bdsf/bitstream/handle/id/242887/000923100.pdf?sequence=>. Acesso em: 27. ago. 2016.

FONSECA, Priscila M. P. Corrêa da. *Dissolução parcial, retirada e exclusão de sócio*. 5. ed. São Paulo: Atlas, 2012.

FRANÇA, Erasmo Valladão Azevedo e Novaes; ADAMEK, Marcelo Vieira von. *Da ação de dissolução parcial de sociedade*: comentários breves ao CPC/2015. São Paulo: Malheiros, 2016.

LIMA, Tiago Asfor Rocha. Aspectos processuais da apuração de haveres *post mortem* e o novo Código de Processo Civil. In: YARSHELL, Flávio Luiz; PEREIRA, Guilherme Setoguti J (Coords.). *Processo societário*. São Paulo: Quartier Latin, 2015. v. II, p. 809-822.

ROSSONI, Igor Bimkowski. O procedimento de dissolução parcial de sociedade no PL 166/2010 (Novo Código de Processo Civil). In: YARSHELL, Flávio Luiz; PEREIRA, Guilherme Setoguti J (Coords.). *Processo societário*. São Paulo: Quartier Latin, 2012. p. 333-349.

THEODORO JÚNIOR, Humberto. *Curso de direito processual civil*: procedimentos especiais. 50. ed. Rio de Janeiro: Forense, 2016. v. II.

YARSHELL, Flávio Luiz; MATOS, Felipe do Amaral. O procedimento especial de dissolução (parcial) de sociedade no projeto de CPC In: YARSHELL, Flávio Luiz; PEREIRA, Guilherme Setoguti J (Coords.). *Processo societário*. São Paulo: Quartier Latin, 2012. p. 211-238.

Informação bibliográfica deste texto, conforme a NBR 6023:2002 da Associação Brasileira de Normas Técnicas (ABNT):

CAMPINHO, Sérgio; PINTO, Mariana. A legitimidade ativa na ação de dissolução parcial da sociedade limitada, à luz do novo Código de Processo Civil (Lei nº 13.105, de 16.3.2015). In: RIBEIRO, Marcia Carla Pereira; CARAMÊS, Guilherme Bonato Campos (Coord.). *Direito empresarial e o CPC/2015*. 2. ed. rev., ampl. e atual. Belo Horizonte: Fórum, 2018. p. 53-70. ISBN 978-85-450-0523-0.

CAPÍTULO 4

DA AÇÃO DE DISSOLUÇÃO PARCIAL PARA RESOLUÇÃO DE SOCIEDADE EMPRESARIAL OU SIMPLES POR ESPÓLIO OU SUCESSORES DE SÓCIO FALECIDO

Sandro Mansur Gibran

4.1 Introdução

Desde as tantas desestatizações ocorridas há mais de vinte anos no Brasil, com significativa transferência de poderes e de recursos do âmbito público para o privado, possibilitadas pela promulgação da Constituição da República Federativa do Brasil de 1988, concedeu-se ao empreendedor maior autonomia já que o Estado passou da condição de gestor para catalisador da atividade empresarial como fonte de efetivo desenvolvimento social e econômico ao país.

O Projeto de Reconstrução Nacional do início da década de 90, fundamentado nos valores sociais do trabalho e da livre iniciativa,[1] garantias do Estado Democrático de Direito, suprimiu a reserva de mercado e possibilitou a importação e fabricação interna, exigindo, em contrapartida, a redefinição dos monopólios da União, o fim da discriminação constitucional ao capital estrangeiro, a desregulamentação dos serviços portuários, a revisão das normas de propriedade industrial, de concessões etc., com o fito, dentre outros, de atrair investimentos internacionais ao país.

---

[1] Art. 1º, V, da Constituição.

Na concepção das autoridades governamentais de então, a abertura de mercado, as privatizações e a desregulamentação eram medidas indispensáveis à economia nacional, haja vista que a aceleração do progresso técnico em nível global reduzia vantagens comparativas tradicionais brasileiras, tais como mão de obra barata e a abundância de recursos naturais, produzindo substanciais alterações nas concepções de organização da produção.

O comércio internacional da exportação de produtos acabados ou de matéria-prima, exercido durante o Regime Militar, possibilitava ao Estado o domínio de suas respectivas economias, tendo em vista que ele detinha pleno controle das fontes de produção.[2] Esse *status* garantia ao Poder Público governo sobre a ordem e o progresso.

Apesar da superveniência do liberalismo econômico nos anos 90, manteve-se controle do Estado em relação a algumas atividades empresariais que não podem ser encetadas sem que preceda a autorização do Poder Público, tendo em vista a relevância delas ao interesse nacional (social ou político). É o caso das instituições financeiras, dos agentes do mercado de capitais, das sociedades seguradoras, das empresas armamentistas, jornalísticas ou de rádio-telecomunicação.[3]

A verdade é que, não obstante o poder decisório do Estado sobre a iniciativa dessas atividades específicas, a Constituição da República Federativa do Brasil permite ao empreendedor total liberdade em setores estratégicos e de tecnologia avançada: o implemento dos derivados de petróleo, a indústria pesada, os produtos químicos e farmacêuticos, o mercado da informática, o comércio etc. são as instituições privadas que detêm a ciência, as marcas e as patentes ligadas ao exercício da atividade empresarial.

E, se não pela detenção do conhecimento técnico, essa dependência vem pela organização do trabalho assalariado, pelos bens e serviços de consumo que garantem a subsistência humana, sem contar que a maior parte das receitas fiscais que sustentam a máquina administrativa do próprio Estado são provenientes diretamente da atividade privada.

Em análise sumária dessa realidade, verifica-se, com toda segurança, que aquelas funções que já foram exercidas pelo Estado são

---

[2] O comércio internacional estava amparado na exploração dos territórios, para fins de exportação de matérias-primas, sobretudo aos países europeus. Destarte, as atividades econômicas centravam-se, sobretudo, no fornecimento de pedras, metais preciosos, madeira, especiarias e, principalmente, no comércio de escravos, então *produtos* de controle e explorados pelo Estado (EIZIRIK, 1979).

[3] Art. 21 da Constituição.

agora de responsabilidade do empresariado. É a atividade empresarial que potencialmente pode viabilizar a ordem econômica,[4] o progresso tecnológico e, por mais antagônico que possa parecer, é ela também quem, ao menos indiretamente, promove o bem público.

Ocorre que toda essa autonomia funcional constitucionalmente até então autorizada ao empresariado, a depender da eficácia literal da Lei nº 13.105, de 16 de março de 2015, o denominado novo Código de Processo Civil brasileiro, pode ser ao menos sob alguns aspectos minorada.

A experiência histórica demonstra que os processos de regulamentação advêm da necessidade social de coibir ou dirigir determinada ação da vida em sociedade.

Com efeito, o novo Código de Processo Civil brasileiro, em vez de apenas tratar de normas de natureza essencialmente procedimental, adjetivas, optou por também intervir em questões atinentes ao direito societário, inclusive para contrariar normas substantivas – do direito civil – e orientação jurisprudencial pacífica sobre a matéria.

Para este estudo, no que se refere à legitimidade ativa para a formulação do pedido de ação de dissolução parcial para resolução de sociedade empresarial ou simples,[5] por espólio ou sucessores de um sócio falecido, muitos questionamentos e incertezas sobrevêm pois, até a superveniência do novo Código de Processo Civil, os herdeiros não poderiam contrariar o disposto nos atos constitutivos da sociedade. Em outras palavras, aquilo que os sócios tinham entre si contratado, quando da formação da sociedade, da pessoa jurídica, haveria de prevalecer sobre a vontade do espólio ou dos sucessores de um sócio posteriormente falecido.

Além da valorização do ato jurídico perfeito, da liberdade de contratar, da proteção à vontade privada dos sócios, do *affectio societatis*, o Código Civil brasileiro prestigia a preservação da atividade empresarial ou mesmo aquela inerente à sociedade de natureza simples (que exerce profissão intelectual, por conseguinte).

---

[4] Afinal, a ordem econômica de que trata o art. 170 da Constituição é fundada na valorização do trabalho e na livre iniciativa; ou seja: na atividade empresarial.

[5] O cotejo dos arts. 966, parágrafo único, e 982, também parágrafo único, ambos do Código Civil brasileiro, determina, basicamente, que a sociedade simples é aquela que desenvolve atividade de natureza intelectual (literária, científica ou artística) enquanto que a sociedade empresária e o empresário individual circundam as demais atividades (que não tenham, portanto, natureza intelectual).

Justifica-se o presente estudo na necessidade de reflexão e, quem sabe, de esclarecimentos sobre o disposto nos arts. 599, I,[6] e 600[7] do novo Código de Processo Civil, uma vez que eles fundamentam o pedido de ação de dissolução parcial para resolução de sociedade empresarial ou simples por espólio ou sucessores de sócio falecido, não obstante a autonomia da vontade inclusive por ele expressa e previamente manifestada nos atos constitutivos da pessoa jurídica.

4.2 Dos diferentes tipos societários

Ainda que o empresário individual, tratado pelo art. 966[8] do Código Civil brasileiro, e que a empresa individual de responsabilidade limitada (EIRELI), fundamentada no disposto do art. 980-A,[9] também do Código Civil brasileiro (com redação dada pela Lei nº

---

[6] O art. 599, I, do novo Código de Processo Civil dispõe acerca da possibilidade de formulação de ação de dissolução parcial para resolução de sociedade empresarial ou simples em relação ao sócio falecido, excluído ou que exerceu o direito de retirada ou recesso.

[7] O art. 600, por sua vez, informa aqueles que têm legitimidade ativa para a formulação do referido pedido de ação: I – o espólio do sócio falecido, quando a totalidade dos sucessores não ingressar na sociedade; II – pelos sucessores, após concluída a partilha do sócio falecido; III – pela sociedade, se os sócios sobreviventes não admitirem o ingresso do espólio ou dos sucessores do falecido na sociedade, quando esse direito decorrer do contrato social; IV – pelo sócio que exerceu o direito de retirada ou recesso, se não tiver sido providenciada, pelos demais sócios, a alteração contratual consensual formalizando o desligamento, depois de transcorridos 10 (dez) dias do exercício do direito; V – pela sociedade, nos casos em que a lei não autoriza a exclusão extrajudicial; ou VI – pelo sócio excluído. Por fim, o parágrafo único deste artigo ainda esclarece que o cônjuge ou companheiro do sócio cujo casamento, união estável ou convivência terminou poderá requerer a apuração de seus haveres na sociedade, que serão pagos à conta da quota social titulada por este sócio.

[8] Art. 966 do Código Civil: Considera-se empresário quem exerce profissionalmente atividade econômica organizada para a produção ou a circulação de bens ou de serviços.
Parágrafo único – Não se considera empresário quem exerce profissão intelectual, de natureza científica, literária ou artística, ainda com o concurso de auxiliares ou colaboradores, salvo se o exercício da profissão constituir elemento de empresa.

[9] Art. 980-A do Código Civil: A empresa individual de responsabilidade limitada será constituída por uma única pessoa titular da totalidade do capital social, devidamente integralizado, que não será inferior a 100 (cem) vezes o maior salário-mínimo vigente no País.
§1º – O nome empresarial deverá ser formado pela inclusão da expressão "EIRELI" após a firma ou a denominação social da empresa individual de responsabilidade limitada.
§2º – A pessoa natural que constituir empresa individual de responsabilidade limitada somente poderá figurar em uma única empresa dessa modalidade.
§3º – A empresa individual de responsabilidade limitada também poderá resultar da concentração das quotas de outra modalidade societária num único sócio, independentemente das razões que motivaram tal concentração.
§4º – (VETADO).
§5º – Poderá ser atribuída à empresa individual de responsabilidade limitada constituída para a prestação de serviços de qualquer natureza a remuneração decorrente da cessão de

12.441, de 11 de julho de 2011), tanto contribuam ao desenvolvimento econômico nacional, para a análise que se pretende deste artigo, por conta da unipessoalidade inerente aos atos constitutivos de ambos, são irrelevantes pois a polêmica da ação de dissolução parcial para resolução de sociedade empresarial ou simples pressupõe a existência de 2 (dois) ou mais sócios.

Ainda que legalmente se exija a pluralidade de sócios no caso da constituição das sociedades em nome coletivo,[10] da comandita simples[11] e da comandita por ações,[12] por suas insignificâncias, já que, em verdade, são inexistentes, também não serão elas objeto de análise deste autor.

Por suas respectivas importâncias, destaque, valor e por serem, enquanto sociedades, quantitativamente as mais expressivas aos objetivos da República Federativa do Brasil,[13] delimitar-se-á a proposta desta pesquisa e crítica à sociedade simples,[14] à sociedade limitada[15] e à sociedade anônima.[16]

Observando a constituição das sociedades regulares brasileiras em geral, existem aquelas cuja organização, funcionamento e desenvolvimento repousam no interesse fechado (pessoal) de um grupo de sócios, que estabelecem entre si o *affectio societatis*, isto é, a firme intenção de juntos formar e organizar uma pessoa jurídica. São essas as denominadas sociedades de pessoas, como normalmente se estruturam a sociedade limitada e a sociedade simples.

Outras, porém, são constituídas sem atenção à pessoa dos sócios ou às suas características empreendedoras, mas ao potencial de investimento de cada qual: sob essa forma societária se desenvolve

---

direitos patrimoniais de autor ou de imagem, nome, marca ou voz de que seja detentor o titular da pessoa jurídica, vinculados à atividade profissional.
§6º – Aplicam-se à empresa individual de responsabilidade limitada, no que couber, as regras previstas para as sociedades limitadas.

[10] Art. 1039 e seguintes do Código Civil.
[11] Art. 1045 e seguintes do Código Civil.
[12] Art. 1090 e seguintes do Código Civil.
[13] Art. 3º da Constituição: Constituem objetivos fundamentais da República Federativa do Brasil:
I – construir uma sociedade livre, justa e solidária;
II – garantir o desenvolvimento nacional;
III – erradicar a pobreza e a marginalização e reduzir as desigualdades sociais e regionais;
IV – promover o bem de todos, sem preconceitos de origem, raça, sexo, cor, idade e quaisquer outras formas de discriminação.
[14] Regulada principalmente pelos arts. 997 a 1038 do Código Civil.
[15] Regulada principalmente pelos arts. 1052 a 1087 do Código Civil.
[16] Regulada pela Lei nº 6404, de 15 de dezembro de 1976, e pelos arts. 1088 e 1089 do Código Civil.

a sociedade anônima de capital aberto ou companhia, dita sociedade de capital.

Naturalmente ambos os tipos, de pessoas ou de capital, dependem de riqueza para existência e crescimento. Nas sociedades de pessoas a capitalização da pessoa jurídica fica restrita à capacidade econômica dos sócios açambarcados pelo contrato social. Já no caso das sociedades anônimas esta capitalização pode se dar, dentre outros mecanismos, pela aquisição de ações que conferem aos seus detentores, àqueles que investem suas riquezas na companhia, poderes e vantagens na direção, gestão e eventuais dividendos a serem distribuídos.

A posição de sócio de qualquer sociedade compreende, como direitos essenciais, o de participar dos lucros e do acervo líquido social. Para esses tipos societários, a exceção da sociedade anônima, tais direitos são definidos para cada sócio, assim nomeado e identificado no contrato social, com percentagem ou fração do total do capital social, ou por valor de referência da quota de cada um.

Nas sociedades anônimas os direitos são organizados no estatuto social, em conjuntos padronizados incorporados em valores mobiliários, quais sejam, as ações, que caracterizam a posição do sócio na companhia, sem qualquer identificação de seus subscritores ou adquirentes.

O exercício de voto é o núcleo do poder na sociedade anônima[17] e possibilita a emanação da vontade do acionista, na medida em que configura atributo das ações. A noção de controle societário refere-se necessariamente à capacidade de deliberar na assembleia geral, a qual tem poderes para decidir todos os negócios relativos ao objeto da companhia e tomar as resoluções que julgar convenientes à sua defesa e desenvolvimento.[18] Portanto, a fonte do poder social é exercido na assembleia geral dos acionistas: quem domina a assembleia geral tem o poder sobre a sociedade anônima.[19]

O primeiro e mais evidente limite ao exercício do poder, em qualquer tipo de sociedade é dado pelos direitos fundamentais do sócio ou do acionista. Aliás, toda organização de poder existe com o fim precípuo de preservar direitos. Na sociedade empresarial ou simples não se pode falar em direitos naturais dos sócios anteriores à constituição da pessoa jurídica por meio do arquivamento do ato constitutivo perante a competente Junta Comercial, Órgão de Classe ou Registro Civil de

---

[17] Art. 110 da Lei nº 6404/76.
[18] Art. 121 da Lei nº 6404/76.
[19] Art. 116 da Lei nº 6404/76.

Pessoas Jurídicas, conforme o caso.[20] Deve-se frisar que, sem o respeito a certas prerrogativas elementares, não há sociedade, pura e simplesmente. Desse modo, pela garantia constitucional da livre iniciativa, o *status socii* supõe o reconhecimento primário de determinados direitos e poderes estabelecidos no contrato ou no estatuto, atos constitutivos esses primordiais, pois correspondem ao potencial de existência de uma pessoa jurídica.

A classificação doutrinária das sociedades como sendo de pessoas ou de capital é generalista e comporta alguns esclarecimentos: é sabido que existem sociedades limitadas que, por seu porte, organização, elevado número de sócios e frequentes alterações de quadro societário, acabam por assumir uma estrutura impessoal, idêntica àquela das sociedades anônimas de capital aberto, qualificadas como sociedades de capital.

Por determinação do art. 982, parágrafo único, do Código Civil brasileiro, já a sociedade cooperativa é sempre legalmente declarada como sociedade simples, independentemente de seu objeto. Pela natureza intelectual – portanto, personalíssima – das atividades desenvolvidas pela sociedade simples, sua essência é necessariamente subjetiva, pessoal, uma vez que a produção literária, científica ou artística não pode ser serial ou massificada como aquela decorrente da industrialização, do exercício empresarial.

Dadas essas premissas, é, todavia, inegável o paradoxo que representa ser a cooperativa espécie de sociedade simples: os princípios da mutualidade e da livre adesão de cooperativados são conflitantes com o *affectio societatis* imanente às sociedades de pessoas. Os cooperativados são autônomos reunidos que colaboram entre si – mutuamente – para obter melhores resultados para cada qual. Nas sociedades de pessoas os empreendedores se reúnem para um fim comum: a constituição de uma pessoa jurídica independente, autônoma, que haverá de auferir lucro e distribuir riquezas aos sócios.

Por fim, existem sociedades anônimas de capital fechado, com um número limitado de acionistas que não negociam suas ações em mercado. Essas sociedades anônimas têm perfil que se coaduna com aquelas sociedades doutrinariamente identificadas como de pessoas, admitindo-se, inclusive, o *affectio societatis* entre os acionistas.

---

[20] As sociedades empresárias regulares têm seus atos constitutivos arquivados na Junta Comercial. As sociedades simples, por sua vez, têm seus atos constitutivos arquivados nos Órgãos de Classe ou no Registro Civil de Pessoas Jurídicas.

De toda essa asserção se compreende que a classificação mais precisa de sociedades como de pessoas ou de capital depende da casuística.

Para as sociedades identificadas como impessoais ou de capital, a sucessão dos sócios não implica qualquer interferência direta dos herdeiros na gestão da pessoa jurídica. Uma vez que o falecido não tinha poder de gestão, a participação societária herdada não será diferente e os sucessores poderão apenas seguir como investidores da pessoa jurídica constituída ou alienar as suas cotas ou ações para quem bem queiram, sem prévio compromisso ou satisfação para com os sócios remanescentes.

Às sociedades de pessoas é que o novo Código de Processo Civil, pelo disposto nos arts. 599, I, e 600, representa afronta, pois pode banalizar o que foi contratado pelos sócios ao tempo da constituição da pessoa jurídica, desconsiderando-se o *pacta sunt servanda*, e despreza o *offectio societatis* necessariamente existente entre os sócios (e dentre eles o que faleceu), vínculo igualmente imprescindível àqueles que, juntos, se propõem a empreender.

4.3 Natureza Jurídica da Sociedade

Em que pese já há muito questionar-se sobre a natureza jurídica das sociedades, se impera-se o contratualismo italiano ou a teoria institucionalista alemã, a discussão é novamente relevante se o tema em foco é a preservação da relação societária independentemente dos sucessores ou herdeiros de um sócio falecido.

De fato, quando a continuidade da relação societária, da atividade empresarial ou simples, é ameaçada em virtude da sucessão hereditária ou testamentária de um sócio falecido, a definição do regime jurídico de constituição da pessoa jurídica é determinante à aplicabilidade ou não do disposto nos arts. 599 e 600, I, do novo Código de Processo Civil.

A organização estrutural das sociedades se desenvolveu a partir dos séculos XIX e XX, quando surgiram normas para melhor disciplinarem as relações entre os sócios e a circulação dos títulos emitidos, com o fito de tutelar os interesses de terceiros que mantivessem relações comerciais com o empresariado, com especial destaque aos credores e investidores de mercado.[21]

---

[21] Na medida em que as sociedades deixaram de ser familiares para se tornar grandes complexos, compatíveis com o desenvolvimento da indústria e do mercado massificado de produtos

As regras imperativas abordavam diversos aspectos da constituição e do funcionamento das sociedades, incompatíveis com o que se concebia, doutrinariamente, por contrato; ou seja: a situação de controle conflitava com a noção de acordo como ajustamento de duas manifestações de vontade, que passam a ter o mesmo objeto, formando-se por fusão de interesses, consentimentos ou concordâncias (DINIZ, 1993, v. 05). Essas peculiaridades justificavam a opinião contrária à natureza contratual das sociedades.

É mister esclarecer, no entanto, que esse conceito havia-se estabelecido a partir da noção de negociações bilaterais que organizavam sistemas sociais de troca, em regra com poucos sujeitos e de curta duração. Esse entendimento pode ser compatível à realidade das sociedades de pessoas com pequeno número de sócios, nas quais o processo de formação de consenso é semelhante à noção mais simplista de contrato. Já para a constituição de grandes estruturas societárias, quando a manifestação de vontade dos sócios não converge necessária e absolutamente para um mesmo fim, a definição de contrato bilateral se mostra inapropriada e insuficiente.

Por conta dessa incompatibilidade conceitual surgem as primeiras objeções à natureza contratual das grandes sociedades, certo que a partir de observação superficial de seus atos constitutivos: no fim do século XIX, os contratos plurilaterais, compreendidos como complexos ou coletivos, que representam o conjunto de declarações de vontades originárias de sujeitos que têm o mesmo interesse, isto é, os desejos são paralelos e não convergem nem confluem como acontece em um contrato tradicional. Gierke sustentou que a constituição da sociedade é ato unilateral coletivo de natureza especial (de fundação), pois seus sócios dão origem a novo sujeito de direito.[22]

As críticas à classificação dessas grandes sociedades como resultado da manifestação de vontade dos subscritores foram, todavia, diminuindo à medida que, no século passado, se difundiram as modalidades de contratos de massa (que se repetem em grande

---

e de serviços, também a relação entre sócios e destes para com os seus subordinados, fornecedores, consumidores etc. foi readequada e aprimorada ao dinamismo que a nova realidade exigia.

[22] "Descrever a teoria de Gierke como uma teoria da pessoa jurídica não é totalmente correto. Na verdade, para ele a pessoa jurídica tem pouca importância. Mais relevante é a realidade que esta à base desse instituto jurídico. É por isso que a principal característica destacada na teoria de Gierke é o retorno da concepção do fenômeno associativo como "realidade social". O mérito de sua teoria está menos na coerência dogmática e mais no fato de ter chamado atenção para o perfil interno das associações. Muitos dos aspectos levantados são ainda hoje elementos centrais da teoria societária" (SALOMÃO FILHO, 1995, p. 21).

quantidade, ou compreendem grande número de partes), nos quais é impraticável o processo de formação de consenso mediante ofertas e contraofertas e fusão de vontades: a viabilidade desses acordos requer conteúdo prefixado unilateralmente por uma das partes e a aceitação do interessado ou interessados. Trata-se de contrato de adesão que, apesar de ser diverso daquele bilateral, muito se assemelha ao observado na constituição de grandes estruturas societárias.[23]

A massificação da sociedade política refletiu seus efeitos na teoria dos contratos, implicando sensível enfraquecimento do império da vontade individual. Com o aumento da frequência das relações (inerente à economia de massas), torna-se extremamente difícil e inseguro basear a força da relação contratual na averiguação da vontade de cada indivíduo, para cada negociação. Opta-se por configuração muito mais seriada e impessoal dos contratos, em substituição ao apego à individualidade e relevância da vontade que caracteriza a clássica teoria obrigacional.

A nova concepção de contrato, do surgimento das associações, é compatível com a natureza contratual das sociedades. O contrato de sociedade, como avença plurilateral que é, pode abranger número de partes superior a duas, mas sempre incerto, possibilitando, desse modo, que outras a ele venham aderir. Ao contrário do que sucede nos contratos bilaterais – nos quais os direitos e obrigações são exercidos diretamente em relação ao outro contratante –, nos contratos plurilaterais as partes são titulares de direitos e obrigações para com todas as outras, já que o exercício dessas prerrogativas destina-se à satisfação de um interesse comum, no caso, manifestado no próprio ato constitutivo da sociedade.

O Código Civil italiano de 1942, cuja influência se faz sentir nas legislações contemporâneas,[24] contém normas sobre os contratos

---

[23] Fernando Noronha expressivamente considera a massificação, em todos os sentidos, a síntese das transformações operadas a partir da Revolução Industrial: "A grande resultante de tais fenômenos foi a massificação da sociedade. Realmente, se existe uma palavra que possa sintetizar tudo o que aconteceu, e ainda esclarecer o sentido de tão profundas transformações havidas, tanto políticas como jurídicas, inclusive no âmbito que aqui interessa, que são os contratos, tal palavra é a massificação: massificação das cidades, transformadas em gigantescas colmeias; nas fábricas, com a produção em série; nas comunicações, com os jornais, o rádio e a televisão; nas relações de trabalho, com as convenções coletivas; na responsabilidade civil, com a obrigação de indenizar imposta a pessoas componentes de grupos, por atos de membro não identificado (o que é verdadeiro caso de responsabilidade coletiva); no processo civil, com as ações coletivas, visando à tutela de interesses difusos e coletivos (cf. Lei nº 7347/85, art. 1º, e Código de Defesa do Consumidor, arts. 81, 91 e 103); nas relações de consumo, finalmente, com os contratos padronizados e de adesão e até as convenções coletivas de consumo, previstas no Código de Defesa do Consumidor (art. 107)!" (1994, p. 71).

[24] "...O Código Civil italiano é sem dúvida nenhuma um momento legislativo do século XX: representa para a nova geração e para o futuro aquilo que o Código Civil Napoleônico

plurilaterais e de fim comum e a doutrina moderna também se vale dos conceitos de contratos associativos ou de organização, inclusive para classificar as sociedades de pessoas e de capital.[25]

Consoante anteriormente esclarecido, a natureza contratual das sociedades plurilaterais era, ainda, questionada pelo excessivo controle legal de sua constituição e funcionamento. Havia restrição à autonomia da vontade se comparada com a disciplina dos demais negócios jurídicos típicos de Direito Privado.

Aqueles contrários à natureza contratual da constituição das sociedades vão ao encontro da proposta de sua classificação como instituição.

Diz-se que determinada organização é instituição quando ela se acha de tal modo estabelecida em sociedade que o processo de ação coletiva parece apresentar autonomia própria, ou velocidade de autossustentação, cuja continuidade independe da vontade dos sócios que, em cada momento, desempenham seus papéis; a estrutura é mais importante que os sócios, que ficam em segundo plano, como seus acessórios. A existência da instituição pressupõe ideia diretriz (que define o objeto da ação coletiva), estrutura hierarquizada (compreendendo órgãos especializados, com divisão de poderes e funções) e alto grau de organização normativa (que assegura sua identidade e permanência, não obstante a substituição dos sócios, sejam quem for). Essas características são mais encontradas nas organizações formais de grande dimensão, e por isso os conceitos de instituição e burocracia apresentam características semelhantes.

A característica básica da organização institucionalizada é a sua continuidade independentemente dos indivíduos que, a cada momento, exercem suas funções, e por isso sua antítese é a estrutura personalizada, no sentido de que existe na dependência da vontade dos indivíduos

---

representou no século passado. E essa influência que o Código Civil italiano vem exercendo já se faz sentir em códigos promulgados, haja vista por exemplo os Códigos de Portugal e do Peru. Essa inspiração demonstra que o legislador do século XX está se baseando num trabalho que teve em sua elaboração, como se sabe, os mais importantes juristas italianos. É preciso enfatizar esse ponto, porque o projeto é realmente adequado, tanto na elaboração como na sistematização" (BITTAR, 1996, p. 48).

[25] O sistema anterior, que se fundava no Código Napoleônico, não trazia teoria contratual autônoma. A teoria obrigacional tornou-se insuficiente para justificar o vínculo contratual. O Código Civil italiano permitiu a elaboração da teoria dos contratos, unificando as negociações de Direito Comercial e Direito Civil em um só instituto, de Direito Privado. Os contratos plurilaterais, presentes na constituição das sociedades empresariais, foram albergados pela nova teoria contratual do Direito italiano, evidenciada por meio do referido Código Civil.

que desempenham seus papéis, como ocorre nas pessoas jurídicas constituídas por pequeno número de sócios.

O processo de concentração industrial iniciado no fim do século XIX deu origem à formação de grandes sociedades, com dimensão e complexidade, significação econômica social e política, antes desconhecidas, cujo controle, ao menos aparente, é exercido pelos administradores devido à pulverização da propriedade das ações ou cotas em grande número de pessoas. Poder-se-ia então considerar que o funcionamento dessas grandes sociedades ultrapassa o regime contratual privado em que se constituíram e se desenvolveram.

Sem embargo, muito mais expressivo é o número de sociedades menores, organizadas em pequeno número de sócios, com predomínio da pessoalidade e inegável *affectio societatis* entre eles.

Tanto é verdade a vultosidade e a importância dessas sociedades menores ao desenvolvimento econômico nacional que a Constituição da República Federativa do Brasil, quando trata da almejada ordem econômica, destaca à micro e à pequena empresa, normalmente organizadas sob reduzido quadro societário, a garantia de tratamento favorecido, seja quando da arrecadação fiscal, seja quando da concessão de crédito.[26]

Essa mesma relevância social e econômica da atividade empresarial é o que justifica, sabidamente, à ordem jurídica a sua preservação.

Nesse sentido, os arts. 599 e 600 do novo Código de Processo Civil, quando possibilitam a formulação de pedido de ação de dissolução parcial para resolução de sociedade empresarial ou simples por espólio ou sucessores de sócio falecido, acabam por ameaçar a livre iniciativa, o empreendedorismo dos sócios remanescentes, a continuidade da atividade exercida pela sociedade empresarial ou simples. Não há dúvida de que o reembolso de capital aos herdeiros, por determinação judicial decorrente de um pedido de ação de dissolução parcial, pode desestabilizar a sociedade a depender do que represente a participação do sócio falecido a ser repassada ao espólio ou aos seus sucessores.

A livre iniciativa e a laboriosidade expressadas na vontade do sócio falecido, manifestada em um ato jurídico perfeito devidamente registrado, com *status* de documento público, não deve preponderar ao previsto em um Código de *Processo* Civil?

O resguardo à atividade empreendedora deve sucumbir ao interesse egoístico do espólio ou dos sucessores de um sócio falecido?

---

[26] Art. 170, IX, da Constituição.

4.4 Considerações finais

Do estudo das duas teorias apresentadas, da contratualista e da institucional, verifica-se que, na primeira, valoriza-se, sim, a pessoa do sócio, o *affectio societatis* entre os empreendedores associados e, consequentemente, o ato de constituição da sociedade manifestado em um contrato é o instrumento garantia de tutela e de existência da pessoa jurídica que, muito embora autônoma e independente, será mantida de acordo com o que juntos combinaram e pretenderam os seus criadores. Não se pode olvidar que o ato jurídico perfeito – o contrato – é constitucionalmente tutelado como direito fundamental e indisponível.[27]

Para a segunda teoria, tamanha é a autonomia da sociedade em referência aos seus sócios, que pessoalidade deles ou a subjetividade é irrelevante aos interesses da coletividade e do próprio Estado. O que realmente haverá de prevalecer são as vantagens advindas da pessoa jurídica, independentemente de quem sejam os sócios que constem do ato de constituição da sociedade. Sob essa compreensão, não há que se falar em *affectio societatis*. Quando do falecimento de um sócio de sociedade com esse perfil, é bem provável que o espólio e os sucessores do sócio falecido terão acesso imediato à participação societária do *de cujus*, sem a necessidade de qualquer pedido de ação judicial específico ou mesmo de prévia autorização dos sócios remanescentes. Por sucessão hereditária ou testamentária a participação societária será de direito dos sucessores que poderão continuar usufruindo dos resultados sociais ou alienar suas quotas ou ações para outros, sócios ou não.

Sem embargo, se o que foi contratado haverá de ser respeitado, pois "a lei não prejudicará" o ato jurídico perfeito de constituição da sociedade, da pessoa jurídica, questiona-se a legitimidade ativa do espólio ou dos sucessores de um sócio falecido para a formulação de pedido de ação de dissolução parcial para resolução de sociedade empresarial ou simples, quando reconhecidas como efetivamente sociedades contratuais, de pessoas ou personalíssimas: não pode a nova lei processual civil brasileira prejudicar o que foi contratado pelos sócios.

Se não bastasse, o art. 1028, I, do Código Civil brasileiro não autoriza a liquidação de quota no caso de morte de sócio se o ato constitutivo – se o contrato social – dispuser de modo diverso.

---

[27] O art. 5º, XXXVI, da Constituição garante que a lei não prejudicará o direito adquirido, o ato jurídico perfeito e a coisa julgada.

Tem-se, portanto, que o novo Código de Processo Civil, mais do que orientar procedimentos em juízo, enquanto lei adjetiva, ousou menosprezar o *affectio societatis*, a liberdade de contratar dos sócios, e o disposto no art. 1028, I, do Código Civil brasileiro.

A incompatibilidade entre o disposto nos arts. 599 e 600 do novo Código de Processo Civil e o que se assegura, civil e constitucionalmente, ao contrato social é flagrante: uma vez que a Lei nº 13105/2015 – o novo Código de Processo Civil – não pode se opor à Constituição da República Federativa do Brasil e nem revogou artigos de direito societário do Código Civil brasileiro, cumprirá ao Poder Judiciário confirmar se e como autorizar a formulação de pedido de ação de dissolução parcial para resolução de sociedade empresarial ou simples contratual, de pessoas ou personalíssimas por espólio ou sucessores de sócio falecido.

E se para as sociedades classificadas como de capitais a sucessão dos herdeiros do acionista falecido não depende de pedido de ação específica ou de prévia autorização dos acionistas remanescentes, qual é a razão de ser do pedido de ação de dissolução parcial para resolução de sociedade empresarial ou simples por espólio ou sucessores do *de cujus*?

Muito há por ser esclarecido pela jurisprudência e pelos doutrinadores do processo civil!

Referências

ARAGÃO, Alexandre Santos de. O conceito jurídico de regulação da economia. *Revista de Direito Mercantil, Industrial, Econômico e Financeiro*, São Paulo, v. 122, p. 38-47, abr./jun. 2001.

ARRUDA, Maria Clara da Silveira Villasboas. Companhia aberta x companhia fechada. *Revista de Direito Mercantil, Industrial, Econômico e Financeiro*, São Paulo, v. 65, p. 42-63, jan./ mar. 1987.

BARROSO, Luís Roberto. Crise econômica e direito constitucional. *Revista Trimestral de Direito Público*, São Paulo, v. 6, p. 32-63, 1994.

BITTAR, Carlos Alberto. Os contratos no projeto de código civil. *Revista de Direito Mercantil, Industrial, Econômico e Financeiro*, São Paulo, v. 104, p. 48-57, out./ dez. 1996.

BORBA, José Edwaldo Tavares. *Direito societário*. 3. ed. Rio de Janeiro: Freitas Bastos, 1997.

COMPARATO, Fábio Konder. *Direito empresarial*: estudos e pareceres. São Paulo: Saraiva, 1995.

DANTAS, Ivo. O econômico e o constitucional. *Revista de Direito Administrativo*, Rio de Janeiro, v. 200, p. 55-69, abr./jun. 1995.

DINIZ, Maria Helena. *Tratado teórico e prático dos contratos*. São Paulo: Saraiva, 1993. v. 1 e 4.

EIZIRIK, Nelson. Monopólio estatal da atividade econômica. *Revista de Direito Administrativo*, Rio de Janeiro, v. 194, p. 02-15, out./ dez. 1993.

EIZIRIK, Nelson. O liberalismo econômico e a criação das disciplinas de direito comercial e economia política. *Revista de Direito Mercantil, Industrial, Econômico e Financeiro*, São Paulo, v. 35, p. 29-48, jul./ set. 1979.

ETCHEVERRY, Raúl Aníbal. *Derecho comercial y economico*. Buenos Aires: Astrea, 1995. p. 32-35.

ETCHEVERRY, Raúl Aníbal. *Empresas en las que interviene el estado*. Astrea, 1989. p. 233-263.

FERRI, Giuseppe. *Le società*. 3.ed. Turim: UTET, 1987.

FORGIONI, Paula A. *A evolução do direito comercial brasileiro*: da mercancia ao mercado. 2. ed. São Paulo: RT, 2012.

FORGIONI, Paula A. *Teoria geral dos contratos empresariais*. 2. ed. São Paulo: RT, 2010.

GRAU, Eros Roberto. *A ordem econômica na constituição de 1988*: interpretação e crítica. 6. ed. rev. e atual. São Paulo: Malheiros, 2001.

MACHADO, Rubens Approbato. Sociedade por ações: incorporação, fusão e cisão – direito de retirada. *Revista de Direito Mercantil, Industrial, Econômico e Financeiro*, São Paulo, v. 82, p. 46-61, abr. /jun. 1991.

MAMEDE, Gladston. *Direito empresarial brasileiro*: empresa e atuação empresarial. 4. ed. São Paulo: Atlas, 2010.

MASCHERONI, Fernando H.; MUGUILLO, Roberto A. *Régimen jurídico del socio*: derechos y obligaciones en las sociedades comerciales. Buenos Aires: Astrea, 1996.

MESSINA, Paulo de Lorenzo; FORGIONI, Paula A. *Sociedades por ações*: jurisprudência, casos e comentários. São Paulo: Revista dos Tribunais, 1999.

MORAIS, José Luís Bolzan de. *Do direito social aos interesses transindividuais*: o Estado e o Direito na ordem contemporânea. Porto Alegre: Livraria do Advogado, 1996.

MOREIRA NETO, Diogo de Figueiredo. *Ordem econômica e desenvolvimento na constituição de 1988*. Rio de Janeiro: Apec, 1989.

NORONHA, Fernando. *O direito dos contratos e seus princípios fundamentais*: autonomia privada, boa-fé, justiça contratual. São Paulo: Saraiva, 1994.

RIBEIRO, Marcia Carla Pereira; AGUSTINHO, Eduardo Oliveira. Economia institucional e nova economia institucional. In: RIBEIRO, Marcia Carla Pereira; KLEIN, Vinicius (Org.). *O que é análise econômica do direito*: uma introdução. Belo Horizonte: Fórum, 2011. p. 121-128.

SALOMÃO FILHO, Calixto. Apontamentos para formulação de uma teoria jurídica dos cartéis. *Revista de Direito Mercantil, Industrial, Econômico e Financeiro*, São Paulo, v. 121, p. 18-29, jan./ mar. 2001.

SALOMÃO FILHO, Calixto. *A sociedade unipessoal*. São Paulo: Malheiros, 1995.

SALOMÃO FILHO, Calixto. *O novo direito societário*. São Paulo: Malheiros, 1998.

SZTAJN, Rachel. A responsabilidade social das companhias. *Revista de Direito Mercantil, Industrial, Econômico e Financeiro*, São Paulo, ano 37, n. 114, p. 34-50, abr./ jun. 1999.

SZTAJN, Rachel.; ZYLBERSZTAJN, Decio; AZEVEDO, Paulo Furquim. Economia dos contratos. In: SZTAJN, Rachel; ZYLBERSZTAJN, Decio (Org.). *Direito e economia*: análise econômica do direito e das organizações. São Paulo: Elsevier, 2009. p. 102-136.

WALD, Arnoldo. O espírito empresarial, a empresa e a reforma constitucional. *Revista de Direito Mercantil, Industrial, Econômico e Financeiro*, São Paulo, v. 98, p. 51-57, abr./jun. 1995.

Informação bibliográfica deste texto, conforme a NBR 6023:2002 da Associação Brasileira de Normas Técnicas (ABNT):

GIBRAN, Sandro Mansur. Da ação de dissolução parcial para resolução de sociedade empresarial ou simples por espólio ou sucessores de sócio falecido. In: RIBEIRO, Marcia Carla Pereira; CARAMÊS, Guilherme Bonato Campos (Coord.). *Direito empresarial e o CPC/2015*. 2. ed. rev., ampl. e atual. Belo Horizonte: Fórum, 2018. p. 71-86. ISBN 978-85-450-0523-0.

PARTE II

PENHORA DAS PARTICIPAÇÕES SOCIETÁRIAS, SEGURO-GARANTIA E ARBITRAGEM

A PENHORA DE QUOTAS E AÇÕES NA LEI Nº 13.105/2015: CÓDIGO DE PROCESSO CIVIL

Alexandre Ferreira de Assumpção Alves

5.1 Introdução e Escorço Histórico

O trabalho se propõe a analisar a penhora de quotas e ações disciplinada no Código de Processo Civil de 2015 (Lei nº 13.105) em seu artigo 861, a partir da comparação com o CPC revogado, destacando suas inovações e avanços e os impactos na legislação societária, notadamente nos artigos 1.026 e 1.031 do Código Civil.

Utiliza-se o método dedutivo e pesquisa dos tipos bibliográfica e documental para, partindo-se de regras e princípios reconhecidos como verdadeiros (premissa maior), estabelecer relações com uma segunda proposição (premissa menor) para, a partir de raciocínio lógico, chegar à verdade daquilo que se propõe (conclusão).

Pode-se constatar que o tema da penhora de quotas é um dos mais instigantes do direito societário e foi profundamente alterado com o passar dos anos e mudanças legislativas promovidas desde o advento do Código Comercial para alternativas à efetivação da penhora com preservação do quadro societário na hipótese de ingresso de pessoa estranha à sociedade.[1]

---

[1] O Código Comercial em seu art. 292 somente permitia ao credor particular do sócio executar os "fundos líquidos" que o sócio possuísse na sociedade, o que pressupunha a prévia liquidação. A norma era corroborada pelo art. 530, §6º, do Decreto nº 737/1850, que disciplinava o processo comercial.

De início o entendimento pacífico na doutrina[2] e sobejamente invocado pela jurisprudência[3] era pela impossibilidade de penhora da quota em si, pois essa pertencia à sociedade e não ao sócio. Fundava-se a assertiva na personalidade jurídica da sociedade a quem cabia a titularidade do patrimônio, sendo a quota um bem integrante desse patrimônio. Ao sócio somente eram reservados os fundos líquidos, que consistiam na parcela do patrimônio da sociedade após liquidação e pagamento aos credores sociais, ou ainda, em créditos decorrentes de negócios entabulados com a pessoa jurídica ou lucros apurados em balanço.

Ademais, justificava-se a impossibilidade de penhora na legislação processual da época, originariamente o Decreto nº 737/1850 e, em seguida, o CPC de 1939.[4] Ambos corroboravam a orientação do artigo 292 do Código Comercial, que, interpretado em conjunto com o art. 334 do mesmo diploma, permitia ainda concluir que caberia aos sócios autorizar a penhora da quota ou vedá-la para a manutenção do quadro social, repelindo a possibilidade de o credor particular de sócio ingressar na sociedade por via de adjudicação, ou o terceiro em razão de arrematação.

A partir da autorização da constituição de sociedades por quotas de responsabilidade limitada, com o Decreto nº 3.708/19, a possibilidade

---

[2] Nesse sentido, cf. FARIA, Antônio Bento de. *Direito comercial*: parte primeira. Rio de Janeiro: A. Coelho Branco, 1948. v. 2. p. 107; FERREIRA, Waldemar. *Tratado de direito comercial*. São Paulo: Saraiva, 1961. v. 3, p. 123; MENDONÇA, José Xavier Carvalho de. *Tratado de direito comercial brasileiro*. 2. ed. Rio de Janeiro: Freitas Bastos, 1933. livro II, v. III, p.29.

[3] Cf. BRASIL. Supremo Tribunal Federal. Segunda Turma, Recurso Extraordinário 6.639/SP. Relator Min. Orosimbo Nonato. Julgamento em 09.07.1947. Disponível em <http://redir.stf.jus.br/paginadorpub/paginador.jsp?docTP=AC&docID=506059>. Acesso em 24.07.2016; BRASIL. Supremo Tribunal Federal. Primeira Turma. Recurso Extraordinário 34.680/RS. Relator Min. Nelson Hungria. Julgamento em 27.01.1958. DJ de 29.05.1958; BRASIL. Supremo Tribunal Federal. Primeira Turma. Recurso Extraordinário 47275/BA. Relator para o acórdão Min. Pedro Chaves. Julgamento em 06.12.1962. DJ de 05.06.1963; BRASIL. Supremo Tribunal Federal. Primeira Turma. Recurso Extraordinário 75680/GO. Relator Min. Luiz Galotti. Julgamento em 02.03.1973. DJ de 13.04.1973, p. 2393; BRASIL. Supremo Tribunal Federal. Segunda Turma. Recurso Extraordinário 95381/PR. Relator Min. Décio Miranda. Julgamento em 14.12.1984. DJ de 19.04.1985, p. 5457.

[4] Art. 930. A penhora poderá recair em quaisquer bens do executado, na seguinte ordem: [...]
V – direitos e ações
Art. 931. Consideram-se direitos e ações, para os efeitos de penhora: as dívidas ativas, vencidas, ou vincendas, constantes de documentos; as ações reais, reipersecutórias, ou pessoais para cobrança de dívida; as quotas de herança em autos de inventário e partilha e *os fundos líquidos que possua o executado em sociedade comercial ou civil*. [grifos nossos]
Art. 942. Não poderão absolutamente ser penhorados: [...]
XII – os fundos sociais, pelas dívidas particulares do sócio, não compreendendo a isenção os lucros líquidos verificados em balanço.

de penhora da quota de tal tipo societário passou a ganhar espaço na doutrina e na jurisprudência, com destaque para o pronunciamento (minoritário) do STF em 1953 no Recurso Extraordinário nº 24.118/SP.[5] De um lado discutia-se se o Código Comercial poderia ser aplicado às sociedades por quotas e, do outro, se a lei das sociedades por ações seria supletiva ao Decreto nº 3.708 para admissibilidade ou não da penhora quando o contrato não contivesse cláusula proibitiva ou restritiva à cessão da quota a terceiros.

O Código de Processo Civil de 1973 não reproduziu a norma do art. 931 do diploma anterior limitando a penhora aos fundos líquidos. Sem embargo não havia nenhum dispositivo que considerasse as quotas suscetíveis de penhora. De todo modo, percebeu-se uma módica evolução da jurisprudência do STF no julgamento do Recurso Extraordinário nº 90910/PR, já durante a vigência do CPC de 1973,[6] contudo ainda limitada à análise do personalismo da sociedade e do princípio da *affectio societatis*. Assim sendo, admitia-se a impenhorabilidade relativa da quota a depender da feição da sociedade extraída do exame do contrato, posição defendida na doutrina por João Eunápio Borges[7] e capitaneada no STF pelo ministro Carlos Fulgêncio da Cunha Peixoto.[8]

Coube ao Superior Tribunal de Justiça,[9] notadamente entre os anos de 1992 a 1994, fixar os delineamentos da penhora de quotas, alguns

---

[5] BRASIL. Supremo Tribunal Federal. Primeira Turma, Recurso Extraordinário 24.118/SP. Relator Min. Nelson Hungria. Julgamento em 08.10.1953. DJ de 20.05.1954, p. 5556. Disponível em: <http://redir.stf.jus.br/paginadorpub/paginador.jsp?docTP=AC&docID=125324>. Acesso em 24.07.2016. Ementa: São penhoráveis as cotas de sociedade limitada, substituindo-se afinal o credor-exequente nas vantagens e ônus do quotista executado, independentemente de assentimento dos demais. Diferença entre o direito brasileiro e o francês.

[6] Supremo Tribunal Federal. Primeira Turma. Recurso Extraordinário 90910/PR. Relator Min. Xavier de Albuquerque. Julgamento em 21.10.1980. DJ de 14.11.1980, p. 9492.

[7] BORGES, João Eunápio. *Curso de direito comercial terrestre*. 3. ed. Rio de Janeiro: Forense, 1967. p. 326-327) se amparou no Decreto nº 3.708 e na Lei de Sociedades por Ações para defender a possibilidade de penhora da quota, exceto se o contrato vedasse sua transmissão a terceiros.

[8] Cf. PEIXOTO, Carlos Fulgêncio da Cunha. *As Sociedades por quotas de responsabilidade limitada*. Rio de Janeiro: Forense, 1956. v. 1, p. 6.

[9] No STJ, a decisão mais importante, considerada como *leading case* e sempre citada como precedente em acórdãos posteriores, é a proferida pela Quarta Turma, em 1994, no julgamento do Recurso Especial nº 30854/SP. O relator Min. Sálvio de Figueiredo Teixeira posicionou-se pela penhora irrestrita da quota, sendo desinfluente a presença de cláusula proibitiva da cessão a terceiros. Por outro lado, o relator considerou válida a utilização de mecanismos de autodefesa por parte da sociedade ou dos sócios para manter inalterado o quadro social, mas que se se revelarem infrutíferos não impedirão a transmissão do *status socii* ao credor ou ao arrematante. Cf. BRASIL Superior Tribunal de Justiça. Quarta Turma. Recurso Especial 30854/SP. Relator Min. Sálvio de Figueiredo Teixeira. Julgamento em 08.03.1994. DJ de 18.04.1994, p. 8500. Ementa: PROCESSO CIVIL E DIREITO COMERCIAL. LEGITIMIDADE ATIVA DA

deles mantidos pelo CPC vigente. Passou a ser admitida a penhora irrestrita da quota, ou seja, mesmo que a cessão seja proibida no contrato ou condicionada à autorização prévia dos sócios, afastando-se a tese da inalienabilidade relativa e afirmando-se a prevalência da disposição do art. 591 do CPC sobre qualquer convenção privada. Ademais, para evitar que a quota fosse arrematada por estranho ao quadro societário, abalando o caráter *intuitu personae* da sociedade e o princípio da *affectio societatis*, foram propostas, com supedâneo na doutrina, alternativas não previstas na legislação da época, a partir de amplíssima analogia e interpretação extensiva de dispositivos processuais.

Em 2003, com a entrada em vigor do Código Civil de 2002 passou a ser implicitamente admitida a penhora da quota, sem que sociedade tenha seu patrimônio liquidado na dissolução. Ademais, cuidou o legislador de resguardar o caráter personalista do contrato de sociedade ao prever que o pagamento ao credor não se dará mediante alienação judicial e sim após prévia apuração dos haveres do sócio pela sociedade. O *caput* do art. 1.026 estabeleceu uma prioridade para a penhora dos lucros ou da quota partilhada em caso de liquidação, prevendo que a execução só poderia recair sobre os primeiros ou sobre a segunda "na insuficiência de outros bens do devedor", numa clara alusão ao art. 943, II, do CPC39, porém exemplificando tais "fundos líquidos" em vez de usar essa expressão. O parágrafo único do art. 1.026, cuja incidência se dá se a sociedade não estiver dissolvida, autoriza ao credor requerer a liquidação da quota do devedor, cujo valor, apurado a princípio mediante levantamento de balanço especial (ou de determinação), será depositado em dinheiro, no juízo da execução, até noventa dias após aquela liquidação.

SOCIEDADE PARA OPOR EMBARGOS DE TERCEIRO CONTRA PENHORA DE COTAS DO SÓCIO POR DÍVIDA PARTICULAR DESTE. PENHORABILIDADE DAS COTAS DE SOCIEDADE DE RESPONSABILIDADE LIMITADA. DOUTRINA. PRECEDENTES. RECURSO PROVIDO.
I – Representando as cotas os direitos do cotista sobre o patrimônio líquido da sociedade, a penhora que recai sobre elas pode ser atacada pela sociedade via dos embargos de terceiro.
II – A penhorabilidade das cotas não vedada em lei, é de ser reconhecida.
III – Os efeitos da penhora incidente sobre as cotas sociais hão de ser determinados em atenção aos princípios societários, considerando-se haver, ou não, no contrato social proibição a livre alienação das mesmas.
IV – Havendo restrição contratual, deve ser facultado a sociedade, na qualidade de terceira interessada, remir a execução, remir o bem ou conceder-se a ela e aos demais sócios a preferência na aquisição das cotas, a tanto por tanto (CPC, arts. 1117, 1118 e 1119).
V – Não havendo limitação no ato constitutivo, nada impede que a cota seja arrematada com inclusão de todos os direitos a ele concernentes, inclusive o *status* de sócio.

A Lei nº 11.382/2006 promoveu alterações pontuais no CPC em relação à execução de títulos extrajudiciais, dentre as quais incluiu as ações e quotas de *sociedades empresárias* como bens suscetíveis de penhora, omitindo as quotas de sociedade simples, que só foi admitida no CPC atual. Passou a ser positivado o direito de preferência em favor dos sócios em caso de penhora de quotas procedida por exequente alheio à sociedade, sendo essa previamente intimada da pretensão adjudicatória do credor.

5.2 Síntese das alterações promovidas pelo Código de Processo Civil em relação a penhora de quotas e ações

O Código de Processo Civil, promulgado em 16 de março de 2015 e cuja vigência principiou em 18 de março de 2016, trouxe algumas importantes inovações sobre a penhora de quotas, suprindo lacunas e promovendo alterações, tanto na legislação processual quanto material.

A análise global do conjunto de mudanças, como se verá, permite afirmar que elas tiveram como foco o reconhecimento implícito de *affectio societatis* nas sociedades "por quotas" e "por ações", salvo nas companhias abertas. De tal forma, o credor exequente não pode *a priori* requerer a adjudicação das ações de companhia fechada (independentemente de se verificar ou não casuisticamente o caráter *intuitu personae* da companhia), de sociedade em comandita por ações ou de sociedades dos tipos regulados no Código Civil. Foi instituída uma ordem de preferência no pagamento ao credor que privilegia a transferência das quotas/ações do executado para outro(s) sócio(s), mantendo o quadro social inalterado. Contudo, se todas as alternativas cabíveis forem empregadas sem êxito quanto ao pagamento do credor, as quotas ou ações serão alienadas judicialmente.

Em síntese, pode-se atestar que o Código de 2015:

a) passou prever expressamente a penhora de quotas de sociedades simples no inciso IX do art.835, eliminado a lacuna existente anteriormente no inciso VI do art. 655;

b) alterou o procedimento de liquidação e pagamento da quota, fixando prazo global de até três meses, permitindo, ainda, sua dilação em situações específicas;

c) ampliou o direito de preferência aos acionistas de companhia fechada;

d) estendeu a sistemática de pagamento ao credor prevista no art. 1.026, parágrafo único, do Código Civil às ações de companhia fechada, com exclusão das companhias abertas;
e) impôs uma ordem de preferência para fins de pagamento ao credor;
f) estabeleceu, *como medida preventiva à liquidação das quotas ou ações*, a possibilidade de a sociedade adquirir suas próprias quotas/ações para evitar a redução do capital;
g) possibilitou a nomeação, a pedido, de um "administrador" pelo juiz para liquidação da quota ou da ação;
h) previu, como última alternativa de pagamento ao credor, o leilão judicial das quotas ou ações (art. 861, §5º), hipótese não contemplada no art. 1.026, parágrafo único, do Código Civil.

Encerrados os prolegômenos, passa-se a expor de per si as alterações e inovações listadas.

5.3 Inclusão das quotas de sociedade simples como bem objeto de penhora (art. 835, IX)

Após a reforma da legislação processual com a Lei nº 11.382, de 6 de dezembro de 2006, no que tange aos títulos executivos extrajudiciais, passou a existir um tratamento diferenciado entre o efeito da penhora de quotas de sociedades simples e empresárias em relação à forma de pagamento ao credor, diante da omissão no inciso VI do art. 655 à penhora de quotas de sociedades simples.[10] Enquanto para as quotas

---

[10] A Lei nº 11.382 é fruto do Projeto de Lei do Senado n. 51, de 2006 (Projeto de Lei nº 4.497/2004 na Câmara dos Deputados), de autoria do Poder Executivo. O objetivo, segundo a explicação da ementa, era alterar dispositivos concernentes à execução dos títulos extrajudiciais, dentro de uma política legislativa de "Reforma Processual Civil" que precedeu à aprovação e promulgação do atual CPC. Não obstante, em relação a penhora de quotas a lei não trouxe avanço diante do cenário que se tinha na jurisprudência e no Código Civil. Na Exposição de Motivos ao Projeto de Lei, dirigida ao Presidente da República pelo Ministro da Justiça Márcio Thomaz Bastos e encaminhada ao Congresso, está consignado que o projeto foi inspirado em críticas doutrinárias a dispositivos do Código de Processo Civil relativos à execução por título extrajudicial e nas "experiências" em sede jurisprudencial. Ademais, o Projeto pretendia extinguir o instituto da remição sob a justificativa de seu pouco uso. As pessoas legitimadas à remição arroladas no art. 787 do CPC, *dentre as quais não se encontra a sociedade ou os sócios*, passariam a ter a faculdade de adjudicar o bem em concorrência com o exequente. O art. 2º da Lei nº 11.382 alterou a redação do art. 655 do CPC para incluir no inciso VI as ações e quotas de *sociedades empresárias* como bens suscetíveis de penhora, observada, preferencialmente, a ordem dos incisos do artigo. O art. 3º acrescentou ao Livro

de sociedades empresárias era previsto a possibilidade de os sócios exercerem direito de preferência em face do exequente estranho ao quadro social, evitando a adjudicação, no caso de sociedades simples a solução era apenas a liquidação da quota, tendo o legislador evitado romper a *affectio societatis* entre os sócios com eventual admissão forçada do terceiro (arrematante ou adjudicante). Com isso, a sociedade realizava o pagamento ao credor e, no máximo, haveria a exclusão de pleno direito do sócio executado e a redução do capital.

Atualmente não cabe qualquer questionamento, por menor que seja, à penhora da quota de sociedade simples, pois não há mais omissão na lei processual diante do teor do inciso IX do art. 835. Tampouco é necessário recorrer ao Código Civil ou à interpretação lógico-sistemática dos arts. 591 e 649 do CPC anterior para chegar à mesma conclusão. As alternativas para preservar o personalismo nas sociedades simples e empresárias demandam as mesmas atitudes. Pode-se dizer que foram "unificadas" as ações de autodefesa, mas sem uma mera reprodução do CPC anterior. O legislador construiu um novo regramento à penhora de quotas, incluindo também as ações, aproveitando soluções já existentes, tanto na legislação quanto na jurisprudência.

5.4 Alteração do procedimento de liquidação e pagamento da quota, fixando prazo global de até 3 (três) meses para sua conclusão, permitindo, ainda, a dilação em situações específicas (art. 861, *caput* e §4º)

O Código Civil em seu art. 1.031, §2º, estabeleceu o prazo de noventa dias para o pagamento pela sociedade do valor da quota liquidada, nos casos de resolução em relação a um sócio. De acordo com o parágrafo único do art. 1.026, a sociedade deverá observar as disposições do art. 1.031 ao promover a liquidação da quota, de forma que: (i) somente será considerado para fins de cálculo o montante do capital efetivamente realizado pelo sócio que está sendo executado e não o valor subscrito; (ii) a apuração da participação do sócio no acervo líquido da sociedade terá como base, a princípio, o balanço "especialmente levantado", isto é, com a determinação atualizada do

---

II, Título I, Capítulo IV, Seção I, a Subseção VI-A, tratando da Adjudicação no art. 685-A. No parágrafo quarto desse dispositivo passou a ser expressamente previsto o direito de preferência *aos sócios*, exclusivamente, em caso de penhora de quotas procedida por exequente alheio à sociedade, sendo essa previamente intimada.

ativo e do passivo da pessoa jurídica "à data da resolução", e não o último balanço patrimonial aprovado ou outro critério de avaliação do patrimônio da sociedade Entretanto, o referencial do balanço de determinação pode ser afastado caso o contrato disponha em sentido contrário, fixando critério diverso.

Infere-se pelo quadro abaixo que no *caput* do art. 861 do CPC foram introduzidas algumas alterações em relação ao disposto no art. 1.031 do Código Civil.

Art. 1.031. Nos casos em que a sociedade se resolver em relação a um sócio, o valor da sua quota, considerada pelo montante efetivamente realizado, liquidar-se-á, salvo disposição contratual em contrário, com base na situação patrimonial da sociedade, à data da resolução, verificada em balanço especialmente levantado. §1º O capital social sofrerá a correspondente redução, salvo se os demais sócios suprirem o valor da quota. §2º A quota liquidada será paga em dinheiro, no prazo de noventa dias, a partir da liquidação, salvo acordo, ou estipulação contratual em contrário.	Art. 861. Penhoradas as quotas ou as ações de sócio em sociedade simples ou empresária, o juiz assinará prazo razoável, não superior a 3 (três) meses, para que a sociedade: I – apresente balanço especial, na forma da lei; II – ofereça as quotas ou as ações aos demais sócios, observado o direito de preferência legal ou contratual; III – não havendo interesse dos sócios na aquisição das ações, proceda à liquidação das quotas ou das ações, depositando em juízo o valor apurado, em dinheiro.

Em primeiro lugar, pela regra do Código Civil a sociedade não tem um prazo pré-estabelecido para realizar a *liquidação da quota*, aí incluído obviamente o levantamento do balanço especial e apuração do valor patrimonial. Sem embargo, a sociedade terá o prazo de 90 dias após a liquidação para realizar o *pagamento* em dinheiro ao credor. Esse prazo pode ser alterado com base em acordo da sociedade com o exequente ou ser afastado diante de estipulação contratual diversa.

Percebe-se serem dois momentos sucessivos, o primeiro de liquidação propriamente dita (sem prazo) e o segundo de pagamento (com prazo). Entre o levantamento do balanço e o pagamento ao credor não há previsão de oferta da quota a ser liquidada a nenhum dos sócios para fins de direito de preferência.

No Código de Processo Civil é fixado um prazo "global" para que a sociedade tome várias providências, sucessivamente: 1) apresente balanço especial "na forma da lei", 2) ofereça as quotas ou ações aos demais sócios e 3) caso não queira ou não possa adquirir suas próprias quotas ou ações, proceda a sua liquidação, realizando o pagamento em dinheiro ao credor. Todas essas etapas devem estar concluídas em até três meses. A despeito do prazo para a conclusão do procedimento, o parágrafo 4º do art. 861 permite que ele seja ampliado pelo juiz quando ficar constatado – após o levantamento do balanço especial – que o pagamento das quotas ou ações liquidadas (I) *supera o valor* do saldo de lucros ou reservas, exceto a legal, e sem diminuição do capital social, ou por doação; ou (II) coloque em risco a estabilidade financeira da sociedade.

A situação prevista no inciso I do parágrafo 4º do art. 861 é verificada objetivamente pelo próprio valor apurado a ser pago ao credor consoante o balanço especial. A necessidade de ampliação do prazo decorre da *impossibilidade* de a sociedade negociar com suas próprias quotas ou ações, pois o limite máximo para tal operação é exatamente o valor do saldo de lucros ou reservas, exceto a legal, e sem diminuição do capital social (art. 30, §1º, alínea "b", da Lei nº 6.404/76). Nota-se que o legislador estendeu tal disposição expressamente aos demais tipos de sociedades empresárias e a sociedade simples, salvo quanto a reserva legal, que só é obrigatória para as sociedades por ações (art. 193 da Lei nº 6.404/76). Nesse caso não poderá a sociedade adquirir suas próprias quotas ou ações enquanto o limite for superado, cabendo, portanto, a liquidação e eventual exclusão de pleno direito do sócio ou acionista, por aplicação direta ou supletiva, conforme o tipo societário, do parágrafo único do art.1.030 do Código Civil.

A hipótese prevista no inciso II do parágrafo 4º do art. 861 é mais complexa e demanda atenção do juiz para não dilatar, imotivadamente, o prazo para o pagamento ao credor, em benefício indevido para a sociedade e ao executado. A situação de risco à estabilidade financeira pressupõe que não houve interesse de qualquer sócio ou acionista em exercer seu direito de preferência, já que nesse caso é ele quem fará o pagamento ao credor. Assim, o montante apurado e devido ao exequente não permite que a sociedade adquira suas próprias ações ou quotas, ou o pagamento a ele mediante liquidação importará no "desfalque" de relevantes recursos para a sociedade. A avaliação deve ser global, a partir de um conjunto de provas e outros documentos além do balanço especial.

Além da alteração quanto ao prazo, o CPC também afastou a possibilidade de a sociedade invocar o contrato/estatuto para fazer prevalecer outro critério de apuração de haveres *na hipótese de penhora*. No Código Civil o critério "contratual" prevalecia sobre o "legal", que era aplicado apenas supletivamente à vontade das partes. No inciso I do art. 861 fica claro que a sociedade deverá apresentar balanço "especial" sem menção a qualquer "disposição contratual em contrário". A exigência do balanço especial não se impõe, entretanto, em hipóteses de resolução da sociedade em relação a um sócio, ensejadoras da ação de "dissolução parcial" (art. 599 do CPC). Nesses casos o art. 606 do CPC permite ao juiz definir o balanço de determinação como critério para apuração de haveres "em caso de omissão do contrato social".

Outros aspectos relevantes decorrentes do inciso I do art. 861 são: como interpretar a expressão "na forma da lei" para o balanço especial; a aplicação das disposições da Lei nº 6.404/76 relativas ao balanço patrimonial tanto para sociedades anônimas fechadas quanto para as sociedades "por quotas" e a data da resolução da sociedade para efeito da apuração.

Não há no Código Civil nenhuma menção ao conteúdo do balanço especial ou regras para sua composição, apenas a exigência no art. 1.031, *caput*, que ele considere a situação patrimonial da sociedade *atual*, ou seja, na data da resolução, e tenha como referência o valor efetivamente pago pelo sócio à sociedade. Entende-se que devem ser aplicadas as normas da Lei nº 6.404/76 (arts. 178 a 184) para as companhias fechadas e, no que couber, para as sociedades disciplinadas pelo Código Civil, em razão da disposição contida no art. 1.188 desse diploma, relativas ao balanço patrimonial.[11] Embora a resolução da sociedade que enseja a ação de "dissolução parcial" seja uma situação especial distinta da penhora, é possível sustentar a aplicação do art. 606 do CPC para a confecção do balanço especial. Este artigo traz importante critério para apuração de haveres, isto é, procedimento contábil para determinar o valor patrimonial da quota ou da ação, "apurado em balanço de determinação, tomando-se por referência a data da resolução e avaliando-se bens e direitos do ativo, tangíveis e intangíveis, a preço de saída, além do passivo também a ser apurado de igual forma".[12]

É matéria assentada há muito na jurisprudência do Supremo Tribunal Federal que o balanço adotado para apuração de haveres de ex-sócio deve ser real, completo, refletindo a composição do ativo e do

---

[11] Art. 1.188 do Código Civil. O balanço patrimonial deverá exprimir, com fidelidade e clareza, a situação real da empresa e, atendidas as peculiaridades desta, bem como as disposições das leis especiais, indicará, distintamente, o ativo e o passivo.

[12] A jurisprudência do STJ, uniformemente, tem-se posicionado ao interpretar o art. 1.031 do Código Civil pela necessidade de o balanço de determinação refletir o valor real e atual do patrimônio da sociedade, a fim de se identificar o valor da quota dos sócios perante dos quais a sociedade se resolve. Com isso evita-se enriquecimento indevido de qualquer das partes. Cf. BRASIL. Superior Tribunal de Justiça. Terceira Turma. Recurso Especial n. 1360221/SP. Relatora Min. Nancy Andrighi. Julgamento em 25.03.2014. DJe de 03.06.2014.

passivo no momento da resolução. Em que pese a quota ou a ação serem fração do capital, o balanço não irá apurar apenas seu valor nominal e sim o valor *patrimonial*, que inclui todos os elementos do patrimônio da sociedade.[13]

O balanço especial terá como marco temporal para seu levantamento a data da resolução a ser fixada pelo juiz e não a do encerramento do exercício social, como em regra acontece. Não se encontra na legislação civil e processual civil a data que deve ser tomada para fins de levantamento do balanço no caso de apuração de haveres de sócio em razão de penhora de quotas ou de ações. Nenhum dos eventos previstos nos incisos do art. 605 do CPC pode ser aplicado à penhora de quotas/ações, até porque, *a priori*, o sócio não será excluído da sociedade. Assim sendo, não há deliberação dos sócios ou decisão judicial que sirva de referência, tampouco notificação à sociedade ou data do óbito, marcos ordinariamente utilizados em situações de resolução por exclusão, retirada ou morte de sócio. Admite-se a aplicação, por analogia, do art. 604, I, do CPC, cabendo ao juiz antes de determinar à sociedade o levantamento do balanço especial precisar a data que servirá como referência à apuração dos haveres do executado (*v.g.* data do recebimento de sua intimação para apresentação do balanço especial).

5.5 Ampliação do direito de preferência aos acionistas de companhia fechada (art. 681, II)

Antes da inserção do art. 685-A no CPC anterior, verificava-se uma esdrúxula e incabível equiparação da sociedade ao instituto do condomínio voluntário, como se as relações entre os sócios fossem as mesmas daquelas entre os condôminos, inclusive quando não havia copropriedade de quota. É fato notório que os arts. 1.117 a 1.119 do CPC, incluídos na ementa do RESp 30854/SP, não contemplavam o

---

[13] Em 1955, a Primeira Turma do STF decidiu que para fins de apuração de haveres de ex-sócio, deve prevalecer o balanço que exprime o real valor dos bens componentes do acervo social e não o balanço do último exercício social, caso esse não tenha sido aprovado pelo sócio falecido, excluído ou que se retirou (Súmula n. 265). Esta orientação foi adotada pelo Código Civil, embora tenha sido admitida previsão contratual diversa, mas que deve ser interpretada à luz da Súmula 265. Cf. BRASIL. Supremo Tribunal Federal. Primeira Turma. Recurso Extraordinário n. 29331/PR. Relator Min. Ribeiro da Costa. Julgamento em 22.09.1955. DJ de 05.04.1956, p. 3566. Ementa: Sociedade. Falecimento de sócio. Não dissolução. Apuração de haveres. Interpretação de cláusula dispositiva. O balanço, a que se refere o art. 668 do Código de Processo Civil, é aquele que, revestido de todas as formalidades previstas no contrato da sociedade, exprime o real valor dos bens componentes do seu acervo.

direito de preferência tanto por tanto em favor da sociedade. Trata-se de disposições de natureza processual referentes à alienação judicial de coisa comum, que complementavam o art. 1.322 do Código Civil (correspondente ao art. 632 do Código de 1916). Nem de longe se pode estabelecer uma relação entre a situação prevista na lei civil com a penhora de quotas. O pressuposto para a incidência do art. 1.322 e seu correspondente na lei processual (art. 1.118, I, do CPC) é ser a coisa indivisível, fato que não ocorre com a quota, pois a lei reconhece sua "divisibilidade" para efeito de transferência (art. 1.056 do Código Civil). Felizmente tal expediente forçado para justificar a penhora irrestrita da quota sem atingir a *affectio societatis* foi eliminado em 2006.

Na vigência da Lei nº 11.382/2006 o direito de preferência previsto no art. 685-A, §4º, tinha por objetivo evitar que o exequente alheio à sociedade nela ingressasse por via de adjudicação de quotas. Não foi conferido legitimidade à sociedade para exercer o direito de preferência. Considerou-se que o interesse processual em evitar a adjudicação era apenas dos sócios, em razão do personalismo das relações na sociedade. Assim, a sociedade seria intimada para que seus sócios tivessem prioridade, tanto por tanto, em relação ao credor. Não havia possibilidade de os acionistas evitarem a adjudicação da ação ao credor, adotando-se implicitamente a presunção do caráter capitalista das sociedades por ações. No CPC vigente o direito de preferência tem outro contorno e momento para ser exercido, além de ser aplicável indistintamente às ações e às quotas de sociedades simples e empresárias.

A despeito do afirmado, o CPC de 2015 manteve a disposição do art. 685-A, §4º, em seu art. 876, §7º, estendendo o direito de preferência aos acionistas em caso de penhora de ações para evitar sua adjudicação ao exequente alheio à sociedade. Contudo, esse dispositivo deve ser interpretado em consonância com o art. 681 e seus parágrafos, privilegiando-se as soluções ou mecanismos que protegem a sociedade do ingresso de terceiros. Com esse desiderato somente se pode concluir que o legislador pretendeu assegurar o direito do credor à adjudicação da quota ou ação apenas se forem infrutíferas as soluções preferenciais, como a aquisição da quota/ação pela sociedade ou a sua liquidação.

Após o levantamento do balanço especial, sabendo-se tanto a situação patrimonial da sociedade atualizada quanto o montante a ser pago pelas quotas/ações ao credor, os sócios poderão se manifestar pela aquisição da quota, mantendo íntegro o quadro social, ainda que haja eventualmente o desligamento do sócio executado. Caso algum sócio ou acionista se manifeste favoravelmente à aquisição das quotas/ações, será ele quem fará o pagamento ao credor, com base no valor da quota apurado no balanço especial. Verifica-se que não há ainda nem alienação judicial da quota/ação ou mesmo sua liquidação. O legislador dá aos sócios, primordialmente, o direito de adquirir a quota e privilegia as relações pessoais na sociedade, inclusive nas companhias fechadas, onde não se exigiu a comprovação casuística do caráter *intuitu personae* ou *intuitu pecuniae* para a incidência ou não das disposições do art. 681 do CPC.

Embora o inciso II do art. 681 faça menção ao direito de preferência "legal", tanto no Código Civil quanto na Lei nº 6.404/76 não há dispositivo que assegure direito de preferência para os demais quotistas ou acionistas em caso de penhora de quota ou ação, apenas nos casos de aumento do capital mediante subscrição de quotas de sociedade limitadas (art. 1.081, §1º, do Código Civil) ou de ações (art. 171 da Lei nº 6.404/76). Portanto, caso não haja direito de preferência contratual (ex: art. 36 da Lei nº 6.404/76), o fundamento para o direito de preferência será, *exclusivamente*, o art. 681, II, do CPC. Advirta-se que a sociedade não poderá deixar de fazer a oferta das quotas ou ações aos sócios sob o argumento de inexistência do direito de preferência na lei de regência do tipo societário ou no contrato/estatuto, passando imediatamente à fase de liquidação, caso não haja aquisição de suas próprias quotas ou ações. Pela dicção do inciso III do art. 681, somente se procederá à liquidação da quota/ação em "não havendo interesse dos sócios na aquisição". A falta de previsão contratual acerca do direito de preferência não pode ser interpretada como um desinteresse presumido *juris et de jure* dos sócios em exercê-lo, porque o cerne maior é evitar a liquidação da quota e preservar o patrimônio da sociedade.

Por fim, verifica-se a omissão na lei processual quanto a possibilidade de cessão do direito de preferência a não sócio, prevista na legislação societária em caso de subscrição de quotas ou ações em aumento de capital (art. 1.081, §2º, do Código Civil e art. 171, §6º, da Lei nº 6.404/76). Entende-se ser tal omissão proposital, donde ser incabível a cessão, haja vista ter a lei como objetivo primordial manter a composição atual do quadro societário e evitar o ingresso de terceiros.

5.6 Extensão da sistemática de pagamento ao credor prevista no art. 1.026, parágrafo único, do Código Civil às ações de companhia fechada, com exclusão das companhias abertas (art. 861, III e §2º)

Antes da vigência do CPC de 2015 não havia nenhuma norma específica regulando a penhora de ações, muito menos sua liquidação para pagamento ao credor. A Lei nº 6.404/76 não dispõe sobre a penhora da ação,[14] apenas acerca do penhor, que não se confunde com o primeiro instituto. Não obstante era possível realizar a liquidação da ação no pagamento ao credor se se entendesse aplicável o artigo 1.026, parágrafo único, do Código Civil às companhias, por força do art. 1.089 desse diploma, considerando-se a omissão na lei especial. De todo modo, havia necessidade de integração entre a lei especial e o Código Civil. Hodiernamente não é preciso mais recorrer ao Código Civil para admitir a liquidação da ação, pois tal providência deverá ser adotada pela companhia fechada, tenha ela ou não características de sociedade de capitais. O legislador não fez distinção entre quotas ou ações para efeito de penhora e pagamento ao credor, exceto quanto às ações de companhias abertas.

Sabe-se que na companhia aberta, em razão da admissão de seus valores mobiliários à negociação em Bolsa de Valores ou mercado de balcão, não é cabível invocação a *affectio societatis* para impedir o ingresso de terceiros no seio da companhia. É nítida a preocupação da Lei nº 6.404/76 em assegurar a livre negociação das ações nas companhias abertas pela interpretação *a contrario sensu* do art. 36. Esse dispositivo somente permite ao estatuto de companhia *fechada* estabelecer restrições à negociação das ações e, assim mesmo, sem que tais restrições proíbam a negociação ou submetam o acionista à vontade da maioria dos acionistas ou dos órgãos de administração. Logo, nas companhias abertas a liquidez e livre cessão da ação é compulsória, uma vez que nenhuma restrição pode ser estabelecida em seu estatuto.

Diante do afirmado acima, deduz-se que nas companhias abertas o credor poderá livremente levar a ação penhorada a leilão ou adjudicá-la, sem que os demais acionistas possam exercer direito de preferência na aquisição, ou a companhia tenha que deliberar a aquisição de suas próprias ações para evitar a liquidação. Por essa razão, o parágrafo 2º do art. 861 do CPC afasta a incidência tanto do *caput* do artigo quanto de seu parágrafo 1º, indicando qual procedimento deverá ocorrer em caso de penhora de ação de companhia aberta. Ao invés de a companhia ser obrigada a levantar balanço especial para apurar o valor patrimonial

---

[14] Há apenas uma referência à penhora na Lei nº 6.404/76. Trata-se do parágrafo 2º do art. 43, que dispõe sobre a penhorabilidade do Certificado de Depósito de Ações emitido pela instituição financeira que receber as ações em depósito. A penhora ou qualquer ato de embaraço judicial não recairá sobre as ações, mas sobre o certificado. Percebe-se que não é o caso de penhora por dívida particular de acionista.

da ação, o pagamento ao credor será feito pelo terceiro que a adquirir, caso não haja adjudicação.

Embora haja previsão da alienação da ação somente em bolsa de valores no parágrafo 2º do art. 861, não se pode excluir a possibilidade da realização de tal ato no âmbito do mercado de balcão. Por definição legal, a companhia aberta é aquela cujos valores mobiliários estejam admitidos à negociação na bolsa *ou no mercado de balcão* (art. 4º, *caput*, da Lei nº 6.404/76 e art. 22, *caput*, da Lei nº 6.385/76). Destarte não é compulsório para toda companhia aberta ter seus valores mobiliários admitidos exclusivamente para negociação em bolsa. Pela interpretação sistemática do *caput* e dos parágrafos 1º, 2º e 4º do art. 21 da Lei nº 6.385/76 deduz-se que a bolsa de valores e o mercado de balcão são entidades distintas, com registros próprios concedidos pela CVM e regulamentação autônoma.[15]

5.7 Imposição de uma ordem de preferência para fins de pagamento ao credor (art. 861, *caput*, §1º e §5º)

Da conjugação do *caput* do art. 861 com seus parágrafos 1º e 5º nota-se que o legislador estabeleceu uma ordem de preferência no pagamento ao credor antes de determinar, como última alternativa, a alienação judicial das quotas ou ações. Após o levantamento do balanço especial, a sociedade simples ou empresária deve, sucessivamente, (i) oferecer as quotas ou ações aos demais sócios, que gozarão de preferência na aquisição independente da omissão de tal direito em caso de penhora na legislação societária ou no contrato/estatuto, e, supletivamente, (ii) proceder à liquidação das quotas ou ações. Antes da liquidação propriamente dita, faculta-se à sociedade, mediante prévia deliberação dos sócios pelo *quorum* aplicável a cada tipo, proceder à aquisição de suas próprias quotas ou ações (com as exigências do parágrafo 1º). Sem êxito

---

[15] Art. 21. A Comissão de Valores Mobiliários manterá, além do registro de que trata o Art. 19:
   I – o registro para negociação na bolsa;
   II – o registro para negociação no mercado de balcão, organizado ou não.
   §1º – Somente os valores mobiliários emitidos por companhia registrada nos termos deste artigo podem ser negociados na bolsa e no mercado de balcão.
   §2º O registro do art. 19 importa registro para o mercado de balcão, mas não para a bolsa ou entidade de mercado de balcão organizado.
   [...]
   §4º Cada Bolsa de Valores ou entidade de mercado de balcão organizado poderá estabelecer requisitos próprios para que os valores sejam admitidos à negociação no seu recinto ou sistema, mediante prévia aprovação da Comissão de Valores Mobiliários.

todas estas alternativas e constatado que a liquidação é excessivamente onerosa para a sociedade a quota ou a ação será levada a leilão judicial, transmitindo-se o *status socii* ao arrematante ou ao adjudicante.

É interessante notar que as soluções alvitradas pela Quarta Turma do STJ, em 1994, no julgamento do Recurso Especial nº 30854/SP (v. nota 9), de remição da execução ou remição do bem[16] não foram adotadas no art. 861. Ao contrário, surge como inovação uma outra medida – a autoaquisição da quota ou da ação.

Como já sublinhado, propositalmente, a ordem estabelecida tem por finalidade preservar o capital da sociedade e evitar o ingresso do exequente estranho ao quadro. O legislador foi sensível a toda a discussão travada na doutrina e na jurisprudência se o devedor poderia ou não ter penhorada a quota diante de cláusula condicionando a cessão ao consentimento dos sócios; se o credor receberia apenas os direitos patrimoniais da quota sem ingressar efetivamente na sociedade; receberia todos os direitos por força da alienação da quota em juízo; ou seria pago pela sociedade mediante liquidação e sem tornar-se sócio. Afastada em definitivo a impenhorabilidade relativa da quota – já que para a ação nunca se duvidou de sua penhorabilidade – optou o legislador por uma solução intermediária, *qualquer que seja a orientação do contrato/estatuto quanto a cessão da quota ou da ação*. Privilegiou-se a adoção compulsória dos chamados "mecanismos de autodefesa": preferência dos sócios, autoaquisição ou liquidação das quotas ou ações. Torna-se, destarte, desnecessário analisar se o contrato permite ou não a livre cessão para concluir ou não sobre a penhora. Ademais, a permissão expressa no contrato de livre cessão não desobriga a sociedade de ofertá-la aos

---

[16] Consta na ementa do acórdão e no voto do ministro Sálvio Teixeira que, em havendo restrição contratual ao ingresso de estranhos, deve ser facultado a sociedade, na qualidade de terceira interessada, (i) remir a execução, (ii) remir o bem ou (iii) conceder-se a ela e aos demais sócios a preferência na aquisição das quotas, a tanto por tanto (CPC, arts. 1.117, 1.118 e 1.119). Nenhuma das soluções propostas tinha amparo no CPC, tratando-se de pura "construção" doutrinária aceita sem ressalvas pela jurisprudência. A alternativa "remir a execução" prevista no art. 651 do CPC não contemplava a sociedade, ainda que se pudesse alargar o termo "devedor" com amparo no art. 304 do Código de 2002, considerando-se a sociedade como terceiro interessado. Sem embargo, é importante remarcar que na alteração da redação do art. 651 promovida pelo art. 2º da Lei nº 11.382/2006, não foi dado ao "terceiro interessado" a faculdade de remir a execução, como se infere na comparação entre a redação anterior com a atual. A mesma conclusão se pode extrair da comparação entre a redação do art. 787 do CPC, revogado pelo art. 7º, II, da Lei nº 11.382/2006 com o parágrafo 2º do art. 585-A. Sustenta-se que tais soluções não eram cabíveis na vigência do CPC 73 para as sociedades empresárias, eis que a sociedade não está sendo executada, nem é ascendente descendente ou cônjuge do sócio. Considerar o contrário é desprezar a autonomia subjetiva decorrente da personalidade jurídica, como se sociedade e sócio fossem a mesma pessoa. Nesse caso, com a devida vênia, o julgador extrapolou seus limites e pretendeu modificar a legislação acrescentando palavras quando não o fez o legislador.

demais sócios e de, em caso negativo, realizar a aquisição com reservas ou promover imediatamente sua liquidação.

Com a oferta prioritária aos sócios o pagamento ao credor não será feito pela sociedade, mantendo-se o mesmo capital e alterando-se o contrato/estatuto no tocante a repartição das quotas ou ações entre os sócios. Sendo inviável a aquisição das quotas ou ações dessa forma, seja por desinteresse ou falta de recursos dos sócios para a negociação, não se dará imediatamente a liquidação, como previa o art. 1.026, parágrafo único, do Código Civil. De modo inédito, inclusive em relação ao Decreto nº 3.708/19, passou a ser prevista como medida intermediária e *facultativa* entre a oferta e a liquidação a aquisição das quotas pela própria sociedade, também para preservar o quadro societário e não ocasionar a redução do capital.

Revelada infrutífera a possibilidade de autoaquisição ou não aprovada a operação pelo órgão deliberativo da sociedade, o pagamento ao credor será feito pela própria sociedade, em dinheiro e em até três meses, por meio da liquidação. Com isso, ocorrerá a satisfação do crédito exequendo pela entrega do dinheiro (art. 904, I, do CPC). Na hipótese extrema de a sociedade não poder realizar o pagamento ao credor em virtude de o valor a ser desembolsado ser excessivo para que dele possa ser privada, comprometendo a continuidade da atividade econômica ou o pagamento aos credores sociais, não se impede o leilão da quota ou da ação, afastando-se o caráter personalista presumido da sociedade para assegurar o direito do exequente ao recebimento de seu crédito.

5.8 Possibilidade de a sociedade adquirir suas próprias quotas ou ações em caso de insucesso da oferta aos sócios (art. 861, §1º)

Em 1992, no julgamento do Recurso Especial n. 16540/PR pela Terceira Turma do STJ,[17] o relator ministro Waldemar Zveiter rechaçou

---

[17] BRASIL. Superior Tribunal de Justiça. Terceira Turma. Recurso Especial 16540/PR. Relator Min. Waldemar Zveiter. Julgamento em 15.12.1992. DJ de 08.03.1993, p.3113. Ementa: Processual – Penhorabilidade de Quotas Sociais – Matéria de Fato.
I – Doutrina e jurisprudência dominante são acordes em que a penhora de quotas sociais não atenta, necessariamente, contra o princípio da affectio societatis ou contra o da intuitu personae da empresa, eis que a sociedade de responsabilidade limitada dispõe de mecanismo de autodefesa.
II – Matéria de prova ou de interpretação de contrato não se reexaminam em especial (sumulas 05 e 07 do STJ).
III – Recurso não conhecido.

a preocupação do ministro do STF Carlos Fulgêncio da Cunha Peixoto em relação à *affectio societatis* caso se admitisse a penhora irrestrita da quota. Como solução para compatibilizar o direito do exequente com os interesses dos sócios e da sociedade, o ministro alvitrou como solução a aquisição das quotas do sócio devedor pela própria sociedade, nas condições do art. 8º do Decreto nº 3.708/19, vigente à época, ou ainda pelo exercício do direito de preferência dos sócios no momento da arrematação. Ocorre que o Código Civil de 2002 não manteve no Capítulo das sociedades limitadas a possibilidade de a sociedade adquirir suas próprias quotas, por acordo dos sócios, ou em caso de exclusão de sócio remisso. Por outro lado, o contrato social pode conter cláusula de regência supletiva pelas normas da sociedade anônima (art. 1.053, parágrafo único). A Lei nº 6.404/76, a princípio, veda a negociação pela companhia com suas próprias ações, mas afasta a proibição nas situações previstas no parágrafo 1º do art. 30.

A omissão à aquisição de quotas pela sociedade limitada no Código Civil teria sido intencional, estando proibida a sociedade de realizar tal operação ou ela poderia ser efetivada, com ou sem regência supletiva no contrato pelas normas da sociedade anônima?

Sergio Murilo dos Santos Campinho[18] foi um dos autores que se manifestou peremptoriamente pela negativa, a seu ver em face da omissão intencional no Código Civil de norma idêntica ou análoga ao art. 8º do Decreto nº 3.708/19. Para o autor haveria uma proibição no Código para a aquisição das quotas pela sociedade diante da necessária redução do capital prevista no art. 1.031, §1º.

> Pela sistemática do Código, vedou-se à sociedade limitada adquirir suas próprias quotas. O silêncio da lei foi proposital, vindo corroborado pelos artigos 1.057 e 1.058 [que não contemplam a autoaquisição de quotas]. Não fossem tais dispositivos suficientes para arrimar o entendimento, contam eles com decisivo reforço da regra estatuída pelo §1º do artigo 1.031 do mesmo Código, o qual, ao regular os efeitos da resolução da sociedade e relação a um sócio, no que se refere especificamente ao pagamento de seus haveres, estabelece que "o capital sofrerá a correspondente redução, salvo se os demais sócios suprirem o valor da quota". [...] Se a sociedade pudesse se tornar titular das quotas pertencentes ao sócio retirante, excluído ou falecido, nada impediria que, tomando ditas quotas para si, e fazendo uso de reservas especiais

---

[18] CAMPINHO, Sérgio. *O direito de empresa à luz do novo código civil*. 10. ed. Rio de Janeiro: Renovar, 2009. p.177.

ou lucros acumulados, evitasse a redução do capital, solução esta, entretanto, não tutelada pela lei.

Caso o contrato contenha cláusula de regência supletiva pela Lei de Sociedades por Ações, ainda assim o autor viu incompatibilidade na aquisição, porque

> Mesmo no caso de aplicação subsidiária da lei das S/A à sociedade limitada, decorrente de expressa previsão contida no contrato social, a outra conclusão não se pode chegar. Como existe um regramento sistêmico da matéria no Capítulo próprio da sociedade limitada, não há que se invocar a regra da alínea b, do §1º, do artigo 30 da Lei nº 6.404/76 para legitimar a aquisição, pois para a situação não há necessidade de se buscar regra supletiva.[19]

O Departamento Nacional de Registro do Comércio (atual Departamento de Registro Empresarial e Integração), em 2003, adotou a orientação supra na Instrução Normativa nº 98/2003, item 3.2.10.1, em que consta que "A aquisição de quotas pela própria sociedade já não é mais autorizada pelo novo Código Civil". Atualmente vigora a Instrução Normativa nº 10/2013 cujo Anexo II – Manual de Registro da Sociedade Limitada – manteve a redação da Instrução anterior.[20]

José Edwaldo Tavares Borba[21] em sentido contrário, integra o grupo de comercialistas que se posicionou pela possibilidade irrestrita de autoaquisição das quotas, ou seja, mesmo que o contrato tenha regência supletiva pelas normas da sociedade simples. Segundo o autor

> Deve-se começar pela constatação de que não existe incompatibilidade lógica ou jurídica para essa aquisição, tanto que na sociedade anônima continua admitida [no art. 30, §1º, b]. Além disso, a Lei nº 6.404/76 pode ser adotada contratualmente como legislação supletiva ao contrato, atuando nesse caso no sentido de permitir a autoaquisição das cotas. [...]
> Cabe, pois, estabelecer as seguintes regras: (a) o contrato social poderá prever expressamente a aquisição das próprias cotas pela sociedade; (b) no silêncio do contrato, caso este adote a regra da aplicação supletiva da lei das sociedades anônimas, a autoaquisição estará admitida; (c) sem previsão contratual e sem supletividade, a aquisição dependerá, em face do inusitado da medida, da decisão unânime dos sócios.

---

[19] *Idem*, p. 178.
[20] Mesmo com a autorização expressa para a aquisição de quotas por qualquer sociedade contida no parágrafo 1º do art. 861 do CPC vigente, o DREI não alterou a Instrução de 2013.
[21] BORBA, José Edwaldo Tavares. *Direito societário*. 14. ed. São Paulo: Atlas, 2015. p. 139-140.

Concorda-se, em parte, com o pensamento acima, exceto quanto a possibilidade de os sócios, por unanimidade, estabelecerem a aquisição de quotas sem previsão no contrato ou quando esse tivesse regência pelas normas da sociedade simples. Como não há regência supletiva pela lei de sociedades por ações nem previsão expressa de autoaquisição, não é autorizado concluir que os sócios podem afastar a proibição do art. 1.031, §1º, do Código Civil, ao invés de reduzir o capital. Se os sócios não querem suprir o montante do capital desfalcado nem autorizar a cessão da quota a terceiro, a única solução nesse caso é a redução compulsória.

Com o advento do CPC vigente, torna-se expressa no art. 861, §1º, a possibilidade de a sociedade realizar a aquisição de quotas ou ações sem redução do capital – em respeito ao princípio da intangibilidade – e com utilização de reservas, mantidas as quotas ou ações em tesouraria (e, como efeito implícito, sem que qualquer sócio possa com base nelas exercer seu direito de voto ou receber participação nos lucros). Sem embargo, não se pode afirmar que o art. 8º do Decreto nº 3.708/19 tenha sido revigorado pelo novo CPC. Esse dispositivo autorizava a autoaquisição de quotas "liberadas" por acordo entre os sócios ou verificada a exclusão do sócio remisso; não mencionava a hipótese de penhora de quota. Percebe-se que o CPC atual não contempla a aquisição de quotas como efeito da exclusão de sócio remisso nem exige a aprovação unânime dos sócios para essa medida. A aquisição é uma medida facultativa e intermediária, adotada após o insucesso da oferta das quotas ou ações aos sócios e antes da liquidação, a fim de evitar eventual redução do capital ou a alienação judicial prevista no §5º do art. 861.

Como resultado da interpretação histórico e sistemática do Decreto nº 3.708/19, do Código Civil e do CPC atual, são extraídas as seguintes ilações:

a) o CPC autoriza a aquisição de quotas pela sociedade casuisticamente, isto é, *apenas* para evitar a liquidação *em decorrência de penhora de quotas*. Pelo texto legal e sua localização topográfica, não se estendeu a faculdade aos casos de resolução da sociedade em relação a um sócio (morte, exclusão ou retirada). Nessas situações persiste a discussão se na sociedade limitada seria possível ou não a autoaquisição para evitar a redução do capital;

b) não se exige para a autoaquisição de quotas a unanimidade prevista outrora no art. 8º do Decreto nº 3.708/1919, pois como a medida implicará em alteração contratual deverá ser observado o *quorum* deliberativo em cada tipo de sociedade (por exemplo: a unanimidade na sociedade simples – art. 999 do Código Civil ou, na sociedade limitada, a aprovação por, no mínimo, ¾ do capital social – art.1.076, I, do Código Civil);[22]

c) em qualquer sociedade cujo capital seja dividido em quotas, mesmo sem previsão contratual, é possível aos sócios deliberar a autoaquisição das quotas. Com isso, sustenta-se que o novo CPC complementa o art. 1.026, parágrafo único, do Código Civil, admitindo que, antes da liquidação da quota pela sociedade e após o insucesso da oferta para exercício do direito de preferência, os sócios aprovem a autoaquisição ou a implementem, caso o contrato já contenha previsão da medida; e

d) o CPC manteve as cautelas do art. 8º do Decreto nº 3.708/19 proibindo que a aquisição implique ofensa ao capital social e seja feita "com fundos disponíveis", no caso com a utilização de reservas.

Em relação à aquisição de ações por sociedades em comandita por ações e sociedades anônimas, exceto companhias abertas, o art. 861, §1º, não inova no ordenamento, exceto quanto a previsão de hipótese *específica* de negociação pela sociedade com suas próprias ações – penhora por dívida particular de acionista –, sem previsão na legislação especial. A Lei nº 6.404/76 já autorizava no parágrafo 1º do art. 30 as sociedades por ações a negociar com suas próprias ações. A alínea "b" do referido parágrafo dispõe que deve ser observado na negociação o limite máximo do saldo de lucros ou reservas, *exceto a legal*, sem redução do capital, mantidas as ações em tesouraria. O novo CPC não ressalva a utilização da reserva legal na redação do art. 861, §1º, como faz a Lei nº 6.404/76.

Da análise comparativa do art. 861, §1º do CPC com o art. 30, §1º, alínea "b", e seu §4º, pode-se extrair que:

a) a aquisição de ações pela própria companhia pode ser utilizada em outras situações além da penhora da ação, já

---

[22] Tratando-se de sociedade simples ou empresária enquadrada como microempresa ou empresa de pequeno porte, dispõe o art. 70 e seu parágrafo 1º, da Lei Complementar nº 123/2005, que, salvo disposição contratual diversa, elas são desobrigadas da realização de reuniões e assembleias em qualquer das situações previstas na legislação civil, as quais serão substituídas por deliberação representativa do primeiro número inteiro superior à metade do capital social.

que a lei das S/A não é restritiva quanto a essa hipótese, preocupando-se com as condições em que a operação se dará e com a intangibilidade do capital;
b) a reserva legal não pode ser utilizada no pagamento ao credor ou integrar o cálculo, pois o art. 193, §2º, é taxativo quanto a sua finalidade – assegurar a integridade do capital – e as hipóteses de sua utilização – compensar prejuízos ou aumentar o capital, não admitindo interpretação extensiva;
c) as ações em tesouraria não receberão dividendo nem com base nelas qualquer acionista poderá exercer direito a voto, ressalvas omitidas no art. 861, §1º; e
d) as disposições da Lei nº 6.404/76 podem ser aplicadas às quotas de sociedades limitadas, no que couber, desde que o contrato tenha cláusula de regência supletiva ou regule expressamente as condições de autoaquisição.

5.9 Possibilidade de nomeação, a pedido, de um administrador pelo juiz para liquidação da quota ou da ação (art. 861, §3º)

Sendo necessário liquidar a quota diante da impossibilidade ou insucesso das alternativas prévias – oferta aos sócios ou autoaquisição pela sociedade – podem ocorrer divergências ou questionamentos por parte do exequente sobre a metodologia empregada no balanço especial apresentado pela sociedade, os critérios adotados para avaliação do ativo ou do passivo da sociedade, bens tangíveis ou intangíveis, por exemplo. Em alguma dessas ou outras situações, o art. 861, §3º, faculta ao juiz, mediante requerimento, nomear administrador para avaliar a forma de liquidação das quotas ou ações e submetê-la à aprovação judicial.

A disposição inovadora tem por objetivo dirimir eventuais dúvidas ou mesmo irregularidades que possam prejudicar o credor quanto ao valor a ser adotado para fins do pagamento em dinheiro pela sociedade. De plano cabe ressaltar que o termo "administrador" não deve ser compreendido na acepção técnica que lhe confere a legislação societária, notadamente o art. 1.022 do Código Civil, isto é, como órgão da pessoa jurídica por meio do qual ela exerce direitos e assume obrigações. O administrador nomeado pelo juiz deve ser uma pessoa isenta e imparcial e não um representante legal da sociedade.

A partir do fundamento teleológico da norma e com suporte na jurisprudência tanto do STF[23] quanto do STJ,[24] que admitem nos casos de resolução da sociedade em relação a um sócio a designação de perito técnico (figura distinta do liquidante judicial) habilitado a realizar perícia contábil a fim de determinar o valor da quota-parte devida ao ex-sócio ou aos seus herdeiros, pode-se inferir que o "administrador" se trata de um profissional liberal ou pessoa jurídica especializada, nomeado com observância do art. 606, parágrafo único, do CPC, a quem competirá preparar e submeter à aprovação judicial a forma de liquidação.

O laudo apresentado pelo administrador poderá sofrer objeções ou críticas por parte do executado, da sociedade ou do exequente, que serão apreciadas pelo juiz antes de proferir sua decisão.

5.10 Previsão, como última alternativa de pagamento ao credor, de leilão judicial das quotas ou ações (art. 861, §5º)

O CPC introduz solução extrema para o pagamento ao credor, permitindo no parágrafo 5º do art. 861 a alienação judicial da quota ou da ação caso o pagamento de seu valor, mediante liquidação, se revele excessivamente oneroso para a sociedade. Tal hipótese não é contemplada no art. 1.026, parágrafo único, do Código Civil, que determina à sociedade a realização do pagamento em dinheiro ao credor, sem considerar o efeito patrimonial que esse pagamento lhe trará. A solução do CPC prestigia

---

[23] Cf. BRASIL. Supremo Tribunal Federal, Primeira Turma. RE 89256/RJ. Relator Min. Thompson Flores. Julgamento em 06.05.1980, DJ de 30.05.1980, p. 3951. Ementa Inventário. Apuração de haveres. Balanço não atualizando o valor real dos bens. Nomeação de contador para estimá-lo ao tempo do falecimento do sócio e à época de sua sucessão. Aplicação dos artigos 993, parágrafo único, II, 1003, parágrafo único, ambos do CPC, sem qualquer desatenção aos artigos 688 e 1.010, do mesmo diploma. II – Recurso extraordinário não conhecido.

[24] Cf. BRASIL. Superior Tribunal de Justiça. Terceira Turma. Recurso Especial 1557989/MG. Relator Min. Ricardo Cueva. Julgamento em 17.03.2016, DJe de 31.03.2016. Ementa: RECURSOS ESPECIAIS. AÇÃO DE DISSOLUÇÃO PARCIAL DE SOCIEDADE. SÓCIO FALECIDO. APURAÇÃO DE HAVERES. HERDEIROS. FASE INSTRUTÓRIA. DECISÕES INTERLOCUTÓRIAS. AGRAVO DE INSTRUMENTO. NOMEAÇÃO DE LIQUIDANTE. NÃO CABIMENTO. INDICAÇÃO DE PERITO DO JUÍZO. ADEQUAÇÃO. [...]
2. A nomeação de liquidante somente se faz necessária nos casos de dissolução total da sociedade, porquanto suas atribuições estão relacionadas com a gestão do patrimônio social de modo a regularizar a sociedade que se pretende dissolver.
3. Na dissolução parcial, em que se pretende apurar exclusivamente os haveres do sócio falecido ou retirante, com a preservação da atividade da sociedade, é adequada simplesmente a nomeação de perito técnico habilitado a realizar perícia contábil a fim de determinar o valor da quota-parte devida ao ex-sócio ou aos seus herdeiros.

a responsabilidade patrimonial do devedor perante seus credores (art. 789 do CPC) e protege o patrimônio da sociedade.

Questão interessante é saber quem avaliará o impacto da liquidação da quota no patrimônio da sociedade, se o juiz ou os sócios. Qualquer que seja a resposta, o balanço especial previamente apresentado servirá de paradigma para uma análise casuística. A princípio entende-se que se trata de norma dispositiva, podendo ser elidida por deliberação dos sócios em sentido contrário, que preferem afastar a possibilidade de ingresso de estranho alheio ao quadro social, ainda que a liquidação não seja vantajosa para a sociedade. Portanto, não seria uma prerrogativa exclusiva do juiz avaliar o impacto da liquidação sobre o patrimônio da sociedade. Ao credor, em regra, não cabe interferir na decisão dos sócios, pois o que se deve ter em mente é o seu pagamento, não importa se será efetivado pelo devedor, pela sociedade ou por algum sócio, ou ainda por terceiro interessado. Não deve ser excluída a possibilidade de nomeação, a pedido da sociedade ou do credor, de um perito contábil (à luz da solução prevista no parágrafo 3º do art. 861, aplicável por analogia nesse caso) para avaliar quão "excessivamente onerosa" será para a sociedade se ela realizar a liquidação da quota. A dilação do prazo para o pagamento ao credor, autorizada no inciso II do parágrafo 4º do art. 861, pode ser uma solução viável para evitar a alienação judicial, medida que se mostra indesejável segundo a *mens legis*.

Salvo acordo, à luz da interpretação global do art. 861 não se vê outra alternativa ao juiz senão determinar a alienação das quotas ou ações, haja vista a lei adotar como pressuposto o insucesso dos meios preventivos à arrematação ou adjudicação: oferta aos sócios, autoaquisição e liquidação. Como afirmado anteriormente, deve-se harmonizar o direito de crédito do credor com a proteção ao patrimônio da sociedade, ainda que o resultado dessa compatibilização seja a alteração compulsória do quadro social com o ingresso de terceiro.

Antes da alienação poderá o exequente requerer a adjudicação dos bens penhorados, desde que adote como preço mínimo o de avaliação das quotas ou ações, apurado a partir do levantamento do balanço especial, com fundamento nos arts. 876, *caput*, e 904, II, do CPC. A adjudicação somente pode ser pleiteada após o cumprimento das etapas previstas no art. 861 do CPC, conforme advertido. Ainda assim, não fica afastada a possibilidade de os sócios exercerem o direito de preferência, nos termos do parágrafo 7º do art. 876, independentemente de não terem aceitado a oferta das quotas ou ações, prevista no inciso II do *caput* do art. 861. Não havendo oferta tanto por tanto de qualquer dos sócios, ou após o decurso do prazo do art. 877 do CPC, efetiva-se a adjudicação com a lavratura do correspondente auto e expedição da carta de adjudicação, que habilitará o credor a exercer *todos* os direitos de sócio.

Se o credor exequente não tiver interesse na adjudicação as quotas ou ações serão alienadas, a princípio, em leilão judicial (art. 881 do CPC), a menos que ele requeira a alienação por sua própria iniciativa (arts. 879, II e 880, *caput*, do CPC). Cumpridas as formalidades legais e sendo a quota ou a ação arrematada no leilão, o arrematante ingressará na sociedade como novo sócio, realizando-se o pagamento do crédito exequendo em dinheiro nos termos do art. 904, II, do CPC.

5.11 Aplicação do art. 861 à Empresa Individual de Responsabilidade Limitada – EIRELI

Antes de serem tecidas as conclusões do estudo, mostra-se necessário advertir para peculiaridades do procedimento de penhora de quota de Empresa Individual de Responsabilidade Limitada (EIRELI), consoante sua característica indelével de unipessoalidade permanente (art. 980-A, *caput*, do Código Civil).

Nesta pessoa jurídica não há necessariamente a divisão do capital em quotas em razão da titularidade exclusiva por uma única pessoa.[25] Assim sendo, para garantir a efetividade da aplicação do art. 789 do CPC, é preciso admitir a constrição de todo o capital caso esse seja considerado "quota única" em sua unicidade.

Qualquer discussão sobre a natureza da EIRELI – se sociedade unipessoal ou espécie *sui generis* de pessoa jurídica – não compromete a aplicação do art. 861 do CPC, mesmo diante da referência exclusiva aos termos "sócio" e sociedade" no bojo da norma. Ainda que se adote o entendimento de não ser a EIRELI uma sociedade diante da previsão como outra espécie pessoa jurídica no art. 44 do Código Civil, seria indubitável sua equiparação às sociedades para fins de penhora de quotas. Tal se conclui em razão da previsão contida no art. 980-A, §6º, do Código Civil, que se aplicam à empresa individual de responsabilidade limitada, no que couber, as regras previstas para as sociedades limitadas, e, por conseguinte, o art. 1.053, *caput*, do Código Civil, através do qual se permite a incidência do art.1.026.

---

[25] A Instrução Normativa nº 10, de 5 de dezembro de 2013, do Departamento de Registro Empresarial e Integração (DREI), em seu Anexo V (Manual de Registro Empresa Individual de Responsabilidade Limitada – EIRELI, prevê a facultatividade da divisão do capital, não inferior a 100 (cem) salários mínimos, em quotas diante da inexistência de mais de um titular (item 1.2.16.1 – Unicidade do capital).

Sem embargo, não haverá a oferta da quota aos "demais sócios", prevista como etapa do procedimento após a apresentação do balanço especial, por inexistência daqueles (art. 861, II). Entretanto, poderá ser evitada a liquidação da quota pela sua transferência à EIRELI em razão da autonomia subjetiva em relação ao titular e do patrimônio destacado deste, respeitadas as exigências do §1º do art. 861. Com isso caberá à pessoa jurídica efetuar o pagamento ao credor do titular. Diante do exercício pelo titular dos poderes conferidos à assembleia de sócios, efeito da unipessoalidade, não há deliberação para autorização à autoaquisição.

Quando não houver divisão do capital em quotas ou este for representado por uma quota única um obstáculo eventual irá se impor se a liquidação da quota se concretizar: não é possível a manutenção da EIRELI sem capital (art. 980-A, §6º, c/c art. 1.054 c/c art. 997, III, do Código Civil) ou quando este for inferior a 100 (cem) salários mínimos (art. 980-A, *caput*, do Código Civil). Ainda que o capital seja dividido em mais de uma quota, a liquidação dessa(s) quota(s) não poderá implicar redução do primeiro a um valor inferior ao piso legal. Na ocorrência de tais situações, para que a EIRELI não seja dissolvida será preciso a recomposição do capital ou o estabelecimento de pluralidade de membros a fim de que se possa requerer a transformação do registro de EIRELI em sociedade.[26]

Outro aspecto insólito da penhora de quota de EIRELI diz respeito a eventual alienação judicial da quota ou mesmo sua adjudicação ao credor por efeito da aplicação do §5º do art. 861. Verificado que a liquidação é excessivamente onerosa para a pessoa jurídica e determinada a expropriação da quota não será possível a convivência entre o arrematante ou o adjudicante com o titular, mesmo se o pagamento ao credor não importar em esvaziamento do capital ou sua redução a patamar aquém do patamar mínimo. Na EIRELI é desinfluente a presença de *affectio societatis* porque a quota ou o capital não pode ser de titularidade de mais de uma pessoa, mesmo em copropriedade. Portanto, em sendo mantida a pessoa jurídica com a alienação da quota seu titular esse terá que ser substituído, do contrário haverá sua dissolução se não for requerida a transformação do registro em sociedade.

---

[26] A Instrução Normativa nº 10, de 05 de dezembro de 2013, do Departamento de Registro Empresarial e Integração (DREI), em seu Anexo V (Manual de Registro Empresa Individual de Responsabilidade Limitada – EIRELI, prevê em seu item 3.2.15 o procedimento para transformação de registro de EIRELI para sociedade empresária.

5.12 Conclusão

As alterações promovidas pelo Lei nº 13.105/2015 – Código de Processo Civil – em relação à penhora de quotas e ações produziram alterações substanciais em relação ao CPC de 2015 e consideraram, em parte, as contribuições da doutrina e da jurisprudência do STJ.

Foi muito positiva a previsão expressa de que as quotas de sociedades simples podem ser objeto de penhora tanto quanto as de sociedades empresárias no inciso IX do art. 835, afastando qualquer ilação quanto a impenhorabilidade relativa das primeiras até o advento do CPC de 2015. Com a unificação do tratamento da penhora de quotas para qualquer sociedade, independentemente de seu regime jurídico, desaparece a impossibilidade de adjudicação *nas sociedades simples* por parte do credor ou sua sujeição à alienação judicial. Portanto, o art. 1.026 do Código Civil deve, necessariamente, ser complementado com o art. 861 do CPC. Sem embargo, instituiu-se tratamento diferenciado entre as companhias abertas e as fechadas, permitindo-se a adjudicação ou alienação imediata das ações das primeiras e a presunção de *affectio societatis* nas segundas, razão pela qual o procedimento prévio à alienação seguirá os mesmos trâmites das quotas de sociedades de pessoas. Não se perquiriu a demonstração de *affectio pecuniae* nas companhias fechadas para equipará-las às companhias abertas.

Todas as medidas prévias à alienação em leilão (levantamento do balanço especial, oferta aos sócios, aquisição de quotas ou ações e liquidação) trazem o reconhecimento de *affectio societatis* entre os sócios, haja ou não previsão no contrato/estatuto sobre a cessão de quotas ou ações, ou ainda que ele seja omisso. Da interpretação sistemática dos parágrafos do art. 861 verifica-se o estabelecimento de uma ordem de preferência no pagamento que privilegia a transferência das quotas/ ações do executado para outro(s) sócio(s), mantendo-se o quadro social inalterado.

Procurou o legislador conciliar a responsabilidade patrimonial do devedor perante seu credor e a preservação do quadro social, sem que seja necessariamente liquidada a quota/ação e operada a resolução da sociedade em relação a um sócio, com a exclusão de pleno direito do executado. Contudo, se todas as alternativas concebidas não puderem ser empregadas ou o forem sem êxito, as quotas ou ações serão alienadas em leilão ou poderão os sócios exercer o direito de preferência sobre o exequente, regra presente no direito anterior e mantida no art. 876, §7º, estendida agora às ações de companhias fechadas. Na ponderação entre a preservação da sociedade e a preservação da *affectio societatis* optou o legislador pela primeira alternativa, pois se a liquidação for excessivamente onerosa à sociedade, a quota ou a ação seguirá o trâmite da alienação judicial com transmissão de todos os direitos ao terceiro, inclusive o *status socii*.

Informação bibliográfica deste texto, conforme a NBR 6023:2002 da Associação Brasileira de Normas Técnicas (ABNT):

ALVES, Alexandre Ferreira de Assumpção. A penhora de quotas e ações na Lei nº 13.105/2015: Código de Processo Civil. In: RIBEIRO, Marcia Carla Pereira; CARAMÊS, Guilherme Bonato Campos (Coord.). *Direito empresarial e o CPC/2015*. 2. ed. rev., ampl. e atual. Belo Horizonte: Fórum, 2018. p. 89-116. ISBN 978-85-450-0523-0.

CAPÍTULO 6

A EFICIÊNCIA DA ARBITRAGEM E O NOVO CÓDIGO DE PROCESSO CIVIL

Bruno Guandalini

6.1 Introdução

O instituto da arbitragem teve sua utilização difundida no mundo após a segunda metade do século passado de tal forma que passou a ser considerado o método tradicional de resolução no comércio internacional. Diversas vantagens são geralmente mencionadas na resolução de disputas internacionais, dentre as quais se destacam, dentre outros, principalmente neutralidade do julgador[1] e circulabilidade da sentença.[2]

Diante dessas vantagens, não demorou para o mercado brasileiro perceber que também poderiam ser replicadas em disputas nacionais. Desde a promulgação da Lei nº 9.307/96, e principalmente desde 2001 quando o STF se pronunciou sobre a constitucionalidade da Lei de Arbitragem,[3] a utilização do instituto aumentou de maneira considerável.

O sucesso da arbitragem no Brasil não encontra somente assento na qualidade do instituto, propiciado pela Lei nº 9.307/96. Grande parte desse sucesso se atribui também à ineficiência do judiciário brasileiro,

---

[1] Neutralidade pela possibilidade de o árbitro ter nacionalidade diferente das partes em disputa.
[2] Circulabilidade garantida pela Convenção de Nova York de 1958 sobre o reconhecimento e execução de sentenças arbitrais estrangeiras em vigor atualmente em 156 países, inclusive o Brasil. Disponível em <http://www.newyorkconvention.org/list+of+contracting+states>.
[3] Ver STF, Sentença Estrangeira (SE 5206).

o qual se mostra muito inapropriado para resolver principalmente questões empresariais de maior complexidade. Destacam-se aqui a morosidade, a falta de especialidade dos magistrados, a rigidez do procedimento e principalmente a falta de incentivos do magistrado para proferir melhores decisões.

Nesses termos, a escolha de um método alternativo de resolução de controvérsias, principalmente quando se trata de disputas empresariais, deve ser feita pelo agente econômico racional, que sempre o fará de modo a diminuir os custos de transação. Quando se tem um judiciário – diga-se a opção feita com a não escolha pela arbitragem – extremamente ineficiente não é difícil conseguir ver vantagens no método alternativo.

Entretanto, isso não quer dizer que esse sucesso não tenha encontrado críticas. Com o aumento considerável de casos de arbitragem, os problemas decorrentes da utilização do instituto foram vários dentre os quais sua eficiência sempre esteve em questão. Nessa linha, viu-se que ao longo dos anos diversas críticas atacaram a relação da arbitragem com o judiciário, com o chamado *juge d'appui*, tão importante à eficiência e eficácia do instituto.

Nessa linha é que a vigência do Novo Código de Processo Civil passa a ter enorme importância à arbitragem já que este necessariamente regula o judiciário, que, mais uma vez, dá apoio e garante a eficácia da arbitragem. Ver-se-á que apesar de algumas críticas o novo Código se ocupou em resolver alguns dos problemas que o instituto da arbitragem encontrava. Certamente a eficiência da arbitragem com sede no Brasil será aumentada. Pelos menos oito diferentes situações são responsáveis por isso.

6.1.1 Primeira: a preservação da confidencialidade da arbitragem pelo judiciário

A arbitragem deve ser um procedimento discreto. É a obrigação imposta pela Lei de Arbitragem aos árbitros de manterem a discrição.[4] Entretanto, não há previsão expressa na Lei de Arbitragem sobre a confidencialidade do procedimento. Tampouco apresenta o Novo Código de Processo Civil essa obrigação.

Entretanto, como a confidencialidade pode livremente ser estipulada, a quase unanimidade dos regulamentos de arbitragem das

---

[4] Lei de Arbitragem, art. 13, §6º. No desempenho de sua função, o árbitro deverá proceder com imparcialidade, independência, competência, diligência e discrição.

câmaras brasileiras preveem esta obrigação – assim como as próprias partes nas arbitragens *ad hoc* – para as partes e para os árbitros. Na prática, a confidencialidade, por ser uma das principais vantagens da arbitragem, passou a ser regra já que pode reduzir bastante os custos de transação.

Entretanto, na vigência do Código de Processo de 1973, essa confidencialidade da arbitragem perdia força quando se discutia o contrato, se demandava uma tutela cautelar ou ainda quando a sentença arbitral era discutida no judiciário. Face à prevalência do princípio da publicidade, regra no Código de Processo Civil de 1973, todo o processo era público. Ora, tinha-se uma sentença arbitral – e procedimento – protegida pela cláusula de confidencialidade, cuja eficácia era abrandada pela publicidade no judiciário. Diante desse cenário, qualquer das partes poderia adotar comportamentos oportunistas e discutir a sentença no judiciário de forma a obter sua publicidade forçada. A ineficiência era aparente.

É nesse ponto que o Novo Código de Processo Civil anda bem ao prever expressamente, em seu artigo 189, inciso IV, que os atos processuais que versem sobre arbitragem devem tramitar sob segredo de justiça, desde que a confidencialidade estipulada na arbitragem seja comprovada perante o juízo.[5] Assim, o único requisito é que se demonstre perante o juízo no qual o ato se processou que existe confidencialidade na arbitragem. Ressalte-se que esta, por falta de disposição legal, deve ser estipulada pelas partes, as quais normalmente a adotam indiretamente nos regulamentos de arbitragem.[6] O dispositivo garante, portanto, a confidencialidade em diversas situações nas quais o poder judiciário é chamado a agir diante da mera existência uma cláusula compromissória que diretamente ou indiretamente preveja a confidencialidade.

Nesse sentido, a intenção do legislador veio em muito boa hora quando quer preservar a confidencialidade negociada pelas partes; afinal, se as partes adotam uma cláusula compromissória em um contrato prevendo o regulamento de uma câmara que adota confidencialidade

---

[5] Novo Código de Processo Civil, art. 189. Os atos processuais são públicos, todavia tramitam em segredo de justiça os processos: IV – que versem sobre arbitragem, inclusive sobre cumprimento de carta arbitral, desde que a confidencialidade estipulada na arbitragem seja comprovada perante o juízo.

[6] A grande maioria dos regulamentos de arbitragem das instituições sediadas no Brasil preveem confidencialidade, assim como as instituições estrangeiras mais renomadas. Ver Regulamento CAM-CCBC de 2012, art 14. Ver Regulamento FIESP, art. 17.4. Ver Regulamento de Arbitragem Ordinária da Câmara de Mediação e Arbitragem ARBITAC, art. 54.

elas querem que qualquer eventual disputa entre elas não seja revelada nem se torne pública. Entretanto, vê-se que o dispositivo legal não resolveu verdadeiramente o problema da publicidade das informações, conforme se passa a expor.

Ora, o problema parte das premissas previstas no artigo 337, X e parágrafos 5 e 6, os quais garantem que se o réu não alegar existência de convenção de arbitragem estará implicitamente aceitando a jurisdição estatal. Assim, uma vez que o juiz não pode reconhecer de ofício a convenção de arbitragem, como poderia reconhecer de ofício a confidencialidade da arbitragem e determinar o trâmite em segredo de justiça? Pode ser que o réu aceite a jurisdição estatal, o que ficaria, desde então, prejudicada a confidencialidade da arbitragem.

Nessa primeira situação levantada, o protocolo da petição inicial com a exposição dos fatos e fundamentos jurídicos do pedido, com despacho inicial, sem poder o juiz determinar a confidencialidade, não consegue afastar comportamento oportunista das partes. Imagine-se uma situação em que se prevê confidencialidade estrita na cláusula compromissória e uma das partes quer revelar ao mercado um inadimplemento do contrato pela outra parte. Obviamente se iniciasse uma arbitragem não poderia fazer tal revelação. Entretanto, se protocolar uma petição inicial com a exposição dos fatos e fundamentos jurídicos do pedido pode facilmente tornar público tal inadimplemento – mesmo que essa ação venha a ser extinta sem apreciação do mérito.

As mesmas críticas são feitas às situações em que se admite que medidas de urgência sejam protocoladas no judiciário, quais sejam quando o tribunal arbitral ainda não esteja constituído ou não possa proferir tal decisão.[7] Quando o tribunal não está constituído, permite-se que a parte tenha comportamento oportunista principalmente quando há previsão na convenção de arbitragem de árbitro de emergência[8] e escolha entre arbitragem e judiciário para a obtenção da tutela de urgência. Na primeira haverá confidencialidade e no segundo não.

Já no ato processual de cumprimento de carta arbitral, expressamente previsto no inciso IV do artigo 189 do NCPC, vê-se mais difícil o exercício de oportunismo pelas partes já que o segredo de justiça será garantido, assim como nos outros casos, se a confidencialidade for provada. Esse dispositivo segue a mesma linha do parágrafo único do artigo 22-C da Lei nº 9.307/96 inserido pela Lei nº 13.129/2015, o qual

---

[7] Ver artigo 22-A e 22-B da Lei de Arbitragem, Lei nº 9.307/96.
[8] Ver Regulamento CCI, Art. 29.

determina expressamente que no cumprimento da carta arbitral será observado o segredo de justiça, desde que comprovada a confidencialidade estipulada na arbitragem. E é exatamente aqui que o novel diploma processual garante a eficiência, ao menos com relação a esse ponto. Como se exige que seja apresentada a convenção de arbitragem e a prova de nomeação e da aceitação pelo árbitro, vê-se que o juiz poderá ter facilmente acesso ao regulamento de arbitragem indicado na cláusula compromissória ou mesmo no termo de arbitragem, ambos documentos que poderão servir de prova para se identificar a confidencialidade estabelecida.

Mas não é só. Ainda pode se ver os momentos de declaração de nulidade de sentença ou mesmo de cumprimento de sentença. Nesses casos, é mais fácil de o magistrado identificar a prova da confidencialidade porque em ambos ter-se-á a presença da sentença, a qual em teoria deve prever um relatório e os fundamentos da decisão em que normalmente se mencionam as regras utilizadas para o julgamento da decisão. Ao contrário, não se fará prova e mais uma vez aparece a possibilidade de oportunismo das partes.

Diante do que foi visto, cabe ao juiz, portanto, garantir a eficiência da arbitragem preservando a confidencialidade estabelecida pelas partes. Mas para isso o segredo de justiça deve ser garantido desde o começo, de ofício, pelo juiz, de forma a não permitir comportamentos oportunistas de alguma parte que tenha utilizado alguma medida judicial somente para dar publicidade ao procedimento.

Em conclusão, o magistrado deve, ao se deparar com qualquer discussão que envolva arbitragem ou cláusula arbitral, investigar com detalhes se de fato há cláusula compromissória e, caso não encontre evidência, intimar a parte contrária para que se manifeste sobre este ponto. Caso não seja possível ou enquanto não obtenha manifestação sobre isso, deveria tratar o processo em segredo de justiça, de forma a premiar a eficiência da arbitragem. Afinal, é esse o objetivo do dispositivo.

6.1.2 Segunda: a criação do mecanismo de comunicação árbitro-juiz

Outra inovação do Novo Código de Processo Civil foi disciplinar a chamada Carta Arbitral. O inciso IV, do artigo 237, prevê que será expedida carta arbitral, para que órgão do Poder Judiciário pratique ou determine o cumprimento, na área de sua competência territorial, de ato objeto de pedido de cooperação judiciária formulado por juízo arbitral, inclusive os que importem efetivação de tutela provisória. Assim, logo em seguida da edição do NCPC a Lei de Arbitragem recebeu reforma para inserir o artigo 22-C para expressamente dizer que o Árbitro ou tribunal arbitral poderá expedir carta arbitral para que o órgão jurisdicional nacional pratique ou determine o cumprimento, na área de sua competência territorial, de ato solicitado pelo árbitro. Nesses termos, o que o NCPC fez foi impor uma obrigação ao magistrado para que, limitado por sua competência territorial aceite e determine o cumprimento de pedido de cooperação judiciária solicitada pelo Árbitro.

Ora, tal inovação vai trazer enorme eficiência à arbitragem. Uma das grandes críticas ao instituto sempre foi a falta de coerção. Agora, com a Carta Arbitral, está tipificada a comunicação entre o tribunal arbitral – que agora pode solicitar apoio coercitivo de forma muito mais célere – e o judiciário – que agora é obrigado a determinar as ordens do Tribunal Arbitral, quando cumpridos os requisitos previstos no referido artigo – apenas formais, ressalte-se. Ora, o tribunal arbitral não pode bloquear, arrestar ou sequestrar bens, mas pode decidir sobre a oportunidade dessas medidas no procedimento.[9] Assim, "cabe ao Estado-Juiz, em cooperação com a jurisdição arbitral, fazê-la cumprir para que não pereça um direito de algum dos litigantes na seara arbitral".[10] A eficiência da arbitragem pode, finalmente, ser promovida nesse ponto.

Mesmo que de recente edição, já se tem notícia de casos em que a Carta Arbitral foi usada com sucesso. Remete-se a um tribunal arbitral administrado pela CAMARB[11] em que se determinou que uma das partes caucionasse parte do valor discutido na arbitragem em conta bancária específica. O tribunal arbitral nesse caso expediu uma carta arbitral requerendo a cooperação judiciária em vistas de se obter o bloqueio judicial via Bacenjud.[12]

Entretanto, para que o instituto possa gerar a eficiência buscada, é necessário que sejam ainda resolvidas três situações.

A primeira delas é de ordem prática. Os Tribunais de Justiça devem primeiramente ter uma rápida distribuição das cartas arbitrais.

---

[9] FREIRE, José Nantala Bádue. *A carta arbitral é importante para a efetividade do sistema*. Disponível em: <http://www.conjur.com.br/2015-jul-02/jose-nantala-carta-arbitral-importante-efetividade-sistema>. Acesso em: 27 jul. de 2016.
[10] FREIRE, *op. cit.*
[11] Câmara de Arbitragem Empresarial Brasil
[12] Caso descrito por Felipe Sebhastian Caldas Véras. Disponível em: <http://www.conjur.com.br/2016-jul-17/felipe-veras-cooperacao-entre-jurisdicoes-estatal-arbitral-necessidade-cumprimento-satisfatorio-decisoes>. Acesso em: 27 jul. 2016.

Conforme citado no texto, na mesma linha do Tribunal de Justiça de Minas Gerais, o Tribunal de Justiça do Estado de São Paulo também já se posicionou pelo comunicado SPI N. 24/2016 de 24 de abril de 2016 sobre a disponibilidade da mesma classe processual nº "12082 – Carta Arbitral". Basta, portanto, que todos os tribunais garantam a possibilidade de distribuição rápida das cartas arbitrais – e a varas especializadas em arbitragem de preferência – para que não se crie ineficiência pela simples inexistência de rito ou procedimento para tratamento desse tipo de ato no judiciário.

A segunda situação é aquela na qual o magistrado não deve de nenhuma forma apreciar o mérito da ordem. Ora, da mesma forma que os juízes não devem apreciar o mérito da sentença arbitral, eles também não devem apreciar o mérito da Carta Arbitral. Afinal, a jurisdição que determina a ordem é do árbitro e não do juiz. Lembra-se que a Carta Arbitral nada mais é do que um pedido de cooperação judiciária de forma que não cabe ao juiz deprecado a análise do mérito da ordem expedida pelo Tribunal Arbitral.

Isso não quer dizer que o magistrado deva endossar qualquer ordem proveniente de qualquer Carta Arbitral. Cabe ao magistrado, portanto, exercer o controle formal. O parágrafo terceiro do artigo 260 do NCPC prevê que a Carta Arbitral deverá atender no que couber aos requisitos do *caput* do artigo 260 e será instruída com a convenção de arbitragem e com as provas da nomeação do árbitro e de sua aceitação da função. Assim, para que seja eficiente a Carta Arbitral, aquele que solicita seu cumprimento deve apresentar: a) a Carta Arbitral assinada pelo Árbitro ou por todos os membros do tribunal; b) a Ordem Processual que deu origem à Carta; c) a solicitação de Arbitragem e sua resposta; d) o termo de arbitragem; e) e as provas de nomeação do árbitro e aceitação da função. Esses dispositivos são essenciais para se garantir a eficácia da Carta e a eficiência da arbitragem, pois do contrário o magistrado poderá, nos termos do Artigo 267 do NCPC, recusar seu cumprimento quando a carta não estiver revestida dos requisitos legais ou ainda quando o juiz tiver dúvida da sua autenticidade.

6.1.3 Terceira: os novos casos de presunção de parcialidade do árbitro

O Novo CPC ainda gerou eficiência à arbitragem sem querer tratar especificamente de arbitragem quando expandiu as hipóteses de suspeição e imparcialidade dos juízes. Isso porque a Lei de Arbitragem, no seu artigo 14, prevê que estão impedidas de funcionar como árbitros as pessoas que mantêm, com as partes ou com o litígio que lhes for submetido, algumas das relações que caracterizam os casos de impedimento ou suspeição de juízes, aplicando-se-lhes, no que couber, os mesmos deveres e responsabilidades, conforme previsto no Código de Processo Civil.

Nesses termos é que o NCPC inova em arbitragem já que aumenta o rol de situações de suspeição e impedimento do árbitro. E a grande inovação é sem dúvida a previsão do artigo 145 do NCPC que passou a considerar causa de suspeição o juiz – leia-se o árbitro – ser amigo íntimo do advogado da parte.

A nova hipótese é bem-vinda pois acende uma luz amarela perante a comunidade arbitral brasileira. O instituto da arbitragem é novo e o mercado da arbitragem no Brasil está saindo de uma fase embrionária e passando por uma consolidação. Nessa fase inicial viu-se relações muito próximas principalmente entre juristas que vinham fazendo alternâncias no exercício de advogado e árbitro muitas vezes construindo fortes laços, se não amizades – sem qualquer parcialidade atribuível *a priori*. Tudo isso não por motivo proposital – repita-se – mas puramente pela simples escassez de árbitros qualificados. Mas fato é que o novo dispositivo traz à comunidade arbitral um alerta para que as relações entre esses mesmos *players* se limitem aos contatos profissionais, diante da imprecisão do conceito de "amizade íntima".

A eficiência pode ser melhorada, portanto, quando o NCPC repudia a presença de "amigos" entre advogados e árbitros no mesmo procedimento arbitral, o que eventualmente incorre em assimetria de informação e oportunismo, e consequentemente maiores custos de transação.

Ademais, a nova hipótese ajuda a legitimar a arbitragem e afastar a grande crítica à comunidade arbitral, de que os advogados e árbitros sempre adotam os dois chapéus e fazem com que os relacionamentos profissionais passem do estritamente profissional e as amizades gerem a manutenção da rede.

Por outro lado, a mesma novidade pode ser inadequada e prejudicar a busca pela eficiência. Isso porque se essa mesma comunidade arbitral é pequena e depende de um sistema de incentivos baseado em reputação, o qual já bastaria por si mesmo para controlar eventual desvio de condutas entre árbitros e advogados com diferentes graus de amizade. Essa crítica não cabe no judiciário quando o juiz não "troca de chapéus" e não depende de reputação para se manter no mercado. A novidade é bem-vinda, finalmente, para o juiz, mas de aplicação questionável ao mercado da arbitragem. Mas isso não é culpa do legislador do NCPC, mas sim do legislador da reforma da Lei de Arbitragem, a qual perdeu a oportunidade, em 2015,[13] de tipificar critérios de independência e imparcialidade específicos ao árbitro.

Entretanto, a oportunidade e eficiência da modificação ao instituto – e o impacto no mercado da arbitragem – somente o tempo mostrará.

6.1.4 Quarta: a falsa oportunidade para que as partes repensem o mecanismo de resolução de disputas mais eficiente

O Novo Código de Processo Civil trouxe uma novidade importante quanto ao reconhecimento da convenção de arbitragem pelo judiciário.

Para começar, deve-se lembrar que as partes adotam arbitragem porque entendem que sua adoção vai reduzir custos de transação e de oportunidade.[14] Assim, depois de sua adoção, mesmo que celebrem um distrato, a cláusula compromissória sempre poderá ser utilizada para começar um procedimento arbitral,[15] o que afastará a competência do juiz, tornando-se obrigatória.[16] Assim, caso uma parte inicie uma ação perante o judiciário para tratar do mérito de uma disputa que esteja abrangida pelo escopo de uma cláusula compromissória, por exemplo, cabe ao juiz extinguir a ação, sem apreciar o mérito.

A inovação é exatamente nesse ponto. O novel diploma prevê no artigo 337, inciso X, parágrafo 5 e 6 que a existência de convenção de arbitragem deve ser arguida pelo réu em sede de preliminar ao mérito sendo matéria que não poderá ser conhecida de ofício, sob pena de não o fazendo nesta oportunidade se considerar a renúncia da jurisdição arbitral. Ora, essa previsão tem dois impactos à eficiência da arbitragem: um positivo e outro extremamente negativo.

---

[13] Lei nº 13.129/2015.

[14] GUANDALINI, B.; RICHTER, M.; TIMM, L. B. Reflexões sobre uma análise econômica sobre a ideia de arbitragem no Brasil". In: Obra Coletiva. Coord. CARMONA, C.A.; LEMES, S.; MARTINS, P. B. (No prelo).

[15] O princípio da autonomia da convenção de arbitragem garante isso, independência da validade do contrato ou instrumento em que esteja prevista. Ver artigo 8º da Lei nº 9.307/96: Art. 8º A cláusula compromissória é autônoma em relação ao contrato em que estiver inserta, de tal sorte que a nulidade deste não implica, necessariamente, a nulidade da cláusula compromissória.

[16] Lei de Arbitragem, art. 7º. Existindo cláusula compromissória e havendo resistência quanto à instituição da arbitragem, poderá a parte interessada requerer a citação da outra parte para comparecer em juízo a fim de lavrar-se o compromisso, designando o juiz audiência especial para tal fim.

O positivo é exatamente o que o quis o legislador. Entende-se que a intenção do juiz de não declarar de ofício a existência da convenção de arbitragem foi de conceder assim oportunidade às partes de novamente optarem pelo judiciário, premiando mais uma vez a autonomia da vontade. Isso em verdade já era em teoria garantido caso a parte ré comparecesse espontaneamente ao processo e concordasse com o prosseguimento do feito no judiciário. Entretanto, na prática o juiz extinguia o processo sem julgar o mérito no despacho inicial, sem mesmo citar a parte contrária o que inviabilizava em parte a possibilidade da escolha das partes pelo judiciário. Por certo, agora, caso não contestado em preliminar de contestação, considera-se renúncia à arbitragem.

Já o efeito extremamente negativo certamente não foi considerado pelo legislador. Ora, no procedimento arbitral, principalmente quando institucional, apresenta-se o requerimento de instituição de arbitragem e resposta e somente após a constituição do tribunal arbitral e assinatura do termo que se apresentam as alegações iniciais estas sim trazendo todos os fundamentos de fato e de direito das partes. Não se apresentam todos os argumentos antes de composto o tribunal arbitral. Afinal, os candidatos a árbitro não devem saber dos fundamentos jurídicos das partes antes de aceitar a nomeação, sob pena de se ferir o dever de independência e imparcialidade. O grande problema, portanto, do novo sistema é que a parte deve comparecer em juízo para arguir a convenção de arbitragem em sede de preliminar de contestação – e provavelmente será extinto o processo diante da existência da cláusula – e também deverá expor todos os fundamentos de fato e de direito da sua defesa, em nome do princípio da eventualidade. Aí aparece a ineficiência, pois além de o candidato a árbitro poder ter acesso a esses fundamentos antes da sua confirmação, poderá haver comportamento oportunista das partes em protocolar petições no judiciário antes de se recorrer à arbitragem como forma de antecipar os fundamentos da parte contrária. A previsão passa agora a ser uma ferramenta estratégica que premia o oportunismo e aumenta os custos de transação. A melhor solução certamente teria sido determinar que a alegação de cláusula compromissória deveria ser feita em momento único e anterior à contestação dos fatos e fundamentos jurídicos do pedido do autor. Essa previsão, portanto, certamente trará ineficiência ao procedimento arbitral.

Assim, para o melhor uso do dispositivo, a parte que quer alegar existência da cláusula compromissória deve ter certeza da sua existência e não deve adiantar os tópicos do mérito já que o NCPC ainda prevê expressamente o cabimento de recurso de Agravo de Instrumento com decisão que rejeite a alegação de convenção de arbitragem, nos termos do artigo 1.015, inciso III. Basta que os Tribunais de fato adotem com harmonia a posição favorável à arbitragem.

De outra forma, para resolver esse problema, a comunidade arbitral já está trabalhando intensamente na criação de enunciados para que o judiciário passe a aceitar a alegação da cláusula compromissória por simples petição, antes da contestação. Mas, para isso, mais uma vez fica-se dependente da postura do judiciário em aceitar por falta de previsão expressa no Novo Código.

Finalmente, há que se ressaltar o problema da dualidade de jurisdição. O fato de haver preclusão da possibilidade de alegação de cláusula compromissória não a extingue, sempre permitindo que uma das partes comece um procedimento arbitral, o que certamente gera ineficiência, mesmo que venha a existir no judiciário o instituto da litispendência e coisa julgada.

6.1.5 Quinta: a consolidação da eficiência no controle da jurisdição do árbitro

O princípio competência-competência já é consagrado no direito brasileiro. Seu conteúdo prevê que o árbitro terá competência para se pronunciar sobre sua própria competência.[17] Entretanto, a mera existência do princípio não garante a fluidez do sistema arbitral já que não se consegue eficiência se se deixar ao juiz dizer sobre a validade da cláusula compromissória anteriormente ao procedimento arbitral.

Por isso a doutrina mais autorizada já consolidou a extensão do princípio para seu efeito negativo qual seja de proibir o judiciário de se pronunciar sobre a competência do árbitro num primeiro momento. Afinal, "o efeito negativo é que os árbitros serão os primeiros a determinar sua própria jurisdição de forma que a revisão do judiciário sobre a jurisdição do tribunal arbitral somente ocorrerá quando houver uma ação para anular a sentença arbitral".[18]

É certo que a jurisprudência brasileira já seguia essa linha, mas não de forma unânime. A novidade do Novo Código de Processo Civil é que, agora por disposição expressa do artigo 485, inciso VII, o juiz

---

[17] O princípio está previsto no parágrafo único do artigo 8º da Lei nº 9.307/96. Parágrafo único. Caberá ao árbitro decidir de ofício, ou por provocação das partes, as questões acerca da existência, validade e eficácia da convenção de arbitragem e do contrato que contenha a cláusula compromissória.

[18] SAVAGE, John, GAILLARD, Emmanuel. *Fouchard, Gaillard, Goldman on international commercial arbitration*. The Hague: Kluwer Law International, 1999. p. 405.

não conhecerá do mérito também quando o réu alegar existência de convenção de arbitragem ou o juízo arbitral reconhecer sua competência.

Vê-se também que o legislador foi preciso, premiando o referido princípio, ao diferenciar existência e validade da convenção de arbitragem. De fato, a existência da convenção é que dá vida ao princípio, independente de sua validade, a qual fica sempre num primeiro momento à apreciação do árbitro; ao juiz, somente num segundo, quando da revisão da sentença.

De fato, o dispositivo do NCPC traz eficiência à arbitragem em dois momentos. O primeiro quando simplesmente disponibiliza às partes um mecanismo para impedir que o judiciário passe a se pronunciar sobre a validade da convenção de arbitragem. Tal previsão impede que partes tomem comportamentos oportunistas e dá mais previsibilidade às partes em saber que ao preverem uma convenção de arbitragem – ou seja, ao darem existência a uma convenção – o judiciário não mais vai se pronunciar sobre sua validade. Custos de transação são reduzidos ao se evitar a necessidade de litigar no judiciário sobre a validade da cláusula.

O segundo é a consolidação do efeito negativo do princípio, o qual era aplicado de forma esparsa e não uniforme pelos tribunais brasileiros. A mera previsibilidade, agora com disposição expressa no NCPC, dá segurança ao instituto da arbitragem, o que certamente a deixará mais eficiente.

6.1.6 Sexta: a redução dos custos de transação no controle da sentença

Conforme visto, o controle da sentença arbitral pelo judiciário deve ser feito após o procedimento arbitral, especificamente na ação com objeto da declaração de nulidade da sentença arbitral, tal qual prevista no artigo 33 da Lei de Arbitragem. Até a entrada em vigor da Lei nº 13.305/2015, este era o único mecanismo com expressa previsão legal para a declaração da nulidade da sentença.

A nova lei, entretanto, trouxe uma novidade importante, prevista no seu artigo 1.061, o qual trouxe a seguinte redação ao parágrafo terceiro do artigo 33 da Lei de Arbitragem: "A decretação da nulidade da sentença arbitral também poderá ser requerida na impugnação ao cumprimento da sentença, nos termos dos arts. 525 e seguintes do Código de Processo Civil, se houver execução judicial".

Ora, agora todas as matérias previstas no artigo 32 da Lei de Arbitragem podem ser alegadas também em sede de impugnação ao cumprimento de sentença. Não havendo necessidade de se protocolar ação declaratória de nulidade caso já tenha sido proposto o cumprimento de sentença arbitral.

À primeira vista, vê-se um aumento de eficiência da arbitragem já que diante da instauração de cumprimento da sentença arbitral a parte que desejar discutir a nulidade pode fazê-lo ali mesmo em sede de impugnação ao cumprimento de sentença sem a necessidade de protocolar uma nova ação declaratória de nulidade, diminuindo custos e litigiosidade. Os custos de transação enfim podem ser diminuídos aumentando-se a eficiência da resolução de disputas.

Mas para que essa eficiência se consolidasse o ideal seria que a parte sucumbente pudesse alegar as matérias de nulidade em sede de impugnação do cumprimento de sentença. A dúvida aparece exatamente porque o Artigo 33, parágrafo primeiro, da Lei de Arbitragem exige que a ação declaratória de nulidade deve ser proposta em 90 dias após o recebimento da notificação da respectiva sentença ou da decisão do pedido de esclarecimentos.

Em verdade, a inovação trazida pelo artigo 1.061, modificando a Lei de Arbitragem, é nada mais que a consolidação da jurisprudência[19] que entendia ser possível alegar as matérias de nulidade em sede de impugnação ao cumprimento de sentença desde que protocolada no prazo decadencial de 90 dias.

A questão que se coloca é se o entendimento vai mudar com a previsão expressa de que a nulidade poderá ser alegada a qualquer tempo em sede de impugnação ao cumprimento de sentença. Entende-se que o posicionamento deverá prevalecer porque o prazo de 90 dias é previsto no artigo 33 – o mesmo artigo que prevê o reconhecimento da nulidade por ação própria ou em sede de impugnação – e é decadencial, ou seja, passados os 90 dias perde-se o direito de declarar a nulidade, independente do meio processual utilizado.

Finalmente, nesse mesmo sentido a comunidade arbitral já está trabalhando em enunciados junto da magistratura para que o entendimento de que a matéria de nulidade somente poderá ser apresentada nesse prazo de 90 dias.

---

[19] O seguinte trecho da decisão expressa sinteticamente o entendimento: "Sintetizando a conclusão: se o fundamento da impugnação for um dos incisos do art. 32 da Lei de Arbitragem, somente será admitida se oposta dentro do prazo decadencial de 90 dias; transcorrido esse prazo, a impugnação somente poderá ter como fundamento anulatório uma das hipóteses previstas no art. 475-L do CPC.[1973]" TJ PR A.I. nº 1211010-8 Rel. Marcel Guimarães Rotolo de Macedo. 28 de janeiro de 2015.

6.1.7 Sétima: ineficiência gerada pelo oportunismo das tutelas de urgência

O Novo Código de Processo Civil também inovou no que tange às medidas de urgência. É certo que o foi a reforma da Lei de Arbitragem que consolidou a jurisprudência do Superior Tribunal de Justiça ao inserir os artigos 22-A e 22-B. O sistema passou a ficar da seguinte forma: (1) antes de instituída a arbitragem, as partes poderão recorrer ao Poder Judiciário para a concessão de medida cautelar ou de urgência e, nesse caso, terão 30 dias contados da data da efetivação da respectiva decisão para requerer a instituição da arbitragem sob pena de cessar a eficácia da medida; (2) assim que instituída a arbitragem, os árbitros poderão manter, modificar ou revogar a medida cautelar ou de urgência concedida pelo Poder Judiciário; (3) se já estiver instituída a arbitragem, tais medidas somente poderão ser requeridas ao tribunal arbitral.

A novidade é a influência prevista nos artigos 303 e seguintes do NCPC. O novo mecanismo do NCPC funciona da seguinte forma. Em se tratando de pedido antecipado, se a urgência for contemporânea à propositura da ação, a petição inicial pode limitar-se ao requerimento da tutela antecipada e à indicação do pedido de tutela final, com a exposição da lide, do direito que se busca realizar e do pedido de dano ou do risco ao resultado útil do processo.

Até então os mecanismos conversam de forma serena e de forma eficiente. Entretanto, o problema aparece diante da previsão do parágrafo primeiro do mesmo dispositivo o qual prevê que se concedida a tutela antecipada, o autor deverá aditar a petição inicial com a complementação da sua argumentação, com a juntada de novos documentos e a confirmação do pedido de tutela final, em quinze) dias ou em outro prazo maior que o juiz fixar. Ora, se na existência de cláusula compromissória, deve-se requerer a instituição da arbitragem em 30 dias sob pena de perder eficácia a decisão, é extremamente ineficiente requerer-se ao autor a complementação da sua argumentação, com a juntada de novos documentos e a confirmação do pedido de tutela final em 15 dias sob pena de ser extinto o processo, se não contraditório. Nesse ponto, para que possa haver bom entendimento entre os procedimentos, cabe aos magistrados, na presença de convenção de arbitragem, estender esse prazo para pelo menos mais de 30 dias.

6.1.8 Oitava: a concorrência do judiciário como fator incentivador da evolução da arbitragem

A arbitragem e o judiciário são inegavelmente serviços substituíveis. Nesse sentido, uma eventual melhora do judiciário com o NCPC certamente vai trazer maior concorrência à arbitragem. Nesses termos, como serviços substituíveis, aquele grande sucesso que encontrou a arbitragem nos seus primeiros 20 anos talvez não lhe renda mais tantos frutos. Para sobreviver, a comunidade arbitral, seus regulamentos, instituições e principalmente seu marco regulatório também vão ter que melhorar. Vê-se aqui uma certa elasticidade cruzada tendo como critério não o preço mas a eficiência do instituto em geral. Portanto, se o Novo Código de Processo Civil melhorar a eficiência do processo de conhecimento certamente forçará um aumento da eficiência da arbitragem.

Ademais, tal eficiência certamente surtirá efeitos na escolha do Brasil como sede jurídica de arbitragens internacional. É fato que a eleição da sede da arbitragem leva em conta a segurança jurídica e posição favorável do judiciário tanto em apoiar quanto em validar a arbitragem. E seguramente a escolha do país como sede de arbitragem ajudará ainda mais sua evolução e desenvolvimento, tornando-se a ignição de um positivo ciclo de eficiência dos institutos e desenvolvimento dos serviços jurídicos no Brasil. Ganham os litigantes, ganha o judiciário, ganham os litigantes da arbitragem. Seja bem-vindo Novo Código de Processo Civil.

6.2 Notas conclusivas

O Novo Código de Processo Civil é muito recente. Evidentemente todas as discussões travadas ainda são de cunho teórico e ainda se deve aguardar para que sua efetiva aplicação possa de fato gerar alguma eficiência à arbitragem. Por outro lado, espera-se que sua interpretação pelos Tribunais brasileiros possa corrigir imprecisões e lacunas deixadas pelo legislador de forma a assegurar que os novos dispositivos não acabem de certa forma por gerar ineficiência ao instituto ainda jovem e carente de apoio do judiciário.

Seja por novos institutos como a Carta Arbitral, seja por garantir a confidencialidade, ou simplesmente por reforçar o princípio da competência-competência, em todos os seus efeitos, o Novo Código de Processo Civil tem uma boa posição ao afastar o oportunismo das partes. Mas para isso há que se dar a melhor interpretação e fazer as adaptações necessárias. Afinal, a realidade é sempre mais complexa que a teoria e o legislador não pode tudo prever. Seus eventuais erros e lacunas são aceitáveis e a jurisprudência certamente poderá trazer soluções eficientes. Cabe à comunidade arbitral ajudar.

E se o novo texto pretende principalmente uma melhora do processo judicial, ver-se-á inevitavelmente um aumento da competitividade do judiciário, produto substituível por natureza. Caberá à comunidade arbitral aperfeiçoar o instituto. E dessa concorrência, mais uma vez, ganha a sociedade.

Informação bibliográfica deste texto, conforme a NBR 6023:2002 da Associação Brasileira de Normas Técnicas (ABNT):

GUANDALINI, Bruno. A eficiência da arbitragem e o novo Código de Processo Civil. In: RIBEIRO, Marcia Carla Pereira; CARAMÊS, Guilherme Bonato Campos (Coord.). *Direito empresarial e o CPC/2015*. 2. ed. rev., ampl. e atual. Belo Horizonte: Fórum, 2018. p. 117-132. ISBN 978-85-450-0523-0.

CAPÍTULO 7

O SEGURO-GARANTIA JUDICIAL E O CÓDIGO DE PROCESSO CIVIL DE 2015: DA CONCEPÇÃO À EFETIVIDADE

Gladimir Adriani Poletto

7.1 Introdução

O presente artigo tem por objetivo estudar o ramo de seguro-garantia na sua especial modalidade de seguro-garantia judicial, desde a regulamentação enquanto espécie de contrato de seguro em nosso ordenamento jurídico e, especialmente, as novas disposições introduzidas pela Lei nº 13.105 de 16 de março de 2015, ou seja, o Código de Processo Civil.

Antes mesmo de o tema ser tratado pelo revogado Código de Processo Civil de 1973[1] e, quando ainda ausente de regulamentação pela Superintendência de Seguros Privados – SUSEP,[2] registrou-se que o seguro-garantia judicial se tratava de instrumento dotado de aptidão para exercer e contribuir com a relevante função de buscar a convivência harmônica entre a sociedade e a justiça, pois desempenha o papel de assegurar o cumprimento das decisões judiciais e, assim, promover a efetividade jurisdicional em harmonia com os princípios norteadores do direito processual civil (POLETTO, 1999, p. 7).[3]

---

[1] Código de Processo Civil. Lei nº 5.869 de 11 de janeiro de 1973.
[2] Decreto-lei nº 73 de 21 de novembro de 1966.
[3] Nesse sentido, convém explicar que "o seguro-garantia judicial, configura instrumento recente, cujo fito é garantir – sob determinado aspecto – a convivência harmônica entre a sociedade e justiça. A exemplo de vários países como Estados Unidos da América (*Judicial Bond*), México, Espanha, Colômbia e Argentina (*Garantías Judiciales*), o seguro-garantia judicial

Desde então, relevantes progressos foram observados no campo jurídico em relação ao tema, pois o produto foi regulamentado pela SUSEP, como modalidade do ramo "Garantia",[4] houve a sua inserção no revogado CPC/1973, bem como na Lei de Execuções Fiscais, além da edição de normas internas das Procuradorias Fazendárias[5] e do BACEN,[6] para, então, ser contemplado no CPC/2015.

A normatização expressa do seguro-garantia judicial ampliou o seu conhecimento, de forma a facilitar a sua aceitabilidade em juízo e, além disso, revelou-se, inevitavelmente, como um importante produto

---

desempenha um importante papel na assegurabilidade do cumprimento judicial, assim como a garantia de juízo em processo executório e a caução em sede cautelar. Vale ressaltar, por oportuno, que o pronunciamento judicial isolado não produz efeito real, haja vista que o cumprimento do resultado é posterior àquele e sempre estará condicionado aos quesitos capacidade e idoneidade patrimonial da parte demandada. Quando tratarmos dos requisitos supracitados, há referência aos milhares de casos em que se operou o pronunciamento judicial, todavia com resultado inacabado, em face da inexistência de bens em nome do devedor, bem como da dilapidação patrimonial deste – não raras vezes visando à própria situação de inadimplência. Nesse âmbito, considerando a existência do seguro-garantia judicial, as demandas garantidas estariam asseguradas quanto ao cumprimento da deliberação externada pelo acórdão ou sentença transitado em julgado, consubstanciando-se assim, na concretização da efetiva tutela jurisdicional e, consequentemente, na certeza da cabal efetividade da demanda. A sociedade, já fatigada de tantos desencontros no que tange à aplicabilidade da justiça, necessita de certeza quanto à sua existência, inteireza e eficácia. É fato que a plenitude jurisdicional ocorrerá com a extinção definitiva do julgado, seja promovida pelo devedor originário (a parte demandada) ou via, especificamente, o cumprimento da apólice de seguro-garantia judicial. Nesse contexto, data vênia, entendemos que o modo menos oneroso de afiançar uma demanda – preconizada no artigo 620 do Código de Processo Civil – apresenta-se na forma do seguro-garantia judicial, uma vez que por meio da paga de um prêmio, garante-se o cumprimento integral da decisão forense. Na verdade, o presente instrumental não atende só ao fator jurisdição, mas também é benefício para quem o contrata (tomador do seguro) na medida em que se assegura o cumprimento da suposta obrigação sem disponibilizar patrimônio destinado à produção, implementando, dessa maneira, a receita e a geração de empregos. Portanto, o seguro-garantia judicial nasce em decorrência de anseios sociais, seja quanto à segurança da liquidez da efetividade jurisdicional ou pela possibilidade menos dispendiosa de garantir um litígio – ambas em proveito recíproco às partes envolvidas num processo judicial. Importante frisar que tal novidade objetiva de forma legal, a criação de condições seguras para efetivar a tutela jurisdicional. Nesse passo, é lícito mencionar que a atividade comercial acrescida à vontade da sociedade são variáveis, não permitem a estagnação, pois incentivam o incessante desenvolvimento da ciência em prol das amplas relações sociais. Destarte, cremos que o progresso é alavancado pela variação supradita, a ponto de buscarmos, a cada momento soluções inovadoras, cuja satisfação está sempre adiante; reciprocamente verdadeiro, que a ciência – jurídica ou não – esta envolta pelo mesmo sentido, melhor dizendo, em permanente evolução, servindo o passado como inspiração para futuras descobertas, de respaldo ao engrandecimento social. Eis que o avanço, ora em referência, consiste na modalidade do seguro-garantia judicial" (POLETTO, 1999, p. 7).

[4] Anexo da Circular SUSEP nº 455/2012.
[5] Portaria PGFN nº 153/2009 (revogada) e atual Portaria PGFN nº 164/2014, a qual regulamentou o oferecimento e aceitação do seguro-garantia judicial para a execução fiscal.
[6] Bacen. Portaria nº 88.273, de 29 de janeiro de 2016.

de seguro gerador de riquezas,[7] pois se tornou a modalidade de maior expressão econômica entre todas as demais modalidades de seguro-garantia no Brasil.[8]

Dentro dessa perspectiva, torna-se necessário desenvolver o tema a partir das considerações preliminares sobre o seguro-garantia e a sua natureza jurídica, para então abordá-lo em sua especial modalidade judicial e as normas securitárias que autorizaram as companhias de seguro a comercializar esse produto, com enfoque às suas peculiaridades.

Em sequência, analisar-se-á o seguro-garantia judicial em consonância com a lei processual brasileira, desde a introdução do instrumento no CPC/1973 ao seu aprimoramento no CPC/2015, cujo enfoque da abordagem se dará especialmente no que pertine ao processo de execução, pois o seguro-garantia judicial consagrou-se no ordenamento mais recente, em definitivo, como um mecanismo apto a garantir execuções judiciais em perfeita harmonia com os princípios da efetividade da execução e o da menor onerosidade, permitindo, assim, que se possa estabelecer o entendimento sobre o alcance de efeito real do instrumento e a sua delimitação no Código de Processo Civil de 2015.

7.2 O seguro-garantia e a sua relação jurídica

O contrato de seguro, o seguro-garantia enquanto "ramo" que integra o grupo de "riscos financeiros" da SUSEP, os aspectos normativos e regulatórios e a relação jurídica estabelecida por um especial tipo securitário são o objeto desta reflexão.

A composição de uma rede complexa de elementos, com características distintas e alicerçadas em fundamentos de áreas diferentes, como a matemática, a economia, a atuária e o direito, que se harmoniza em um só instituto, denomina-se seguro.

O seguro, na sua própria concepção literal, denomina-se como algo fora de risco, a salvo, protegido e este é objetivo de quem busca submeter um risco futuro de perda econômica a um terceiro denominado segurador.

Assim, trata-se de negócio jurídico de âmbito coletivo, pois é alimentado individualmente pelos aportes financeiros (prêmio) em prol de um fundo que assegura os riscos futuros de perda.

---

[7] No sentido do seguro como meio de desenvolvimento, ver Ozelame; Ribeiro, 2014.
[8] Disponível em <http://www.valor.com.br/financas/4072352/seguro-garantia-judicial-vira-filao-em-economia-desaquecida>. Acesso em: 19 ago. 2016.

Não obstante, o contrato de seguro, ainda que direcionado a riscos pré-determinados, possui como destinatário a sociedade. A certeza do pagamento para reposição de perdas patrimoniais dos segurados está lastreada pelas provisões técnicas constituídas pela contribuição de um conjunto de segurados que se denomina mutualismo, fundo este que é gerido pelo segurador com observância às regras determinadas pelo Estado para salvaguardar a Instituição Seguro.

O segurador, ao assumir o risco de perda econômica, presta uma proteção de garantia atual, a qual poderá ser exercida no futuro mediante a concretização do risco incerto assegurado, ou seja, o sinistro, este coberto por uma apólice de seguros. A prestação de garantia se caracteriza pela proteção econômica em que o segurador assume no ato da contratação, mas os efeitos estão condicionados à materialidade do sinistro, a qual ensejará a reparação pelo segurador das perdas econômicas asseguradas.

Nesse cenário, o seguro-garantia é um ramo securitário[9] que deriva dos seguros tradicionais[10] e integra o grupo denominado pela SUSEP como "riscos financeiros". A sua finalidade é assegurar perdas decorrentes do não cumprimento de obrigações assumidas em contrato, em conformidade com o objeto da apólice que foi contratada.

Inicialmente, o seguro-garantia teve reconhecida sua legitimidade em face do Decreto-Lei nº 73/1966,[11] na condição de seguro obrigatório e com a função de garantir o cumprimento das obrigações do incorporador e construtor de imóveis.[12] Desde o início, a vocação do produto foi garantir as obrigações decorrentes dos contratos públicos, de modo que os Decretos-Lei nº 200/67[13] e nº 2.300/86[14] – ora revogados –

---

[9] Oportuno registrar que a Circular SUSEP nº 477/2013, artigo 3º, dividiu o Seguro-Garantia nos seguintes ramos: I – Seguro-Garantia: Segurado – Setor Público; e II – Seguro-Garantia: Segurado – Setor Privado.

[10] Código Civil. Art. 757. Pelo contrato de seguro, o segurador se obriga, mediante o pagamento do prêmio, a garantir interesse legítimo do segurado, relativo a pessoa ou a coisa, contra riscos predeterminados.

[11] Decreto-Lei nº 73 de 21 de novembro de 1966. Dispõe sobre o Sistema Nacional de Seguros Privados, regula as operações de seguros e resseguros e dá outras providências.

[12] Art. 20, alínea "e" do Decreto-lei nº 73/66.

[13] Decreto-Lei nº 200/67. Dispõe sobre a organização da Administração Federal, estabelece diretrizes para a Reforma Administrativa e previu, no art. 135, III, o Seguro-Garantia como um dos possíveis instrumentos a ser exigido por parte dos Licitantes. Norma atualmente revogada no que se refere ao dispositivo citado.

[14] Decreto-Lei nº 2.300/86. Dispôs sobre licitações e contratos da Administração Federal e previu, no art. 46, §1º, "3", o Seguro-Garantia como um dos possíveis instrumentos a ser exigido pela Administração Pública, nas contratações de obras, serviços e compras. Norma atualmente revogada.

consolidaram o seguro-garantia como instrumento de garantia apto a assegurar as contratações de obras, serviços e compras realizadas com a Administração Pública.

Assim, a Lei nº 8.666/93[15] (Lei das Licitações e Contratos Administrativos) responsável por instituir as normas para licitações e contratos da Administração Pública, em seu artigo 6º, inciso VI[16] definiu o seguro-garantia como sendo "o seguro que garante o fiel cumprimento das obrigações assumidas por empresas em licitações e contratos".

A definição legal de seguro-garantia está sujeita às críticas, inclusive, em relação ao seu próprio objetivo, ou seja, "garantir o fiel cumprimento das obrigações assumidas por empresas em licitações e contratos".[17] Apesar de não ser o objetivo da pesquisa que ora se propõe, indaga-se, como um instrumento de seguro poderia garantir o fiel cumprimento de obrigações contratuais em licitações e contratos quando a própria lei limita a importância segurada em 1% (um por cento), 5% (cinco por cento) ou 10% (dez por cento)[18] sobre o valor integral do contrato?

A indagação revela que existe um vício na premissa, isto é, torna impossível assegurar o fiel cumprimento de um contrato inadimplido quando se assegura apenas 1%, 5% ou 10% do valor econômico deste. Além do vício insanável em relação à premissa citada, a qual deverá

---

[15] Lei nº 8.666/93. Regulamenta o art. 37, inciso XXI, da Constituição Federal, institui normas para licitações e contratos da Administração Pública e dá outras providências.

[16] Lei nº 8.666/93. Art. 6º. Para os fins desta Lei considera-se: VI – Seguro-Garantia – o seguro que garante o fiel cumprimento das obrigações assumidas por empresas em licitações e contratos;

[17] Lei nº 8.666/93. Art. 6º. Para os fins desta Lei considera-se: VI – Seguro-Garantia – o seguro que garante o fiel cumprimento das obrigações assumidas por empresas em licitações e contratos (...)

[18] Lei nº 8.666/93. Art. 31. A documentação relativa à qualificação econômico-financeira limitar-se-á a:
III – garantia, nas mesmas modalidades e critérios previstos no "caput" e §1º do art. 56 desta Lei, limitada a 1% (um por cento) do valor estimado do objeto da contratação.
Art. 56. A critério da autoridade competente, em cada caso, e desde que prevista no instrumento convocatório, poderá ser exigida prestação de garantia nas contratações de obras, serviços e compras.
II – seguro-garantia;
§2º A garantia a que se refere o *caput* deste artigo não excederá a cinco por cento do valor do contrato e terá seu valor atualizado nas mesmas condições daquele, ressalvado o previsto no parágrafo 3º deste artigo.
§3º Para obras, serviços e fornecimentos de grande vulto envolvendo alta complexidade técnica e riscos financeiros consideráveis, demonstrados através de parecer tecnicamente aprovado pela autoridade competente, o limite de garantia previsto no parágrafo anterior poderá ser elevado para até dez por cento do valor do contrato.

ser alterada por necessária adequação,[19] há outras críticas quanto à formação e constituição do negócio, o preço, as características peculiares do contrato de seguro propriamente dito que foram silenciadas no texto legal.

Retomando, entretanto, o curso dos trabalhos para o enfoque pretendido, ainda no que se refere aos aspectos normativos e regulatórios do seguro-garantia, merece destaque a disposição extraída do art. 1º do Decreto-Lei nº 73/66[20] no sentido de que as operações de seguros privados realizados no país a ele estarão subordinadas.

Assim, em consonância com o art. 174 da Constituição Federal,[21] o art. 7º do Decreto-Lei nº 73/66 estabelece que compete privativamente ao Governo Federal formular a política de seguros privados, legislar sobre suas normas gerais e fiscalizar as operações no mercado nacional, de maneira a preservar a higidez econômico-financeira da Instituição Seguro. O Estado, portanto, exerce a sua função normativa por meio do Conselho Nacional de Seguros Privados – CNSP,[22] o qual possui a prerrogativa de fixar as diretrizes e normas de seguros privados, bem como pela SUSEP,[23] que está legitimada a baixar instruções e expedir circulares relativas à regulamentação das operações de seguro.

Atualmente o seguro-garantia é regulamentado pela Circular nº 477/2013[24] que *"dispõe sobre o Seguro Garantia, divulga Condições Padronizadas e dá outras providências"*. No passado, o instituto foi objeto

---

[19] Nesse sentido ver Projetos de Lei do Senado nºs 559/2013, 268/2016 e 274. Na Câmara dos Deputados existem igualmente projetos de lei com objetivos bastante próximos, no sentido de aumentar a importância segurada, assim como estabelecer a obrigatoriedade de contratação do seguro-garantia em obras públicas, são eles: PL 1242/2015, PL 2391/2015, PL 5536/2015, PL 5549/2016 e PL 5830/2016.

[20] Decreto-Lei nº 73/66. Artigo 1º. Todas as operações de seguros privados realizados no País ficarão subordinadas às disposições do presente Decreto-lei.

[21] Constituição Federal. Art. 174. Como agente normativo e regulador da atividade econômica, o Estado exercerá, na forma da lei, as funções de fiscalização, incentivo e planejamento, sendo este determinante para o setor público e indicativo para o setor privado.

[22] Decreto-Lei nº 73/66. Art. 32. É criado o Conselho Nacional de Seguros Privados (CNSP), ao qual compete privativamente: I – Fixar as diretrizes e normas da política de seguros privados;

[23] Decreto-Lei nº 73/66. Art 36. Compete à SUSEP, na qualidade de executora da política traçada pelo CNSP, como órgão fiscalizador da constituição, organização, funcionamento e operações das Sociedades Seguradoras: b) baixar instruções e expedir circulares relativas à regulamentação das operações de seguro, de acordo com as diretrizes do CNSP.

[24] Circular SUSEP nº 477/2013. Dispõe sobre o Seguro Garantia, divulga Condições Padronizadas e dá outras providências.

de regulação específica pelas já revogadas Circulares nº 08/1982,[25] nº 026/1989,[26] nº 004/1997,[27] nº 214/2002[28] e nº 232/2003.[29]

A ausência em nosso ordenamento jurídico de um conceito legal exauriente que revele as características da operação de seguro-garantia, assim como a complexa definição da sua natureza jurídica determinou que no passado o tema fosse objeto de intenso estudo, por meio do qual foi possível sugerir proposições conceituais específicas para o tema.[30]

Dessa forma, tem-se que a relação jurídica do seguro-garantia é tripartite, ou seja, envolve o tomador na condição de devedor das obrigações por ele assumidas no contrato principal; o segurado é qualificado como o credor das obrigações assumidas pelo tomador no contrato principal; e a seguradora caracteriza-se como a sociedade de seguros que, por meio da apólice e seus limites, assegura as obrigações assumidas pelo tomador no contrato principal.

Admite-se, pois, que o seguro-garantia possui natureza jurídica complexa e que a sua essência é distinta da operação tradicional de seguro, bem como da operação de fiança. Embora esteja adstrita às regras de seguro, a operação possui peculiaridades além do contrato de seguro usual, como a presença de um terceiro denominado tomador, que é responsável pelo pagamento do prêmio, bem como pelo cumprimento

---

[25] Circular SUSEP nº 08, de 31 de março de 1982. Aprova Condições Gerais, Condições Especiais e Disposições Tarifárias para o Seguro Garantia de Obrigações Contratuais.

[26] Circular SUSEP nº 026, de 10 de novembro de 1989. Aprova Apólice, Condições de Garantia e Tarifa para o Seguro-Garantia, na forma dos anexos que passam a integrar esta Circular. Revogada, por sua vez, a Circular SUSEP nº 08/1982.

[27] Circular SUSEP nº 004/1997. Aprova os modelos de texto de Apólice, Condições da Garantia e Tarifa para o Seguro – Garantia, na forma dos Anexos I a IV que integram esta Circular. Revogada, por sua vez, a Circular SUSEP nº 026/1989.

[28] Circular SUSEP nº 214, de 9 de dezembro de 2002. Divulga as informações mínimas que deverão estar contidas na apólice, nas condições gerais e nas condições especiais para os contratos de seguro-garantia e revoga as Circulares SUSEP nº 4, de 23 de maio de 1997; nº 62 de 9 de setembro de 1998; nº 66, de 19 de outubro de 1998; nº 104, de 9 de setembro de 1999; nº 132, de 1º de junho de 2000.

[29] Circular nº SUSEP nº 232/2003. Divulga as informações mínimas que deverão estar contidas na apólice, nas condições gerais e nas condições especiais para os contratos de seguro-garantia e dá outras disposições.

[30] Nesse sentido, em relação à definição do produto e, ainda, acerca da intrincada conceituação da sua natureza jurídica, registrou-se, respectivamente que: "pela contratação do seguro-garantia, mediante o pagamento de um prêmio, o segurador garante o cumprimento das obrigações do tomador do seguro firmadas com o segurado ou beneficiário, exclusivamente dentro dos limites convencionados na apólice, seja pelo pagamento dos prejuízos ocorridos ou pelo cumprimento efetivo da obrigação contemplados pela importância segurada" e, ademais, "vale dizer, que a relação jurídica do seguro-garantia, inicialmente conhecida como uma espécie de fiança, trata-se de uma relação eminentemente contratual, não exatamente um contrato, mas vários contratos que se entrelaçam num único objetivo que é a efetividade do compromisso firmado" (POLETTO, 2003, p. 44, 86).

das obrigações conforme contrato denominado de "Condições Gerais Contratuais", o qual também define a constituição de garantias em favor da seguradora em caso de sinistro, o que não ocorre no contrato de seguro tradicional (POLETTO, 2003, p. 82).

Da exigência dos requisitos próprios para a formação da relação jurídica é que decorre a distinção do seguro-garantia face aos demais ramos securitários e, quiçá, seja este o principal fator que justifique a sua propalada complexidade jurídica, conforme acentua Paulo Piza *"Dentre os ramos em que se divide a indústria securitária, um dos mais complexos, se não também do ponto de vista técnico e atuarial, certamente do ponto de vista jurídico, talvez seja o do seguro garantia"* (POLETTO, 2003, p. xiii).

A conclusão, portanto, caminha no sentido de que a natureza jurídica do seguro-garantia é própria, autônoma e com a perspectiva que o ramo de seguro-garantia ampliou sua abrangência, assegurando riscos diversos por meio de suas diferentes modalidades securitárias, entre elas o seguro-garantia judicial, objeto do estudo ora proposto.

7.3 A evolução normativa do seguro-garantia judicial e o Código de Processo Civil de 2015

O seguro-garantia judicial foi inicialmente previsto e normatizado – na forma de modalidade de seguro-garantia – quando a ora revogada Circular SUSEP nº 214/2002[31] foi expedida, muito embora a primeira apólice de seguro-garantia judicial brasileira tenha sido emitida e aceita pelo Poder Judiciário em 1998.[32]

---

[31] Circular SUSEP nº 214/2002. Anexo III, Item VI. SEGURO-GARANTIA JUDICIAL:
1. OBJETO. Este seguro garante o pagamento de valor correspondente aos depósitos judiciais que o Tomador necessita realizar quando da contestação de qualquer obrigação pecuniária imputada ao mesmo.
A cobertura desta apólice, limitada ao valor da garantia, somente terá efeito depois de transitada em julgado a sentença ou acordo judicial favorável ao Segurado, evitando assim que o Tomador necessite dispor do valor a ser imobilizado como garantia, durante o período de apelação da ação.
2. DEFINIÇÕES 2.1. Definem-se, para efeito deste seguro, como: I. Segurado: potencial credor de obrigação pecuniária "sub judice"; II. Tomador: parte litigante em ação judicial ou administrativa, juntamente com o Segurado, onde é questionada a validade legal de obrigação pecuniária.

[32] Conforme os autos nº 98.130.0076-7 da 2ª Vara Federal de Bauru, onde foi oferecida uma apólice de seguro-garantia para efetivamente garantir o juízo e o processo seguir o seu trâmite normal: "Acolho 'in totum' os argumentos de fls. 52 e seguintes, fazendo-os fundamentos desta decisão, para determinar a penhora sobre a apólice de seguro oferecida, pelo executado, que pode ser entendida como modalidade similar à fiança bancária, sendo tão seguro quanto. No mais, é o modo menos gravoso para o executado, sem ser frágil para o exeqüente". *MM. Juiz Fridmann Anderson Wendpap – 07.12.98.*

Ainda sob o ponto de vista regulatório, as Circulares SUSEP nº 232/2003 e, recentemente a de nº 477/2013, cuidaram de substituir a supracitada Circular, sendo que esta última é a que atualmente passou a estabelecer as "Condições Padronizadas" para o produto, tratando do tema no Anexo I – Seguro Garantia – Segurado: Setor Público, Capítulo II, Modalidades VI e VII, respectivamente.[33]

---

[33] Modalidade VI – SEGURO GARANTIA JUDICIAL:
1. Objeto: 1.1. Este contrato de seguro garante o pagamento de valores que o tomador necessite realizar no trâmite de processos judiciais. 1.2. A cobertura desta apólice, limitada ao valor da garantia, somente terá efeito depois de transitada em julgado a decisão ou acordo judicial, cujo valor da condenação ou da quantia acordada não haja sido pago pelo tomador.
2. Definições: Definem-se, para efeito desta modalidade: I – Segurado: potencial credor de obrigação pecuniária "sub judice"; II – Tomador: potencial devedor que deve prestar garantia em controvérsia submetida à decisão do Poder Judiciário.
3. Vigência: A vigência da apólice será igual ao prazo estabelecido na mesma.
4. Renovação: 4.1. A renovação da apólice deverá ser solicitada pelo tomador, até sessenta dias antes do fim de vigência da apólice. 4.1.1. O tomador poderá não solicitar a renovação somente se comprovar não haver mais risco a ser coberto pela apólice ou se apresentada nova garantia. 4.2. A seguradora somente poderá se manifestar pela não renovação com base em fatos que comprovem não haver mais risco a ser coberto pela apólice ou quando comprovada perda de direito do segurado. 4.3. A sociedade seguradora, independentemente da existência de pedido de renovação, comunicará ao segurado e ao tomador, mediante aviso prévio de, no mínimo, noventa dias que antecedam o final de vigência da apólice, se ocorrerá ou não a sua renovação, respeitado os termos do item 4.2., bem como se houve ou não solicitação de renovação.
5. Expectativa, Reclamação e Caracterização do Sinistro: 5.1. Expectativa: ocorre quando transitada em julgado ou realizado acordo judicial em que o tomador deverá realizar o pagamento, ficando o segurado dispensado de efetuar notificações relativas à Expectativa de Sinistro. 5.2. Reclamação: a Expectativa de Sinistro será convertida em Reclamação quando da intimação judicial da seguradora para pagamento do valor executado. 5.2.2. A seguradora poderá requerer a juntada aos autos judiciais de documentos e/ou informações complementares, caso não sejam suficientes os já constantes do processo executivo. 5.3. Caracterização: o sinistro restará caracterizado com o não pagamento pelo tomador, quando determinado pelo juízo, do valor executado, objeto da garantia;
6. Indenização: Intimada pelo juízo, a seguradora deverá efetuar o pagamento dos valores a que se obrigou na apólice no prazo estabelecido por lei.
7. Ratificação: Ratificam-se integralmente as disposições das Condições Gerais que não tenham sido alteradas pela presente Condição Especial e não sejam conflitantes com as disposições normativas aplicáveis a cada caso.
Modalidade VII – SEGURO GARANTIA JUDICIAL PARA EXECUÇÃO FISCAL:
1. Objeto: 1.1. Este contrato de seguro garante o pagamento de valores que o tomador necessite realizar no trâmite de processos de execução fiscal. 1.2. A cobertura da apólice independe de trânsito em julgado, podendo a seguradora ser intimada para efetuar, em juízo, o depósito do valor segurado nas hipóteses em que não sejam atribuídos os efeitos suspensivos aos embargos à execução ou à apelação do tomador-executado. 2. Definições: Definem-se, para efeito desta modalidade: I – Segurado: credor de obrigação fiscal pecuniária em cobrança judicial; II – Tomador: devedor da obrigação fiscal que deve prestar garantia no processo de execução judicial.
3. Vigência: A vigência da apólice será igual ao prazo estabelecido na mesma.

Uma simples análise dos objetos de cobertura previstos nas diferentes Circulares SUSEP, em especial a que originariamente regulou o seguro-garantia judicial (Circular SUSEP nº 214/2002), além daquela que atualmente está em vigor (Circular SUSEP nº 477/2013), revelam a evolução do instrumento, ao passo que inicialmente o produto foi elaborado visando garantir o pagamento do valor correspondente aos depósitos judiciais que o tomador necessitasse realizar como condição para refutar em juízo qualquer obrigação de natureza pecuniária que lhe fosse imputada (garantia do juízo), sendo que, atualmente, o seu escopo de abrangência foi ampliado, substituindo-se a expressão "depósitos judiciais" por "pagamento de valores".

A modificação no objeto da cobertura securitária – padronizada pelo órgão regulador – verificada nas circulares que regulam o produto no âmbito da SUSEP, se deu em consonância com a evolução da norma processual executiva[34] e ampliou o relevante papel exercido pelo

---

4. Renovação: 4.1. A renovação da apólice deverá ser solicitada pelo tomador, até sessenta dias antes do fim de vigência da apólice. 4.1.1. O tomador poderá não solicitar a renovação somente se comprovar não haver mais risco a ser coberto pela apólice ou se apresentada nova garantia. 4.2. A seguradora somente poderá se manifestar pela não renovação com base em fatos que comprovem não haver mais risco a ser coberto pela apólice ou quando comprovada perda de direito do segurado. 4.3. A sociedade seguradora, independentemente da existência de pedido de renovação, comunicará ao segurado e ao tomador, mediante aviso prévio de, no mínimo, noventa dias que antecedam o final de vigência da apólice, se ocorrerá ou não a sua renovação, respeitado os termos do item 4.2., bem como se houve ou não solicitação de renovação.
5. Expectativa, Reclamação e Caracterização do Sinistro: 5.1. Reclamação: a Reclamação de Sinistro restará caracterizada quando da intimação judicial da seguradora para pagamento da dívida executada, nos termos do art. 19, da Lei nº 6.830/80. 5.1.1. A seguradora poderá requerer a juntada aos autos judiciais de documentos e/ou informações complementares, caso não sejam suficientes os já constantes do processo executivo. 5.2. Caracterização: o sinistro restará caracterizado com o não pagamento pelo tomador, quando determinado pelo juízo, do valor executado, objeto da garantia.
6. Indenização: Intimada pelo juízo, a seguradora terá o prazo de 15 (quinze) dias para efetuar o pagamento dos valores a que se obrigou na apólice. Caso assim não o faça, contra ela seguirá a execução nos próprios autos do processo fiscal em curso, nos termos do art. 19, da Lei nº 6.830/80.
7. Ratificação: Ratificam-se integralmente as disposições das Condições Gerais que não tenham sido alteradas pela presente Condição Especial e não sejam conflitantes com as disposições normativas aplicáveis a cada caso.

[34] Desse modo, cabe ressaltar que, conforme Marinoni e Arenhart, a "lei nº 11.232/2005 que introduziu relevantes alterações no Código de Processo Civil e fez com que a garantia do juízo deixasse de ser condição para a apresentação de defesa pelo executado. Embora diferentes correntes e interpretações doutrinárias. Para a apresentação da impugnação não se requer a prévia segurança do juízo. Não há regra específica sobre a questão, e o art. 475-J, §1º, poderia insinuar outra resposta, já que diz que a intimação para o executado impugnar se dá depois de realizada a penhora. O art. 736 expressamente permite o oferecimento de

produto, reforçando o objetivo maior de sua existência por meio do qual as partes buscam se valer do instrumento, ou seja, permitir que o executado (tomador do seguro-garantia judicial) possa redirecionar os desembolsos que deveria fazer no processo durante o seu trâmite, enquanto se defende, em especial no que importa ao processo executivo (depósitos judiciais) e, por outro lado, garantir à parte adversa a eficácia do provimento jurisdicional intentado.

Em outros termos, o seguro-garantia judicial preconiza a garantia do interesse não só do executado – de ter contra si a execução processada na forma menos onerosa, mas também do exequente visto que exerce a salvaguarda do seu direito, garantindo o seu legítimo interesse econômico em relação ao recebimento da prestação pecuniária que lhe é devida (objeto de cobertura da apólice) – permitindo, assim, que o pronunciamento judicial produza efeito real na medida que se mitigam as possíveis incapacidade e inidoneidade patrimonial do executado, posto que uma seguradora detém capacidade econômico-financeira para honrar as obrigações assumidas.

Esses últimos apontamentos foram registrados na primeira oportunidade em que o tema foi enfrentado, antes mesmo da normatização e da regulação em nosso ordenamento jurídico, e, além disso, defendeu-se que a inovação proposta àquela época, refletiria não apenas na inauguração de um relevante instrumento securitário jurídico-processual, apto a salvaguardar a efetividade do pronunciamento judicial, mas, também, na sua consagração como a forma menos onerosa para o devedor garantir o juízo e um instrumento para o exercício das garantias constitucionais da ampla defesa e do contraditório (POLETTO, 1999, p. 7).

A despeito da evolução normativa sob o ponto de vista regulatório, somente em 2006 é que o instituto foi incluído no Código de Processo Civil de 1973 com a edição da Lei nº 11.382/2006, a qual alterou os

---

embargos à execução de título extrajudicial independentemente da prévia garantia do juízo. Observando-se o sistema executivo, nota-se que, diante da regra da não suspensividade da impugnação (art. 475-M) e dos embargos à execução de título extrajudicial (art. 739-A), a prévia realização de penhora não é mais imprescindível para tornar o juízo seguro enquanto são processados a impugnação e os embargos. Antigamente, como os embargos tinham efeito suspensivo – podendo paralisar por anos a execução –, era preciso deixar o exequente seguro de que o seu direito seria satisfeito no caso de improcedência dos embargos. Hoje, como a penhora pode ser feita no curso da impugnação e o seu eventual efeito suspensivo, obviamente, não pode impedir a sua realização, já que a penhora, além de necessária para segurar o juízo, não pode causar "grave dano de difícil ou incerta reparação", a prévia segurança do juízo não constitui requisito de admissibilidade da impugnação" (MARINONI; ARENHART, 2008, p. 296).

dispositivos na parte referente ao processo de execução de forma que o seguro-garantia judicial foi inserido no ordenamento por meio do art. 656, §2º, ora revogado.

A inclusão do seguro-garantia judicial na lei processual elevou-o a um patamar diferenciado, pois tornou um produto pouco conhecido em um mecanismo de garantia de abrangência nacional (enquanto não havia no ordenamento uma lei que lhe conferisse plena aceitação no judiciário, muitas apólices não foram aceitas),[35] evidenciando a característica de substituir penhoras já realizadas por meio de apólice de seguro-garantia judicial em valor apto a produzir efeito real, ou seja, valor atual do débito mais 30% (trinta por cento).

A partir daí os aspectos processuais passaram a ser cada vez mais debatidos e estudados. Nesse caminho, Gustavo de Medeiros Melo aponta que existem dois riscos a serem assegurados pelo seguro-garantia judicial: i) o risco do devedor que está sujeito aos atos executivos do processo, e ii) o risco do credor, ou seja, o risco de descumprimento da obrigação objeto do processo de execução (MELO, 2011, p. 101).

Discussões outras ganharam curso,[36] dentre as quais: a admissibilidade de servir o seguro-garantia judicial para garantia de processos executivos fiscais, o devido enquadramento e alcance do instrumento em razão dos limites objetivos quanto à possibilidade de substituição de anterior penhora e a ordem legal de preferência estabelecida no CPC/1973.

Em consonância com a própria evolução jurídica e de forma convergente à necessidade de mercado, ou seja, em razão de necessidade de adequação do instrumento é que foram editadas a Circular SUSEP nº 477/2013, bem como, a Lei nº 13.043/2014, que alterou os art. 7º, inciso II, art. 9º, inciso II, §2º e §3º, art. 15, inciso I e art. 16, inciso II da Lei

---

[35] Decisão dos autos 00759291520034030000 da Primeira Turma do TRF3. Agravo de instrumento – 194968. Relator: Desembargador Federal Jogonsom di Salvo. DJU 11.11.2005.

[36] Conforme decisão dos autos 146725220084013400 da 5ª Vara Federal da Comarca Brasília da Justiça Federal. Data da Veiculação: 08.11.2011. Jornal Diário Eletrônico da Justiça do Distrito Federal – Federal nº 213. p. 362. Dra. Daniele Maranhão Costa. Ainda, pode ser observada também a decisão dos autos 02468614620128260000 da 3ª Câmara de Direito Público da Justiça Estadual da Comarca São Paulo. Data da Veiculação 30.11.2012 Jornal Diário Eletrônico da Justiça de São Paulo – Caderno II – Estadual nº 1315. Página 367. Dr. Camargo Pereira. Também destaca-se a decisão dos autos 1391552 do STJ – Superior Tribunal de Justiça da Comarca Brasília Processo. Data da Veiculação 24.06.2011. Jornal Diário Eletrônico da Justiça do STJ nº 839. p. 3228. Agravo de instrumento nº 1.391.552 sp (20110026067-3). Relator: Ministro Teori Albino Zavascki.

nº 6.830/80,[37] [38] [39] [40] para conferir ao seguro-garantia a condição de instrumento de garantia para assegurar a execução fiscal, e, por último, a Lei nº 13.105/2015 que revogou a Lei nº 5.869/1973.

Com efeito, o seguro-garantia judicial consagrou-se no ambiente normativo e, notadamente sob o ponto de vista da legislação processual, como uma espécie peculiar de seguro apto a substituir a penhora levada a efeito em processo executivo (situação antes tratada pelo CPC/1973), com a novidade de que este passou a ser equiparado a dinheiro (arts. 835 §2º e 848, parágrafo único do CPC/2015).

Nesse sentido, a redação do art. 848, parágrafo único, Código de Processo Civil de 2015, repete a redação do art. 656, §2º do Código de Processo Civil de 1973, com a seguinte disposição: "a penhora pode ser substituída por fiança bancária ou seguro garantia judicial, em valor não inferior ao do débito constante da inicial, mais 30% (trinta por cento)."

O art. 835, §2º do CPC/2015, por sua vez, trouxe importante inovação ao assim dispor: "para fins de substituição da penhora, equiparam-se a dinheiro a fiança bancária e o seguro garantia judicial, desde que em valor não inferior ao do débito constante da inicial, acrescido de trinta por cento".

Em razão da equiparação da fiança bancária e do seguro-garantia judicial com dinheiro, se pode afirmar de pronto que estes instrumentos precedem toda a ordem estabelecida no art. 835 e incisos do CPC/2015, uma vez que §1º do dispositivo define que a constrição deverá recair em dinheiro, em espécie ou em depósito ou aplicação em instituição financeira.[41]

---

[37] Lei nº 6830/80. Art. 7º – O despacho do Juiz que deferir a inicial importa em ordem para:
II – penhora, se não for paga a dívida, nem garantida a execução, por meio de depósito, fiança ou seguro garantia.

[38] Lei nº 6830/80. Art. 9º – Em garantia da execução, pelo valor da dívida, juros e multa de mora e encargos indicados na Certidão de Dívida Ativa, o executado poderá:
II – oferecer fiança bancária ou seguro garantia;
§2º Juntar-se-á aos autos a prova do depósito, da fiança bancária, do seguro garantia ou da penhora dos bens do executado ou de terceiros.
§3º A garantia da execução, por meio de depósito em dinheiro, fiança bancária ou seguro garantia, produz os mesmos efeitos da penhora.

[39] Lei nº 6830/ 80. Art. 15 – Em qualquer fase do processo, será deferida pelo Juiz: I – ao executado, a substituição da penhora por depósito em dinheiro, fiança bancária ou seguro garantia (...).

[40] Lei nº 6830/ 80.Art. 16 – O executado oferecerá embargos, no prazo de 30 (trinta) dias, contados: II – da juntada da prova da fiança bancária ou do seguro garantia (...).

[41] Código de Processo Civil. Art. 835. A penhora observará, preferencialmente, a seguinte ordem:
I – dinheiro, em espécie ou em depósito ou aplicação em instituição financeira; II – títulos da dívida pública da União, dos Estados e do Distrito Federal com cotação em mercado;

Diante da disposição dos artigos citados, não há mais fundamento legal, bem como razão conceitual para justificar a não aceitação do seguro-garantia judicial como meio efetivo de garantia ofertada em processo executivo, ou mesmo, diante de incidente de substituição de penhora, portanto, se requerida pelo executado a substituição de penhora de dinheiro (em espécie, em depósito ou aplicação em instituição financeira) por seguro-garantia judicial, não há, a rigor, qualquer razão para obstar a aceitação, pois este está equiparado a dinheiro para fins de substituição da penhora. Nesse sentido, extirpam-se, assim, as inquietudes que antecediam a recente legislação processual brasileira.

Desse modo, não há mais a possibilidade de rejeitar o seguro-garantia judicial, salvo diante da existência de vício formal, inidoneidade e/ou insuficiência da garantia. Este é o mais recente entendimento do Superior Tribunal de Justiça.[42]

III – títulos e valores mobiliários com cotação em mercado; IV – veículos de via terrestre; V – bens imóveis; VI – bens móveis em geral; VII – semoventes; VIII – navios e aeronaves; IX – ações e quotas de sociedades simples e empresárias; X – percentual do faturamento de empresa devedora; XI – pedras e metais preciosos; XII – direitos aquisitivos derivados de promessa de compra e venda e de alienação fiduciária em garantia; XIII – outros direitos §1º É prioritária a penhora em dinheiro, podendo o juiz, nas demais hipóteses, alterar a ordem prevista no caput de acordo com as circunstâncias do caso concreto.

[42] REsp 1.691.748-PR. Rel. Min. Ricardo Villas Bôas Cueva, por unanimidade, julgado em 07.11.2017, DJe 17/11/2017. "Cinge-se a controvérsia, entre outras questões, a saber se o seguro garantia judicial oferecido no cumprimento de sentença é apto a garantir o juízo, mesmo havendo discordância do exequente. De início, cumpre salientar que a jurisprudência deste Tribunal Superior, formada sob a égide do CPC/1973, foi construída no sentido de que a penhora em dinheiro, preferencialmente na ordem de gradação legal, não pode ser substituída por seguro garantia judicial ou fiança bancária sem haver excepcional motivo, tendo em vista o princípio da maior eficácia da execução e de satisfação do credor, bem como a observância à regra da menor onerosidade para o devedor. Com a edição do CPC/2015, o tema controvertido merece nova reflexão. De fato, o seguro garantia judicial, espécie de seguro de danos disciplinado pela Circular SUSEP n. 477/2013, garante o pagamento de valor correspondente aos depósitos judiciais que o tomador (potencial devedor) necessite realizar no trâmite de processos judiciais, incluídas multas e indenizações. Depreende-se que o seguro garantia judicial oferece forte proteção às duas partes do processo, sendo instrumento sólido e hábil a garantir a satisfação de eventual crédito controvertido, tanto que foi equiparado ao dinheiro para fins de penhora. Com efeito, no cumprimento de sentença, a fiança bancária e o seguro garantia judicial são as opções mais eficientes sob o prisma da análise econômica do direito, visto que reduzem os efeitos prejudiciais da penhora ao desonerar os ativos de sociedades empresárias submetidas ao processo de execução, além de assegurar, com eficiência equiparada ao dinheiro, que o exequente receberá a soma pretendida quando obter êxito ao final da demanda. Nesse contexto, acarretam a harmonização entre o princípio da máxima eficácia da execução para o credor e o princípio da menor onerosidade para o executado, a aprimorar consideravelmente as bases do sistema de penhora judicial e a ordem de gradação legal de bens penhoráveis, conferindo maior proporcionalidade aos meios de satisfação do crédito ao exequente. Assim, dentro do sistema de execução, a fiança bancária e o seguro garantia judicial produzem os mesmos efeitos jurídicos que o dinheiro para fins de garantir o juízo, não podendo o exequente rejeitar a indicação, salvo por insuficiência, defeito formal ou inidoneidade da salvaguarda oferecida".

Por outro lado, o instrumento de seguro-garantia judicial deverá ser apresentado de forma harmônica ao conceito que a lei lhe confere, ou seja, não pode ser qualquer instrumento denominado de seguro-garantia judicial para produzir efeito.

Dessa forma, alguns requisitos são essenciais para que o instrumental seja de fato efetivo, tais como: i) seja emitido por uma seguradora; ii) o objeto da apólice expresse a cobertura desejada; iii) a importância segurada seja igual ao débito atualizado no momento da apresentação da garantia mais 30%; iv) o prazo de vigência seja adequado e cumpra os requisitos legais.

A emissão de uma apólice por uma seguradora devidamente autorizada[43] pela SUSEP para exploração da atividade de seguros, por si só, representa a higidez econômico-financeira do documento, uma vez que a operação de seguro é regulada pelo Estado e as premissas do conjunto normativo são direcionadas para o atingimento de um mercado de seguro economicamente forte.

Portanto, uma seguradora regular possui reservas econômicas suficientes para satisfazer quaisquer das obrigações assumidas por meio de coberturas securitárias, de modo que o instrumento seguro-garantia judicial representa a idoneidade econômica necessária para sua plena aceitação.

As condições padronizadas previstas no objeto do seguro-garantia judicial permitem a sua utilização em qualquer procedimento judicial, uma vez que seus termos são genéricos (garantia de pagamentos) de forma a amoldar-se à necessidade judicial específica do tomador do seguro.

Porém, destacam-se algumas limitações que devem ser consideradas: i) responsabilidade da seguradora pela cobertura e o limite fixado pela importância segurada e; ii) o momento da liquidação, ou seja, quando o pagamento do valor garantido pela apólice será exigido.

No que pertine à importância segurada, o art. 848 §2º do CPC/2015, acima transcrito, determina que esta deverá corresponder ao débito constante na inicial, acrescidos de 30% (trinta por cento). Uma leitura mais acurada desse dispositivo, contudo, é a de que a importância segurada seja suficiente para fazer frente ao débito atualizado no momento em que a garantia for apresentada no processo, adicionado o percentual legalmente exigido.

---

[43] Código Civil. Art. 757. Parágrafo único. Somente pode ser parte, no contrato de seguro, como segurador, entidade para tal fim legalmente autorizada.

Não seria razoável admitir, por exemplo, que em uma execução de título extrajudicial que tramita há anos, se ofereça como garantia do juízo ou se pretenda a substituição da penhora valendo-se de uma apólice cuja importância segurada contemple o valor da garantia igual ao do débito executado na petição inicial, ainda que acrescido dos 30% (trinta por cento) legalmente previstos.

Poder-se-ia entender, portanto, que a importância segurada deverá corresponder ao débito devidamente atualizado mais 30% (trinta por cento), sendo que este adicional seria um valor suplementar para assegurar as despesas acessórias do processo como custas e honorários de advogado.

Todavia, essa exigência legal suplementar não parece adequada, pois o seguro-garantia judicial e a fiança bancária, além de equivalentes a dinheiro, são instrumentos idôneos e, como tais, precedem em equivalência a dinheiro, a ordem legal do art. 835 do CPC/2015, além do fato de que não há qualquer exigência adicional para o oferecimento e garantias ou a substituição de penhoras ante a realização de constrição sobre os bens inseridos nos incisos II a XIII do art. 835 do CPC/2015, razão pela qual é possível defender que não há fundamento lógico para que a exigência de 30% (trinta por cento) seja mantida.

Contudo, para que esse ponto não represente um óbice em relação às emissões de apólices de seguro-garantia judicial, é factível inserir por meio de cláusula particular, a disposição de que os valores segurados serão devidamente atualizados, com correção monetária e juros respectivos, bem como asseguram custas e honorários de advogado, uma vez que a finalidade do instrumento é garantir integralmente o objeto da demanda judicial.

Com esta disposição introduzida na apólice, a exigência do adicional de 30% (trinta por cento) não passaria de um excesso que apenas oneraria o tomador da apólice, pois não teria razão de existir.

Por outro lado, em relação ao momento da liquidação, ou seja, do pagamento do valor garantido pela apólice, podemos encontrar diferentes interpretações, até mesmo em razão dos conteúdos citados nas diferentes modalidades de seguro-garantia judicial previstas no Anexo I, da Circular SUSEP nº 477/2013.

Nesse particular, o seguro-garantia judicial (modalidade nº VI) dispõe que: "o efeito do seguro-garantia judicial se dará depois de transitado em julgado a decisão ou acordo judicial e que este não tenha sido pago diretamente pelo tomador". No que se refere, contudo, ao seguro-garantia judicial para execução fiscal (modalidade n º VII), a norma dispõe que a cobertura da apólice independe de trânsito em julgado, pois assim registra "podendo a seguradora ser intimada para efetuar, em juízo, o depósito do valor segurado nas hipóteses em que não sejam atribuídos os efeitos suspensivos aos embargos à execução ou à apelação do tomador-executado", ou seja, há uma relevante distinção que merece destaque.

O ponto comum que sobressai da análise tanto de uma quanto da outra modalidade, especialmente no que se refere ao momento de liquidação/pagamento do valor garantido pela apólice, é que o produto seguro-garantia judicial não foi estruturado para atender um mercado de massa, uma vez que os critérios de emissão são rígidos e levam a seguradora acreditar que o direito do tomador postulado na demanda judicial é plausível, consequentemente, nesta hipótese, buscar-se-á legitimá-lo até o último recurso disponível.

A concepção estrutural do produto visa assim a assegurar a completude da demanda, seja por meio da substituição de depósitos, de pagamentos que deveriam ser feitos pelo executado/tomador, ou mesmo, da penhora, permitindo o pleno exercício de defesa por um lapso temporal estimado. Não haveria sentido, portanto, emitir uma apólice de seguro-garantia judicial e ato contínuo, sem o trânsito em julgado, transformá-la em dinheiro, uma vez que, como consequência, o custo de transação seria muito relevante e desequilibraria a operação.[44] Essa é a crítica que se faz ao item 1.2[45] previsto no objeto das Condições Especiais da modalidade de seguro-garantia judicial para execuções fiscais.

Em adição, sobreleva registrar que a validade do seguro-garantia judicial não está condicionada ao pagamento do prêmio,[46] uma vez que possui validade independentemente do seu pagamento o que lhe confere legitimidade, credibilidade e segurança.

Embora não seja possível determinar a duração de uma demanda judicial, a vigência em um contrato de seguro é obrigatória.[47] Dessa

---

[44] No que diz respeito ao custo de transação em seguro, ver Ozelame; Ribeiro, 2013, p. 46.

[45] Modalidade VII – Seguro Garantia Judicial para Execução Fiscal:
1. Objeto: 1.1. Este contrato de seguro garante o pagamento de valores que o tomador necessite realizar no trâmite de processos de execução fiscal. 1.2. A cobertura da apólice independe de trânsito em julgado, podendo a seguradora ser intimada para efetuar, em juízo, o depósito do valor segurado nas hipóteses em que não sejam atribuídos os efeitos suspensivos aos embargos à execução ou à apelação do tomador-executado. (...).

[46] Circular SUSEP nº 477/2013. Art. 11 O tomador é responsável pelo pagamento do prêmio à seguradora por todo o prazo de vigência da apólice. §1º O seguro continuará em vigor mesmo quando o tomador não houver pagado o prêmio nas datas convencionadas.

[47] Código Civil. Art. 760. A apólice ou o bilhete de seguro serão nominativos, à ordem ou ao portador, e mencionarão os riscos assumidos, o início e o fim de sua validade, o limite da garantia e o prêmio devido, e, quando for o caso, o nome do segurado e o do beneficiário.

forma, para não haver descasamento de datas, a modalidade de seguro-garantia judicial, por meio da Circular SUSEP nº 477/2013, estabeleceu um sistema compulsório,[48] uma vez que se não renovada, a garantia poderá ser convertida em dinheiro por determinação judicial, principalmente porque o aviso de renovação ou não se dará em noventa dias antes do término de vigência, tudo para cumprir a finalidade do instrumento que é assegurar o trâmite processual até a sua completude.

Feitos tais apontamentos, é possível concluir que as premissas regulatórias do seguro-garantia judicial estão em consonância com os princípios da efetividade da execução e da menor onerosidade, ambos reafirmados pelo Código de Processo Civil de 2015.

Quanto à efetividade, nota-se intensa preocupação e cuidado com o tema no CPC/2015, pois o legislador previu dispositivos antes não existentes que permitem agora ao juiz, por exemplo, adotar *"todas as medidas indutivas, coercitivas, mandamentais ou sub-rogatórias necessárias para assegurar o cumprimento de ordem judicial, inclusive nas ações que tenham por objeto prestação pecuniária"*,[49] tal como dispõe o artigo 139, inciso IV.[50] Além disso, outros dispositivos evidenciam o cuidado no trato com o dever-poder de efetivação dos mandamentos e da tutela jurisdicional propriamente dita (como exemplo, citam-se os arts. 356, 521, 536, 537, 932, II e IV).

O seguro-garantia judicial, portanto, está em harmonia a essa perspectiva, pois o princípio da efetividade da execução pressupõe que não basta a existência de uma sentença, se esta for incapaz de realizar o direito material. Assim, a tutela executiva deve funcionar de modo a promover o acesso a uma prestação jurisdicional efetiva, tal como

---

[48] Circular SUSEP nº 477/2013. 4. Renovação: 4.1. A renovação da apólice deverá ser solicitada pelo tomador, até sessenta dias antes do fim de vigência da apólice. 4.1.1. O tomador poderá não solicitar a renovação somente se comprovar não haver mais risco a ser coberto pela apólice ou se apresentada nova garantia. 4.2. A seguradora somente poderá se manifestar pela não renovação com base em fatos que comprovem não haver mais risco a ser coberto pela apólice ou quando comprovada perda de direito do segurado. 4.3. A sociedade seguradora, independentemente da existência de pedido de renovação, comunicará ao segurado e ao tomador, mediante aviso prévio de, no mínimo, noventa dias que antecedam o final de vigência da apólice, se ocorrerá ou não a sua renovação, respeitado os termos do item 4.2, bem como se houve ou não solicitação de renovação.

[49] Disponível em: <http://www.valor.com.br/legislacao/4661725/devedores-podem-ter-passaporte-e-carteira-de-habilitacao-apreendidos>. Acesso em: 19 ago. 2016.

[50] Código de Processo Civil. Art. 139. O juiz dirigirá o processo conforme as disposições deste Código, incumbindo-lhe: IV – determinar todas as medidas indutivas, coercitivas, mandamentais ou sub-rogatórias necessárias para assegurar o cumprimento de ordem judicial, inclusive nas ações que tenham por objeto prestação pecuniária (...).

Didier destaca: "da cláusula geral do "devido processo legal" podem ser extraídos todos os princípios que regem o direito processual. É dela, por exemplo, que se extrai o princípio da efetividade: os direitos devem ser, além de reconhecidos, efetivados. Processo devido é processo efetivo. O princípio da efetividade garante o direito fundamental à tutela executiva, que consiste "na exigência de um sistema completo de tutela executiva, no qual existam meios executivos capazes de proporcionar pronta e integral satisfação a qualquer direito merecedor de tutela executiva" (DIDIER JR, 2009, p. 47).

Sob outra via, destaca-se o princípio da menor onerosidade na forma do art. 805, caput, do CPC/2015, o qual repete o art. 620 do CPC de 1973, ou seja: "quando por vários meios o credor puder promover a execução, o juiz mandará que se faça pelo modo menos gravoso para o devedor".

A legislação processual, entretanto, inova ao incluir o parágrafo único do art. 805 do CPC/2015, porém, contempla o princípio da menor onerosidade, ou seja: "ao executado que alegar ser a medida executiva mais gravosa incumbe indicar outros meios mais eficazes e menos onerosos, sob pena de manutenção dos atos executivos já determinados".

Muito embora o princípio da menor onerosidade[51] seja dotado de certa parcimônia para limitar e evitar eventual abuso de direito pelo credor que inercialmente possui a pretensão de se valer de meio executivo mais gravoso ao devedor para obter a satisfação de seu direito, a este cabe, também, demonstrar que a constrição em dinheiro é ônus excessivo de forma cabal, ou seja, sem as peias do generalismo ou mesmo da retórica.[52]

O princípio da efetividade busca o alcance do direito material, ainda que preservado os direitos fundamentais e o princípio da menor onerosidade, este, inclusive, não se opõe à efetividade, apenas

---

[51] Código de Processo Civil. Art. 829. O executado será citado para pagar a dívida no prazo de 3 (três) dias, contado da citação. §2º A penhora recairá sobre os bens indicados pelo exequente, salvo se outros forem indicados pelo executado e aceitos pelo juiz, mediante demonstração de que a constrição proposta lhe será menos onerosa e não trará prejuízo ao exequente.

[52] Conforme decisão STJ. 2a T., AgRg no REsp nº 1.103.760/CE, Rel. Min. Herman Benjamin, DJ de 19.05.200.) "... a tese da violação do princípio da menor onerosidade excessiva não pode ser defendida de modo genérico ou simplesmente retórico, cabendo à parte executada a comprovação, inequívoca, dos prejuízos a serem efetivamente suportados, bem como da possibilidade, sem comprometimento dos objetivos do processo de execução, de satisfação da pretensão creditória por outros meios."

interfere no caminho a atingi-la.[53] Assim, coexistem numa linha de proporcionalidade.

De forma direta, os princípios da efetividade da execução e da menor onerosidade parecem antagônicos, contudo, encontram harmonia quando se analisa o seguro-garantia judicial, o qual privilegia a efetividade da execução e ao mesmo tempo resguarda o executado que não se desfaz de patrimônio para exercer o seu direito de ampla defesa, especialmente com a delimitação do instrumento previsto no Código de Processo Civil de 2015.

7.4 Conclusão

A evolução social e as necessidades respectivas impõem o desenvolvimento de técnicas e instrumentos eficazes que são disponibilizados à sociedade para minimizar riscos e maximizar o bem-estar. Nessa esteira, merece destaque o seguro-garantia, ramo securitário que, como se viu, é considerado como sendo dos mais complexos, por envolver relações jurídicas eminentemente contratuais, cujo objetivo e finalidade é salvaguardar o cumprimento de obrigações contratuais.

Dentre as modalidades que se subdivide, está o seguro-garantia judicial, que é a modalidade com o fim específico de garantir os pagamentos que o tomador necessite realizar no processo judicial e, nessa perspectiva, entende-se que o referido instrumento securitário – a par de sua recente regulamentação – está determinado a harmonizar interesses aparentemente conflitantes quanto a efetividade da execução e a menor onerosidade do devedor, princípios consagrados que, por meio de uma apólice de seguro, encontram confluência.

Revelaram-se as particularidades e especificidades do instrumento securitário jurídico-processual que foram igualmente objeto do estudo, assim como foram apresentados alguns obstáculos à plena aceitação do instrumento na prática forense, que denotam inquietudes e a necessidade de ampliar a aplicabilidade do instituto, para concluir que o seguro-garantia judicial produz efeito real por reunir em um só documento, a segurança, a idoneidade e a liquidez necessárias para

---

[53] Sobre o tema, Wambier destaca que "ao lado da preocupação com a efetividade da execução em prol do credor, deve-se buscar sempre o caminho menos oneroso para o devedor. O disposto no art. 620 não é mais do que desdobramento do princípio da proporcionalidade, que permeia todo o direito (não só o processual). Pelo princípio da proporcionalidade, sempre que houver a necessidade de sacrifício de um direito em prol de outro, esta oneração há de cingir-se aos limites do estritamente necessário" (WAMBIER, 2012, p. 1740).

sua ampla aceitação, além de consagrar os princípios da efetividade da execução e o da menor onerosidade.

Após a interpretação dos pontos introdutórios abordados neste estudo, chegou-se ao seguro-garantia judicial na perspectiva do Código de Processo Civil de 2015, diploma processual que reafirmou a antiga previsão normativa tal como inserida no CPC/1973 e apresentou relevante inovação, equiparando a dinheiro para fins de substituição da penhora.

Portanto, o Código de Processo Civil de 2015 reafirma e qualifica a efetividade do seguro-garantia judicial, pois a sua atual delimitação, ou seja, a equivalência a dinheiro, consagra o seu princípio de origem como ferramenta apta a harmonizar a sociedade e a justiça.

Referências

BUNARELLO, Renato Macedo. *Do contrato de seguro:* o seguro de obrigações contratuais. São Paulo. Quartier Latin, 2010

CADERNOS DE SEGURO. *O garante: as perspectivas do seguro garantia no Brasil.* Fundação Escola Nacional de Seguros, Rio de Janeiro, p.4-8, jan./ fev. 1999.

DIDIER JR., Fredie. *Curso de direito processual civil:* execução. Salvador: Juspodivm, 2009. v. 5

MARINONI, Luiz Guilherme. *Curso de processo civil*: teoria geral do processo. São Paulo: RT, 2008.

MARINONI, Luiz Guilherme; ARENHART, Sérgio. *Curso de direito processual civil*: Execução. 2. ed. São Paulo: Revista dos Tribunais, 2008. v. 3.

MELO, Gustavo de Medeiros. *Seguro garantia judicial:* aspectos Processuais e Materiais de uma Figura Ainda Desconhecida. *Revista de Processo*, v. 201, nov. 2011.

MOTTA, Carolina E. P. M. de Senna; GONÇALVES, Oksandro. As cláusulas de riscos excluídos no contrato de seguro na visão da análise econômica do direito. *Revista Direito Empresarial* (Curitiba), v. 12, n. 1, p. 53-75, 2015.

OZELAME, Rafael Henrique; RIBEIRO, Marcia Carla Pereira. Contrato de seguros como instrumento de desenvolvimento. In: 3º Congresso Sul Brasileiro de Iniciação Científica e pós-graduação, 2014, Curitiba. *Anais do XXII SEMIC*. Curitiba: PUCPR, 2014.

OZELAME, Rafael Henrique; RIBEIRO, Marcia Carla Pereira. O contrato de seguros e os custos de transação. In: XXI SEMIC PUCPR, 2013, Curitiba. *Anais XXI SEMIC PUCPR*. Curitiba: PUCPR, 2013. v. 1.

POLETTO, Gladimir. Seguro garantia judicial. *IOB – comentada*, Curitiba, n. 45, p.7, 1999.

POLETTO, Gladimir. *O seguro garantia*: em busca de sua natureza jurídica. Rio de Janeiro: Funenseg, 2003.

TAMBURRINO, Giuseppe. Apontamentos sobre a Natureza e sobre a Disciplina do Chamado Seguro Fidejussório. In: STUDI IN ONORE DI ANTÍGONO DONATI. 3.º

CONGRESSO MUNDIAL DO DIREITO DO SEGURO. A.I.D.A, Paris, 27.04.70, no Centro Parisiense de Congressos Internacionais.

WAMBIER, Luiz Rodrigues. *Curso avançado de processo civil.* 12. ed. São Paulo: Revista dos Tribunais, 2012. v. 2.

Informação bibliográfica deste texto, conforme a NBR 6023:2002 da Associação Brasileira de Normas Técnicas (ABNT):

POLETTO, Gladimir Adriani. O seguro-garantia judicial e o código de processo civil de 2015: da concepção à efetividade. In: RIBEIRO, Marcia Carla Pereira; CARAMÊS, Guilherme Bonato Campos (Coord.). *Direito empresarial e o CPC/2015*. 2. ed. rev., ampl. e atual. Belo Horizonte: Fórum, 2018. p. 133-154. ISBN 978-85-450-0523-0.

PARTE III

DESCONSIDERAÇÃO DA PERSONALIDADE JURÍDICA E A PRESERVAÇÃO DA EMPRESA

CAPÍTULO 8

INCIDENTE DE DESCONSIDERAÇÃO DA PERSONALIDADE JURÍDICA E SUA APLICAÇÃO AO PROCESSO DO TRABALHO

Roxana Cardoso Brasileiro Borges
Irena Carneiro Martins

8.1 Introdução

No sistema jurídico brasileiro, superada a questão da autonomia da pessoa jurídica e de sua distinção em relação aos seus sócios, o maior problema sobre a desconsideração da personalidade jurídica passou a residir no campo processual, quão mais frequente passou a ser a sua aplicação pelo Poder Judiciário, especialmente nas questões relativas ao devido processo legal (devido processo constitucional), da ampla defesa e do contraditório.

Com o advento do novo Código de Processo Civil, esperava-se que essa lacuna fosse suprida de uma vez por todas, já que seus artigos 133 a 137, no título que trata das modalidades de intervenção de terceiros, passou a cuidar do tema, instituindo um rito para a aplicação da desconsideração da personalidade jurídica.

Essa disciplina, ainda que tardia, suscita a expectativa de racionalização da atuação judicial na aplicação do instituto, com vistas a equilibrar um legítimo direito do credor da pessoa jurídica e a necessidade de se observar a ampla defesa e o contraditório, constitucionalmente prestigiados e consagradores do Estado Democrático de Direito, tornando o processo, portanto, um veículo proporcional para solucionar as tensões da relação creditícia, seja derivada de um contrato comercial, de trabalho ou de obrigação de outra natureza.

Essa expectativa não é descabida, tampouco fruto de excessivo otimismo, posto que o Código de Processo Civil de 2015, nesse particular, buscou prestigiar o aspecto substancial do contraditório, entendido como oportunidade de influenciar a decisão judicial, num processo participativo e constitucionalizado.

Essa racionalização e a exigência enfática, na nova lei processual, de que os pressupostos da desconsideração sejam demonstrados, trarão maior operabilidade à norma do artigo 50 do Código Civil (e demais previsões especiais, em que pesem as duras críticas dos comercialistas feitas a estas, em particular) e oportunizarão mais efetividade às normas de limitação da responsabilidade no campo societário e à ideia de função social da empresa, impactos esperados no direito material.

Todavia, as primeiras manifestações vindas de parte da magistratura trabalhista funcionaram como esvaziadoras de tais expectativas. E é justamente dessa justiça especializada que emanam as decisões sobre desconsideração que costumam causar espécie a comercialistas e também a processualistas, já que elas acabam por transformar a expressão "limitada" integrante do tipo societário dominante no meio empresarial brasileiro, qual seja, a sociedade limitada, em uma expressão alegórica, já que a limitação da responsabilidade dos sócios, principal característica da sociedade, é frequentemente relativizada.

Não que tal relativização seja impossível, mas promovê-la sem que os sócios tenham sido réus (reclamados) e, portanto, sem que tenham tido oportunidade de fazer uso da ampla defesa e do contraditório, contribui para uma ausência de comunicação entre direito comercial e trabalhista que em nada favorece aos reclames de segurança jurídica e do devido processo legal.

8.2 Origem e desconsideração da personalidade jurídica: um breve apanhado histórico

A desconsideração da personalidade jurídica teve seu desenvolvimento no ordenamento jurídico americano (não no sistema inglês, em cuja teoria se originou através do bastante referido caso Salomon & Salomon Brothers Co.) e foi exatamente ao analisar a solução aplicada pelos juízes americanos que o teórico alemão Rolf Serick sistematizou, em sua tese de doutorado, no ano de 1953, as soluções aplicadas judicialmente, através da busca pelos critérios gerais ensejadores do afastamento da autonomia das pessoas jurídicas – e, consequentemente, de sua autonomia patrimonial –, formulados e adotados pelos tribunais norte-americanos.

Curiosamente, onde a desconsideração de personalidade jurídica foi inicialmente aplicada em primeiro grau de jurisdição, quando o processo chegou no segundo grau – na Corte dos Lordes –, houve a modificação da decisão, no sentido de afirmar que o juiz de primeira instância não havia aplicado a lei de maneira correta, pois a pessoa jurídica tratava-se de uma pessoa distinta da pessoa natural. Na Inglaterra, a teoria não prosperou e seu desenvolvimento se deu no contexto do sistema norte-americano, onde, hoje, é objeto de críticas.

Rolf Serick não foi o primeiro a abordar as questões relativas ao afastamento da autonomia das pessoas morais, mas foi o primeiro a sistematizá-las e, sem dúvida, o primeiro a organizar o assunto sob a ótica do direito continental europeu, modelo ao qual se filia o Brasil.

Sinteticamente, a pesquisa engendrada por Serick o conduziu a formulação dos 4 (quatro) princípios que devem ser observados para determinação do afastamento da autonomia das pessoas morais ou para a aplicação da teoria da desconsideração da personalidade jurídica. São eles:

> I. "Se a estrutura formal da pessoa jurídica é utilizada de maneira abusiva, o juiz poderá desprezá-la para que fracasse o resultado contrário ao Direito, para o que prescindirá da regra fundamental que estabelece uma radical separação entre a sociedade e os sócios" (SERICK, 1958, p. 241).
> II. "Não basta alegar que se não houver a desconsideração da personalidade jurídica não poderá lograr-se a finalidade de uma norma ou de um negócio jurídico. É que se trata da eficácia de uma regra do Direito de Sociedades de valor tão fundamental que não deve ser obstada nem de maneira indireta" (SERICK, 1958, p. 246).
> III. "[A]s normas que se fundam em qualidades ou capacidades humanas que pertinem a valores humanos também se devem aplicar às pessoas jurídicas quando a finalidade da norma diga respeito a esta classe de pessoas" (SERICK, 1958, p. 251).
> IV. "Se a forma de pessoa jurídica é utilizada para ocultar que de fato existe identidade entre as pessoas que intervêm em determinado ato, poderá ser ela descartada quando a norma a aplicar pressuponha que a identidade ou diversidade dos sujeitos interessados não é puramente nominal, mas verdadeiramente efetiva" (SERICK, 1958, p. 256).

Não se trata de enxergar os princípios formulados por Rolf Serick como insuscetíveis de revisão ou de aprimoramento, afinal o próprio Juiz Sanborn – sempre citado por ter firmado o princípio geral de que quando a pessoa moral for utilizada para fins contrários à lei (e não ter agido de maneira contrária à lei, é preciso frisar por se tratarem de coisas distintas) o Direito enxergará a pessoa jurídica como um conjunto de pessoas naturais – afirmou que cada situação precisa ser considerada pela corte em seus próprios méritos.

Em outras palavras, cada caso mereceria um exame circunstanciado de seus aspectos objetivos e subjetivos (SANBORN *apud* LAMY FILHO, 2007, p. 203).

Tampouco não se trata de dizer que a pessoa jurídica deva ter sua autonomia patrimonial "santificada", mas se trata de se preocupar com previsibilidade, com processo justo, com a aplicação de meios proporcionais para execução de obrigações e que o contraditório e a ampla defesa, constitucionalmente prestigiados, sejam observados. Inclusive pela Justiça do Trabalho.

8.3 A assimilação da *disregard doctrine* no direito positivo brasileiro

A teoria da desconsideração da personalidade jurídica foi introduzida no Brasil por Rubens Requião, que a apresentou em um congresso no final da década de 60, como um modo de "superação do conflito entre as soluções éticas, que questionam a autonomia patrimonial da pessoa jurídica para responsabilizar sempre os sócios, e as técnicas, que se apegam inflexivelmente ao primado da separação subjetiva das sociedades" (COELHO, 2014, v. 2, p. 60), tendo sustentando, inclusive, que sua aplicação pelos juízes poderia se dar independentemente de previsão legal.

Entretanto, quando Requião apresentou a teoria e defendeu sua adequação ao ordenamento brasileiro e dispensou, importante frisar, a seu juízo, a edição de leis instituidoras e regulamentadoras da desconsideração da personalidade jurídica, ele o fez no contexto do Código Civil de 1916, cujo artigo 20 determinava a distinção entre a pessoa física dos sócios e a personalidade jurídica da sociedade: "Art. 20. As pessoas jurídicas têm existência distinta da dos seus membros" (revogado pela Lei nº 10.406/02 – Código Civil atualmente em vigor).

Dessa distinção – entre sócios e sociedade – decorre um dos aspectos das pessoas jurídicas mais importantes e mais polêmicos: a autonomia patrimonial. A autonomia patrimonial implica distinção entre o patrimônio dos sócios e o patrimônio da pessoa jurídica. O sistema existente hoje no Brasil é claro: o sócio é uma pessoa, a sociedade personificada é outra, desde que regularmente arquivados o ato constitutivo e suas alterações.

Pode-se afirmar que, desde o Código Civil de 1916, o sistema brasileiro vem pautando sua evolução, no tocante às pessoas jurídicas, na autonomia destas e sua consequente titularidade obrigacional, capacidade processual e responsabilidade patrimonial.

E o Código Civil de 2002 não se desviou dessa rota, tratando de estabelecer, no artigo 50, que situações excepcionais, nas quais o abuso da forma da personalidade jurídica tenha sido verificado, dar-se-á a desconsideração da personalidade jurídica. O artigo 50 do Código Civil vem a ser a norma geral para a desconsideração da pessoa jurídica:

> Em caso de abuso de personalidade jurídica, caracterizado pelo desvio de finalidade, ou pela confusão patrimonial, pode o juiz decidir, a requerimento da parte, ou do Ministério Público quando lhe couber intervir no processo, que os efeitos de certas e determinadas relações de obrigações sejam estendidos aos bens particulares dos administradores ou sócios da pessoa jurídica.

Apesar da centralidade do artigo 50 do Código Civil de 2002, antes e depois de sua vigência foram publicadas outras normas com previsão específica para a desconsideração da personalidade jurídica. São exemplos notórios o Código de Defesa do Consumidor (Lei nº 8.078/90, art. 28), a Lei Antitruste (conhecida também como Lei do Cade, nº 8.884/94, art. 18 – quase toda revogada pela Lei nº 12.529/2011), a Lei nº 12.529/2011 (sobre Defesa da Concorrência e infrações contra a ordem econômica, que prevê a desconsideração no artigo 34) e a Lei de Crimes Ambientais (Lei nº 9.605/98, art. 4º). Mais recentemente, a Lei Anticorrupção (Lei nº 12.846/2013, art. 14) trouxe outra previsão específica de desconsideração, com explícita preocupação quanto ao devido processo legal:

> A personalidade jurídica poderá ser desconsiderada sempre que utilizada com abuso do direito para facilitar, encobrir ou dissimular a prática dos atos ilícitos previstos nesta Lei ou para provocar confusão patrimonial, sendo estendidos todos os efeitos das sanções aplicadas à pessoa jurídica aos seus administradores e sócios com poderes de administração, observados o contraditório e a ampla defesa.

É certo que no Brasil vem sendo aplicada a teoria da desconsideração de personalidade jurídica de forma excessiva, o que conduz a erros e pode-se dizer que tais decorrem da percepção por parte dos legisladores e dos magistrados de que essa importação doutrinária é necessária. Importação esta criticada por Grau e Forgioni, ao afirmarem, nesse mister, que "transplantes jurídicos quase sempre causam rejeição quando não se tem ciência de que o direito não são somente as leis; direito é vida". (GRAU, 2006, p.12)

Na mesma toada, Márcio Tadeu Guimarães Nunes (2002, p.47-48) defende que o direito brasileiro já dispõe de institutos que oferecem resposta à crise da pessoa jurídica, evidenciada pela questão da responsabilidade pelas obrigações sociais:

> [...] revelando (o trabalho) que o sistema dá respostas (ideais talvez não sejam, como diversos autores também atestam no Direito Comparado) para o fenômeno da crise da pessoa jurídica através do uso adequado dos seguintes institutos:
>
> (i) abuso de direito (aí também entendido em sua variável referente ao direito societário, ou seja, abuso do poder de controle);
>
> (ii) simulação;
>
> (iii) negócio jurídico indireto com fins ilícitos;
>
> (iv) fraude à lei;
>
> (v) fraude contra credores;
>
> (vi) fraude à execução;
>
> (vii) teoria da aparência;
>
> (viii) teoria *ultra vires*;
>
> (ix) relação obrigacional (sobretudo pelo emprego do atributo da garantia que se faz presente, embora pouco percebido quanto ao tema);
>
> (x) capital social (numa renovada ideia do seu alcance, revista em função da garantia dos credores);
>
> (xi) função social do contrato e as exigências que daí decorrem, sobretudo a tutela externa do crédito;
>
> (xii) boa-fé objetiva, seus deveres anexos e demais cláusulas gerais trazidas pelo Novo Código Civil, tudo sem prejuízo das diversas hipóteses previstas em lei, por meio das quais os sócios respondem quando violam norma legal pré-existente e/ou contrato/estatuto social.

O fato é que – a despeito dessa sistematização e da assimilação legislativa que a desconsideração de personalidade jurídica sofreu – foram desenvolvidas no Brasil o que se convencionou chamar de Teoria Maior e Teoria Menor da desconsideração de Personalidade Jurídica, em que a Maior acaba por considerar os princípios enunciados por Serick como condicionantes da afetação do patrimônio dos sócios (desvio de finalidade, confusão patrimonial, abuso de poder ou má-fé) e a Teoria Menor consagra tal afetação patrimonial ante a mera impontualidade ou inadimplência.

Como fato aparentemente incontornável e que preocupa os operadores do Direito críticos da aplicação indistinta da teoria da desconsideração da personalidade jurídica, a Teoria Menor foi se firmando, conforme manifesta em decisões sobre desconsideração da personalidade jurídica que visam a atingir o patrimônio pessoal dos sócios e administradores na execução ou na fase de cumprimento de sentença sem que tenham figurado no processo de conhecimento ou sem que tenham participado da formação do título executivo:

> Agora se pretende estender os efeitos da coisa julgada a um terceiro, estranho à lide, e no mesmo processo em que proferida a decisão que dispara a ulterior desconsideração da personalidade jurídica, ferindo-se não só a Constituição, mas também os mais elementares princípios sobre a autoridade judicial da coisa julgada ou da eficácia relativa dos atos processuais decisórios. (NUNES,2002, p.219).

No entendimento de que não seria possível desconsiderar a personalidade jurídica de uma sociedade sem prévia cognição onde se garanta o contraditório e a ampla defesa, Fredie Didier Jr. sustentava (antes da publicação do novo Código de Processo Civil – Lei nº 13.105/2015):

> A despeito da discussão doutrinária e jurisprudencial sobre o tema – alguns se mostram mais flexíveis quanto à exigência de citação dos sócios na etapa de certificação – , adota-se a posição de Fábio Ulhoa Coelho, para quem, inexoravelmente, deve o membro da sociedade ser citado, já na fase de conhecimento, haja vista ser o entendimento mais afinado à segurança do processo. A garantia do contraditório é um direito fundamental e, nessa condição, qualquer questão que envolva a possibilidade de sua mitigação ou eliminação deve ser vista com muita reserva. (2005, p.398).

A busca pela satisfação da execução e, com isso, pela efetividade ao processo, não pode se dar à margem do devido processo legal, principalmente na "aplicação de uma teoria eminentemente excepcional, que inquina de fraudulenta a conduta deste ou daquele sócio, sem que se lhe dê a oportunidade defesa [...], é afrontar princípios processuais básicos" (DIDIER JR, 2005, p. 402).

Portanto, a ausência de regulamentação de um procedimento para a decretação da desconsideração de personalidade jurídica vinha perpetrando uma quase supressão da ampla defesa e do contraditório para sócios de pessoas jurídicas, quase que instituindo – à margem do ordenamento – uma espécie de responsabilidade objetiva, produzindo danos de índole jurídico-sociais. Essa lacuna se buscou suprir no novo CPC através da instituição de um incidente de desconsideração de personalidade jurídica, conforme será visto adiante.

8.4 O incidente de desconsideração da personalidade jurídica no CPC/2015

Com o novo Código de Processo Civil, prestigia-se o contraditório. O contraditório é o "valor fonte" do processo (ZANETI JUNIOR, 2007, p. 197). Especialmente nos artigos 7º, 9º e 10, as normas que garantem paridade de tratamento, ampla defesa e oportunidade para influenciar a decisão judicial são consideradas "normas fundamentais do processo civil".

Enfaticamente, em consonância a um neoprocessualismo (CAMBI, 2006; DIDIER JR, 2012) ou a uma constitucionalização do processo (CINTRA; GRINOVER; DINAMARCO, 2011, p. 85; ZANETI JUNIOR, 2007, p. 171) ou a um neoconstitucionalismo (MARINONI, 2013, p. 46), o texto afirma o sentido atual de contraditório, no seu aspecto substancial: "É assegurada às partes paridade de tratamento em relação ao exercício de direitos e faculdades processuais, aos meios de defesa, aos ônus, aos deveres e à aplicação de sanções processuais, competindo ao juiz zelar pelo efetivo contraditório" (art. 7º), "Não se proferirá decisão contra uma das partes sem que ela seja previamente ouvida" (com as exceções no parágrafo único) (art. 9º) (contraditório como não surpresa ou como efetiva participação) (CUNHA, 2012, p. 354, 360), "O juiz não pode decidir, em grau algum de jurisdição, com base em fundamento a respeito do qual não se tenha dado às partes oportunidade de se manifestar, ainda que se trate de matéria sobre a qual deva decidir de ofício" (art. 10) (contraditório como poder de influência na decisão) (DIDIER JR, 2012).

Neste novo contexto, realiza-se a necessária aproximação entre a desconsideração da pessoa jurídica e as garantias do devido processo legal, do contraditório e da ampla defesa, com reforço expresso do artigo 795, 4º, que estabelece, peremptoriamente, que "para a desconsideração da personalidade jurídica é obrigatória a observância do incidente previsto neste Código". Assim, para a desconsideração da pessoa jurídica deve haver "contraditório específico" e "prova específica" (MARINONI; ARENHART; MITIDIERO, 2016, p. 112).

Desta forma, a extensão da responsabilidade patrimonial da pessoa jurídica para seus sócios (ou o contrário, na desconsideração inversa), através de desconsideração da sua personalidade jurídica, só pode ocorrer na forma procedimental prevista entre os artigos 133 e 137 do Código de Processo Civil.

Esta disciplina, embora não isenta de críticas, traz grande contribuição para o direito material, na medida em que reafirma a exigência de requisitos e pressupostos para a desconsideração (art. 133, 1º e 134, 4º), assim como prevê atos processuais do juiz e das partes, prazos, legitimidade, forma de processamento do incidente e efeitos da sua instauração.

Tudo isso contribui para dar efetividade às normas de direito privado, tanto no que tange à limitação da responsabilidade dos sócios quanto no que se refere à proibição do abuso de direito, convergindo para uma operabilidade da ideia de função social da empresa.

8.4.1 Pressupostos de admissibilidade

O Código de Processo Civil determina, em dois dispositivos (art. 133, 1º e 134, 4º), que o pedido de desconsideração observe os "pressupostos previstos em lei", cujo preenchimento deve ser demonstrado. Significa que o pedido de desconsideração deve ser fundamentado em autorização legal para a desconsideração e que o juiz deve realizar um juízo de admissibilidade, ou seja, devem ser demonstrados os fundamentos materiais para a desconsideração da personalidade jurídica, sua causa de pedir.

Na redação anterior, ainda em fase de projeto de lei (então art. 77, I), o texto previa o incidente de desconsideração para casos de abuso de direito por parte de sócio. Não prevaleceu este requisito na versão sancionada, pois, atualmente, as hipóteses de cabimento da desconsideração da personalidade jurídica são mais amplas do que o abuso (como, p. ex., no Código de Defesa do Consumidor, art. 28) e porque isso deve ser objeto de normas de direito material, sem limitação pelo Código de Processo Civil.

O sentido da regra do art. 133, 1º, é de que o pedido deve se fundamentar em autorização legal, de direito material, para superar a separação patrimonial entre pessoa jurídica e sócios/administradores, seja com apoio na regra geral do artigo 50 do Código Civil ou em regras especiais (CDC, Lei de Defesa da Concorrência, Lei de Crimes Ambientais, Lei Anticorrupção etc.). Tal previsão é enfatizada pelo parágrafo 4º do artigo 134. Neste, prevê-se que "o requerimento deve demonstrar o preenchimento dos pressupostos legais específicos para desconsideração da personalidade jurídica".

Com essa regra, o novo Código de Processo Civil determina que seja feito um juízo de admissibilidade do pedido de desconsideração da personalidade jurídica. Presentes os pressupostos, deve o juiz acolher o requerimento (DINAMARCO, 2009, p. 398) para processar o pedido de desconsideração e determinar, então, a citação dos sócios (ou da pessoa jurídica, no caso de desconsideração inversa), seguida de prazo para manifestação. Posteriormente, inclusive com a oportunidade de instrução, haverá a decisão sobre o mérito da desconsideração em si.

Portanto, o pedido deve demonstrar (art. 17) a legitimidade das partes (ativa e passiva), a causa de pedir (a norma de direito material que autoriza, em tese, a desconsideração no tipo de relação ou atividade jurídica em análise) e o interesse processual (a necessidade dessa providência). Os fundamentos jurídicos do pedido de desconsideração devem estar explicitados.

Essa repetição da necessidade de serem observados os pressupostos para a desconsideração da personalidade jurídica decorre do quadro de insegurança jurídica vivenciado antes da presente regulamentação. É notória a instabilidade na aplicação da desconsideração pelo Judiciário nacional e, como visto, muitas críticas apontam decisões desarrazoadas que desconsideraram a separação patrimonial por motivos não autorizados legalmente.

Observe-se que, conforme esclarecido acima, "a aplicação da teoria da desconsideração, descrita no art. 50 do Código Civil, prescinde da demonstração de insolvência da pessoa jurídica", conforme Enunciado 281 da IV Jornada de Direito Civil do Conselho da Justiça Federal.

8.4.2 Momento do pedido de desconsideração

Importante referir que o Novo Código de Processo Civil não pretendeu, como advogam alguns, "burocratizar" a desconsideração de personalidade jurídica e evitou o exagero formal (que poderia ter sido materializado com exigência de ação autônoma, por exemplo), bem como evitou limitar excessivamente a discussão acerca da desconsideração, de modo que, à luz do art. 134, *caput*, a desconsideração da pessoa jurídica admite tanto o pedido na inicial quanto um pedido superveniente, sendo cabível no processo de conhecimento, em fase de cumprimento de sentença ou numa execução fundada em título executivo extrajudicial.

Se o pedido for feito posteriormente ao ajuizamento da ação, haverá "cumulação ulterior de pedidos", com "litisconsórcio facultativo ulterior" (DIDIER JR, 2016, p. 527), o que leva à instauração do incidente de desconsideração da personalidade jurídica, com a consequente suspensão do processo.

Se o pedido de desconsideração for feito desde a petição inicial, devem ser citados, desde já, a pessoa jurídica ré ou seus sócios, que, desde o início, ocuparão o polo passivo da relação processual (art. 134, 2º), em litisconsórcio eventual (DIDIER JR., 2016, p. 527), não havendo, efetivamente, a instauração do incidente nem a suspensão do processo (MARINONI; ARENHART; MITIDIERO, 2016, p. 113).

Qualquer que seja o momento processual em que for instaurado, o incidente é procedimento de cognição exauriente, em que se assegura ampla defesa.

Assim, prevaleceu no novo Código a ideia de que a desconsideração deve ser feita no mesmo processo em que se pleiteia o crédito, na forma de incidente processual, sendo desnecessária uma ação autônoma, em homenagem à instrumentalidade e efetividade do processo. Embora, materialmente, trate-se de verdadeira ação incidental (MAZZEI, 2012, p. 21).

Presentes os pressupostos para o pedido de desconsideração, o juiz mandará citar os sócios ou a pessoa jurídica (dependendo de ser desconsideração direta ou inversa). Após o prazo para manifestações, havendo provas a serem produzidas, dar-se-á a instrução para, em seguida, ser proferida a decisão quanto à desconsideração da personalidade jurídica.

O incidente de desconsideração da personalidade jurídica é resolvido por decisão interlocutória (art. 136), recorrível por agravo de instrumento, nos termos do artigo 1.015, IV. Nada impede, contudo, que seja resolvido por sentença, recorrível por apelação, de acordo com o Enunciado 390 do Fórum Permanente de Processualistas Civis (2016). Quando a decisão for proferida por relator em Tribunal, o texto estabelece o cabimento de agravo interno (136, único). "No processo do trabalho, da decisão que resolve o incidente de desconsideração da personalidade jurídica na fase de execução cabe agravo de petição, dispensado o preparo," de acordo com o Enunciado 126 do Fórum Permanente de Processualistas Civis (2016).

A fim de proteger o crédito do autor e garantir a efetividade do provimento judicial, vislumbra-se a possibilidade de deferimento liminar (concedida liminarmente ou após justificação prévia) do pedido de desconsideração da personalidade jurídica, na forma de tutela provisória (art. 300).

8.4.3 Legitimidade ativa e passiva

A legitimidade para o pedido de desconsideração da pessoa jurídica compete à parte ou ao Ministério Público, quando lhe couber intervir no processo (art. 133, caput). As questões de maior relevo acerca da legitimidade ativa repousam sobre a pessoa jurídica ré ser autora do pedido e da possibilidade da desconsideração *ex officio*.

Acerca da primeira questão, ainda que não prevista expressamente, entende-se que a própria pessoa jurídica ré pode ser autora do pedido de desconsideração de sua personalidade a fim de se defender de abusos cometidos por sócios ou administradores que se utilizaram indevidamente do véu protetor da separação patrimonial, em consonância ao princípio da preservação da empresa, da função social da empresa e, inclusive com o Enunciado 285 aprovado nas Jornadas de Direito Civil, promovidas pelo Conselho da Justiça Federal, neste sentido: "A teoria da desconsideração, prevista no art. 50 do Código Civil, pode ser invocada pela pessoa jurídica, em seu favor".

Com relação à segunda, qual seja, possibilidade de desconsideração de personalidade jurídica *ex officio*, a despeito da ausência de tratamento expresso no Novo Código de Processo Civil, trata-se de tema já há muito debatido, pela doutrina e na jurisprudência, com muita resistência à sua aceitação e, a refletir o dissenso em torno da matéria, o Fórum Permanente de Processualistas Civis (2016) não aprovou proposta de enunciado que objetivava impedir a desconsideração de ofício.

Por se tratar, na grande maioria dos casos, de litígios sobre direitos patrimoniais disponíveis, prevalecem os princípios da demanda e do dispositivo, devendo a desconsideração decorrer de pedido da parte legítima, não podendo ser declarada por iniciativa do julgador. Mas a lei autoriza a atuação *ex officio* em matéria de ordem pública, como, p. ex., na simulação, o que pode acabar levando à desconsideração da autonomia patrimonial, ainda que essas figuras não se confundam. Do mesmo modo, é possível a desconsideração de ofício no contexto do art. 28 do Código de Defesa do Consumidor (MARINONI; ARENHART; MITIDIERO, 2016, p. 112).

O Código de Processo Civil não limitou, expressamente, a legitimidade passiva, todavia, devem ser citados apenas aqueles sócios ou administradores que tenham eventualmente agido com abuso (de acordo, p. ex., com a norma geral do art. 50 do Código Civil), pois sobre o seu patrimônio é que devem repercutir os efeitos da desconsideração da personalidade jurídica.

De fato, o novo Código prevê que são sujeitos à execução os bens "do responsável, nos casos de desconsideração da personalidade jurídica" (art. 790, II). É a norma de direito material que informa quem é o responsável pela causa da desconsideração da personalidade jurídica.

Não se devem, portanto, citar todos os sócios e/ou administradores da pessoa jurídica, a menos que todos tenham participado dos atos que motivem a desconsideração, caso se pretenda estender aos seus patrimônios a responsabilidade pelas obrigações assumidas pelo ente moral.

Além disso, a desconsideração pode alcançar patrimônio de quem já não é, no momento do incidente, réu ou administrador, mas que ocupou essas posições e participou do ato abusivo ou fraudulento que autoriza a desconsideração. Pois a simples destituição, renúncia, retirada ou exclusão de sócio e/ou administrador da pessoa jurídica não servem como manto protetor do ex-sócio ou ex-administrador para abusos e fraudes por eles praticados.

Apesar da omissão no novo Código de Processo Civil, mantém-se a possibilidade, admitida na doutrina e na jurisprudência, da desconsideração da personalidade jurídica que tem por fim estender as obrigações de um ente moral a outras empresas do mesmo grupo econômico (DIDIER JR., 2013, p. 294), a despeito das – também – severas críticas da dogmática comercialista sobre o tema, fundadas, sobretudo, na autonomia patrimonial verificada entre os diversos entes coletivos integrantes tanto de grupo econômico, na intelecção trabalhista, quanto no grupo de sociedades, formado nos termos da Lei nº 6.404/76.

Ademais, "há litisconsórcio passivo facultativo quando requerida a desconsideração da personalidade jurídica, juntamente com outro pedido formulado na petição inicial ou incidentemente no processo em curso", conforme Enunciado 125 do Fórum Permanente de Processualistas Civis (2016).

Inicialmente, os citados no incidente são réus apenas na ação incidental, considerados, ainda, terceiros em relação à demanda principal. Se procedente o pedido de desconsideração, passam a ser réus na ação principal. Se improcedente, resolve-se o incidente sem que os intervenientes tenham sido parte na ação principal.

Vale lembrar que também cabe a desconsideração da personalidade jurídica para as relações envolvendo Eireli (empresa individual de responsabilidade limitada). Há inclusive, enunciado (470) da V Jornada de Direito Civil do Conselho da Justiça Federal esclarecendo que "o patrimônio da empresa individual de responsabilidade limitada responderá pelas dívidas da pessoa jurídica, não se confundindo com o patrimônio da pessoa natural que a constitui, sem prejuízo da aplicação do instituto da desconsideração da personalidade jurídica".

8.4.3.1 Desconsideração e empresas do mesmo grupo econômico

Embora o novo texto tenha o mérito de, expressamente, tratar da desconsideração inversa, falhou ao não explicitar, também, a desconsideração da personalidade jurídica no contexto de empresas que componham o mesmo grupo econômico.

O Enunciado 406 da V Jornada de Direito Civil do Conselho da Justiça Federal afirma que "A desconsideração da personalidade jurídica alcança os grupos de sociedade quando estiverem presentes os pressupostos do art. 50 do Código Civil e houver prejuízo para os credores até o limite transferido entre as sociedades".

A desconsideração indireta da personalidade jurídica realiza "o levantamento episódico do véu protetivo da empresa controlada para responsabilizar a empresa controladora (ou coligada...) por atos praticados com aquela de modo abusivo ou fraudulento" (FARIAS; ROSENVALD, 2012, p.478). Também se admite a desconsideração expansiva, a fim de alcançar sócio ocultado atrás de uma cadeia de pessoas jurídicas e "testas de ferro" (FARIAS; ROSENVALD, 2012, p.479).

De fato, quando o projeto do novo Código de Processo Civil tramitava no Senado, havia sido acrescida ao texto original (então art. 77 do projeto com as alterações da relatoria) a previsão expressa de que, com a desconsideração da personalidade jurídica, fosse possível estender os efeitos das obrigações do réu/executado aos bens de empresa do mesmo grupo econômico. Este acréscimo não foi mantido no texto enviado para sanção.

Não significa que a ausência de disciplina processual expressa impedirá o alcance patrimonial de outras pessoas jurídicas do mesmo grupo econômico da pessoa jurídica inicialmente ré (ou do sócio). Essa possibilidade já era defendida na doutrina e aplicada pela jurisprudência e, por ser questão de direito material, sua omissão na lei processual não impede que continue sendo admitida (DIDIER JR, 2013, p. 294).

Para isso, a regulamentação no novo Código de Processo Civil é suficiente, do ponto de vista procedimental, bastando aplicar as mesmas regras já estabelecidas para garantir o contraditório e a ampla defesa (arts. 133 a 137): citar a outra ou as demais pessoas jurídicas do mesmo grupo econômico a serem alcançadas patrimonialmente, oportunizando-lhes prazo para manifestação e produção de provas.

Tornando-se partes, estes entes também sofrerão os efeitos das decisões judiciais, nas hipóteses de deferimento do pedido de desconsideração, conforme os pressupostos previstos no direito material.

Este aspecto ganha especial destaque no âmbito da Justiça Trabalhista e sua dilatada noção de grupo econômico, que, na prática, pode se pretender ultrapassar o conceito previsto no art. 2º, parágrafo 2º, da CLT e o conceito de sociedades coligadas e controladas do art. 243 da Lei 6.404/76, a fim de se aplicar a desconsideração a grupos não institucionalizados (MARCONDES, 2016, p. 52).

8.5 A aplicação do CPC/2015 ao Processo do Trabalho

O artigo 769 da CLT disciplina que "Nos casos omissos, o direito processual comum será fonte subsidiária do direito processual do trabalho, exceto naquilo em que for incompatível com as normas deste Título". No mesmo sentido, o art. 889 da mesma legislação consigna que "[A]os trâmites e incidentes do processo da execução são aplicáveis, naquilo em que não contravierem ao presente Título, os preceitos que regem o processo dos executivos fiscais para a cobrança judicial da dívida ativa da Fazenda Pública Federal".

O artigo 15 da nova codificação processual civil trata expressamente da supletividade e da subsidiariedade das normas processuais ali veiculadas aos processos eleitoral, trabalhista e administrativo.

A par disso, é preciso reconhecer que "os princípios do novo CPC exercerão grande influência no processo do trabalho" e que deve haver um "diálogo virtuoso" entre os princípios desse processo civil renovado e o processo do trabalho (LEITE, 2014, p. 19).

No entanto, parte dos integrantes da justiça trabalhista e dos operadores do direito que nela militam já indicaram entender pela não aplicação do Novo Código de Processo Civil, especialmente nas questões relativas à desconsideração de personalidade jurídica, como se chegou a adiantar acima.

Estribada na hipossuficiência do trabalhador que, em tese e muitas vezes na prática (é forçoso reconhecer), lhe dificulta ou até mesmo impossibilita a demonstração dos requisitos teóricos ou legais da desconsideração de personalidade jurídica, a Justiça Trabalhista abraçou a Teoria Menor, como é cediço, estabelecendo essa desconsideração muitas vezes em fase de execução, quando os recursos processuais e a possibilidade de fazer provas que afastem tal decisão já são bastante limitados.

Soma-se à hipossuficiência os artigos 876 a 892 da CLT, que estabelecem que o cumprimento de sentença no direito processual do trabalho deve ser informado pela simplicidade, celeridade e, sobretudo, pela efetividade do procedimento.

Com essas concepções, os críticos da aplicação das normas do Novo Código de Processo Civil ao processo trabalhista se municiam para evitar que os ditames daquele acerca da desconsideração de personalidade jurídica prosperem nessa seara.

Particularmente, entende-se que essa concepção não deve prosperar, no mesmo sentido do Enunciado 124 do Fórum Permanente de Processualistas Civis (2016), aprovado com a seguinte redação "[A] desconsideração da personalidade jurídica no processo do trabalho deve ser processada na forma dos arts. 133 a 137, podendo o incidente ser resolvido em decisão interlocutória ou na sentença.". Além disso, a própria jurisprudência da justiça especializada em questão não autoriza entendimento que negue a aplicação subsidiária das normas do processo comum ao processo trabalhista, como a seguir exemplificado:

> 4. RESPONSABILIDADE DOS SÓCIOS. POSSIBILIDADE DIANTE DA TEORIA DA DESCONSIDERAÇÃO DA PERSONALIDADE JURÍDICA
> Na esfera trabalhista, entende-se que os bens particulares dos sócios das empresas executadas devem responder pela satisfação dos débitos trabalhistas. *Trata-se da aplicação do disposto no artigo 592, II, do CPC, e da teoria da desconsideração da personalidade jurídica*, esta derivada diretamente do "caput" do art. 2º da CLT (empregador como ente empresarial ao invés de pessoa) e do princípio justrabalhista especial da despersonalização da figura jurídica do empregador. Está claro, portanto, que, não obstante a pessoa jurídica se distinga de seus membros, admite a ordem jurídica, em certos casos, a responsabilização do sócio pelas dívidas societárias. Assim, se é permitido que, na fase de execução, possa o sócio ser incluído na lide para fins de responsabilização pela dívida apurada, com muito mais razão deve-se aceitar sua presença na lide desde a fase de conhecimento, em que poderá se valer mais amplamente do direito ao contraditório. Contudo, o sócio não responde solidariamente pelas dívidas sociais trabalhistas, mas em caráter subsidiário, dependendo sua execução da frustração do procedimento executório perfilado contra a sociedade, na forma do "caput" do *art. 596 do CPC*. Recurso não conhecido, no aspecto (RR – 125640-94.2007.5.05.0004 *Data de Julgamento*: 30.03.2011, *Relator Ministro*: Mauricio Godinho Delgado, 6ª Turma, *Data de Publicação: DEJT* 19.04.2011).
> 1. A incursão no patrimônio do agravante amparou-se na responsabilidade patrimonial do sócio e vem franqueada pelos artigos 592, II e 596 e §§do CPC, de aplicação subsidiária no processo trabalhista, harmonizados, por sua vez, com os artigos 329 e 339 do Código Comercial, 1.396

e §único e 1.407 do Código Civil. (AIRR – 8130200-91.2003.5.02.0900 *Data de Julgamento*: 20.09.2006, *Relator Juiz Convocado*: Josenildo dos Santos Carvalho, 2ª Turma, *Data de Publicação: DJ* 13.10.2006).

É de se dizer que, para além da própria jurisprudência do Tribunal Superior do Trabalho, a aplicação do Código de Processo Civil ao processo do trabalho não se trata de uma liberalidade (ou arbitrariedade) do magistrado: decorre da própria lei, mais especificamente, dos já referidos dispositivos legais (art. 15 do Novo CPC; arts. 769 e 889 da CLT).

Para entender pela inaplicabilidade do incidente de desconsideração de personalidade jurídica ao processo trabalhista, seria necessário que, na intelecção do art. 769 da CLT, houvesse omissão ou incompatibilidade entre o regramento do processo comum e as normas do processo do trabalho. Se há omissão nas normas processuais trabalhista sobre a matéria (e há), cumpre se questionar se há incompatibilidade entre os dispositivos que tratam do incidente de desconsideração no novo CPC e as normas do processo do trabalho, o que não se entende haver, ainda mais quando se consideram os princípios constitucionais processuais em questão: ampla defesa e contraditório, corolários do Estado Democrático de Direito.

Não se pode conceber que uma norma do processo comum que visa a assegurar a ampla defesa e contraditório fere ao comando celeridade e simplicidade do processo do trabalho.

Assim, manifestou-se Pedro Paulo Teixeira Manus, Ministro aposentado do Tribunal Superior do Trabalho, no seguinte sentido:

Não se argumente com eventual ofensa à celeridade e a simplificação processual, pois caberá ao juiz do trabalho, como em tantas outras hipóteses, adequar o procedimento ao processo do trabalho. A adaptação do instituto ao nosso processo, o que sempre ocorreu, permitirá, por exemplo, que o juiz do trabalho instaure o incidente "ex officio", à semelhança do que ocorre com a antecipação de tutela. Ademais, o prazo de 15 dias para manifestação do citado, constante do artigo 135 do novo CPC, será reduzido, de forma compatível com nosso procedimento. (MANUS, 2015)

Ainda que com ressalvas à instauração *ex officio* defendida por Pedro Paulo T. Manus, é forçoso reconhecer que a aplicação subsidiária do Novo Código de Processo Civil, neste particular, e ainda que com a instauração *ex officio* e compatibilização de prazos, revela-se mais consentâneo não apenas com o próprio entendimento consolidado do Tribunal Superior do Trabalho, mas, sobretudo, com os mandamentos constitucionais.

Nesse sentido, em controversa resolução, o Tribunal Superior do Trabalho, em 15 de março de 2016, editou a Instrução Normativa nº 39, "que dispõe sobre as normas do Código de Processo Civil de 2015 aplicáveis e inaplicáveis ao Processo do Trabalho, de forma não exaustiva". A par da discussão sobre a constitucionalidade da polêmica resolução, o TST afirma, no art. 6º, a aplicação ao Processo do Trabalho do incidente de desconsideração da personalidade jurídica regulado no Código de Processo Civil (arts. 133 a 137). Acrescenta que, na fase de execução, a iniciativa também é assegurada ao juiz do trabalho. Além disso, ratifica o efeito de suspensão do processo e explicita o cabimento de concessão da tutela de urgência de natureza cautelar de que trata o art. 301 do CPC.

8.6 Considerações finais

O novo Código de Processo Civil (Lei 13.105/2015), após demorada lacuna no direito positivo brasileiro, regulamentou o procedimento da desconsideração da pessoa jurídica.

O instituto veio como modalidade de intervenção de terceiro, a ser conhecida em incidente cognitivo que implica suspensão do processo e é resolvido por decisão interlocutória, recorrível por agravo de instrumento. Contudo, também pode ser pleito veiculado em petição inicial e sua decisão pode se dar em sentença.

Do ponto de vista do direito processual, as atuais normas materializam um processo participativo, influenciado pelo neoprocessualismo e pela constitucionalização do processo, a fim de efetivar o devido processo legal constitucionalizado, garantindo-se o contraditório substancial.

Do ponto de vista do direito material, o conjunto de dispositivos que obrigam a observância desse procedimento e que exigem a demonstração dos requisitos materiais para a desconsideração da personalidade jurídica busca racionalizar a aplicação do instituto, garantindo a efetividade das normas sobre limitação da responsabilidade dos sócios e administradores, ao mesmo tempo em que permite o combate ao abuso da autonomia patrimonial, prestigiando a ideia de função social da empresa.

Embora no momento presente tenham perdido força, é preciso referir a existência de dois projetos de lei – um da Câmara dos Deputados (PL nº 1572/11), outro do Senado Federal (PL 487/13) – para reforma do Código Comercial. Ambos tratam – de forma substantiva – da desconsideração de personalidade jurídica e as versões em tramitação, em grande medida, já consideravam o novo Código de Processo Civil que, à época de suas proposituras, o projeto deste já tramitava. Todavia, em ambos os projetos há preocupação com a garantia à ampla defesa e ao contraditório que, ao fim e ao cabo, a nova codificação processual civil disciplinou.

O aspecto mais significativo de ambos os projetos é a presença de uma maior delimitação da aplicação, determinando-se que a mera insuficiência de bens no patrimônio de uma sociedade não é fundamento para a desconsideração (PLC 1572/11, Art. 121, §4º; e PLS 487/13, Art. 197).

Acaso este comando prevaleça, naturalmente, espera-se discussão a respeito da aplicabilidade desta norma, notadamente às relações de trabalho e de consumo, mas o que se tem – hoje – como inarredável é que tanto pela legislação processual civil e trabalhista, quanto pela própria jurisprudência do TST, os dispositivos sobre o incidente de desconsideração de personalidade jurídica são plenamente aplicáveis ao processo do trabalho, ainda que com ajustes que tenham por fim compatibilizá-lo às especificidades do processo trabalhista. A Instrução Normativa 39/2016, do TST, ratifica esse entendimento.

Referências

CAMBI, Eduardo. Neoconstitucionalismo e neoprocessualismo. In: FUX, Luiz; NERY JR, Nelson; WAMBIER, Teresa Arruda Alvim. *Processo e constituição*: estudos em homenagem ao professor José Carlos Barbosa Moreira. São Paulo: RT, 2006.

CEOLIN, Ana Caroline Santos. *Abusos na aplicação da teoria da desconsideração da pessoa jurídica*. Belo Horizonte: Del Rey, 2002.

CINTRA, Antonio Carlos de Araújo; GRINOVER, Ada Pellegrini; DINAMARCO, Cândido Rangel. *Teoria geral do processo*. 27. ed. São Paulo: Malheiros, 2011.

COELHO, Fabio Ulhoa. *Curso de direito comercial*. 18. ed. São Paulo: Saraiva, 2014. v. 2.

CONSELHO DA JUSTIÇA FEDERAL. Enunciados das jornadas de direito civil. Brasília: CJF, 2015.

CUNHA, Leonardo Carneiro da. O processo civil no Estado constitucional e os fundamentos do projeto do novo Código de Processo Civil brasileiro. *Revista de Processo*, ano 37, n. 209, jul. 2012.

DIDIER JR, Fredie. *Curso de direito processual civil*. 14. ed. Salvador: Juspodivm, 2012. v. 1.

DIDIER JR, Fredie. *Curso de direito processual civil*. 18. ed. Salvador: Juspodivm, 2016. v. 1.

DIDIER JR, Fredie. et al. *Curso de direito processual civil*. 5. ed. Salvador: Juspodivm, 2013. v. 5.

DIDIER JR, Fredie. Aspectos Processuais da Desconsideração da Personalidade Jurídica In: TÔRRES, Heleno Taveira e QUEIROZ, Mary Elbe. *Desconsideração da personalidade jurídica em matéria tributária*. São Paulo: Quartier Latin, 2005.

DINAMARCO, Cândido Rangel. *Instituições de direito processual civil*. 6. ed. São Paulo: Malheiros, 2009.

FÓRUM PERMANENTE DE PROCESSUALISTAS CIVIS. Enunciados. São Paulo: Fórum Permanente de Processualistas Civis, 2016.

ESCOLA NACIONAL DE FORMAÇÃO E APERFEIÇOAMENTO DE MAGISTRADOS (ENFAM). Enunciados aprovados no Seminário O Poder Judiciário e o Novo Código de Processo Civil, 2015.

FARIAS, Cristiano Chaves de; ROSENVALD, Nelson. *Curso de direito civil*. 10. ed. Salvador: Juspodivm, 2012. v. 1.

GRAU, Eros Roberto; FORGIONI, Paula. *O Estado, a empresa e o contrato*. São Paulo: Malheiros, 2006.

GUIMARÃES, Flávia Lefèvre. *A desconsideração da personalidade jurídica no Código de Defesa do Consumidor*: aspectos processuais. São Paulo: Max Limonad, 1998.

LAMY FILHO, Alfredo. *Temas de S.A*. Rio de Janeiro: Renovar, 2007.

LEITE, Carlos Henrique Bezerra. Princípios jurídicos fundamentais do novo Código de Processo Civil e seus reflexos no Processo do Trabalho. *Revista Síntese Trabalhista e Previdenciária*, São Paulo, ano XXV, n. 305, nov 2014.

LEITE, Gisele. Neopositivismo, neoconstitucionalismo e o neoprocessualismo: o que há realmente de novo no direito? *Revista Síntese direito civil e processual civil*, v. 1, n. 1, jul. 1999.

MANUS, Pedro Paulo Teixeira. *Aplicação do novo CPC ao processo do trabalho trará segurança às* partes. Consultor Jurídico, 2015. Disponível em <http://www.conjur.com.br/2015-ago-14/reflexoes-trabalhistas-aplicacao-cpc-processo-trabalho-trara-seguranca>. Acessado em: 17.09.2016.

MARCONDES, Gustavo Viegas. O incidente de desconsideração da personalidade jurídica e sua aplicação ao reconhecimento, *incidenter tantum*, da existência de grupos econômicos. *Revista de Processo*, v. 252, ano 41, fev.2016.

MARINONI, Luiz Guilherme. *Curso de processo civil*: teoria geral do processo. 7. ed. São Paulo: Revista dos Tribunais, 2013. v. 1.

MARINONI, Luiz Guilherme; ARENHART, Sergio Cruz; MITIDIERO, Daniel. *Novo curso de processo civil*. 2. ed. São Paulo: Revista dos Tribunais, 2016. v. 2.

MARTINS, Irena Carneiro. *A importância da limitação da responsabilidade de sócios e da delimitação da responsabilidade de administradores para as relações econômicas no ordenamento brasileiro*. Dissertação (Mestrado) – Universidade Federal da Bahia, Salvador, 2008.

MAZZEI, Rodrigo. Aspectos processuais da desconsideração da personalidade jurídica no Código de Defesa do Consumidor e no Projeto do Novo Código de Processo Civil. *Revista Síntese Direito Empresarial*, ano 4, n. 24, jan./fev. 2012.

MONTEIRO, Washington de Barros. *Curso de direito civil*: parte geral. 33. ed. São Paulo: Saraiva, 1995.

NUNES, Marcio Tadeu Guimarães. *Desconstruindo a desconsideração da personalidade jurídica*. São Paulo: Quartier Latin, 2007.

REQUIÃO, Rubens. Abuso de direito e fraude através da personalidade jurídica (disregard doctrine). *Revista dos Tribunais*. São Paulo: RT, 1969. n. 410.

SERICK, Rolf. *Apariencia y realidad en las sociedades mercantiles*: El abuso de derecho por medio de la persona jurídica. Traducción y comentarios de derecho Español por José Puig Brutau. Barcelona: Ariel, 1958.

SILVA, Osmar Vieira da. *Desconsideração da personalidade*: aspectos processuais. Rio de Janeiro: Renovar, 2002.

SOUZA, Gelson Amaro de. Desconsideração da personalidade jurídica no CPC-2015. *Revista de Processo*, v. 255, ano 41, maio 2016.

WARDE JUNIOR, Walfrido Jorge. *Responsabilidade dos sócios*: a crise da limitação na teoria da desconsideração da personalidade jurídica. Belo Horizonte: Del Rey, 2007.

XAVIER, José Tadeu Neves. A processualização da desconsideração da pessoa jurídica. *Revista de Processo*, v. 254, ano 41. São Paulo: RT, abr.2016.

ZANETI JUNIOR, Hermes. *Processo constitucional*: o modelo constitucional do processo civil brasileiro. Rio de Janeiro: Lumen Juris, 2007.

Informação bibliográfica deste texto, conforme a NBR 6023:2002 da Associação Brasileira de Normas Técnicas (ABNT):

BORGES, Roxana Cardoso Brasileiro; MARTINS, Irena Carneiro. Incidente de desconsideração da personalidade jurídica e sua aplicação ao processo do trabalho. In: RIBEIRO, Marcia Carla Pereira; CARAMÊS, Guilherme Bonato Campos (Coord.). *Direito empresarial e o CPC/2015*. 2. ed. rev., ampl. e atual. Belo Horizonte: Fórum, 2018. p. 157-177. ISBN 978-85-450-0523-0.

CAPÍTULO 9

O INCIDENTE DE DESCONSIDERAÇÃO DA PERSONALIDADE JURÍDICA

Oksandro Gonçalves
Helena de Toledo Coelho

9.1 Introdução

O presente estudo visa a analisar os impactos do novo Código de Processo Civil no Direito Empresarial, mais especificamente em razão do incidente de desconsideração da personalidade jurídica.

Para atingir seu objetivo, o artigo está estruturado em duas partes, além da introdução e da conclusão. Na primeira é apresentado um plano geral acerca da desconsideração da personalidade jurídica, seu surgimento, desenvolvimento e consolidação na doutrina e no ordenamento jurídico brasileiro.

Na segunda parte o estudo enfrenta o incidente da desconsideração e seu posicionamento no Código de Processo Civil.

9.2 A desconsideração da personalidade jurídica

O tema da desconsideração da personalidade jurídica é, sem sombra de dúvida, um dos mais estudados no direito brasileiro, pois, além de uma teoria geral muito bem estruturada, está presente em grande gama de áreas do direito, notadamente no Direito Civil, do Consumidor, Tributário, Trabalhista, Concorrencial e de Família.

Portanto, o objetivo central desse tópico é permitir ao leitor um breve contato com o tema sem, contudo, se ocupar de esmiuçá-lo em demasia, pois o escopo do trabalho é tratar do incidente de desconsideração como regramento processual e não da desconsideração em si mesma.[1]

A teoria da desconsideração da personalidade jurídica inicia seu processo de sistematização com a obra seminal de Rubens Requião (1969), ocasião em que foram apresentados os contornos do instituto. A desconsideração importa no afastamento momentâneo e episódico da personalidade jurídica atribuída pelo Direito que admite, em caráter excepcional, a existência de um sujeito de direitos diferente do ser humano, permitindo que essa figura atue junto à sociedade com autonomia patrimonial, processual e capacidade própria, podendo, nessa perspectiva, contrair obrigações, invocar direitos, enfim, ser titular de um conjunto substancial de direitos e obrigações perante a ordem jurídica.

Assim, não é correta a expressão despersonalização, porque esta importa colocar fim à personalidade jurídica quando, em verdade, a desconsideração não tem essa abrangência, limitando-se a um afastamento dos efeitos da personificação, porque permite, desse modo, atingir a realidade subjacente da pessoa jurídica, ou seja, os seus sócios, sejam eles pessoas físicas ou jurídicas.

Entretanto, esse afastamento momentâneo se dá principalmente em razão do uso abusivo da personalidade jurídica, o qual resta caracterizado quando verificadas algumas das hipóteses previstas pelo legislador pátrio. No Código Civil a caracterização do abuso se dá por meio do desvio de finalidade ou pela confusão patrimonial.[2] De modo diferente, o Código de Defesa do Consumidor elenca, como hipóteses para caracterização o próprio abuso de direito, o excesso de poder, infração da lei, fato ou ato ilícito ou violação dos estatutos ou contrato social, quando houver falência, estado de insolvência, encerramento ou inatividade da pessoa jurídica provocados por má administração.[3]

---

[1] Recomendamos as seguintes obras sobre o tema: (COELHO, 1989); (COMPARATO, 1977); (GONÇALVES, 2002); (JUSTEN FILHO, 1987); (OLIVEIRA, 1979).

[2] Art. 50. Em caso de abuso da personalidade jurídica, caracterizado pelo desvio de finalidade, ou pela confusão patrimonial, pode o juiz decidir, a requerimento da parte, ou do Ministério Público quando lhe couber intervir no processo, que os efeitos de certas e determinadas relações de obrigações sejam estendidos aos bens particulares dos administradores ou sócios da pessoa jurídica.

[3] Art. 28. O juiz poderá desconsiderar a personalidade jurídica da sociedade quando, em detrimento do consumidor, houver abuso de direito, excesso de poder, infração da lei, fato ou ato ilícito ou violação dos estatutos ou contrato social. A desconsideração também será efetivada quando houver falência, estado de insolvência, encerramento ou inatividade da pessoa jurídica provocados por má administração.
§1º (Vetado).

Como é possível observar, o Código de Defesa do Consumidor ampliou consideravelmente as hipóteses para desconsideração da personalidade jurídica, o que encontra alguma justificativa no fato de se tratar da tutela do consumidor, tido por hipossuficiente nas relações de consumo. O mesmo modelo foi adotado pela legislação de proteção e defesa da concorrência.[4]

A legislação ambiental, ao seu turno, regulamentou a matéria considerando suficiente a hipótese do simples prejuízo ao ressarcimento dos danos causados por ofensas ao meio ambiente.[5] Nesse ponto, a ampliação da possibilidade de aplicação do instituto deve-se, principalmente, ao caráter protetivo intersubjetivo do Direito Ambiental, preocupado com as futuras e atuais gerações e que, por isso mesmo, contenta-se com o mero prejuízo para promover a desconsideração da personalidade jurídica.

O excesso de regulação, com critérios diferentes, em diversos diplomas legais, trouxe certa confusão para o instituto, enfraquecendo, assim, um dos princípios basilares do direito societário, que vem a ser a autonomia patrimonial, com reflexos sobre a limitação da responsabilidade.

Os tipos de sociedades possuem, como incentivo para adoção do seu modelo, a limitação da responsabilidade dos sócios, fator de grande estímulo a investimentos porque permite a delimitação do risco envolvido no exercício da atividade econômica. Assim, o enfraquecimento da limitação da responsabilidade pode gerar, no mínimo, duas condutas: (i) a primeira envolve a utilização de uma série de mecanismos societários para disfarçar artificialmente a efetiva composição societária a partir da criação de sucessivas sociedades

---

§2º As sociedades integrantes dos grupos societários e as sociedades controladas, são subsidiariamente responsáveis pelas obrigações decorrentes deste código.
§3º As sociedades consorciadas são solidariamente responsáveis pelas obrigações decorrentes deste código.
§4º As sociedades coligadas só responderão por culpa.
§5º Também poderá ser desconsiderada a pessoa jurídica sempre que sua personalidade for, de alguma forma, obstáculo ao ressarcimento de prejuízos causados aos consumidores.

[4] Lei nº 12.529/2011: Art. 34. A personalidade jurídica do responsável por infração da ordem econômica poderá ser desconsiderada quando houver da parte deste abuso de direito, excesso de poder, infração da lei, fato ou ato ilícito ou violação dos estatutos ou contrato social. Parágrafo único. A desconsideração também será efetivada quando houver falência, estado de insolvência, encerramento ou inatividade da pessoa jurídica provocados por má administração.

[5] Lei nº 9.605/1998: Art. 4º Poderá ser desconsiderada a pessoa jurídica sempre que sua personalidade for obstáculo ao ressarcimento de prejuízos causados à qualidade do meio ambiente.

com participações cruzadas ou recíprocas, fato que encarece o custo de administração operacional e dificulta o aporte de recursos para investimentos; (ii) a segunda, a utilização de sócios "de palha" para ocultar a verdadeira composição societária.

Essas duas condutas são irregulares, mas são estimuladas pela falta de segurança jurídica sobre a limitação da responsabilidade dos sócios, os quais acabam adotando mecanismos que somente darão maior azo à aplicação da desconsideração, estabelecendo-se um pernicioso círculo vicioso no qual a conduta estimulada pelo desprestígio desses dois institutos redunda em mais desprestígio.

De forma a sistematizar esse primeiro tópico, que oferece um plano geral sobre a desconsideração da personalidade jurídica, é possível concluir que somente é possível aplicar o instituto quando a personalidade jurídica é utilizada indevidamente, com o objetivo de burlar normas ou obrigações contraídas, na medida em que tal conduta viola a boa-fé objetiva que deve orientar qualquer indivíduo na utilização de mecanismo societário que goze de autonomia patrimonial, com delimitação de risco e limitação da responsabilidade dos seus sócios.

9.3 O incidente de desconsideração da personalidade jurídica no novo CPC

O objetivo central deste trabalho é enfrentar o tema do incidente de desconsideração criado por meio da Lei nº 13.105, de 16 de março de 2015, doravante apenas CPC.

Como linha principiológica, é possível afirmar que o princípio do contraditório e ampla defesa, previsto no art. 5º, inciso LV, da Constituição Federal, é tido por garantia fundamental do cidadão e como a própria razão do processo.

Dessa forma, sendo a pessoa, física ou jurídica, acusada da prática de ato ilícito, deve-se-lhe ser assegurado o contraditório e ampla defesa como corolário do devido processo legal, atribuindo-se legitimidade ao processo e, no que concerne este ensaio, ao incidente de desconsideração da personalidade jurídica.

A importância da previsão no CPC, tanto em seu art. 9º quanto nos arts. 135 e 136, que reforça a positivação do princípio em referência, especificamente para a desconsideração da personalidade jurídica, decorre de abusos perpetrados pelo Poder Judiciário brasileiro, no sentido de não ser incomum o sócio, que muitas vezes sequer figurava na posição de administrador da pessoa jurídica, restasse surpreendido com a execução de seu patrimônio pessoal, em razão de dívidas da sociedade.

Dessa forma, a necessidade de preservar o contraditório e a ampla defesa extravasa seu *locus* processual e se reafirma como autêntico fundamento do direito contemporâneo, reforçado como comando de atuação jurisdicional por meio do art. 9º do CPC.

Portanto, a partir desse pressuposto metodológico, é que devem ser interpretadas e aplicadas as regras sobre desconsideração da personalidade jurídica, tanto direta quanto inversa, a partir do novo sistema processual civil.

9.3.1 Estrutura legal do incidente

O incidente está regulado nos artigos 133 a 137, do CPC, mas deve ser articulado com outras disposições contidas na referida norma, como os artigos 932, 1.015, 1.062, dentre outros.

9.3.1.1 Legitimados

Estão legitimados a pedir a instauração do incidente a parte interessada, geralmente o credor, e o Ministério Público naqueles processos nos quais lhe caiba intervir.

O pedido de desconsideração está relacionado ao uso indevido da personalidade jurídica com reflexos patrimoniais sobre os direitos de terceiro. Assim, por exemplo, é o caso de ação indenizatória com condenação pecuniária que não pode ser satisfeita porque o patrimônio foi ocultado sob o véu da personalidade jurídica. Ou seja, aquele que tinha o dever de indenizar, transferiu seu patrimônio para terceira pessoa, neste caso, uma pessoa jurídica que limita a responsabilidade dos sócios, e que não fora parte no processo que originou a indenização.

Ressalte-se que além da autonomia patrimonial, a pessoa jurídica é dotada de capacidade processual, mantendo sua autonomia em relação aos titulares das suas quotas ou ações.

Assim, compete à parte lesada pela conduta requerer a desconsideração da personalidade jurídica, promovendo a instauração do incidente, caso já não tenha requerido na petição inicial, com vistas a comprovar que a personalidade jurídica foi utilizada indevidamente.

Quanto ao Ministério Público, legitimado a promover a defesa de interesses difusos e coletivos, destacam-se as hipóteses nas quais há a presença de relações de consumo ou questões ambientais, sendo-lhe lícito requerer, tanto na petição inicial quanto mediante o incidente de desconsideração.

9.3.1.2 A desconsideração inversa

O CPC, no artigo 133, §2º, contempla a hipótese de desconsideração inversa. Nesse caso, o patrimônio pessoal é transferido para uma sociedade que passa a gerenciá-lo em benefício daquela pessoa ou pessoas que praticaram atos suscetíveis de algum tipo de reparação econômica.

Esse quadro opõe-se ao quadro geral em que se discute o descumprimento de obrigação pela sociedade, com reflexos sobre a pessoa dos sócios. A obrigação, na origem, é da sociedade, mas por força da desconsideração, é imputada ao sócio ou sócios.

Na desconsideração inversa, a imputação da responsabilidade não é direcionada ao sócio ou sócios, mas à própria pessoa jurídica. Assim, a autonomia patrimonial é afastada para responsabilizar a pessoa jurídica por uma obrigação originalmente contraída ou constituída pelo sócio ou sócios.

9.3.1.3 Cabimento

A desconsideração pode ser requerida tanto no processo de conhecimento, quanto no cumprimento da sentença e na execução fundada em título executivo extrajudicial.

Acaso requerida no processo de conhecimento, seu objetivo é assegurar que o cumprimento de sentença seja efetivo, prevenindo o insucesso por inexistência de bens em nome do devedor. Nesse caso a demonstração do uso indevido da personalidade jurídica é feita *a priori*.

O cumprimento de sentença já presume a existência do título executivo judicial, validamente formado em processo de conhecimento ou procedimento arbitral, no qual fora garantida ampla defesa e contraditório. O momento processual é mais agudo porque, por ocasião do cumprimento, o credor já está promovendo a quantificação do resultado econômico da demanda, antevendo possível frustração do seu resultado útil. Em razão disso, pode valer-se do incidente de desconsideração para atingir patrimônio que ficou protegido pela personalidade jurídica indevidamente utilizada.

Na execução de título executivo extrajudicial a obrigação é certa, líquida e exigível, e o exequente busca a satisfação do seu crédito mediante processo de expropriação de bens do executado. A regra prevalecente no caso é a de que os bens particulares dos sócios não respondem pelas dívidas da sociedade (art. 795 do CPC e 1.024[6] do CC),

---

[6] Art. 1.024. Os bens particulares dos sócios não podem ser executados por dívidas da sociedade, senão depois de executados os bens sociais.

porém, desde que tais bens particulares não tenham sido ocultados sob o véu da personalidade jurídica.

Nesse ponto surge uma pequena controvérsia acerca das disposições contidas no art. 795[7] porque, em parte, podem gerar algum conflito com a regra estabelecida para o incidente. Em referido dispositivo consta o direito do "sócio réu", quando responsável pelo pagamento de dívida da sociedade, de exigir que primeiro sejam excutidos os bens da sociedade (art. 795, §1º), nomeando quantos bens da sociedade, situados na mesma comarca, livres e desembaraçados, bastem para pagar o débito (§2º) e, em caso de pagamento pessoal da dívida, executar a sociedade nos autos do mesmo processo (§3º). O mesmo dispositivo deixa claro que a desconsideração somente será possível por meio do incidente de desconsideração (§4º).

O primeiro aspecto a ser ressaltado diz respeito ao tipo societário envolvido no processo, pois, a depender da responsabilidade, se limitada ou ilimitada, a consequência jurídica será distinta. Em se tratando de sociedades que limitam a responsabilidade dos sócios, a regra é perfeitamente aplicável a partir da noção de autonomia patrimonial que permeia o direito societário.

No caso de sociedades de responsabilidade ilimitada a regra precisa ser adaptada tanto que o próprio CPC tratou de regular a possibilidade de o patrimônio do sócio responder quando a lei material assim dispuser,[8] apesar de ainda ser permitida a nomeação de bens da sociedade, com execução desses prioritariamente aos bens do sócio (art. 795, §1º, CPC). Porém, a regra da continuidade da execução para ressarcimento do sócio pode não se aplicar nesse caso porque dependerá do tipo societário eleito e das disposições do ato constitutivo que podem

---

[7] Art. 795. Os bens particulares dos sócios não respondem pelas dívidas da sociedade, senão nos casos previstos em lei.
§1º O sócio réu, quando responsável pelo pagamento da dívida da sociedade, tem o direito de exigir que primeiro sejam excutidos os bens da sociedade.
§2º Incumbe ao sócio que alegar o benefício do §1º nomear quantos bens da sociedade situados na mesma comarca, livres e desembargados, bastem para pagar o débito.
§3º O sócio que pagar a dívida poderá executar a sociedade nos autos do mesmo processo.
§4º Para a desconsideração da personalidade jurídica é obrigatória a observância do incidente previsto neste Código.

[8] Art. 790. São sujeitos à execução os bens: (...) II – do sócio, nos termos da lei;

regular de forma diversa a distribuição dessa responsabilidade (art. 997, VII;[9] art. 1.023;[10] art. 1.039[11] do CC).

Ademais, em alguns tipos societários de responsabilidade ilimitada[12] ou que possuem alguns sócios que respondam dessa forma,[13] não será exigível a desconsideração da personalidade jurídica, uma vez que a regra societária e a própria regra processual (art. 790) definem de plano os efeitos da responsabilização (art. 997, VII; art. 1.023; art. 1.039 do CC).

Interessante notar que o legislador previu a possibilidade da dispensa da instauração do incidente, caso a desconsideração seja requerida na própria petição inicial do processo de conhecimento, do cumprimento de sentença ou da execução de título extrajudicial. Ressalte-se, contudo, a determinação da lei para que o sócio ou a sociedade sejam também citados no processo, passando a ostentar a qualidade de parte no exercício de sua ampla defesa (art. 134, §2º). Com efeito, a regra também é decorrência do disposto no art. 513, §5º, que veda o cumprimento de sentença contra quem não figurou no processo de conhecimento, hipótese suscetível de verificação através do incidente, como expressamente previsto no art. 134.[14]

Decorre disso a finalidade precípua da criação do incidente de desconsideração da personalidade jurídica pelo CPC, que deve ser levada em conta pelo intérprete na aplicação do instituto. O sistema processual civil em vigor privilegia a efetivação do princípio da ampla defesa e do contraditório, permitindo, desse modo, que a parte atingida em seu patrimônio em razão da desconsideração da personalidade jurídica direta ou inversa, possa defender-se adequadamente, sem ser surpreendida pela decisão judicial.

---

[9] Art. 997. A sociedade constitui-se mediante contrato escrito, particular ou público, que, além de cláusulas estipuladas pelas partes, mencionará: (...) VIII – se os sócios respondem, ou não, subsidiariamente, pelas obrigações sociais.

[10] Art. 1.023. Se os bens da sociedade não lhe cobrirem as dívidas, respondem os sócios pelo saldo, na proporção em que participem das perdas sociais, salvo cláusula de responsabilidade solidária.

[11] Art. 1.039. Somente pessoas físicas podem tomar parte na sociedade em nome coletivo, respondendo todos os sócios, solidária e ilimitadamente, pelas obrigações sociais.
Parágrafo único. Sem prejuízo da responsabilidade perante terceiros, podem os sócios, no ato constitutivo, ou por unânime convenção posterior, limitar entre si a responsabilidade de cada um.

[12] Como é o caso da sociedade em nome coletivo (art. 1.039, CC).

[13] Como é o caso da sociedade em comandita simples (art. 1.045, CC).

[14] Art. 513, §5º O cumprimento da sentença não poderá ser promovido em face do fiador, do coobrigado ou do corresponsável que não tiver participado da fase de conhecimento.

Essa norma está de acordo com o princípio geral do artigo 9º do CPC, verdadeiro comando ao magistrado, pelo qual não se poderá proferir decisão contra uma das partes sem que ela tenha sido previamente ouvida.

Com efeito, antes do incidente, a desconsideração era determinada no curso do processo mediante simples pedido endereçado ao juízo, sem que, na maioria das vezes, a parte atingida pudesse exercer sua ampla defesa e contraditório plenos, valores que precisam ser respeitados independentemente do fato imputado ao devedor.

Portanto, desde que a parte interessada demonstre a existência dos pressupostos legais específicos para desconsideração (art. 134, §4º), poderá requerê-la diretamente na petição inicial. Tais pressupostos legais são os previstos no art. 50 do Código Civil em que há que se demonstrar fundamentadamente o abuso da personalidade jurídica, caracterizado pelo desvio de finalidade ou pela confusão patrimonial. Existem outras possibilidades, como é o caso do Código de Defesa do Consumidor e da legislação ambiental, as quais estão amparadas na teoria menor da desconsideração da personalidade jurídica que se assenta no mero prejuízo para permitir a sua aplicação.[15] Todavia, mesmo nessas situações, é preciso promover o incidente e apontar os seus pressupostos que, no caso, é a impossibilidade da satisfação do direito em razão da personificação.

O CPC também permite a instauração do incidente no âmbito dos Tribunais, ocasião em que a decisão incumbirá ao relator, conforme estabelece o art. 932, VI. Não é demais salientar que, muito embora o incidente tenha sido instaurado diretamente no Tribunal, aplicam-se as mesmas regras previstas para sua instauração em primeiro grau de jurisdição para se garantir o contraditório e a ampla defesa.

9.3.1.4 Citação

Como corolário do princípio da ampla defesa e do contraditório, e porque a banalização da utilização do instituto fez com que muitas

---

[15] Lei nº 9.605/1998: Art. 4º Poderá ser desconsiderada a pessoa jurídica sempre que sua personalidade for obstáculo ao ressarcimento de prejuízos causados à qualidade do meio ambiente.
E, o CDC: Art. 28. O juiz poderá desconsiderar a personalidade jurídica da sociedade quando, em detrimento do consumidor, houver abuso de direito, excesso de poder, infração da lei, fato ou ato ilícito ou violação dos estatutos ou contrato social. A desconsideração também será efetivada quando houver falência, estado de insolvência, encerramento ou inatividade da pessoa jurídica provocados por má administração. ... §5º Também poderá ser desconsiderada a pessoa jurídica sempre que sua personalidade for, de alguma forma, obstáculo ao ressarcimento de prejuízos causados aos consumidores.

decisões judiciais desconsiderassem não somente a personalidade jurídica, mas também os próprios princípios norteadores do processo civil, o CPC determina a citação do sócio ou da pessoa jurídica para manifestar-se no incidente.

A primeira providência efetiva em relação à proteção do crédito é imediata após a instauração do incidente. Trata-se da comunicação ao distribuidor, o qual fará constar em seus registros a existência do procedimento, bem como as partes envolvidas (art. 134, §1º). Esse ato traz repercussão imediata ao devedor porque qualquer certidão requerida por aqueles que constarem no pedido do incidente terão certidão positiva e não mais negativa de feitos ajuizados.

Em dois momentos o CPC tratou da citação, primeiro no art. 134, §2º e, depois, no art. 135, e em ambos utiliza a expressão "o sócio ou a pessoa jurídica", dando claramente a entender que o incidente serve tanto para a desconsideração direta quanto inversa. O primeiro aspecto refere-se a uma possível limitação da desconsideração à figura do sócio ou da pessoa jurídica, olvidando o legislador da figura do administrador. De fato, tanto no CC, quanto no CDC e nos demais dispositivos que consagram a desconsideração é possível a sua aplicação para atingir também a figura dos administradores, os quais podem ou não ser sócios da pessoa jurídica. Se forem sócios, o problema segue resolvido, mas se não forem sócios, os chamados administradores não sócios,[16] então é caso de também se admitir a citação destes para eventualmente responderem ao incidente de desconsideração.

A desconsideração da personalidade jurídica afeta tanto a pessoa jurídica, quanto o sócio contra o qual se destina o pedido e, também, os demais sócios contra os quais não se destina o pedido. A título de exemplificação imagine-se a situação hipotética de uma pessoa jurídica do tipo sociedade empresária, composta por três sócios. Um deles se utiliza indevidamente da personalidade jurídica sem que os demais, necessariamente, tenham conhecimento desse fato.

Instaurado o incidente, o juízo determina a citação somente desse sócio. Tanto a pessoa jurídica, quanto os demais sócios sofrerão os efeitos da decisão que desconsidera a personalidade jurídica porque será atingida parcela do patrimônio que poderá impactar negativamente sobre a pessoa jurídica.

---

[16] Art. 1.061. A designação de administradores não sócios dependerá de aprovação da unanimidade dos sócios, enquanto o capital não estiver integralizado, e de 2/3 (dois terços), no mínimo, após a integralização.

Ademais, não há como confundir as esferas processuais do sócio e da pessoa jurídica. Com efeito, um dos reflexos da autonomia patrimonial é a autonomia processual, pois a pessoa jurídica é sujeito de direitos e obrigações, podendo demandar e ser demandada.

Essas considerações são necessárias porque o CPC, em seu art. 134, §2º, refere-se alternativamente à citação do sócio ou da pessoa jurídica. Nesse caso, a alternativa se dá única e exclusivamente em relação a quem já figura como parte no processo principal, e a quem deve ser trazido para responsabilização no incidente. Isso porque, tanto a pessoa jurídica quanto seus sócios, devem estar presentes no incidente de desconsideração, com a citação de todos porque sofrerão os efeitos do incidente.

Conclui-se que a citação é necessária para dar legitimidade ao incidente. Dessa forma, pelo princípio insculpido no art. 9º do CPC, acima referido, em nenhuma hipótese poderá haver o redirecionamento patrimonial da responsabilidade, seja para a sociedade, para o sócio, ou mesmo para o administrador não sócio, sem que sejam previamente citados para o exercício de sua ampla defesa no incidente de desconsideração da personalidade jurídica.

9.3.1.5 Decisão: seus efeitos e recorribilidade

O legislador definiu a natureza jurídica da decisão que resolve o incidente de desconsideração como sendo decisão interlocutória. Ainda, definiu o recurso cabível como sendo o agravo de instrumento (art. 1.015, IV, CPC), ao qual poderá ser atribuído efeito suspensivo, ou antecipados os efeitos da tutela, como a própria desconsideração negada em primeiro grau de jurisdição (art. 1.019, I, CPC).

Caso a desconsideração ocorra por decisão do relator em segundo grau de jurisdição (art. 932, VI), o recurso cabível será o agravo interno (art. 136).

Um dos efeitos da decisão que defere a desconsideração é o afastamento temporário da personificação e, consequentemente, da autonomia patrimonial, atingindo-se o patrimônio perseguido para responder pelo cumprimento das obrigações ou decisões judiciais proferidas em processo de conhecimento, cumprimento de sentença ou execução de título extrajudicial.

Nada obstante a regra processual, mister reconhecer a aplicabilidade do art. 1.026 do Código Civil.[17] Por força de referida norma de direito

---

[17] Art. 1.026. O credor particular de sócio pode, na insuficiência de outros bens do devedor, fazer recair a execução sobre o que a este couber nos lucros da sociedade, ou na parte que lhe tocar em liquidação.

material, a desconsideração da personalidade jurídica será desnecessária caso o credor particular de sócio faça com que a execução recaia sobre o que lhe couber nos lucros ou patrimônio suscetível de liquidação. Ou seja, se a sociedade possui três sócios e um deles é devedor de uma obrigação qualquer não relacionada com a sociedade, o seu credor poderá fazer com que a execução recaia sobre as quotas que ele detém, na medida em que configuram patrimônio suscetível de avaliação e expropriação, aplicando-se, contudo, as regras de direito societário.

Não obstante essa regra tenha sido aqui colacionada, não se trata de hipótese de desconsideração eis que, sendo o sócio devedor proprietário de quotas sociais lucrativas e suficientes para fazer frente à execução, ausente a necessidade de buscar o patrimônio social, com carência de interesse de agir.

Explica-se: as quotas e os lucros configuram patrimônio pessoal do sócio. Assim, caso a execução não recaia sobre os lucros, poderá levar-se à liquidação da quota com a sua transformação em pecúnia para depósito no juízo da execução.

Admitida a desconsideração, e caso ela venha a recair sobre bens da pessoa jurídica, alguns efeitos econômicos serão produzidos em desfavor dela, o que reforça o argumento de que tanto a pessoa jurídica, quanto seus sócios, sempre deverão ser citados.

9.3.2 Aplicação do incidente a todos os ramos do Direito

As regras de direito processual são aplicáveis a todos os ramos do Direito, direta ou indiretamente, todavia, no âmbito do Direito do Trabalho o tema tem suscitado inúmeras discussões.

Ben-Hur Silveira Claus afirma que *"no âmbito do subsistema jurídico trabalhista, a natureza especial desse ramo do direito exerce uma influência ainda maior na conformação do vínculo originário que se estabelece entre direito material e procedimento"* e que, por isso, *"o subsistema jurídico trabalhista brasileiro faz revelar, com notável intensidade, a relação ontológica desde sempre estabelecida entre o direito material* do trabalho e o direito *processual* do trabalho: à *urgência* do crédito trabalhista alimentar há de corresponder um procedimento *simplificado, célere* e *efetivo"*. (2015, p. 03-05).

Parágrafo único. Se a sociedade não estiver dissolvida, pode o credor requerer a liquidação da quota do devedor, cujo valor, apurado na forma do art. 1.031, será depositado em dinheiro, no juízo da execução, até noventa dias após aquela liquidação.

Ressaltando esse aspecto ímpar do Direito do Trabalho, tem-se ainda:

> Mesmo inexistente na Consolidação das Leis Trabalhistas, que é de 1943, a figura jurídica em questão é ampla e perfeitamente aplicável ao processo do trabalho, sobretudo a partir do argumento da proteção do empregado e, em última análise, para assegurar a efetividade da prestação jurisdicional, aspecto que, sem sombra de dúvida, deve pautar a conduta de um Estado Democrático de Direito, na vertente do Estado-juiz.
> Consoante o magistério de Süssekind (2010, p. 117), "o princípio protetor, ou da proteção do trabalhador, erige-se como o mais importante e fundamental para a construção, interpretação e aplicação do Direito do Trabalho", aduzindo o autor, outrossim, que a "proteção social dos trabalhadores constitui a raiz sociológica do Direito do Trabalho e é imanente a todo o seu sistema jurídico".
> Na quadra atual, por conta da inexistência de previsão na CLT, a adoção da teoria em comento na seara trabalhista dá-se, subsidiariamente, com amparo nos citados arts. 8º, parágrafo único, e 769 da CLT, desde que o emprego de tal recurso, evidentemente, seja compatível com os princípios trabalhistas, vale dizer, com a "raiz sociológica do Direito do Trabalho", na feliz expressão do mestre Süssekind, nisso residindo uma possível (e futura) problemática de ordem prática.

Ben-Hur Silveira Claus elenca um conjunto de justificativas para não haver aplicação do incidente no âmbito do processo trabalhista (2015), as quais são resumidamente apresentadas abaixo:

> a) Compatibilidade do processo civil à luz do art. 15, CPC, adequado ao processo trabalhista pelo art. 769 e 889, da CLT, naquilo que couber;
> b) A exigência de iniciativa da parte para promover a desconsideração da personalidade jurídica é incompatível com o processo do trabalho que se caracteriza pelo impulso oficial;
> c) A abertura do incidente de desconsideração importa suspensão do processo de execução com prejuízo ao andamento processual;
> d) A atribuição do ônus probatório ao credor trabalhista é incompatível com o princípio da proteção e da simplicidade das formas;
> e) A possibilidade do contraditório prévio esvazia o conteúdo da medida, com prejuízo à tutela executiva;
> f) A possibilidade de interposição de recurso imediato é incompatível com o direito do trabalho porque neste as decisões interlocutórias não são suscetíveis de recurso imediatamente.

Em outro trabalho, também se refuta a aplicação do incidente no processo trabalhista (CHAVES, 2015, p. 09):

Nota-se que houve a preocupação de se fixar regras para o procedimento de desconsideração, inclusive inversa, mas impôs, logo de saída, a necessidade de requerimento da parte ou do Ministério Público, aspecto que denota a dificuldade de avanço do processo comum na direção de um processo publicista, tingido pelo impulso oficial. Quanto a este aspecto, nenhuma projeção sobre o Processo do Trabalho, em razão do contido no art. 878 da CLT.

O art. 134 estabelece que o incidente é cabível em todas as fases, inclusive no cumprimento da sentença e na execução de título extrajudicial, o que implica indagar se o instituto da desconsideração é pressuposto de validade da integração do coobrigado no Processo do Trabalho.

Tenho que a resposta é negativa. Isso porque se trata de formalismo incompatível com a concentração de atos processuais que marca o Processo do Trabalho. Note-se que o §1º do art. 134 chega a determinar a constituição de autos apartados, na medida em que pressupõe distribuição.

De outro lado, a oportunidade de oferecer ao coobrigado prazo para apresentar defesa (art. 135), em 15 dias, decorre, antes de tudo, de garantia constitucional (art. 5º, LV, CF), ainda que entenda que, em alguns casos, essa garantia pode ser oportunizada de forma diferida, cedendo a medidas cautelares de arresto, sempre que o Juiz reputar como necessárias ao princípio do resultado.

Da doutrina mencionada, constata-se existir certo consenso junto ao Direito do Trabalho acerca da inaplicabilidade do incidente de desconsideração da personalidade jurídica, premissa que vem assentada na prevalência do princípio protetor sobre os princípios da ampla defesa e do contraditório.

Discordamos desse posicionamento em relação à justiça laboral uma vez que não há, na CLT, regra específica a respeito do procedimento de desconsideração da personalidade jurídica.

O direito processual do trabalho, e mesmo o direito material, dentro de suas especificidades e protecionismo, não podem derrogar regras importantes de outras áreas do direito, mais especificamente princípios de direito societário que tem sua razão de ser na proteção do investimento e na geração de riquezas. Em última análise, esse princípio deve ser observado na justiça laboral por ser o balanço entre a segurança jurídica do investimento e o fato gerador do emprego.

O sistema jurídico brasileiro é uno e deve ser lido à luz da constituição federal, a qual, em seu artigo 5º, LV, estabelece o princípio da ampla defesa e contraditório e no inciso LIV, afirma que ninguém será privado de seus bens sem o devido processo legal.

O artigo 8º da CLT, em seu parágrafo único, estabelece que "o direito comum será fonte subsidiária do direito do trabalho, naquilo em que não for incompatível com os princípios fundamentais deste", não havendo qualquer incompatibilidade, ainda que pautada no caráter alimentar e na efetividade do processo, que justifique a não observância do incidente de desconsideração da personalidade jurídica no âmbito do processo do trabalho.

As razões doutrinárias para o afastamento, em especial, o alegado impulso oficial do processo do trabalho, não derrogam a regra da desconsideração, até porque a execução trabalhista é precedida de uma fase de conhecimento. Admitir-se o pensamento externado nas lições doutrinárias antes mencionadas significa permitir o incidente na fase de conhecimento e não o admitir na fase da execução, que é quando ocorre a fase expropriatória de bens.

Ademais, o caráter de urgência não derroga o poder geral de cautela do juiz do trabalho, o qual pode proferir decisões liminares para efetividade da execução, as quais terão vigência enquanto durar o incidente de desconsideração.

9.4 Conclusão

À guisa de conclusão pode-se afirmar:

(a) A desconsideração importa no afastamento momentâneo e episódico da personalidade jurídica atribuída pelo Direito;

(b) O CPC admitiu a possibilidade da desconsideração inversa;

(c) Em razão do excesso de hipóteses de regulação da desconsideração, presentes em variados dispositivos legais, com formatos diferentes, embora seja possível encontrar traços comuns entre elas, enfraqueceu-a porque trouxe insegurança jurídica para os agentes econômicos que não conseguem encontrar parâmetros seguros para sua incidência, eis que tanto pode se dar pela teoria maior quanto pela teoria menor;

(d) Esse enfraquecimento se projeta principalmente sobre o princípio da autonomia patrimonial e a responsabilidade limitada;

(e) O fundamento central do incidente é a proteção e garantia ao contraditório e à ampla defesa, de fundo constitucional;

(f) A legitimação está confiada aos interessados em geral na responsabilização patrimonial, inclusive o Ministério Público nos casos em que pode intervir;

(g) Pode ser requerida no processo de conhecimento, no cumprimento da sentença e na execução fundada em título executivo extrajudicial, e o incidente ficará dispensado se o pedido vier na própria petição inicial;

(h) Sócios e pessoa jurídica deverão ser citados ou, ao menos, intimados para acompanhar o desenrolar do incidente, pois os efeitos da decisão podem atingir inclusive sócios e a pessoa jurídica societária que não estão diretamente envolvidos no processo que levou à responsabilização, procedimento que confere total legitimidade à decisão que vier a ser proferida;

(i) A decisão que resolve o incidente é interlocutória e pode ser recorrida através de agravo de instrumento;

(j) O incidente pode ser instaurado em sede recursal;

(k) A necessidade do incidente atinge todos os ramos do Direito, inclusive o Direito do Trabalho e Processual do Trabalho, sem prejuízo de medidas de cunho acautelatório, posto a finalidade do incidente que é o de atribuir segurança jurídica ao investimento, que gera riqueza necessária para o crescimento econômico e criação de postos de trabalho.

Essas são, em resumo, as conclusões do presente trabalho, que não pretendeu esgotar o tema, dada sua amplitude, mas discutir os impactos que as normas processuais civis geram no Direito Empresarial.

Referências

CLAUS, Ben-Hur Silveira. *O incidente de desconsideração da personalidade jurídica previsto no CPC 2015 e o Direito Processual do Trabalho*. 2015. Disponível em: <http://www.enamat.gov.br/wp-content/uploads/2015/11/TD14_Ben_Hur_Silveira_Claus_4_O-incidente-de-desconsidera%C3%A7%C3%A3o-da-personalidade-jur%C3%ADdica-previsto-no-novo-CPC.pdf>.

CHAVES, Luciano Athayde. *O novo Código de Processo Civil e o processo do trabalho*: uma análise sob a ótica do cumprimento da sentença e da execução forçada. 2015. Disponível em: <http://www.trt7.jus.br/escolajudicial/arquivos/files/busca/2015/Artigo_-_Revista_TST_-_Novo_CPC_-_Execuo_-_Processo_do_Trabalho_4_0__17_jul__2015_.pdf>.

COELHO, Fábio Ulhoa. *Desconsideração da personalidade jurídica*. São Paulo: RT, 1989.

COMPARATO, Fábio Konder. *O poder de controle na sociedade anônima*. São Paulo: RT, 1977.

GONÇALVES, Oksandro. *Desconsideração da personalidade jurídica*. Curitiba: Juruá, 2002.

GONÇALVES, Oksandro. Desconsideração da personalidade jurídica. In: COELHO, Fábio Ulhoa. (Org.). *Tratado de direito comercial*: introdução ao direito comercial e teoria geral das sociedades. São Paulo: Saraiva, 2015. v. 1.

GONÇALVES, Oksandro. A desconsideração da personalidade jurídica e o novo Código de Processo Civil. In: BRUSCHI, Gilberto Gomes. et al. (Org.). *Direito processual empresarial*. Rio de Janeiro: Elsevier, 2012.

GONÇALVES, Oksandro. O recoser da autonomia patrimonial e da responsabilidade limitada no Projeto do Novo Código Comercial. In: COELHO, Fábio Ulhoa; LIMA, Tiago Asfor Rocha; NUNES, Marcelo Guedes (Org.). *Reflexões sobre o projeto de código comercial*. São Paulo: Saraiva, 2013. v. 1.

JUSTEN FILHO. Marçal. *Desconsideração da personalidade societária no direito brasileiro*. São Paulo: RT, 1987.

OLIVEIRA, José Lamartine Corrêa de. *A dupla crise da pessoa jurídica*. São Paulo: Saraiva, 1979.

REQUIÃO, Rubens. Abuso de direito e fraude através da personalidade jurídica. *Revista dos Tribunais*, São Paulo, v. 410, p. 12-24, dezembro de 1969.

Informação bibliográfica deste texto, conforme a NBR 6023:2002 da Associação Brasileira de Normas Técnicas (ABNT):

GONÇALVES, Oksandro; COELHO, Helena de Toledo. O incidente de desconsideração da personalidade jurídica. In: RIBEIRO, Marcia Carla Pereira; CARAMÊS, Guilherme Bonato Campos (Coord.). *Direito empresarial e o CPC/2015*. 2. ed. rev., ampl. e atual. Belo Horizonte: Fórum, 2018. p. 179-195. ISBN 978-85-450-0523-0.

CAPÍTULO 10

PERSPECTIVAS DO INCIDENTE DE DESCONSIDERAÇÃO DA PERSONALIDADE JURÍDICA DO CPC/2015 E SUA APLICAÇÃO NO PROCESSO DO TRABALHO

João Glicério de Oliveira Filho
Bárbara Victória Müller Marchezan

10.1 Introdução

O empreendedorismo é elemento essencial para o desenvolvimento econômico e social de uma nação. De fato, as atividades empresariais constituem os principais setores de produção de qualquer sociedade e permite o acesso das pessoas aos mais diversos bens e serviços. E é por meio da associação de indivíduos dispostos a investir tempo, energia e dinheiro que surgem os mais produtivos empreendimentos.

No entanto, ao reunir indivíduos com ideias e motivações distintas, esses agrupamentos societários faziam surgir riscos que poucos estavam dispostos a assumir – afinal, cada componente teria que responder por atos realizados também por seus sócios. É nesse contexto que surge a pessoa jurídica, que, com patrimônio autônomo em relação a qualquer um de seus membros, diminui consideravelmente a responsabilidade e, consequentemente, os riscos assumidos por seus integrantes.

A personalidade jurídica, no entanto, ao limitar a responsabilidade dos sócios, termina por servir como subterfúgio para a realização de fraudes e para o enriquecimento ilícito. Visando a evitar essa fraude, incluiu-se no Direito brasileiro a possibilidade de desconsideração da personalidade jurídica, prevista genericamente no artigo 50 do Código

Civil de 2002. Até pouco tempo, contudo, o ordenamento jurídico pátrio era lacunoso de uma regulação procedimental do instituto.

E foi o Código de Processo Civil de 2015 que solucionou o problema, inovando ao regulamentar a desconsideração da personalidade jurídica. O incidente para discussão da matéria está previsto no título relativo à intervenção de terceiros, indicando assim a preocupação do diploma legal em assegurar o contraditório prévio dos envolvidos e, consequentemente, o respeito ao devido processo legal.

Isso porque, conforme será demonstrado, a jurisprudência frequentemente utilizava o instituto sem a observância de qualquer garantia processual, admitindo inclusive a desconsideração *ex officio*. Nesse sentido, buscar-se-á analisar os principais impactos e perspectivas do incidente em suas especificidades para a atividade empresária, bem como a questão da compatibilidade do incidente de desconsideração da personalidade jurídica com o Processo do Trabalho.

10.2 Personalidade jurídica e desconsideração

A personalidade jurídica tem por escopo, entre seus efeitos práticos, a preservação da autonomia processual e obrigacional das partes envolvidas, bem como a limitação da responsabilidade de empreendedores. Em outras palavras, a função da pessoa jurídica está na criação de um centro de interesse autônomo em relação às pessoas que lhe deram origem, de modo que a estas não possam ser imputadas as condutas, os direitos e os deveres daquela (COMPARATO, 2005).

Entre as principais vantagens do instituto está a diminuição dos riscos inerentes à atividade empresarial, vez que o patrimônio da pessoa jurídica não se confundirá com o patrimônio das pessoas que a compõem. Por esse meio, a legislação buscou incentivar a iniciativa empresarial e consequentemente o desenvolvimento econômico. Separam-se os direitos e as obrigações da sociedade empresária daqueles pertencentes aos seus sócios, atribuindo a cada uma das partes autonomia patrimonial e processual.

Nesse cenário, a desconsideração da personalidade jurídica (ou *disregard doctrine*) surge como corolário do princípio da boa-fé. Para aquele que se utiliza da pessoa jurídica para fins ilícitos, não é facultado se beneficiar da proteção patrimonial oferecida pelo instituto. De fato, a proteção do sócio que se utiliza da sociedade para alcançar fins ilícitos seria uma contradição aos princípios que regem genericamente o Direito.

A origem do instituto remete ao caso inglês Salomon *vs* A. Salomon & Co Ltd., o qual serve como *leading case* para a criação da

Disregard Doctrine, também chamada de *Disregard of Legal Entity*. No Brasil, a discussão teve seu início com o discurso de Rubens Requião em *Abuso de Direito e Fraude através da pessoa jurídica*,[1] em conferência realizada na Faculdade de Direito da Universidade Federal do Paraná, no ano de 1969.

Na visão de Suzy Elizabeth Cavalcante Koury, a aplicação dessa doutrina impediria o divórcio entre o direito e a realidade, permitindo que se ignore a personalidade jurídica nos casos em que sua manutenção levasse a soluções contrárias à sua função e aos princípios consagrados no ordenamento jurídico (KOURY, 1998). Assim, entende-se que a autonomia existente entre pessoa jurídica e pessoa física não é absoluta, e deverá ser relativizada sempre que verificados os requisitos previstos em lei.[2] Nas palavras de Gama e Brasil (2009):

> (...) partindo para a análise da redação final do art. 50, o qual foi objeto de diversas emendas durante a tramitação do projeto, percebe-se que ele foi influenciado pela teoria objetivista de Fábio Konder Comparato, mencionando desvio de finalidade e a confusão patrimonial como razões para a desconsideração. É necessário ressalvar, todavia, que ambas as situações são apenas presunções do abuso de personalidade, este sim, o verdadeiro fundamento da aplicação da teoria, mostrando-se o art. 50 como cláusula aberta.

O instituto é regulado de maneira distinta, apresentando requisitos que variam conforme a natureza da infração cometida. O Código Civil, *e.g.*, prevê como causas à desconsideração o desvio de finalidade e a confusão patrimonial.[3] O Código de Defesa do Consumidor é significativamente mais amplo, abrangendo também os casos de má administração e falência.[4]

A Lei de Crimes Ambientais é ainda mais rigorosa com os sócios da pessoa jurídica infratora, prevendo que nos casos de dano ambiental a personalidade deverá ser desconsiderada sempre que servir

---

[1] REQUIÃO, Rubens. Abuso de direito e fraude através da personalidade jurídica "Disregard Doctrine". In: FRANÇA, Limongi. *Enciclopédia Saraiva do Direito*. São Paulo, 1977. v. 2, p. 58-77.

[2] Art. 133, §1º. Código de Processo Civil. Lei nº 13.105 de 16 de março de 2015. Disponível em: <http://www.planalto.gov.br/ccivil_03/_ato2015-2018/2015/lei/l13105.htm>. Acesso em: 15 ago. 2016.

[3] Art. 50. Código Civil. Lei nº 10.406, de 10 de janeiro de 2002. Brasília: Senado, 2002.

[4] Art. 28. Código de Defesa do Consumidor. Disponível em: <http://www.planalto.gov.br/ccivil_03/leis/L8078.htm>. Acesso em: 15 ago. 2016.

de obstáculo à reparação do dano material.[5] Para a desconsideração, portanto, é bastante a insuficiência material da entidade personalizada para reparar o dano. A CLT[6] e a Lei Antitruste[7] são outros diplomas legais que tratam da possibilidade de aplicação da *disregard doctrine*.

Cabe destacar que a desconsideração não implica uma relativização da personalidade jurídica, mas uma evolução no sentido de preservar o instituto e seus objetivos. É nesse sentido que ensina André Pagani de Souza (2009):

> A teoria da desconsideração da personalidade jurídica jamais propugnou pelo fim da pessoa jurídica. Ao contrário, foi criada em prol da pessoa jurídica e procura preservá-la ao máximo, zelando pela sua continuidade sempre que possível.

Nesse sentido, a desconsideração da personalidade jurídica não objetiva desconstituir a pessoa jurídica, mas sim, resguardá-la. Sua existência é preservada e suas operações são retomadas assim que os prejuízos causados a terceiros ou a interesses do Estado sejam restituídos (BOTTAM, 2001). Não se ataca, vale frisar, a validade dos atos constitutivos da pessoa jurídica, mas tão somente a sua eficácia em relação a obrigações específicas, relacionadas a atos abusivos ou ilegais.

Entretanto, para que a possibilidade de desconsideração da personalidade jurídica não ameace a segurança jurídica proporcionada à atividade empresária e sirva como instrumento ampliador da responsabilidade dos sócios, faz-se necessária a aplicação precisa do instituto. Nas palavras de Maria de Fátima Ribeiro (2012):

> Esse rigor manifesta-se no facto de todos os autores referidos partirem da realidade que representa personalidade jurídica da pessoa colectiva, realidade que, uma vez reconhecida pelo ordenamento jurídico, não pode ser posta em causa a cada passo, em nome da busca da justiça do caso concreto (no fundo, da "equidade"); tal orientação representaria uma incoerência do próprio sistema jurídico e acabaria por levar a uma verdadeira crise do instituto da pessoa colectiva.

É justamente nesse sentido que a previsão trazida pelo CPC/2015 é benéfica à atividade empresária.

---

[5] Art. 4º. Lei nº 9.605/98 (Lei de Crimes Ambientais). Disponível em: <http://www.planalto.gov.br/ccivil_03/leis/L9605.htm>. Acesso em: 15 ago. 2016.

[6] Consolidação das Leis do Trabalho. Disponível em: <http://www.planalto.gov.br/ccivil_03/decreto-lei/Del5452.htm>. Acesso em: 15 ago. 2016.

[7] Art. 34. Lei nº 12.529/11 (Lei Antitruste). Disponível em: <http://www.planalto.gov.br/ccivil_03/_ato2011-2014/2011/Lei/L12529.htm>. Acesso em: 15 ago. 2016.

10.3 Perspectivas do Incidente de Desconsideração da Personalidade Jurídica previsto no CPC/2015

O diploma processual civil regulamentado pela Lei nº 13.105 de 16 de março de 2015 foi certeiro ao valorizar a *disregard doctrine* e prever um incidente próprio para uniformizar seu tratamento processual. Para que fique demonstrada a relevância da inovação legislativa, faz-se necessária uma investigação mais detalhada acerca das principais mudanças promovidas pelo novo CPC em relação à desconsideração, bem como suas principais consequências.

10.3.1 Instrumentalização do Direito Material

A desconsideração da personalidade jurídica possui indiscutível importância enquanto instrumento de efetividade do direito material. Por outro lado, muito embora amplamente utilizada jurisprudencialmente, a possibilidade de desconsideração da personalidade jurídica carecia de regulamentação processual. Como resultado, ainda que os requisitos materiais para a desconsideração estivessem claramente presentes, cada juízo terminava por tratar a desconsideração de forma própria.

A bem da verdade, a ampla previsão legislativa para o *disregard*, com abordagens distintas nos mais diversos diplomas legais, terminava por gerar inseguranças quanto à aplicação judicial da doutrina. Afinal, "a previsão legislativa sobre determinado tema, quando repetida muitas vezes em textos legislativos diversos, ao invés de gerar estabilidade, previsibilidade e uniformidade de tratamento sobre a matéria, acaba resultando no inverso" (SAMPAIO, 2015).

Com o advento de expressa regulamentação processual, os requisitos para a desconsideração continuaram a ser disciplinados pelos mesmos diplomas materiais anteriores. Todavia, o procedimento foi uniformizado e tratado com um incidente, fazendo com que esses requisitos sejam pressupostos necessários para a admissibilidade do pedido de desconsideração.

> Art. 133. (...).
> §1º O pedido de desconsideração da personalidade jurídica observará os pressupostos previstos em lei (...).
> §4º O requerimento deve demonstrar o preenchimento dos pressupostos legais específicos para desconsideração da personalidade jurídica.

Ou seja, em caso de não preenchimento dos requisitos da matéria envolvida, o pedido deverá ser indeferido liminarmente. Sobre este ponto, importante lembrar que, nos termos do Código de Processo Civil de 2015, somente são agraváveis as decisões interlocutórias expressamente indicadas pela lei. Visto que o incidente será resolvido por meio de decisão interlocutória, caberá agravo de instrumento de acordo com o art. 1.015, IV, do CPC.

O CPC/2015 regulamentou ainda a chamada desconsideração da personalidade jurídica inversa,[8] que apesar de ainda não prevista pela legislação pátria, já vinha sendo frequentemente admitida nos tribunais superiores, conforme Recurso Especial 948.117/MS[9] e Recurso Especial 1.236.916/RS.[10] Nos termos estipulados por este último julgado, "é possível a desconsideração inversa da personalidade jurídica sempre que o cônjuge ou companheiro empresário valer-se de pessoa jurídica por ele controlada, ou de interposta pessoa física, a fim de subtrair do outro cônjuge ou companheiro direitos oriundos da sociedade afetiva".

Nessa hipótese, busca-se atingir o patrimônio da sociedade nos casos em que o sócio tenha se utilizado da personalidade jurídica para ocultar bens e esvaziar seu patrimônio pessoal. Contrariamente ao que ocorre na desconsideração comum, aqui a pessoa jurídica responderá por dívida contraída por seu sócio, e não o sócio por dívida contraída pela sociedade.

10.3.2 Respeito ao Devido Processo Legal

Antes das mudanças promovidas pelo novo CPC sobre o Direito Processual, pouca segurança possuíam as partes envolvidas quanto aos trâmites da desconsideração da pessoa jurídica. Assim, a inclusão de um incidente específico para a realização do procedimento permite maior respeito às garantias constitucionais processuais, especialmente no que tangencia o exercício do contraditório pelo terceiro envolvido.

Com efeito, nos termos do artigo 133 do CPC, "o incidente de desconsideração da personalidade jurídica será instaurado a pedido da parte ou do Ministério Público, quando lhe couber intervir no processo". Dessa forma, o sócio ou a sociedade serão citados e ingressarão no

---

[8] Art. 133, §2º. Código de Processo Civil. Lei nº 13.105, de 16 de março de 2015. Disponível em: <http://www.planalto.gov.br/ccivil_03/_ato2015-2018/2015/lei/l13105.htm>. Acesso em: 15 ago. 2016.

[9] REsp 948.117-MS, Rel. Ministra Nancy Andrighi, Terceira Turma, DJe 03.08.2010.

[10] REsp 1.236.916/RS, Rel. Ministra Nancy Andrighi, Terceira Turma, julgado em 22.10.2013, DJe 28.10.2013.

processo ocupando a posição de litisconsorte passivo, eliminando-se a possibilidade de instauração da desconsideração *ex officio*.

A necessidade de citação do terceiro envolvido, incluída expressamente pelo artigo 135 do CPC/2015, contraria o entendimento jurisprudencial anterior, segundo o qual a intimação seria suficiente para que o contraditório fosse assegurado.[11] O novo procedimento inova ao impor a necessária ampliação subjetiva da lide, vez que pela intimação o demandado não se tornava sujeito do processo.

Quando da legislação processual anterior, o Superior Tribunal de Justiça admitia a desconsideração sem prévia citação daqueles que viriam a sofrer os efeitos da decisão, enfraquecendo a possibilidade de ampla defesa. Como resultado, havia casos em que patrimônios eram atingidos sem que o interessado pudesse participar do processo que gerou tal consequência:

> Esta Corte firmou entendimento de que é prescindível a citação prévia dos sócios para a desconsideração da personalidade jurídica da sociedade empresária, sendo forçosa a demonstração do efetivo prejuízo advindo do contraditório diferido.[12]

Com a citação do requerido no incidente, abre-se oportunidade para que o sócio ou a sociedade envolvidos apresentem defesa e produzam as provas cabíveis.[13] Aqui, nota-se a evolução proporcionada pela criação do incidente no que concerne ao respeito ao contraditório, à ampla defesa e ao devido processo legal, princípios constitucionais que devem pautar o Direito Processual brasileiro.

Percebe-se, novamente, a importância da regulamentação processual da desconsideração, de modo a proporcionar um modelo constitucional de processo e conferir legitimidade democrática à decisão judicial (CÂMARA, 2015). Nas palavras de Paulo Roberto Pegoraro Júnior (2015):

> Ao se assegurar a oportunidade de produção de provas, pelo sócio, este terá a possibilidade de comprovar que não praticou atos que configurem desvio de finalidade ou confusão patrimonial, coisa que não vinha

---

[11] REsp 1.193.789/SP, Rel. Ministro Raul Araújo, Quarta Turma, DJe 29.08.2013.
[12] REsp 1.096.604/DF, Rel. Ministro Luis Felipe Salomão, Quarta Turma, julgado em 02.08.2012, DJe 16.10.2012 e AgRg no REsp 1.459.831/MS, Rel. Ministro Marco Aurélio Bellizze, Terceira Turma, julgado em 21.10.2014, DJe 28.10.2014.
[13] Art. 135. Código de Processo Civil. Lei nº 13.105, de 16 de março de 2015. Disponível em: <http://www.planalto.gov.br/ccivil_03/_ato2015-2018/2015/lei/l13105.htm>. Acesso em: 15 ago. 2016.

sendo admitida de modo diferido, ainda mais no âmbito da estreita via probatória da execução, onde é evidente a limitação quanto à produção de provas que não sejam de natureza documental.

Uma análise perfunctória poderia concluir que a citação prévia ameaça o resultado útil do processo, visto que garantiria ao terceiro o tempo necessário para promover alienações e outras medidas que elidissem a execução. Entretanto, tal risco pode ser facilmente evitado por meio de mecanismos como a medida cautelar – meio menos gravoso à proteção dos bens jurídicos envolvidos e adequado para assegurar a eficácia do procedimento executório.

O CPC/2015 antecipa-se à discussão, prevendo em seus artigos 134, 137 e 792[14] que qualquer oneração posterior à citação será ineficaz em relação ao requerente:

> Art. 134. (...)
> §1º A instauração do incidente será imediatamente comunicada ao distribuidor para as anotações devidas.
> Art. 137. Acolhido o pedido de desconsideração, a alienação ou a oneração de bens, havida em fraude de execução, será ineficaz em relação ao requerente.
> Art. 792. (...)
> §3º Nos casos de desconsideração da personalidade jurídica, a fraude à execução verifica-se a partir da citação da parte cuja personalidade se pretende desconsiderar.

Portanto, tornam-se ineficazes todos os atos de alienação e oneração praticados pelo requerido após a citação, independentemente de má-fé. Com efeito, realizadas as anotações devidas, não caberá a presunção de boa-fé por qualquer um dos envolvidos, ainda que resguardado o direito de oposição de embargos de terceiro.[15]

Percebe-se, desse modo, que os adventos do novo diploma processual foram extremamente benéficos à atividade empresarial. A previsão de uma estrutura procedimental para tratar da desconsideração, bem como a ampliação subjetiva do processo e do contraditório, garante

---

[14] Art. 137 e 134, 1º. Código de Processo Civil. Lei nº 13.105, de 16 de março de 2015. Disponível em: <http://www.planalto.gov.br/ccivil_03/_ato2015-2018/2015/lei/l13105.htm>. Acesso em: 15 ago. 2016.

[15] Art. 792, 4º. Código de Processo Civil. Lei nº 13.105 de 16 de março de 2015. Disponível em: <http://www.planalto.gov.br/ccivil_03/_ato2015-2018/2015/lei/l13105.htm>. Acesso em: 15 ago. 2016.

maior cuidado em relação ao patrimônio dos envolvidos e assegura maior segurança jurídica às relações empresariais.

Conforme anteriormente demonstrado, vale salientar, a desconsideração da personalidade jurídica tem por intuito a preservação da personalidade jurídica, impedindo a sua má utilização. Dessa forma, a proteção da pessoa jurídica contra turbações indevidas em sua autonomia patrimonial implica, indiretamente, o resguardo do próprio crescimento econômico proporcionado pela atividade empresarial.

10.4 Aplicabilidade do Incidente ao Processo do Trabalho

A desconsideração da personalidade jurídica constitui instrumento de indiscutível importância no âmbito da Justiça do Trabalho. São inúmeros os procedimentos de execução frustrados diante da falta de recursos da sociedade devedora, em razão de conduta ilícita perpetrada pelos sócios. Entretanto, as inovações trazidas pelo CPC/2015 acerca do *disregard* divergem opiniões quanto à aplicabilidade do respectivo incidente na seara trabalhista.

Para que normas de processo comum sejam aplicadas na Justiça do Trabalho, estas devem ser compatíveis com as singularidades e os fundamentos que regem o Direito Processual do Trabalho, conforme dispõe o art. 769 da CLT (SCHIAVI, 2015). Especificamente em relação ao novo CPC, assim dispõe a Instrução Normativa nº 39/2016 do Tribunal Superior do Trabalho:

> Art. 1º Aplica-se o Código de Processo Civil, subsidiária e supletivamente, ao Processo do Trabalho, em caso de omissão e *desde que haja compatibilidade* com as normas e princípios do Direito Processual do Trabalho, na forma dos arts. 769 e 889 da CLT e do art. 15 da Lei nº 13.105, de 17.03.2015 [*destaque nosso*].

Esse é ponto que tem sido objeto de forte divergência na doutrina. A opinião majoritária dos aplicadores do direito na Justiça do Trabalho parece ser a de que o incidente de desconsideração não estaria abarcado pelo art. 769 da CLT. Em outras palavras, não seria possível a aplicação do incidente dentro do processo trabalhista por falta de compatibilidade.

Essa posição é sustentada, sobretudo, por alegada observância aos princípios da indisponibilidade do Direito do Trabalho, da efetividade da jurisdição, do impulso oficial, da concentração de atos e da informalidade. A vedação à instauração de ofício, a previsão de citação e contraditório prévio, a suspensão do incidente, a cognição exauriente com atribuição de ônus de prova ao credor quanto aos pressupostos legais e a previsão de recurso autônomo imediato à decisão interlocutória seriam exemplos de circunstâncias incompatíveis com a simplicidade do processo justrabalhista.

A regulação da desconsideração da personalidade jurídica não prestigia a celeridade e deixa evidente a preocupação em proteger o devedor, em contrariedade ao que habitualmente se verifica no âmbito processual do Trabalho. Por outro lado, a indiscutível qualidade técnica da inovação legal, que prestigia princípios processuais constitucionais, faz com que sua aplicação seja, para muitos aplicadores, impositiva.

É justamente nesse ponto que, na visão de Ben-Hur Silveira Claus (2016), cria-se uma tensão hermenêutica entre os operadores jurídicos de processo civil e do processo trabalhista, quando examinada a aplicação em casos concretos do instituto da desconsideração da personalidade jurídica. E não poderia ser diferente, na medida em que – conforme entendemos – cada subsistema jurídico possui suas próprias especificidades, resguardadas pelos princípios atinentes ao sistema de que faz parte.

Entretanto, antevendo a discussão quanto à aplicação subsidiária do CPC/2015 na seara trabalhista, o Tribunal Superior do Trabalho editou a supracitada Instrução Normativa nº 39/2016, determinando a aplicação do incidente de desconsideração da personalidade jurídica com algumas ressalvas:

> Art. 6º Aplica-se ao Processo do Trabalho o incidente de desconsideração da personalidade jurídica regulado no Código de Processo Civil (arts. 133 a 137), assegurada a iniciativa também do juiz do trabalho na fase de execução (CLT, art. 878).
> §1º Da decisão interlocutória que acolher ou rejeitar o incidente:
> I – na fase de cognição, não cabe recurso de imediato, na forma do art. 893, §1o da CLT;
> II – na fase de execução, cabe agravo de petição, independentemente de garantia do juízo;
> III – cabe agravo interno se proferida pelo Relator, em incidente instaurado originariamente no tribunal (CPC, art. 932, inciso VI).
> §2º A instauração do incidente suspenderá o processo, sem prejuízo de concessão da tutela de urgência de natureza cautelar de que trata o art. 301 do CPC.

Apesar da ausência de caráter vinculante e das severas críticas sofridas, é inegável a importância da mencionada Instrução Normativa, que diminui os prejuízos causados pela celeuma hermenêutica. Os verdadeiros impactos promovidos pela criação do incidente de desconsideração da pessoa jurídica, entretanto, ainda serão sentidos pela Justiça do Trabalho, deparada agora com o desafio de implementar o mecanismo de resguarda do devido processo legal, sem contudo permitir a emergência de retrocessos na ciência trabalhista.

10.5 Conclusão

O instituto da desconsideração da personalidade jurídica busca evitar que a personalidade jurídica tenha sua finalidade desviada ou utilizada para abusos e fraudes, afastando a autonomia patrimonial e atingindo o patrimônio dos sócios para satisfação de terceiro lesado. Trata-se de instituto que busca preservar a entidade personalizada, permitindo a sua manutenção diante de práticas abusivas por seus sócios.

Assim, o advento do novo diploma processual traz consigo um panorama extremamente benéfico à atividade empresarial no que concerne ao incidente de desconsideração da personalidade jurídica. Embora amplamente abordada pela legislação e pela jurisprudência, a matéria carecia de regulamentação processual na medida em que se verificavam diversas distorções quanto à sua aplicação.

A implementação de uma estrutura procedimental específica, que deverá ser seguida sempre que verificados os requisitos necessários, inaugura uma nova etapa na aplicação da *disregard doctrine* pelo Direito brasileiro. É possível vislumbrar, agora, a construção de um cenário de maior respeito às garantias constitucionais processuais.

A adoção de um modelo constitucional de processo, a necessidade de citação, a garantia do contraditório e a ampliação subjetiva do processo constituem fatores que contribuem para a segurança jurídica nas relações empresariais. Protege-se, assim, a pessoa jurídica de turbações indevidas na sua autonomia patrimonial, indiretamente resguardando o próprio crescimento econômico através da atividade empresarial.

Referências

ALMEIDA, Cleber Lúcio de. Incidente de desconsideração da personalidade jurídica. In: MIESSA, Elisson (Org.). *Novo Código de Processo Civil e seus reflexos no processo do trabalho.* Salvador: Juspodivm, 2015.

BOTTAN, Antonio Carlos. A desconsideração da personalidade jurídica: Disregard Doctrine. *Cidadania e Justiça*, Rio de Janeiro, ano 5, n. 10, p. 126-31, 2001.

BRASIL. *Código Civil. Lei nº 10.406*, de 10 de janeiro de 2002. Brasília: Senado, 2002.

BRASIL. *Código de Processo Civil. Lei nº 13.105*, de 16 de março de 2015. Disponível em: <http://www.planalto.gov.br/ccivil_03/_ato2015-2018/2015/lei/l13105.htm>. Acesso em: 15 ago. 2016.

BRASIL. *Constituição (1988)*. Constituição da República Federativa do Brasil. Brasília: Senado, 1988.

BRASIL. *Instrução Normativa nº. 39/2016*. Brasília: Tribunal Superior do Trabalho. Disponível em: <http://www.tst.jus.br/documents/10157/429ac88e-9b78-41e5-ae28-2a5f8a27f1fe>.

CÂMARA, Alexandre Freitas. Do incidente de desconsideração da personalidade jurídica. In: WAMBIER, Teresa Arruda Alvin. et al. *Breves Comentários ao CPC*. São Paulo: Revista dos Tribunais, 2015.

CLAUS, Ben-Hur Silveira. Execução trabalhista: da desconsideração clássica à desconsideração inversa da personalidade jurídica. *Revista do Tribunal Regional do Trabalho da 4ª Região*, Porto Alegre, n. 42, 2014.

CLAUS, Ben-Hur Silveira. *O incidente de desconsideração da personalidade jurídica previsto no CPC 2015 e o Direito Processual do Trabalho*. Disponível em: <http://www.enamat.gov.br/wp-content/uploads/2015/11/TD14_Ben_Hur_Silveira_Claus_4_O-incidente-de-desconsideracao-da-personalidade-jur%C3%ADdica-previsto-no-novo-CPC.pdf>. Acesso em: 15 ago. 2016.

COMPARATO, Fábio Konder; SALOMÃO FILHO, Calixto. *O poder de controle na sociedade anônima*. 4. ed. Rio de Janeiro: Forense, 2005.

DELGADO, Gabriela Neves; DUTRA, Renata Queiroz. A aplicação das convenções processuais do novo CPC ao Processo do Trabalho na perspectiva dos direito fundamentais. In: MIESSA, Elisson (Org.). *Novo Código de Processo Civil e seus reflexos no Processo do Trabalho*. Salvador: Juspodivm, 2015.

DIDIER JR., Fredie; CUNHA, Leonardo Carneiro. *Curso de direito processual civil*. 15 ed. Salvador: Juspodivm, 2016. v. 3.

GAMA, Guilherme C. N.; BRASIL, Deilton R. Aspectos Relevantes (materiais e processuais) da teoria da desconsideração da personalidade jurídica. In: GAMA, Guilherme Calmon Nogueira. *Desconsideração da personalidade da pessoa jurídica*: visão crítica da jurisprudência. São Paulo: Atlas, 2009.

HOOD, Parker. Salomon's case and the single bussinnes organization. *Journal Bussiness Law*, p. 58-61, jan. 2001.

HOWELL, Claire. *Salomon under attack*. Company Lawyer, v. 21, n. 10, p. 310-314, 2000.

JUSTEN FILHO, Marçal. *Desconsideração da personalidade societária no direito brasileiro*. São Paulo: RT, 1987.

KOURY, Susy Elizabeth Cavalcante. *A desconsideração da personalidade jurídica (disregard doctrine) e os grupos de empresas*. 2. ed. Rio de Janeiro: Forense, 1998.

NERY JUNIOR, Nelson. *Comentários ao código de processo civil: novo CPC – Lei 13.015/2015*. São Paulo: Revista dos Tribunais, 2015.

PEGORARO JUNIOR, Paulo Roberto. A desconsideração da personalidade jurídica no Novo Código de Processo Civil. *Revista Eletrônica de Direito Processual – REDP*, v. 16,

p. 436-448, jul./ dez 2015. Disponível em: <http://www.e-publicacoes.uerj.br/index.php/redp/article/view/16930>. Acesso em: 15 ago. 2016.

REQUIÃO, Rubens. Abuso de direito e fraude através da personalidade jurídica "Disregard Doctrine". In: FRANÇA, Limongi. *Enciclopédia Saraiva do Direito*. São Paulo, 1977. v. 2, p. 58-77.

RIBEIRO, Maria de Fátima. *A tutela dos credores da sociedade por quotas e a "desconsideração da personalidade jurídica"*. Coimbra: Almedina, 2012.

SAMPAIO, Marcos Vinicius de Abreu. Do incidente de desconsideração da personalidade jurídica. In: WAMBIER, Teresa Arruda Alvim. et al. *Temas essenciais do Novo CPC*. São Paulo: Revista dos Tribunais, 2015.

SCHIAVI, Mauro. A aplicação supletiva e subsidiária do Código de Processo Civil ao processo do trabalho. In: MIESSA, Elisson (Org.). *Novo Código de Processo Civil e seus reflexos no Processo do Trabalho*. Salvador: Juspodivm, 2015.

SOUZA, André Pagani. *Desconsideração da personalidade jurídica*: aspectos processuais. São Paulo: Saraiva, 2009.

Informação bibliográfica deste texto, conforme a NBR 6023:2002 da Associação Brasileira de Normas Técnicas (ABNT):

OLIVEIRA FILHO, João Glicério de; MARCHEZAN, Bárbara Victória Müller. Perspectivas do incidente de desconsideração da personalidade jurídica do CPC/2015 e sua aplicação no processo do trabalho. In: RIBEIRO, Marcia Carla Pereira; CARAMÊS, Guilherme Bonato Campos (Coord.). *Direito empresarial e o CPC/2015*. 2. ed. rev., ampl. e atual. Belo Horizonte: Fórum, 2018. p. 197-209. ISBN 978-85-450-0523-0.

CAPÍTULO 11

O VALOR DA PRESERVAÇÃO DA EMPRESA NO NCPC E SUA PROTEÇÃO ATRAVÉS DA ATUAÇÃO COOPERATIVA ENTRE MAGISTRADOS (ANÁLISE DO ART. 69, §2º, IV)

Sabrina Maria Fadel Becue

11.1 Introdução

O novo Código de Processo Civil trouxe mudanças sensíveis para o campo do direito empresarial. Nem todas anunciam resultados positivos e, provavelmente, exigirão um grande esforço doutrinário e jurisprudencial para compatibilização de suas novas regras com as leis vigentes.

No entanto, a previsão do art. 69, §2º, IV do CPC/2015 merece aplausos. A regra formalizou a cooperação entre magistrados e, especificamente, fomenta que sejam tomadas medidas e providências entre os órgãos julgadores para a recuperação e preservação da empresa. Estabeleceu-se, aqui, um elo entre as normas de Direito Material e sua plena efetivação por meio do procedimento judicial.

Os magistrados já exercem um papel de protagonistas na compreensão, integração e proteção da empresa, sobretudo nos críticos momentos de dificuldade financeira. A institucionalização da cooperação nacional amplia o alcance dos órgãos do Judiciário na missão de preservar a empresa.

Este artigo propõe-se a esmiuçar o tema, pontuando sobre o valor constitucional da empresa, o que justifica sua ampla proteção não apenas por meio de regras de direito material, mas também por um procedimento judicial dinâmico, célere e atento à função social desempenhada pela empresa. A segunda parte volta os olhos à definição de processo civil cooperativo e seu significado em relação ao agir dos magistrados para, ao final, sugerir que a cooperação jurisdicional poderá contribuir na solução de conflitos de competência, atenuando a litigiosidade e os atrasos que provocam na condução do processo.

11.2 Preservação da empresa: um valor constitucional

A Lei nº 11.101/2005 recentemente completou uma década de existência, mas aquela que foi sua maior inovação – afirmação do princípio da preservação da empresa – continua sendo festejada, sobretudo nestes tempos de grave crise econômica. O princípio da preservação da empresa está consagrado tanto por meio dos procedimentos próprios de reabilitação (recuperação judicial e extrajudicial), quanto na nova roupagem da falência, agora também destinada a "preservar e otimizar a utilização produtiva dos bens, ativos e recursos produtivos, inclusive os intangíveis, da empresa" (art. 75) (TOLEDO, 2009).

Apesar do tardio despertar da legislação concursal, a doutrina especializada há muitas décadas já ressaltava a indispensabilidade de um tratamento voltado para investigar as causas da crise e permitir o saneamento da atividade, caso seja possível, ou uma rápida liquidação; objetivos esses a que os institutos previstos no Decreto-lei nº 7.661 não atendiam (REQUIÃO, 1974). A Lei nº 11.101/2005, em seu art. 47,[1] expressa claramente a finalidade dos meios recuperatórios, qual seja, a "superação da situação de crise econômico-financeira do devedor" e vai além, segundo Paulo Toledo (2005), ao enumerar fins mediatos e imediatos, a partir de uma disposição lógica e coerente de seus objetivos e resultados pretendidos. O objetivo maior (suplantar a crise) depende, primeiro, da possibilidade de manutenção de fonte produtora que, como consequência imediata, permitirá a preservação de postos de trabalho e com o progresso da atividade empresarial, naturalmente, serão atendidos os interesses dos credores "não apenas pelo recebimento dos créditos, mas, o que é mais importante, pela possibilidade de geração de novos lucros com outros negócios a serem feitos com a empresa recuperada" (TOLEDO, 2005, p. 102). A parte derradeira do artigo indica três valores

---

[1] Art. 47. A recuperação judicial tem por objetivo viabilizar a superação da situação de crise econômico-financeira do devedor, a fim de permitir a manutenção da fonte produtora, do emprego dos trabalhadores e dos interesses dos credores, promovendo, assim, a preservação da empresa, sua função social e o estímulo à atividade econômica.

tutelados pelo legislador: a preservação da empresa, a função social da empresa e o estímulo à atividade econômica.

Entende-se, hodiernamente, que o princípio da função social da empresa tem assento na Constituição Federal,[2] assim como a atividade econômica guiada pela livre iniciativa (art. 5º, XXIII e art. 170, *caput* e III). Preservá-la é um pressuposto para que os outros dois valores possam ser plenamente atingidos.

Dessa feita, a primazia da empresa se justifica na compreensão de que ela é o principal ator do processo de desenvolvimento econômico e social dentro de uma economia capitalista. A empresa não pertence nem beneficia apenas seus sócios, é também a principal fonte de emprego, de avanços tecnológicos e de outros processos inventivos, atendendo aos desejos e necessidades dos consumidores.[3]

A preservação da empresa foi destacada no bojo da Lei nº 11.101/2005, que cuida de sua enfermidade, todavia, a partir da leitura constitucional, é inegável que aquele valor merece uma tutela autônoma. Além do contexto de convalescença, a atividade produtiva requer proteção constante que assegure o cumprimento das finalidades às quais se destina. O Poder Judiciário é a principal arena em que são travadas as grandes disputas que atingem as empresas brasileiras, a exemplo dos litígios envolvendo direitos trabalhistas, responsabilidade civil perante consumidores, utilização da empresa como veículo de corrupção. Todavia, dada à complexidade e ramificação da atividade produtiva, a empresa pode ser parte em inúmeros processos e, por consequência, decisões proferidas em um juízo têm o condão de afetar e comprometer o sucesso de demandas sem conexão direta com aquele.

Para que a preservação da empresa receba tratamento adequado em vistas à raiz constitucional e de sua relevância social, é necessário que toda a engrenagem do ordenamento jurídico funcione em sintonia. A letra da lei ganha concretude a partir da atuação dos magistrados, portanto, é imprescindível evitar que decisões emanadas de órgãos jurisdicionais constituam fonte de ameaça à preservação da empresa,

---

[2] (TOMASEVICIUS FILHO, 2011); (GAMA, 2011); (CALÇAS, 2007, p. 40).
[3] Bem pontua Arnoldo Wald: "Uma vez ultrapassada a concepção do Estado-Providência, que desaparece em todos os países, com a falência das instituições de previdência social e a redução do papel do Estado nas áreas que não são, necessária e exclusivamente, de sua competência, amplia-se a missão da empresa, como órgão intermediário entre o Poder Público e o Estado, e como criadora de empregos e formadora de uma mão-de-obra qualificada, produtora de equipamentos mais sofisticados, sem os quais a sociedade não pode prosseguir, e interlocutora ágil e dinâmica que dialoga constantemente com os consumidores dos seus produtos." (2011, p. 32).

quer em razão da demora na solução de litígios, quer por força de ordens contraditórias ou constrições desmedidas de recursos empresariais.

O Código de Processo Civil/2015 deu um passo importante ao regrar a cooperação jurisdicional interna orientada para recuperação e preservação da empresa, como passaremos a expor.

11.3 Sentido e alcance da cooperação no NCPC

O Código de Processo Civil de 2015 inseriu explicitamente o dever de cooperação em diversas passagens do seu texto, mas de forma bastante emblemática o fez no capítulo das normas ditas fundamentais (art. 6º).[4] Para além deste suposto dever de cooperação imposto a todos os sujeitos do processo, o CPC/2015 estabeleceu regramento específico para cooperação jurisdicional internacional[5][6] e interna.[7]

As disposições traduzem indiscutivelmente uma particular preocupação do legislador que apostou na cooperação para dar efetividade à garantia constitucional da duração razoável do processo. No entender da doutrina predominante, tal proposta inaugura um novo modelo de processo civil: o processo civil cooperativo.[8][9] Todavia, não significa que o modelo cooperativo tem sua origem no CPC/2015, este diploma apenas supriu a lacuna existente,[10] porquanto os pressupostos do cooperativismo na condução do processo decorrem da configuração

---

[4] Art. 6º Todos os sujeitos do processo devem cooperar entre si para que se obtenha, em tempo razoável, decisão de mérito justa e efetiva.
[5] Artigos 26 a 41, CPC/2015.
[6] Em outros escritos, abordamos as contribuições que a colaboração direta entre magistrados pode tarzer para solução de insolvências transfronteiriças. A respeito, conferir: (BECUE, 2015 e 2016).
[7] Artigos 67 a 69, CPC/2015.
[8] (DIDIER JR., 2010) e (MITIDIERO, 2015).
[9] O modelo cooperativo seria uma terceira concepção do processo civil ao lado dos modelos paritário e hierárquico. Enquanto na primeira vertente o juiz está no mesmo plano que as partes, sendo sujeito absolutamente desinteressado ao ponto do processo ser guiado preponderantemente pelo princípio dispositivo e o julgador permanecer passivo como um árbitro; o segundo modelo coloca o magistrado – representante do Estado – acima das partes: "O juiz figura como o vértice de uma relação angular com as partes preenchendo os outros pontos. Assim sendo, deve o jurista conhecer o direito para buscar a verdade a qual se torna o objetivo maior do magistrado, reduzindo a influência do contraditório" (PINHO; ALVES, 2015, p. 290). Por fim, no modelo cooperativo "o juiz (é) paritário no diálogo, assimétrico na decisão" (MITIDIERO, 2015), carregando os deveres de esclarecimento, prevenção, auxílio e consulta a fim de assegurar um resultado justo e equitativo.
[10] (PINHO; ALVES, 2013).

do Estado Democrático de Direito[11] introduzido pela Constituição de 1988. Ademais, a exigência de cooperação se espraiou por diversos ordenamentos jurídicos.[12]

Além de modelo, sustentam muitos doutrinadores que a cooperação constitui princípio jurídico ao impor um "estado de coisas que tem que ser promovido" (MITIDIERO, 2011, p.61), cujo funcionamento decorre da imposição de regras de conduta para o juiz. Desta forma, inobstante o dever de lealdade processual imposto às partes, a cooperação não se dá entre autor e réu, mas do juiz para com as partes.[13] [14]

Com olhar para o código de processo civil português, Fredie Didier Jr. concluiu que o princípio da cooperação é "uma cláusula geral que concretiza um novo modelo de processo equitativo (...) além de se tratar de um subprincípio do devido processo legal, é um subprincípio do princípio da boa-fé processual" (2010, p. 109), sem que nada disso signifique que seria ele o maior entre todos os princípios norteadores do processo civil. Raciocínio assemelhado pode ser aplicado no direito brasileiro.

Em apertada síntese, o princípio da cooperação demanda do magistrado um agir pró-ativo, sem autoritarismo, orientado para a solução rápida, segura e obtida a partir do diálogo com as partes. Pensado desta forma – condutas e deveres impostos ao magistrado –[15] o princípio da cooperação ganha especial relevância na comunicação

---

[11] "Pela ótica da teoria do Estado, pode-se falar em três modelos de organização do processo, no que tange ao papel do órgão julgador: o juiz passivo do Estado Liberal, o juiz ativo do Estado Social e o juiz colaborativo do Estado Democrático de Direito" (RAATZ, 2011, p. 30). Consultar também: (GROSS, 2013).

[12] O ordenamento brasileiro teria sido influenciado, sobretudo pelo Código de Processo Civil Português (art. 266º, 1º, do CPC revogado, atual art. 7º, I) e Alemão (ZPO, §139), mas o modelo cooperativo é adotado atualmente pela sistemática processualística francesa, inglesa e norte-americana. Cf. (GREGER, 2012, p. 123). Título original: Kooperation als Prozessmaxime; (PINHO; ALVES, 2015).

[13] "As partes, porém, não têm deveres recíprocos por força da colaboração. Ação e defesa são posições antagônicas que denotam diferentes interesses diante da causa. O conflito existente entre as partes impede que se estruture um processo civil a partir de deveres cooperativos entre as partes – como parece sugerir o art. 6º do CPC/2015. Essa é a razão pela qual quem está gravado pelo dever de cooperar na condução do processo é o juiz. As partes não têm o dever de colaborar entre si". (MITIDIERO, 2015).

[14] Em sentido contrário, não admitindo a natureza de princípio jurídico: (STRECK *et al.*, 2014).

[15] O art. 69 impõe um dever de recíproca cooperação entre os órgãos do Poder Judiciário por meio da atuação dos magistrados e servidores. Isso porque, evidentemente, a execução das ordens judiciais depende diretamente da atuação de diversos servidores e outros agentes públicos. Sobre o dever de cooperação envolvendo especificamente magistrados e servidores, consultar: Barbosa; Cassano Junior, 2011.

direta entre todos os órgãos do Poder Judiciário (art. 67) e esta disposição legal merece destaque especial.

11.3.1 A cooperação judiciária interna orientada para preservação e recuperação da empresa

Assim como o modelo cooperativo do processo civil exsurgiu antes da promulgação do CPC/2015, a comunicação direta entre órgãos do Poder Judiciário, independentemente da especialização e grau de jurisdição, também já era autorizada como consequência da formatação do sistema único que compõe o Judiciário Brasileiro. Recentemente, a cooperação passou a ser fomentada pelo CNJ e por diversos tribunais, através de acordos formais de cooperação entre jurisdições federal e estadual, comum e especializada. As regras contidas no CPC/2015 apenas incorporaram as disposições da Recomendação n.º 38, editada em 03 de novembro de 2011, pelo Conselho Nacional de Justiça.[16] Todavia, ao transformar uma recomendação endereçada aos tribunais em dever de cooperação entre magistrados, o Código de Processo assegurou maior efetividade à desejada interligação entre os órgãos judiciais.

A cooperação nacional pode visar à realização de qualquer ato processual e independente de forma específica, assim, o rol do art. 69, que menciona instrumentos de cooperação, é meramente exemplificativo. Inobstante, não devemos menosprezar a importância das finalidades imbuídas em seu §2º, sobretudo, ao enfatizar que os "Os atos concertados entre os juízes cooperantes poderão consistir, além de outros, no estabelecimento de procedimento para (...) a efetivação de medidas e providências para recuperação e preservação de empresas" (§2º c/c inc. IV). São várias as razões para comemorar a inclusão de semelhante norma jurídica. Primeiro, porque o seu alcance não se resume aos procedimentos de recuperação judicial, vez que, conforme referido, a preservação da empresa (sua função social) é um valor constitucional apto a ser tutelado no seio de processos de naturezas diversas. Em segundo lugar, a previsão do CPC/2015 reforça a necessidade de harmonia no funcionamento do ordenamento jurídico; as normas processuais – e de modo generalizado o desempenho do Poder Judiciário – não podem constituir obstáculo à realização do Direito Material ou representar fator de insegurança jurídica para a atividade

---

[16] A recomendação do CNJ estabelece ainda a criação de uma Rede de Cooperação Judiciária Nacional. Sobre o tema, consultar: Sardeto; Rover, 2013.

empresarial.[17] Em terceiro, é necessário igualmente creditar ao Judiciário os devidos méritos na solidificação do princípio da preservação da empresa, notadamente relacionado ao processo de recuperação judicial e sua constelação de efeitos.[18] Conforme corretamente apreendido pela doutrina "as soluções adequadas ao caso nem sempre se encontram de forma direta e objetiva na letra da lei, requerendo do julgador um exercício dinâmico de interpretação da norma conforme os princípios da legislação",[19] em particular, de acordo com as finalidades e valores tutelados pelo art. 47 da LRF.

O espaço concedido à preservação da empresa no diploma de índole procedimental robustece a proteção constitucional que a cédula produtiva necessita e, com igual magnitude, coloca em perspectiva sua importância social. A cooperação direta entre magistrados não se destina a tutelar os interesses dos sócios da empresa nem se restringe à proteção do crédito, vale dizer, os argumentos vão além do discurso favorável à manutenção das garantias, preocupações com o custo do crédito e rápida execução das dívidas. O que se almeja é um equilíbrio entre os vários interesses que gravitam ao redor da atividade empresarial[20] e que dela dependem, reduzindo os atritos que decisões judiciais dissonantes podem provocar.

Desta forma, a cooperação direta entre magistrado poderá contribuir ainda mais para o protagonismo dos tribunais na atualização

---

[17] Vários estudos denunciam os efeitos deletérios que a lentidão e a ausência de previsibilidade na aplicação das normas pela Justiça brasileira provocam na economia, notadamente no âmbito da crise das empresas: "Para que os efeitos oriundos da lei sejam integralmente aproveitados, uma eficiência maior do Judiciário faz-se fundamental, tanto no que diz respeito à agilidade quanto à modernização e ao estrito cumprimento da legislação." (ARAÚJO; FUNCHAL, 2006, p. 250). Ver ainda: (PINHEIRO; 2003); (PINHEIRO; SADDI, 2005).

[18] "[A] intervenção do Estado, através do Judiciário, torna-se necessária, em razão das implicações que giram em torno da empresa e do mercado em que ela opera – fiscais, trabalhistas, consumeristas, sociais, creditícias, públicas ou privadas. E a necessidade de tal intervenção não significa a atuação do Estado no papel de substituto do empresário, ou subsidiando a iniciativa privada, mas sim na tutela das implicações que a crise da empresa venha a ter no mercado, por cuja saúde o Estado tem o dever de zelar, criando condições para renegociações das dívidas, verificando a existência de perspectivas atraentes de rentabilidade ou a inexistência de motivação sadia para a recuperação do negócio empresário". (ZUCCHI, 2009).

[19] (SCALZILLI; SPINELLI; TELLECHEA, 2016, p. 76).

[20] Nas palavras de Sheila C. Neder Cerezetti, "o intuito de preservação da empresa estaria vinculado ao resguardo de uma organização, que abrange inúmeros interesses e cujo fundamento de existência refere-se exatamente ao respeito a esses mesmos interesses. Em outras palavras, a preservação da empresa é alcançada por meio de respeito, equilíbrio e integração entre os interesses por ela influenciados." (NEDER CEREZETTI, 2012, p. 215).

e integração dos diplomas legais que afetam a atividade empresarial[21] e o diálogo, ao invés de conflitos de competência entre juízos, exemplifica um dos possíveis benefícios que a norma proporcionará.

11.4 Minoração de Conflitos de Competência através do diálogo e cooperação entre magistrados

De acordo com Relatório Estatístico, o Superior Tribunal de Justiça recebeu, considerando apenas o ano de 2015, 6.844 novos incidentes de conflitos de competência e julgou 7.191 casos desta natureza no período de 12 meses.[22] Apenas no primeiro semestre de 2016, já foram registrados e distribuídos 3.157 conflitos de competência perante o STJ e 3.279 incidentes anteriores foram julgados.[23] Vê-se, deste modo, que apesar do tribunal ter conseguido julgar, entre janeiro e julho de 2016, uma quantidade levemente superior ao número de conflito de competência que ingressaram no mesmo período, o resultado é quase um empate, o que sem dúvida sobrecarrega a atividade dos ministros. Ao consideramos apenas os conflitos de competência envolvendo procedimentos de falência e recuperação judicial, os números também impressionam.[24]

Necessário ressaltar que os conflitos de competência não discutem matéria de fundo, mas tão somente qual o órgão julgador correto para analisar o caso, e, enquanto tramita o incidente, os processos originários permanecem, em regra, sobrestados retardando a atividade jurisdicional desejada pelas partes.

---

[21] Já tivemos a oportunidade de abordar o assunto – sobre o protagonismo do Judiciário na atualização das leis concursais – em outro trabalho: (BECUE, no prelo).
[22] STJ. Relatório Estatístico Ano 2015.
[23] STJ. Relatório Estatístico Julho 2016.
[24] Como não temos a pretensão de realizar um estudo empírico, os números foram obtidos através do mecanismo de consulta de jurisprudência do site do STJ utilizando os termos "conflito e competência e recuperação e empresa" e "conflito e competência e falência", desacompanhada da conferência dos resultados (não analisamos individualmente as decisões). No primeiro caso, a consulta apontou 250 acórdãos e 12.013 decisões monocráticas. Na segunda consulta, incluindo o termo 'falência', foram encontrados 592 acórdãos e 19.697 decisões monocráticas. As consultas foram realizadas em 23 de agosto de 2015. O ideal seria repetir a consulta delimitando um período (no nosso caso, o ano de 2015 e primeiro semestre de 2016), porém a delimitação de período não abarca as decisões monocráticas o que distorceria os resultados, uma vez que o STJ possui enunciados e jurisprudência pacificada sobre algumas questões envolvendo conflito de competência permitindo que muitos incidentes sejam julgados monocraticamente.

Correta a ponderação de José Eduardo de Resende Chaves Júnior ao confiar na cooperação jurisdicional como uma alternativa para reduzir a litigiosidade na definição do órgão julgador. Nas palavras do magistrado: "A cooperação judicial tem um amplo campo de aplicação nas questões que envolvem as sobreposições de competências (...). O ideal é que troquemos o conflito pela cooperação. Melhor que o confronto é a colaboração entre juízes. Geralmente, quando se suscita um conflito positivo de competência é porque ambos os juízes têm funções jurisdicionais a serem cumpridas, e que podem ser perfeitamente compatibilizadas, desde que o ordenamento tenha institutos adequados a esse tipo de atuação cooperada. Confrontar órgãos judiciais é pura perda de tempo, dinheiro público e energia forense. Confluir competências, por meio de cooperação, vai tornar o processo mais rápido, barato e eficaz".[25]

Delimitando ao tema aos processos que afetam a atividade empresarial, sobretudo por força das diversas especialidades de cada procedimento judicial – reflexo da gama de interesses que circunda a empresa – a cooperação surge como solução ideal. Não raro, casos práticos suscitam dúvida sobre a atuação da justiça comum e trabalhista ou juízo recuperacional/falimentar com aquelas. Todavia, tal como referido acima, os conflitos positivos de competência podem alcançar resultado através de um melhor detalhamento do escopo das ações e, por consequência, da esfera de poderes atribuídos a cada julgador.

O tempo é um fator determinante no sucesso de um procedimento de recuperação de empresa, assim como não deve ser menosprezado nas causas de natureza alimentar ou que interfiram diretamente no ciclo produtivo da empresa; portanto, toda medida capaz de acelerar a conclusão de processos judiciais e a obtenção de um provimento final é salutar.

Para além da perspectiva da preservação da empresa, a redução da litigiosidade nos conflitos de competência também auxiliará no desafogo do Poder Judiciário em vistas a permitir a canalização do tempo, hoje desperdiçado na definição do órgão julgador, para uma análise minuciosa das questões postas pelas partes e nos efeitos da decisão judicial sobre a empresa.

11.5 Síntese conclusiva

O modelo cooperativo vem sendo discutido pela doutrina processualista há alguns anos e, com a lei promulgada em 2015, foi alçado

---

[25] Conceito de cooperação judicial precisa de *upgrade* (CHAVES JÚNIOR, 2009).

à norma fundamental do processo civil brasileiro. Este trabalho tratou, a voo de pássaro, acerca do sentido e alcance da cooperação, furtando-se ao debate mais acalorado sobre eventual força principiológica da norma insculpida no art. 6º do NCPC.

De acordo com a doutrina prevalente, vimos que a cooperação induz a um novo modelo de processo e, se entendida como princípio, também se direciona a imposição de deveres aos magistrados para com as partes. Nosso escopo era abordar a cooperação jurisdicional nacional (art. 67 a 69) e de que maneira a cooperação direta pode reforçar a preservação da empresa. Assim, apropriando-se da noção de conduta participativa esperada do julgador, entre julgadores também é possível exigir a comunicação se esta representa a solução eficiente e célere para o litígio.

Curiosamente, o tema específico deste artigo (cooperação nacional) parece não ter despertado o interesse dos estudiosos, talvez por tratar-se de conteúdo afeto exclusivamente à atividade judicante ou porque as disposições deverão ser submetidas a teste de eficácia. De toda sorte, entendemos que a incorporação pelo CPC de orientações do Conselho Nacional de Justiça proporcionará avanços ao sistema. E o primeiro passo foi dado na preocupação declarada do legislador com a recuperação e preservação da empresa. A redação do art. 69, §2º, inciso IV, do CPC garantirá não apenas um dever genérico de cooperação entre órgãos do Poder Judiciário, mas que a comunicação seja estabelecida sempre que o contexto fático sugerir sua necessidade para a proteção da função social da empresa.

Nesse sentido, os conflitos de competência foram por nos abordados apenas como um singelo exemplo de incidência da norma, considerando que a contenda subjacente a este incidente processual envolve dois juízos e dúvidas acerca da esfera de atuação de cada um. Nada mais justo, portanto, que as divergências sejam enfrentadas pelos magistrados envolvidos, em vez de terceirizar a definição para um tribunal superior. Ademais, o Judiciário como um todo tende a ser beneficiado com a redução de incidentes, dedicando o tempo e esforço dos julgadores para a solução definitiva das contentas.

A cooperação jurisdicional, todavia, goza de ilimitada área de abrangência, cuja concretização dependerá do senso de oportunidade dos magistrados e da criatividade no desenho de seus instrumentos, uma vez que o CPC/2015 prioriza a liberdade das formas. Na seara dos conflitos decorrentes das trocas comerciais, por força do dinamismo e peculiaridades de cada relação tida com a empresa, a cooperação nacional pode florescer como resposta célere aos múltiplos conflitos levados ao Poder Judiciário.

Ao fim e ao cabo, espera-se que diálogo, traço característico do processo civil cooperativo, seja empregado também entre julgadores a fim de tutelar a empresa, em sua importância econômica e social, tanto no âmbito dos procedimentos desenhados à superação de crises, como através de uma tutela autônoma condizendo com o papel constitucional que a empresa desempenha na sociedade capitalista.

Referências

ARAÚJO, Aloísio; FUNCHAL, Bruno. A nova lei de falências brasileiras e seu papel no desenvolvimento do mercado de crédito. *Pesquisa e Planejamento Econômico*, v. 36, nº 2. Rio de Janeiro: pp. 209-254, 2006.

BARBOSA, Luiz Henrique Lucas; CASSANO JUNIOR, Luiz Carlos. Aplicação do princípio da cooperação no âmbito do corpo de magistrados e servidores da justiça federal. *Revista da SJRJ*, v. 18, n. 30, p. 275-293, 2011.

BECUE, Sabrina Maria Fadel. *O papel do judiciário brasileiro na atualização do direito concursal, exemplos retirados da jurisprudência norte-americana e brasileira* (No prelo).

BECUE, Sabrina Maria Fadel. Insolvência transfronteiriça: contribuição para fortalecimento do Mercosul. *Revista de la Secretaría del Tribunal Permanente de Revisión*, v. 7, p. 247-261, 2016.

BECUE, Sabrina Maria Fadel. *Insolvência transnacional e a necessidade de cooperação entre tribunais como resposta aos novos desafios regulatórios*. Monografia vencedora do Prêmio Mario e Inaiah Barros 2015.

CALÇAS, Manoel de Queiroz Pereira. A Nova Lei de Recuperação de Empresas e Falências: repercussões no direito do trabalho (Lei nº 11.101, de 9 de fevereiro de 2005). *Revista TST*, v. 73, n. 4, p. 40, out./dez. 2007. Disponível em: <http://aplicacao.tst.jus.br/dspace/bitstream/handle/1939/2449/73-4.pdf?sequence=1>. Acessado em: 28 dez. 2013.

CHAVES JÚNIOR, José Eduardo de Resende. Conceito de cooperação judicial precisa de upgrade. *Revista Consultor Jurídico*, 9 nov. 2009. Disponível em: <http://www.conjur.com.br/2009-nov-09/conceitos-cooperacao-judicial-interna-externa-upgrade>. Acessado em: 22 ago. 2016.

DIDIER JR., Fredie. Fundamentos do princípio da cooperação no direito processual Civil Português. Coimbra: Coimbra Editora, 2010.

GAMA, Guilherme Calmon Nogueira da. Função social da empresa. In: WALD, Arnoldo (Org.). *Doutrinas essenciais: direito empresarial*. São Paulo: Revista dos Tribunais, 2011. v. II, p. 101-124.

GREGER, Reinhard. Cooperação como princípio processual. Tradução Ronaldo Kochem. *Revista de Processo*, v. 206, p. 123, abr. 2012.

GROSS, Marco Eugênio. A colaboração processual como produto do estado constitucional e as suas relações com a segurança jurídica, a verdade e a motivação da sentença. *Revista de Processo*, v. 226, dez. 2013.

MITIDIERO, Daniel. *Colaboração no processo civil* [livro eletrônico]: pressupostos sociais, lógico e ético. São Paulo: RT, 2015.

MITIDIERO, Daniel. Colaboração no processo civil como prêt-a-porter? Um convite ao dialogo para Lenio Streck. *Revista de Processo*, v. 194, p. 55-68, abr. 2011.

NEDER CEREZETTI, Sheila C. *A recuperação judicial de sociedade por ações*. São Paulo: Malheiros, 2012.

PINHEIRO, Armando Castelar. Judiciário, reforma e economia: a visão dos magistrados. Rio de Janeiro: *Ipea*, 2003 (Texto para discussão nº 966).

PINHEIRO, Armando Castelar; SADDI, Jairo. *Direito, economia e mercados*. Rio de Janeiro: Elsevier, 2005.

PINHO, Humberto Dalla Bernardina de; ALVES, Tatiana Machado. A cooperação e a principiologia no processo civil brasileiro. Uma proposta de sistematização. *Revista Eletrônica de Direito Processual*, v. 12, 2013. Disponível em: <www.redp.com.br>. Acesso em: 22 ago. 2016.

PINHO, Humberto Dalla Bernardina de; ALVES, Tatiana Machado. A cooperação no novo código de processo civil: desafios concretos para sua implementação. *Revista Eletrônica de Direito Processual*, v. 15, 2015. Disponível em: <www.redp.com.br>. Acesso em: 22 ago. 2016.

RAATZ, Igor. Colaboração no processo civil e o projeto do novo código de processo civil. *Revista da SJRJ*, Rio de Janeiro, v. 18, n. 31, p. 23-36, ago. 2011. Disponível em: <http://www4.jfrj.jus.br/seer/index.php/revista_sjrj/article/view/274>. Acesso em: 22 ago. 2016.

REQUIÃO, Requião. A crise do direito falimentar brasileiro: reforma da lei de falências. *RDM*, v.14, 1974.

SARDETO, Patricia Eliane da Rosa; ROVER, Aires José. A cooperação judiciária no Brasil em face do e-judiciário. *Revista Democracia Digital e Governo Eletrônico*, n. 8, p. 183-195, 2013.

SCALZILLI, João Pedro; SPINELLI, Luis Felipe; TELLECHEA, Rodrigo. *Recuperação de empresas e falência*: teoria e prática na Lei nº 11.101/2005. São Paulo: Almedina, 2016.

STJ. *Relatório estatístico ano 2015*. Brasília. Disponível em: <http://www.stj.jus.br/webstj/Processo/Boletim/verpagina.asp?vPag=0&vSeq=263>. Acessado em 23 de ago 2016.

STJ. *Estatístico julho 2016*. Disponível em: <http://www.stj.jus.br/webstj/Processo/Boletim/verpagina.asp?vPag=0&vSeq=284>. Acesso em: 23 de ago. 2016.

STRECK, Lenio. et al. Aposta na bondade: a cooperação processual do novo CPC é incompatível com a Constituição. *Consultor Jurídico*, 23 dez. 2014. Disponível em: <http://www.conjur.com.br/2014-dez-23/cooperacao-processual-cpc-incompativel-constituicao>. Acesso em: 22 ago. 2016.

TOLEDO, Paulo F. C. S. Recuperação judicial: a principal inovação da Lei de Recuperação de Empresas – LRE. *Revista do Advogado – AASP*, São Paulo, ano XXV, n. 83, p. 98-106, 2005.

TOLEDO, Paulo F. C. S. A preservação da empresa, mesmo na falência. In: LUCCA, Newton de; DOMINGUES, Alessandra de Azevedo. (Org.) *Direito recuperacional*: aspectos teóricos e práticos. São Paulo: Quartier Latin do Brasil, 2009. p. 517-534.

TOMASEVICIUS FILHO, Eduardo. A função social da empresa. In: WALD, Arnoldo (Org). *Doutrinas essenciais*: direito empresarial. São Paulo: Revista dos Tribunais, 2011. v. II, p. 43-67.

ZUCCHI, Maria Cristina. O papel do judiciário na recuperação da empresa. *Revista do Curso de Mestrado em Direito da UFC*, v. 29, n. 2, p. 91-101, jul./dez. 2009.

WALD, Arnoldo. O espírito empresarial, a empresa e a reforma constitucional. In: WALD, Arnoldo (Org). *Doutrinas essenciais:* direito empresarial. São Paulo: Revista dos Tribunais, 2011. v. II.

Informação bibliográfica deste texto, conforme a NBR 6023:2002 da Associação Brasileira de Normas Técnicas (ABNT):

BECUE, Sabrina Maria Fadel. O valor da preservação da empresa no NCPC e sua proteção através da atuação cooperativa entre magistrados (análise do art. 69, §2º, IV). In: RIBEIRO, Marcia Carla Pereira; CARAMÊS, Guilherme Bonato Campos (Coord.). *Direito empresarial e o CPC/2015*. 2. ed. rev., ampl. e atual. Belo Horizonte: Fórum, 2018. p. 211-223. ISBN 978-85-450-0523-0.

PARTE IV

NEGÓCIOS PROCESSUAIS

CAPÍTULO 12

NEGÓCIOS JURÍDICOS PROCESSUAIS NAS RELAÇÕES SOCIETÁRIAS BRASILEIRAS: "QUANTO CUSTA O ÔNUS DA PROVA"?

Marcia Carla Pereira Ribeiro
Giovani Ribeiro Rodrigues Alves

12.1 Considerações iniciais

O direito não fornece todas as ferramentas necessárias à compreensão da complexa realidade que envolve a vida em sociedade. Daí o inevitável e necessário recurso a ferramentas originariamente relacionadas a outras disciplinas, para que os fatos e as normas jurídicas possam ser interpretados de maneira mais adequada em relação às expectativas sociais.

No presente artigo, alguns mecanismos relacionados à Análise Econômica do Direito (AED) serão utilizados como ferramenta, sem que se recaia num determinismo que a considere como única possibilidade de se obter a melhor solução para todas as situações que envolvam o direito. Ao contrário, será utilizada como uma forma adicional de análise que, assim como outras, é capaz de aportar ao jurista condições de desenvolver interpretações que não seriam alcançadas de forma ótima sem os ferramentais interdisciplinares.

Explícita e implicitamente ferramentas tipicamente encontradas nos estudos econômicos são utilizadas no presente texto. Conceitos como os de racionalidade limitada do sujeito e custos de transação serão centrais no transcorrer da análise, de modo a contribuir para a interpretação de fenômenos abrangidos e emanados do direito, notadamente as relações societárias, os litígios entre sócios e os negócios jurídicos processuais.

As ferramentas econômicas auxiliam na previsão de comportamentos, o que contribui para a identificação, sob um viés essencialmente prático, da adequação de dispositivos legais à realidade. No Brasil, muitas são as regras que se tornam letra morta em razão de sua manifesta distância com a realidade fática. Assim, aquilatar a factibilidade da utilização de um instituto (seja ele de natureza processual ou material) significa contribuir para o aprimoramento do direito pátrio no que se refere à efetividade.

Ao se propor uma análise dos negócios jurídicos processuais e de sua adequação às relações societárias, o raciocínio econômico mostra-se útil, a fim de conduzir à percepção se a efetiva adoção da previsão legislativa é uma possibilidade, uma necessidade ou um devaneio quando as disputas envolverem negócios entabulados entre sócios.

A escolha racional tomada pelos sujeitos ao ponderarem entre as opções que lhes são disponibilizadas pode ser identificada previamente, estimulada ou desestimulada por intermédio da aplicação dos instrumentais característicos da economia e é o que se pretende fazer no presente artigo. Ao se tratar de uma relação societária empresarial, a ferramenta econômica se mostra necessária para a interpretação, vez que é o resultado econômico que move os interesses das partes.

No início do artigo será abordada a disciplina dos negócios jurídicos processuais instituída pelo Novo Código de Processo Civil brasileiro (CPC/2015), expondo ao leitor o que representa a referida inovação e os motivos que justificam a sua existência no atual contexto legislativo.

Em seguida, almeja-se fazer o cotejo entre os negócios jurídicos processuais e o direito societário, com o escopo de investigar possíveis pontos que incentivem ou não a adoção de ferramentas negociais por partícipes de uma relação societária, sob o enfoque do raciocínio econômico.

Buscar-se-á compreender se é realmente factível a adoção dos negócios jurídicos processuais nas relações societárias e quais os comportamentos que se espera a partir de tal disciplina legal.

O objetivo central do texto não é de discutir a possibilidade de adoção dos negócios jurídicos processuais na esfera societária, vez que parece não haver maiores dúvidas a respeito disso. O intuito é de perquirir a provável ou improvável utilização, a partir da compreensão das peculiaridades que cercam as relações societárias empresariais.

Até mesmo em razão dessa limitação de análise, eventuais conclusões acerca do tema serão circunscritas às relações societárias, não sendo necessariamente idênticas àquelas que poderiam ser resultado da análise de outros tipos de relações.

12.2 Os Negócios Jurídicos Processuais

O artigo 190 do Novo Código de Processo Civil brasileiro (CPC/2015) consagrou a possibilidade de as partes modelarem parcialmente procedimentos judiciais a que venham a recorrer, a fim de ajustá-los às necessidades específicas de cada tipo de relação jurídica, convencionando acerca dos ônus, poderes, faculdades e deveres processuais.

Tal estipulação pode ser realizada antes ou durante o processo e, ao menos em tese, serve como importante mecanismo para o aperfeiçoamento da regulação do procedimento nas diferentes modalidades de disputa existentes, podendo ser utilizado para facilitar o alcance da justiça e acelerar o trâmite das demandas.

Como as relações societárias são formalizadas por um ato constitutivo (contrato ou estatuto) ou por meio de acordos parassocietários (acordo de sócios), reside aqui uma possibilidade de prévia estipulação nos moldes de um negócio judicial. Considerando o comportamento típico em tais circunstâncias, mostra-se muito mais viável uma pactuação no momento em que as relações pessoais entre os sócios não estejam desgastadas.

Eis a redação do artigo 190 do CPC/2015:

> Versando o processo sobre direitos que admitam autocomposição, é lícito às partes plenamente capazes estipular mudanças no procedimento para ajustá-lo às especificidades da causa e convencionar sobre os seus ônus, poderes, faculdades e deveres processuais, antes ou durante o processo.

Trata-se da previsão do chamado negócio jurídico processual.

Marinoni, Arenhart e Mitidiero (2016, p. 149) explicam sobre o novel instituto que "podem as partes limitar o emprego de recursos, comprometer-se a não empregar certos meios de prova (...), alterar prazos dispositivos, renunciar ao emprego de cumulações de demandas (seja pelo polo ativo, seja por meio de reconvenções)".

No mesmo sentido, Wambier e Talamini (2016, p. 513-514) afirmam que no negócio jurídico processual "o conteúdo e consequentemente os efeitos do ato não são todos preestabelecidos em lei, mas delineados, quando menos em substancial parcela, pela vontade do(s) sujeito(s) que pratica(m) os atos".

A partir dos negócios jurídicos processuais é possível que as partes estabeleçam regras específicas de procedimento que simplifiquem (se o propósito for de estimular ou diminuir os custos da alternativa judicial) ou tornem mais complexa a relação estritamente processual que existirá em caso de conflito. Não se trata de formular um procedimento inteiramente novo, mas de adequar o procedimento para atender às especificidades das relações em análise.

No âmbito societário, a título exemplificativo, seria factível convencionar que havendo litígio entre sócios, não poderiam ser divulgados determinados dados da pessoa jurídica, com o objetivo de preservá-la da indesejável exposição que por vezes ocorre nas disputas societárias. Seria uma disposição das partes, por exemplo, que regularia com maior seletividade quanto às provas que poderiam ser apresentadas em caso de disputa entre sócios.

O propósito da incorporação da alternativa aos negócios jurídicos processuais decorre do reconhecimento da limitação de racionalidade dos agentes relacionados ao sistema jurídico, somado aos altos custos de transação que impedem o legislador processual e o intérprete de preverem procedimentos singulares e adequados para cada tipo de disputa. Daí a adoção normativa de alguns poucos procedimentos, normalmente genéricos, que contemplam um grande número de litígios, das mais variadas naturezas e características. Ainda que potencialmente fosse viável disciplinar de forma diferenciada, diferentes situações especiais, os limites de conhecimento (e de racionalidade) além do custo envolvido nas etapas legislativas (desde a apresentação da proposta até sua aprovação e aplicação) impediriam a adoção de um sistema que não fosse o de normas processuais gerais.

Por outro lado, a história do direito comercial, por si só, remete à dificuldade de se regular de maneira exaustiva a sua disciplina típica. Basta lembrar da frustrada iniciativa empreendida pela teoria dos atos de comércio, na tentativa de definir a aplicação do Direito Comercial a partir de premissas de indicação objetiva e de maneira exaustiva no plano legislativo, de forma a contemplar a realidade empresarial e tudo que a cerca.[1] O parcialmente revogado Código Comercial brasileiro de 1850 e o Decreto 737 de 1850 buscaram, ao disciplinar a jurisdição comercial dos Tribunais de Comércio, o estabelecimento de critérios objetivos para sua definição, sem sucesso, porém, já que a dinamicidade

---

[1] Sobre o tema: (FARIA, 1929, p. 27).

características da atividade comercial é incompatível, no mais das vezes, com normas enumerativas.

A regulação se torna ainda mais difícil quando, no âmbito do Código de Processo Civil, além do direito empresarial, procedimentos próprios dos direitos de família, de vizinhança, de responsabilidade civil e tantos outros, são regidos por um mesmo diploma legal.

A produção legislativa, como todas as obras humanas,[2] é incompleta e, quanto maior for o âmbito de incidência, maiores serão as imperfeições. O legislador, por mais competente que seja, não consegue prever todos os tipos de litígios que possam existir e as peculiaridades que devem reger cada um deles.

É curiosa a constatação de que mesmo que fosse possível reunir suficiente capital intelectual humano para formar o melhor e mais completo dos códigos, tal empreitada não seria eficiente, já que seria preciso um número de especialistas (e não generalistas) para cuidar da regulação de cada aspecto e o custo para a produção legislativa seria inaceitável.

Ademais, caso fosse possível formular o código exaustivo e dotado de perfeição, a tendência seria de um código amplo e minucioso, cuja compreensão seria excessivamente difícil para os operadores do direito que não trabalhassem somente com determinada espécie de demanda, acarretando na indesejável hiperespecialização que pode tornar os agentes reféns de outros agentes superespecializados, podendo favorecer desvios de conduta (OPPETIT, 1981, p. 203).

Nesse sentido, é possível afirmar que os custos de transação para a formulação de um código perfeito (caso isso fosse efetivamente possível) seria tão alto que não compensaria economicamente.[3] Assim, cabe às partes, aos advogados e julgadores aceitar e trabalhar com as limitações da normatização, contribuindo para a evolução do direito, seja por meio da aceitação de situações em que a vontade das partes possa ser soberana, assim como pelas necessárias adaptações quando de sua aplicação.

Parece ter sido essa a conclusão dos idealizadores do CPC/2015, ao aceitarem a limitação de racionalidade e ao preverem que as próprias partes podem construir uma melhor disciplina procedimental.

A partir dessas breves constatações, conclui-se ser salutar a iniciativa legislativa de facultar às partes adotar procedimentos que

---

[2] A respeito do assunto: (EARL, 1988, p.3-4).
[3] Acerca dos contratos e de sua desejável incompletude em razão dos custos excessivos para se formular um contrato perfeito, ver: (GALESKI JUNIOR; RIBEIRO, 2009, p. 139).

tragam uma regulação específica e mais condizente para as necessidades da situação concreta, ao invés de submetê-la a um regime procedimental unitário.

Ao mesmo tempo que não é de se esperar do legislador a regulamentação perfeita para cada um dos procedimentos, não parece minimamente sensato que uma disputa entre sócios seja submetida ao mesmo procedimento que uma lide entre vizinhos ou cônjuges.

O escopo da previsão do negócio jurídico processual é de que as partes possam encontrar, dentro das especificidades da relação jurídica principal por elas entabulada, uma disciplina que torne o procedimento judicial ou arbitral mais adequado para a resolução de eventuais disputas.

Algo comum na arbitragem, mas que encontrava forte resistência no tradicionalismo da disciplina dos procedimentos à luz do Código de Processo Civil de 1973 (mesmo com algumas pontuais possibilidades, como era o caso das previsões dos arts. 111 e 333, parágrafo único), em que as partes e o julgador se encontravam limitados pelos modelos previstos pelo próprio código (eram admitidos apenas os negócios processuais típicos).

Na síntese de Wambier e Talamini (2016, p. 515): "Sempre existiram negócios processuais em nosso ordenamento. Mas antes eles eram típicos. Ou seja, constituíam hipóteses taxativas, sempre a depender de uma específica previsão legal". Com o Código de Processo Civil de 2015 os negócios processuais atípicos foram consagrados.

Se de um lado, com a entrada em vigor do novo diploma processual civilista, é inconteste a possibilidade de serem entabulados tais negócios, por outro lado ainda é presente o desafio de se identificar os limites dos negócios jurídicos processuais.

Ciente da importância da regulação e da prevenção de abusos, o legislador previu no parágrafo único do art. 190 que até mesmo de ofício pode o juiz controlar a validade das convenções, cabendo-lhe recusar a aplicação do pactuado nos casos de nulidade ou de inserção abusiva em contrato de adesão ou em que alguma das partes se encontre em situação de manifesta vulnerabilidade.

Theodoro Júnior (2015, p. 470) conclui a respeito do tema que: "a possibilidade de as partes convencionarem sobre ônus, deveres e faculdades deve limitar-se aos seus poderes processuais, sobre os quais têm disponibilidade, jamais podendo atingir aqueles conferidos ao juiz".

Destarte, para a análise empreendida no presente texto, deve-se buscar delimitar quais são as regras sobre as quais é possível entabular os negócios jurídicos processuais no âmbito do direito societário e os fatores econômicos que influenciarão tal negociação.

12.3 Os Negócios Jurídicos Processuais sob o viés do Direito Societário – limitação e aspectos positivos

Mackaay e Rousseau (2015, p. 568-571) explicam que as regras de direito societário podem apresentar três naturezas distintas, podem ser: (i) supletivas; (ii) permissivas e (iii) imperativas.

As regras supletivas são aquelas que têm a intenção de preencher as lacunas que o contrato social ou estatuto possuem. No âmbito do direito material, *v.g.*, o art. 1053 do Código Civil ao disciplinar que nas omissões do capítulo próprio sobre sociedades limitadas e não prevendo o contrato social a aplicação supletiva das regras das sociedades anônimas, serão aplicáveis as regras das sociedades simples.

As permissivas são as regras opcionais que as partes podem adotar caso manifestem sua intenção em vê-las aplicadas. Um exemplo no direito material brasileiro seria da possibilidade que a sociedade limitada tem de instituir conselho fiscal, prevista no art. 1066 do Código Civil.

As regras imperativas, por sua vez, são aquelas em que as partes não têm liberdade de modificar ou afastá-las, fugindo, portanto, do âmbito da vontade das partes. Exemplo no direito societário brasileiro está na previsão do art. 1077 do Código Civil que consagra o direito potestativo à retirada em favor do sócio que discordar de alteração do contrato social da sociedade limitada. Trata-se de um direto que não pode ser subtraído ao sócio pelo contrato social ou estatuto.

Enquanto as regras supletivas e permissivas são caracterizadas pela disponibilidade (autonomia da vontade), as regras imperativas não podem ser alteradas, ainda que por vontade das partes.

Assim, para fins da presente análise, entende-se que as regras procedimentais imperativas vinculadas ao direito societário, como é a do art. 601, parágrafo único do CPC/2015 – "A sociedade não será citada se todos os seus sócios o forem, mas ficará sujeita aos efeitos da decisão e à coisa julgada", não são passíveis de serem modificadas pela via dos negócios jurídicos processuais. De via inversa, para todas as demais regras (supletivas e permissivas), será possível o negócio jurídico processual entre as partes.

A despeito do legislador admitir que a estipulação do negócio jurídico processual possa ser realizada antes ou durante o processo, é prudente que as partes transacionem antes do litígio, momento em que costumam ter maior razoabilidade e disponibilidade em transacionar.

Após iniciado o litígio torna-se mais difícil qualquer tipo de negócio entre as partes, vez que o aspecto emocional pode prevalecer sobre o racional, dificultando que se encontrem pontos de convergência interpretativa entre os litigantes, em prejuízo da regularidade da continuidade de exercício da atividade empresarial.

A dinâmica da atividade empresarial exige presteza de tratamento dos litígios societários por parte do Poder Judiciário e os negócios jurídicos processuais se apresentam, em tese, como importante mecanismo para que as próprias partes auxiliem para que haja maior celeridade nos julgamentos.

A título de exemplo, parece bastante razoável estipular que certos prazos dispositivos que caibam às partes sejam encurtados, de modo a contribuir para que o processo tenha menor duração.

No mesmo sentido, a limitação à interposição de recursos seria medida que, potencialmente, aceleraria a decisão final por parte do Poder Judiciário e traria possibilidades concretas de diminuir o tempo de duração dos litígios societários, de modo similar ao que já acontece no procedimento arbitral.

A aceitação das limitações recursais é compatível com as linhas de pensamento jurídico que não identificam no duplo grau de jurisdição uma garantia constitucional e funcionam como uma ferramenta destinada à simplificação e agilidade no processo decisório.

Tais ferramentas, mais do que mera possibilidade, representam uma necessidade para a realidade da atividade empresarial, vez que não são poucos os casos em que a demora na prestação jurisdicional é a principal causa do esfacelamento da sociedade empresária.

Uma fonte clara de litígio reside nos inúmeros casos de sociedades limitadas em que cada um dos sócios possui 50% (cinquenta por cento) das quotas. No caso de impasse decisório interno, a divergência de posicionamento será necessariamente levada a uma instância decisória externa – salvo a hipótese do contrato social prever alternativas para a situação em que não seja possível obter a decisão por unanimidade. Se o impasse for levado ao Poder Judiciário, é inconcebível, quando se pensa na preservação da atividade empresarial, que seja adotado o rito processual comum, considerando o risco iminente de que a empresa permaneça engessada até que a deliberação seja confirmada ou afastada.

Sob o mesmo viés de análise, a possibilidade de as partes limitarem a cumulação de demandas (por exemplo a utilização de estratégias reconvencionais) pode se mostrar como um excelente mecanismo com o fito de evitar que medidas judiciais sejam propostas com o único objetivo de servirem como mecanismo de barganha para futuro acordo, algo bastante frequente nas disputas societárias, mas que não favorece a estabilidade no campo interno da sociedade.

Por outro lado, a possibilidade de adoção dos negócios jurídicos processuais não possui apenas reflexos potenciais quanto à duração das demandas. Sob o plano do alcance da justiça, também, importantes avanços podem ser dados a partir da utilização de tal mecanismo, já que o aperfeiçoamento do procedimento é instrumento fundamental para que se caminhe para o justo.

Aqui há um claro contributo que pode ser dado pela Análise Econômica do Direito. Por isso mesmo a opção em fazer constar no título deste artigo a menção ao custo do ônus da prova.

No regime processual comum há uma tradição em se atribuir o ônus da prova à parte que a requerer, ou ainda, a uma das partes por decisão do Juiz, quando demandada por sua iniciativa ou do Ministério Público. Todavia, opções legais prévias sobre direcionamento do ônus da prova podem contrariar os ideais de otimização no uso do sistema judicial.

Há, por certo, um precedente em termos de racionalização sobre provas e custos no Código de Defesa do Consumidor, ao determinar em seu art. 6º, VIII que o Juiz poderá inverter o ônus da prova para que esta recaia sobre o fornecedor.

A justificativa para essa opção do legislador está, na literatura consumerista, normalmente associada à hipossuficiência econômica ou técnica do consumidor.[4] Compatibiliza-se com o conjunto de princípios extraídos da Constituição brasileira que consagram a necessidade de defesa do consumidor.

Há a possibilidade de se pensar a opção normativa também em termos puramente econômicos. Se o consumidor tiver de provar que determinado serviço ou bem foi realizado de forma defeituosa, teria de ter acesso a situações paradigmáticas que respaldassem a sua afirmativa. Ou, algumas vezes, teria de ter acesso às instalações do fornecedor, para comprovar que são inadequadas. Logicamente, o consumidor teria um custo expressivo nas duas situações, qual seja, na procura de outros em mesma situação que a sua, ou em demandar uma ordem judicial para ter acesso às instalações do fornecedor. Também custos na contratação

---

[4] Sobre os pressupostos para aplicação da inversão do ônus da prova: (MOREIRA, 1997, p. 134).

de pareceres técnicos que pudessem confirmar o que por ele é alegado. Todas estas dificuldades induziriam o consumidor a não buscar na prática a proteção que lhe é constitucionalmente assegurada.

Já o direcionamento do ônus ao fornecedor representa o reconhecimento de que este terá maior facilidade e menores custos em buscar comprovar o seu ponto de vista. Ele tem os técnicos para isso e controles que podem ser usados na defesa de seus interesses.

O exemplo exposto serve para assegurar um pensamento muitas vezes combatido por aqueles que rechaçam a possibilidade de que o direito também considere aspectos econômicos: muitas vezes a decisão economicamente mais eficiente será também a mais justa.

Numa lide societária, as partes poderiam estipular, por exemplo, a quem caberia o ônus de provar a existência do direito. Poderia ser estipulado que o ônus da prova caberia à parte que tivesse o menor custo para obter a prova, o que poderia ser previsto já em análise hipotética de eventuais conflitos quando da elaboração do contrato social ou estatuto, quando, repita-se, a relação entre as partes está equilibrada. Diga-se uma lide entre sócios e sócios administradores em que se esteja discutindo a higidez de uma determinada prestação de contas. É possível definir-se no negócio jurídico processual que nesta matéria o ônus recairá sobre os sócios administradores, independentemente de quem a invoque. Essa pré-fixação provavelmente contribuiria para a agilidade no processo e também para a redução de custos. Indo-se mais além, seria possível definir-se, por exemplo, o prazo para que a prova pudesse ser apresentada em juízo.

Todavia, e ainda na mesma esteira de pensamento, seria preciso considerar a potencialidade de tal previsão negocial estimular o uso de demandas judiciais infundadas, com o propósito, por exemplo, de causar transtornos para a outra parte. Talvez o sistema de custas processuais possa servir como um contraponto ao demandante, já que envolve gastos consideráveis em custas e honorários advocatícios que deverão ser arcados pelo demandante, num primeiro momento, e pelo vencido, como regra, ao final.

Há algumas circunstâncias no direito societário em que a lei consagra sistemas de direitos, ônus e contrapesos. A Lei das Sociedades Anônimas (Lei 6404/76) fornece alguns bons exemplos.

O art. 4º-A estabelece a possibilidade de que acionistas que representem ao menos 10% das ações em circulação no mercado possam requerer a realização de uma assembleia para deliberar sobre uma nova avaliação da companhia para fins de fixação do valor pelo qual as ações serão compradas, na hipótese de proposta de aquisição pública de ações para fechamento de capital. Na mesma ocasião em que estabelece o direito das minorias, a lei prevê que a avaliação será realizada pela companhia e sob suas expensas, caso aprovada em assembleia. Porém, na hipótese do novo valor obtido ser inferior ou igual ao da oferta pública, os acionistas que requereram a avaliação deverão ressarcir os custos decorrentes. O ônus pela nova avaliação em princípio recai sobre a empresa, pois ainda que se trate de um procedimento normalmente muito dispendioso, será mais eficiente do que permitir aos acionistas discordantes que contratem avaliadores, estabeleçam metodologias e tenham acesso irrestrito às finanças da companhia.

Outra situação a ser considerada é aquela estabelecida no art. 159 da mesma lei, agora na disciplina da Ação de Responsabilidade que pode ser proposta contra os administradores da companhia. Em princípio a ação será proposta quando deliberado em assembleia geral pela companhia. Todavia, o dispositivo permite que acionistas que representem pelo menos 5% do capital social da empresa possam propor a ação, mesmo quando a assembleia decidiu em sentido contrário, em nome e em benefício da sociedade. Porém, sendo esta a escolha dos acionistas, estes só serão ressarcidos pelas custas decorrentes da iniciativa caso o resultado favoreça a sociedade e os ganhos sejam suficientes para este reembolso.

São normas que associam direitos a custos, assim como buscam delimitar comportamentos oportunistas que se aproveitam de uma hipótese, no caso normativa, mas poderia ser convencional, na busca de um resultado injusto ou pouco eficiente.

Outrossim, encontrar essa razoabilidade quando as partes ainda estão com relações firmes (origem da sociedade ou momento de celebração de acordo) é mais fácil do que transferir tal ônus ao Juiz e depender da aplicação da Teoria Dinâmica do Ônus da Prova.

Finalmente, quanto à temática do ônus da prova, caso as próprias partes tenham, desde o início, a segurança a respeito de quem será o responsável por se desincumbir do ônus da prova, há o aumento da previsibilidade acerca do comportamento das próprias partes durante a relação contratual e também durante o transcorrer do processo, o que tende a minimizar os custos de todos os envolvidos. Será o momento da parte interessada sopesar custos e benefícios ao provocar a resolução judicial do conflito. Pode-se imaginar, por exemplo, que a previsão de que o custo de determinada prova recaia sobre uma das partes (a que terá mais facilidade e menos custos em realizá-la) possa desestimular a parte onerada a se socorrer da disputa externa, favorecendo alguma forma de solução interna para a situação de impasse.

12.4 Pontos negativos e aspectos polêmicos

Como as disputas entre sócios admitem a autocomposição, é facultado a eles, em princípio, a celebração de negócios jurídicos processuais nos quais previamente estipulem como será o procedimento em caso de disputa, com a limitação de não poderem negociar sobre as regras imperativas.

A classificação de Mackaay e Rousseau citada anteriormente é importante não somente para fins acadêmicos de classificação dos negócios jurídicos processuais, mas também para que se busque identificar até que ponto é possível alterar os procedimentos estabelecidos no CPC.

Longe de tentar esgotar o tema que é bastante controverso para os processualistas (CUNHA, 2016, p. 37), o presente texto faz a opção por considerar a mais ampla possibilidade de discricionariedade das partes em relação a direitos disponíveis e a consequente possibilidade de que sejam celebrados os negócios jurídicos processuais no que se refere às relações societárias.

Nas relações empresariais a autonomia privada é preceito basilar que sustenta a atividade econômica nas suas mais diversas interlocuções e as relações entre sócios são um campo fértil para tal demonstração. A liberdade para que os sócios possam entabular os mais diversos negócios faz com que seja possível o exercício da atividade empresarial em sociedade.

É de se esperar que muitos advogados, quando formulem o contrato social, o estatuto ou qualquer pacto parassocietário de seus clientes, façam as estipulações acerca do procedimento específico a ser adotado em caso de futuro litígio entre os sócios. No plano jurídico, conforme analisado acima, os negócios jurídicos processuais se apresentam como importantes mecanismos para o aperfeiçoamento da justiça.

Nada obstante, no plano prático, a tarefa não se apresenta tão simples.

Em primeiro lugar, não se pode desconsiderar que as relações empresariais se desenvolvem tendo por objetivo o lucro. É o resultado econômico favorável que norteia as condutas dos empresários e sócios de sociedades empresárias. Dificilmente alguém escolherá ser sócio de uma sociedade empresária por um objetivo meramente altruístico ou por qualquer outra finalidade. O objetivo é o melhor resultado econômico.

Como decorrência da premissa acima e do profissionalismo característico da atividade empresarial, a realidade demonstra que as motivações para a adoção ou não de determinados mecanismos é essencialmente econômica. Portanto, quando se está diante de algo que não esteja contemplado em regras impositivas, a motivação econômica será fundamental para a decisão de aderir ou não ao uso de mecanismos proporcionados por negócios jurídicos processuais.

Assim, sob um viés de análise, poder-se-ia afirmar que determinados negócios jurídicos somente serão adotados pelos sócios se forem vistos como um mecanismo de maximizar os seus próprios interesses e, para fins de negócio jurídico, desde que possam ser compatibilizados e conjugados. Esta postura em relação a adotar alternativas interessantes para a eficiência da situação em concreto dependerá da configuração de determinadas condições que são valorizadas pelos estudiosos da Análise Econômica do Direito.[5]

Primeiramente, a expectativa do sócio. Há uma patente diferença de comportamento dos sócios que integram um determinado empreendimento tendo em vista uma perspectiva de futuro – e portanto, mais afetos a preocupações em relação ao desenvolvimento no longo prazo da empresa – e os investidores de curto prazo, que nutrem um ideal especulativo imediato.

Toda sofisticação negocial, inclusive no que se refere ao negócio jurídico processual, terá por consequência um maior custo inicial. Vale dizer, há um incremento nos custos *ex ante* que pode ser visualizado no dispêndio de tempo e despesas, por exemplo, com notas técnicas emitidas por especialistas que possam auxiliar na formação da convicção da parte em construir ou aderir a um negócio processual. Significa depender de um sofisticado pensamento jurídico e econômico, o qual, baseado sobretudo em experiências anteriores, possa orientar o posicionamento atual das partes quanto ao que merece ser pactuado em termos processuais. E o merecimento aqui será considerado em seus aspectos preponderantemente econômicos. Todas estas considerações estarão relacionadas ao porte do empreendimento e à expectativa da parte.

Por outro lado, a opção pelo negócio processual dependerá da aceitação da outra parte ou das outras partes envolvidas. As demais partes também, em princípio, levarão em consideração os mesmos aspectos econômicos e estratégicos adotados pela parte proponente e

---

[5] Sobre o tema em seus aspectos introdutórios: (RIBEIRO; KLEIN, 2016); (RIBEIRO; KLEIN; DOMINGUES, 2016).

deverão estar em condições informacionais parecidas, para que possam atingir uma condição de consenso com a contraparte.

Aparece aqui uma situação de barganha, cujos melhores resultados dependerão não apenas do nível de conhecimento das partes, como também do número de interessados (quanto maior o número mais difícil o consenso) e da especificidade da pretensão da parte que irá conduzi-la a aderir à proposta de negociação ou até mesmo a desistir da negociação pelo fato de poder facilmente buscar uma negociação com outro agente.

Como expresso no pensamento de Coase (2010), nas relações empresariais e aí incluídas as societárias, o modelo mais eficiente de prevenção e de dirimir litígios é por meio da barganha. Porém, há circunstâncias em que o custo de barganhar pode torná-la excessivamente onerosa, hipótese em que a lei substituirá a liberdade de barganha como ferramenta mais eficiente.

Vale dizer, nem sempre será possível operar com negócio jurídico processual nas lides societárias, hipótese em que a lei processual será seguida em sua formatação generalista.

Por ouro lado, o exemplo supracitado de limitação da exposição de dados da pessoa jurídica em caso de demanda judicial parece razoável sob o ponto de vista econômico para todos os lados no grupo de sócios, vez que tende a preservar a empresa e seu diferencial, e, por consequência, o valor das participações societárias de todos os envolvidos. Nesta circunstância há um potencial favorecimento na adoção de um negócio processual.

Por outro lado, é curiosa a constatação de que por estar circunscrita em uma negociação que tem por finalidade precípua a atividade econômica profissional e seus objetivos, a tendência é de que no plano prático certos negócios jurídicos processuais sejam objeto de negociação envolvendo valores ou condições de negócio nas lides empresariais. Considerações sobre, por exemplo, quanto vale o ônus da prova ou quanto vale a abdicação relativamente ao duplo grau de jurisdição. Sem dúvida que o convencimento racional dos sócios quanto à adoção de uma destas ferramentas e que estará condicionado à percepção da potencialidade de tais escolhas melhorarem a situação de quem as toma, é uma tarefa difícil em termos de quantificação prévia de valores ou custos projetados para o futuro.

Acredita-se, portanto, que o negócio jurídico poderá envolver valores e travas, sem que por isso seja considerado como eivado de vício. Poderiam as partes convencionar, por exemplo, que a abdicação ao direito recursal seja limitada a demandas que atinjam até determinada alçada.

Os limitadores ao direito de negociar processualmente devem ser apenas aqueles previstos pela lei. Se a negociação é inerente a qualquer relação empresarial, não pode o intérprete desconsiderá-la também no negócio judicial.

Para casos de abuso, é certo que o Poder Judiciário deverá intervir, tal qual preconiza expressamente o parágrafo único do art. 190 do Código de Processo Civil. Nada obstante, em se tratando de uma relação empresarial, em que, menciona-se novamente, os partícipes são (i) profissionais, (ii) habituados a celebrar negócios de risco e (iii) não se presumem hipossuficientes, a intervenção judicial deve ser muito pontual, sob pena de colocar em descrédito o próprio instituto dos negócios jurídicos processuais relativamente às lides societárias.

12.5 Considerações finais

É justificada a opção expressa no Código de Processo Civil em facultar às partes tomarem a iniciativa de definir aspectos processuais quando diante de direitos disponíveis. Trata-se de um reconhecimento legislativo quanto aos limites da capacidade informacional daqueles que criam e aplicam a norma, assim como o reconhecimento de que criar uma normativa exauriente e particular às diversas searas que caracterizam as relações em sociedade seria uma tarefa inviável e excessivamente custosa.

Nas questões que envolvam sócios e seus litígios, há um campo fértil para a adoção de negócios jurídicos processuais. Não só por envolverem, em grande parte, direitos disponíveis e que não estão circunscritos, portanto, a normas impositivas, como pelas características pessoais de seus agentes, profissionais e capazes que se reuniram com a intenção de compartilhamento de bens e serviços na busca pelo lucro.

Todavia, quanto mais profissional o agente, mais a sua decisão estará pautada num juízo de custos e benefícios na prefixação de condições processuais específicas que possam, em princípio, otimizar a solução da lide, minimizando os custos que decorrem do ambiente de discórdia e incerteza associado à instalação do conflito entre os sócios.

O recurso ao negócio jurídico processual nas lides societárias dependerá, em muito, da perspectiva de futuro quanto às intenções dos agentes, do nível de conhecimento e racionalidade destes agentes, assim como da existência de dados e experiências que orientem as partes no sentido da eficiência econômica que decorrerá da opção pela negociação prévia ou no decorrer do processo. Que orientará, portanto, a escolha de estratégias que minimizem os custos e favoreçam a mais rápida suplantação da crise interna estalada na sociedade.

Referências

COASE, Ronald. H. O problema do custo social. In: SALAMA, Bruno Meyerhof (Org.). *Direito e Economia*: textos escolhidos. Tradução Francisco Kummel F. Alves e Renato Vieira Caovilha. São Paulo: Saraiva, 2010.

CUNHA, Leonardo Carneiro da. *Negócios jurídicos processuais no processo civil brasileiro.* Salvador: Juspodivm, 2016. (Coleção grandes temas do novo CPC. v.1 – Negócios Processuais)

EARL, Peter E. *Behavioural Economics*. Bath: Edward Elgar Publishing Limited, 1988. v. 1.

FARIA, Antonio Bento. *Código commercial brasileiro*. 4. ed. Rio de Janeiro: Jacintho Ribeiro dos Santos, 1929. v. 1.

GALESKI JUNIOR, Irineu; RIBEIRO, Marcia Carla Pereira. *Teoria geral dos contratos:* contratos empresariais e análise econômica. Rio de Janeiro: Elsevier, 2009.

MACKAAY, Ejan. ROUSSEAU, Stéphane. *Análise econômica do direito*. 2. ed. São Paulo: Atlas, 2015.

MARINONI, Luiz Guilherme; ARENHART, Sérgio Cruz; MITIDIERO, Daniel. *Novo curso de processo civil*: tutela dos direitos mediante procedimento comum. São Paulo: RT, 2016. v. 2.

MOREIRA, Carlos Roberto Barbosa. Notas sobre a inversão do ônus da prova em benefício do consumidor. *Revista dos Tribunais*, São Paulo, n. 22, p. 134, abr./ jun. 1997.

OPPETIT, Bruno. La décodification du droit commmercial français. In: *Études offertes à René Rodière*. Paris: Dalloz, 1981.

RIBEIRO, Maria Carla Pereia; KLEIN, Vinícius. *O que é análise econômica do direito*: uma introdução. 2. ed. Belo Horizonte: Fórum, 2016.

RIBEIRO, Maria Carla Pereia; KLEIN, Vinícius; DOMINGUES, Victor Hugo. *Análise econômica do direito*: justiça e desenvolvimento. Curitiba: CRV, 2016.

THEODORO JÚNIOR, Humberto. *Curso de direito processual civil*. 56 ed. Rio de Janeiro: Forense, 2015. v. 1.

WAMBIER, Luiz Rodrigues; TALAMINI, Eduardo. *Curso avançado de processo civil*: teoria geral do processo. 16. ed. São Paulo: RT, 2016. v. 1.

Informação bibliográfica deste texto, conforme a NBR 6023:2002 da Associação Brasileira de Normas Técnicas (ABNT):

RIBEIRO, Marcia Carla Pereira; ALVES, Giovani Ribeiro Rodrigues. Negócios jurídicos processuais nas relações societárias brasileiras: "quanto custa o ônus da prova"?. In: RIBEIRO, Marcia Carla Pereira; CARAMÊS, Guilherme Bonato Campos (Coord.). *Direito empresarial e o CPC/2015*. 2. ed. rev., ampl. e atual. Belo Horizonte: Fórum, 2018. p. 227-242. ISBN 978-85-450-0523-0.

TUTELAS PROVISÓRIAS E NEGÓCIOS JURÍDICOS PROCESSUAIS EM MATÉRIA SOCIETÁRIA

Gustavo Saad Diniz
Fernando da Fonseca Gajardoni

13.1 Impactos de uma nova codificação instrumental

Enquanto a comunidade dos comercialistas debatia a viabilidade de uma nova codificação do direito material, eis que foi surpreendida com a promulgação e vigência de um Código de Processo Civil que, não se pode negar, afetou não somente os procedimentos judiciais e arbitrais, mas também causou importantes impactos na própria substância dos direitos em matéria societária. Basta ver a disciplina do incidente de desconsideração da personalidade jurídica (arts. 133 a 137 do CPC/2015), dos negócios jurídicos processuais (art. 190) e da dissolução parcial da sociedade (arts. 599 a 609 do CPC/2015), esta última, deveras decantada da resolução quanto a um sócio do CC (arts. 1.028 a 1.030),[1] para constatar a necessidade de se debruçar novamente sobre os impactos do processo civil no direito societário.

De relevo, nesse novo contexto, é o advento de uma nova estrutura para a tutela provisória, com o desdobramento de tutelas de urgência e de evidência e que, numa só quadra, absorveram as regras do processo cautelar e da tutela antecipada do CPC73 e, ainda, trouxeram, além de outros pressupostos para se concatenar com as emergências das contendas societárias, a possibilidade de obtenção de tutela da evidência

---

[1] Com essa orientação: (FRANÇA; ADAMEK, 2016) e (GONÇALVES NETO, 2016).

(art. 311 do CPC/2015). Persiste o objetivo de garantir a utilidade do processo e evitar a perda de direitos em razão do fluxo do tempo, mas tais fatores deverão ser compatibilizados com a realidade de direito material.

Persiste, também, a importante premissa da excepcionalidade, de modo a evitar que decisão judicial traga perturbações à condução da sociedade, quando os atos possam ser resolvidos pelos próprios órgãos internos. De outro lado, as questões societárias são habitualmente portadoras de distúrbios iminentes e urgentes para o equilíbrio econômico-financeiro, tornando muitas vezes imprescindível a intervenção – a rápida intervenção – de autoridade judicial para equacionamento do problema. Por isso, a tutela provisória se revela importante e estratégica.

Como exemplo do que se afirma, na Argentina, a Ley nº 19.550 (lei de sociedades comerciais), prevê no art. 15 que as contendas societárias tramitam pelo procedimento sumário daquele país, com possibilidade de pedidos cautelares. Na Itália se usa a generalidade do art. 700 do *Codice de Procedura Civile*.[2] Cuida-se de procedimento residual para os casos não abarcados por cautelares, que subsidiariamente admite a obtenção provisória de efeitos da decisão de mérito. O dispositivo permite, por exemplo, acesso aos livros contábeis da sociedade.

O presente estudo tem por objetivo justamente a aferição da nova disciplina das tutelas de urgência, que será descrita em sua generalidade [*i*. 2] para, em seguida, apurar a aplicação específica: I – nas relações societárias [*i*. 3.1]; II – no patrimônio societário [*i*. 3.2]; III – na condução da atividade empresarial [*i*. 3.3]; e IV – no processo arbitral [*i*. 4].

Ao final, ainda serão feitas considerações bastante breves sobre os negócios jurídicos processuais, inovação do CPC/2015 com potencial de modificar profundamente o procedimento ou as situações jurídicas (poderes, deveres, ônus e obrigações) nos processos envolvendo sócios X sócios e sócio X sociedade.

13.2 Facetas da tutela provisória

Ainda prevalece a necessidade de solucionar a equação entre um direito plausível (probabilidade de direito) e o perigo na demora

---

[2] Art. 700. "Fuori dei casi regolati nelle precedenti sezioni di questo capo, chi ha fondato motivo di temere che durante il tempo occorrente per far valere il suo diritto in via ordinaria, questo sia minacciato da un pregiudizio imminente e irreparabile, può chiedere con ricorso al giudice i provvedimenti d'urgenza, che appaiono, secondo le circostanze, più idonei ad assicurare provvisoriamente gli effetti della decisione sul mérito".

da tutela jurisdicional (perigo de dano ou o risco ao resultado útil do processo), que podem causar o perecimento desse direito minimamente identificável. A mudança promovida pelo CPC/2015 está na supressão da autonomia ritual do processo cautelar para obtenção de resultados úteis à demanda principal, para agora utilizar a técnica dos pedidos unificados de cognição sumária. No novo sistema, a tutela provisória (gênero) se funda nas espécies de *urgência* e de *evidência* (art. 294 do CPC/2015).³ Eis o fluxograma:

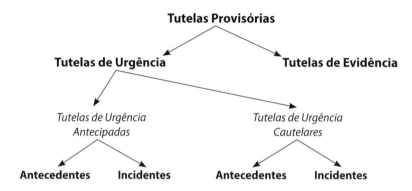

Mais simples de descrever são os pressupostos da *tutela de evidência*. Ela independe de demonstração de perigo de dano ou de risco ao resultado útil do processo e se presta a confirmar pedido antecedido por pressupostos de clareza e evidência, descritos no art. 311 do CPC/2015, suficientes para tornar improvável (ou bastante improvável) defesa exitosa por parte do demandado: I – caracterização do abuso do direito de defesa ou o manifesto propósito protelatório da parte; II – prova de fatos que dependa de documentos e identificação de tese firmada em julgamento de casos repetitivos ou em súmula vinculante; III – pedido reipersecutório fundado em prova documental adequada do contrato de depósito; IV – a petição inicial for instruída com prova documental suficiente dos fatos constitutivos do direito do autor, a que o réu não oponha prova capaz de gerar dúvida razoável.

A tutela de urgência apresenta maiores complexidades, porque poderá ser cautelar ou antecipada, antecedente ou incidental (art. 294, parágrafo único, do CPC/2015). Com a eliminação de duplicidade de processos, o pedido provisório de urgência ocorrerá dentro do processo

---

³ Explicitou-se com maior clareza aquilo que já se encontrava no art. 273, I e 273, II e §6º, do CPC/73.

em curso, sem autos apartados. Se incidente, independerá de custas e terá lugar no mesmo processo. Se antecedente, constitui-se o processo, com pedido principal formado posteriormente dentro da mesma relação processual (arts. 303, *caput* e §1º, inciso I e 308 do CPC/2015).

Havendo pretensão cautelar antecedente, o autor deverá formular o pedido principal nos próprios autos, no prazo de 30 dias, sob pena de cessação de eficácia da medida (arts. 308 e 309, inciso I, do CPC/2015). É vedado à parte renovar o pedido se cessar a eficácia da tutela cautelar (art. 309, parágrafo único, do CPC/2015). Percebe-se, entrementes, a permanência de um caráter instrumental para esse tipo específico de tutela provisória cautelar, para colimar um resultado útil para o pedido principal. Deve-se ter em vista uma *conexão funcional* entre esses pedidos, já que a utilidade é a qualidade essencial do pleito cautelar.[4]

Sendo tutela urgente antecipada e antecedente, o autor do pedido deverá confirmá-lo em 15 dias, sob pena de extinção do processo (art. 303, §1º, inciso I e §2º). Conforme previsão do art. 304, essa decisão se estabiliza se o réu dela não recorrer (embora haja quem admita, em doutrina, que qualquer manifestação de inconformismo do demandado, mesmo em 1º grau, possa impedir a estabilização). Criou-se, outrossim, a possibilidade de revisão de tutela antecipada antecedente estabilizada, com prazo decadencial de 2 anos (art. 304, §5º, do CPC/2015) para propositura de ação de cognição exauriente com ônus invertido para derrubada da tutela que se estabilizou outrora sem coisa julgada material (art. 304, §6º, do CPC/2015).

Desde já, é possível identificar as potenciais disputas que se avizinham na classificação das tutelas de urgência antecedentes como sendo cautelares e antecipadas, justamente para obter a estabilização pela falta de recurso. Em princípio, caberá ao juiz considerar a natureza da tutela pretendida, conforme previsto no art. 305, parágrafo único, do CPC/2015, sendo recomendável, inclusive, que esclareça a natureza do provimento que concede tão logo o faça (na fundamentação). Ainda assim, persistirão as dúvidas caso o juiz não atribua os adequados efeitos ao pedido.

---

[4] Exemplifica-se com julgado do TJSP que, ainda sob a égide do Código Buzaid, indeferiu pedido cautelar de afastamento de administrador em ação de prestação de contas, por não vislumbrar a utilidade no pleito cautelar: "EMPRESARIAL. Ação cautelar incidental à ação de prestação de contas. Pretensão de afastamento do sócio administrador. Ausência da instrumentalidade necessária para tornar útil e seguro o processo principal. Recurso desprovido" (TJSP – 1ª Câmara Reservada de Direito Empresarial – Apelação nº 1014527-91.2015.8.26.0008. – Rel. Des. Teixeira Leite – j. 23.02.2016).

Além da natureza da tutela, o papel do juiz é reforçado pela amplitude das medidas que considerar adequadas para efetivação da tutela provisória (art. 297 do CPC/2015). Em contrapartida, a extensão da medida poderá ser acompanhada de "caução real ou fidejussória idônea para ressarcir os danos que a outra parte possa vir a sofrer, podendo a caução ser dispensada se a parte economicamente hipossuficiente não puder oferecê-la" (arts. 300, §1º e 302).

Informação relevante está na distinta disciplina da produção antecipada de provas, que não é mais estruturada como processo cautelar,[5] conforme ocorria na codificação anterior.[6] Pela nova disciplina dos arts. 381 a 383 do CPC/2015, o requerente apresentará as razões que justificam a necessidade de antecipação da prova e mencionará com precisão os fatos sobre os quais a prova há de recair. Deverá demonstrar: I – fundado receio de que venha a tornar-se impossível ou muito difícil a verificação de certos fatos na pendência da ação; II – a prova suscetível de viabilizar a autocomposição ou outro meio adequado de solução de conflito; III – o prévio conhecimento dos fatos possa justificar ou evitar o ajuizamento de ação (art. 381). Trata-se de procedimento de caráter exauriente e que tem por escopo somente a produção da prova útil, tanto que os autos são entregues ao requerente ao final do trâmite da prova (art. 383). Não há defesa ou recurso, salvo contra decisão que indeferir totalmente a produção da prova pleiteada pelo requerente originário (art. 382, §4º).

---

[5] (PEREIRA, 2002, p. 192). Na verdade, o CPC/2015 adota a teoria da prova como direito autônomo, para, sem prejuízo de permitir o manejo da produção antecipada de prova para casos em que haja risco de perecimento dela – com típica função cautelar –, estabelecer o cabimento da medida para hipóteses outras em que não haja, propriamente *periculum in mora*.

[6] Esse é o novo tratamento que seria dado ao caso que se descreve na ementa seguinte. Nela se identifica tanto um pedido de produção antecipada de provas como uma tutela de urgência antecipada para participação de sócios em reuniões. Na atual regra, o pedido de provas seria separado da demanda principal de exclusão. Eis o teor: "TUTELA ANTECIPADA. Ação anulatória de ato de exclusão extrajudicial de sócio minoritário. Art. 1.085 CC. Decisão, proferida em embargos de declaração, que estendeu o alcance da tutela de urgência, deferida em parte, para permitir ao sócio excluído a solicitação de cópias das atas e pedidos de esclarecimentos. Decisão que se reforma. Decisão inicial que havia permitido a participação do agravado nas reuniões de sócios, mas sem direito de manifestação ou voto. Decisão essa confirmada em agravo de instrumento. Possibilidade de pedido de esclarecimento que contradiz a impossibilidade de se manifestar. Solicitação de cópias das atas, por sua vez, que pode ser feita perante a Jucesp, oportunamente. Recurso provido" (TJSP – AI nº 2034866-15.2014.8.26.0000 – 1ª Câmara Reservada de Direito Empresarial – Rel. Des. Teixeira Leite – j. 24.04.2014).

13.3 Influência no direito societário

Os impactos dos preceitos de tutela provisória são grandes no direito societário e se espraiam por diversos ordenamentos de uma organização societária. A interpretação passa a ser da relação entre sócios, passando pelos ativos patrimoniais e chegando à própria gestão da atividade.

13.3.1 Demandas originárias das relações entre os sócios

As demandas surgidas a partir do contrato de sociedade e das relações entre os sócios poderão ser objeto das tutelas provisórias já descritas e a primeira dificuldade, conforme já alertado [*i. 2*], estará justamente no monopólio do juiz para a definição da natureza da tutela antecedente pretendida em casos limítrofes – se cautelar ou antecipada (art. 305, parágrafo único, do CPC/2015) – já que as consequências desta definição são determinantes para a aferição da possibilidade de estabilização (art. 304 do CPC/2015).

Tal pode ocorrer numa ação de anulação de constituição da pessoa jurídica da sociedade por defeito do contrato (art. 45, parágrafo único, do CC), acompanhada da respectiva dissolução (art. 1.034, inciso I, do CC). As tutelas provisórias podem ser utilizadas cautelarmente para assegurar medidas de arrolamento de bens, mas também com nítido caráter antecipado nos casos venda de ativos isolados ou em conjunto do estabelecimento para assegurar que não ocorram perdas substanciais com a dissolução.[7] Naturalmente que o pedido principal é a anulação de constituição, mas com a nova disciplina do CPC/2015 o pedido de antecipação ou o acautelatório serão viabilizados de forma mais célere e concentrada (bem ao estilo da técnica monitória que orienta essas novas regras).

Também serão comuns os pedidos nas demandas que discutam invalidade de deliberações em órgãos sociais: assembleia, diretoria, conselho de administração e conselho fiscal (a depender do tipo e dimensão da sociedade). Muitas vezes a demora na decisão de anulação de deliberação pode trazer enormes prejuízos à sociedade e muitas vezes – conforme o argumento e o fato caracterizador da plausibilidade

---

[7] Ressalve-se, por pertinente, que na criticada disciplina da dissolução parcial, foram aglutinadas as ações consagradas entre os comercialistas, conforme afirmam Erasmo Valladão A. N. França e Marcelo von Adamek: "(*i*) a ação de dissolução parcial *stricto sensu*, demanda de carga predominantemente constitutivo-negativa, e (*ii*) a ação de apuração de haveres, de carga condenatória" (FRANÇA; ADAMEK, 2016, p. 17).

do direito – a suspensão da decisão poderá ser até mesmo anterior aos conclaves. Já advertia Luiz Fernando C. Pereira, ainda na codificação anterior, mas cuidando de tutelas de urgência: "Proposta uma demanda anulatória (...), com robusta prova indicando alto percentual de verossimilhança, deixar de 'antecipar' efeitos é impor exclusivamente ao autor o ônus da demora do processo" (2002, p. 22). Sustenta o mesmo autor, sobre os efeitos da decisão liminar nesse tipo de demanda, que se trata de provimento satisfativo por suspender a deliberação (e não por desconstituí-la de imediato) (2002, p. 108):

> a decisão liminar que suspende a deliberação social não antecipa declaração ou constituição como pressupõem alguns, mas, sim, num juízo de verossimilhança, *ordena* um fazer ou um não fazer, ou ainda, na atuação-execução desse mesmo provimento de urgência, em atividade sub-rogatória, *executa* a decisão de suspensão de deliberação social. Fosse a suspensão da deliberação social uma antecipação de posterior anulação ou nulidade – e não é –, a decisão seria meramente constitutiva. (2002, p. 39)

Outros casos comuns serão das tutelas provisórias nas resoluções da sociedade quanto a um sócio (por morte, retirada ou exclusão – arts. 1.028, 1.029, 1.030 e 1.085 do CC), agora englobadas no pedido de dissolução parcial da sociedade (arts. 599 e seguintes do CPC/2015). As medidas de urgência nesse tipo de processo são bastante comuns e normalmente envolvem regularização de atos para continuidade registraria,[8] o acesso a informações da sociedade, a garantia de pagamento de haveres na forma do contrato social[9] ou então o afastamento provisório

---

[8] AÇÃO DE EXCLUSÃO DE SÓCIO. Decisão que concedeu prazo para regularização da situação societária da pessoa jurídica junto à JUCESP, de acordo com sentença de divórcio e indeferiu requerimento de tutela antecipada. Óbice à imediata alteração no registro da redistribuição de quotas sociais. Enquanto o Tribunal não reexaminar a questão da partilha de bens decidida na sentença, prematura a alteração do quadro social junto à JUCESP. Inicial que vem calcada em supostos atos lesivos à sociedade e não no exercício de direito de recesso por parte da sócia. Necessidade de dilação probatória. Recurso parcialmente provido. (TJSP – AI 2165004-36.2015.8.26.0000 – 1ª Câmara Reservada de Direito Empresarial – Rel. Des. Francisco Loureiro – j. 01.10.2015).
[9] "Responsabilidade subsidiária do sócio remanescente. Cabimento. Sociedade formada por apenas dois sócios. Cumpre a quem deseja manter a empresa e eliminar o outro, o dever de responder pelas consequências econômicas de sua conduta. Pagamento dos haveres. Necessidade de observância da forma estipulada em contrato, ou seja, em doze parcelas iguais. Ausente circunstância excepcional a autorizar o afastamento da força vinculatória do contrato. Recurso principal conhecido em parte e nessa extensão improvido, e provido em parte o adesivo para permitir a satisfação dos haveres segundo previsto no contrato social" (TJSP – AP 0163907-02.2010.8.26.0100 – Rel. Des. James Siano – j. 20.03.2013 – 5ª Câmara de Direito Privado).

– até o resultado final de demanda – de sócio que tenha atuação desleal ou prejudicial à sociedade.[10] É de tutela de urgência cautelar, por exemplo, um pedido que tenha por objetivo avaliar bens da sociedade. De outro lado, será antecipatório o pedido que imponha ao sócio a obrigação de não divulgar informações da sociedade acompanhada de *astreintes*.

Também para a proteção de garantias em ações de exclusão é possível de conceber a antecipação de tutela para reintegração de sócio, com manutenção de direitos essenciais como recebimento de lucros e participação em assembleias até a resolução formal da sociedade por exclusão.[11] Ainda sob o ponto de vista de garantias de direitos essenciais (art. 109 da LSA), Luis Fernando C. Pereira apresenta a hipótese de obtenção de tutela provisória cautelar de recebimento de voto em separado de acionista (2002, p. 204).

13.3.2 Ordenamento patrimonial

As discussões patrimoniais em matéria societária também poderão ser objeto de diversos pedidos satisfativos e conservativos por meio de tutelas provisórias.

Em matéria de dissolução parcial com o pedido condenatório de apuração de haveres, vê-se como possível o pedido de tutela antecipada incidental para início de pagamento imediato de valores incontroversos relativos aos direitos patrimoniais das quotas dos sócios, conforme entendimento do STJ no REsp nº 1.371.843.[12]

---

[10] SOCIEDADE EMPRESÁRIA – Ação de dissolução parcial de sociedade, c.c. apuração de haveres – Antecipação de tutela para o fim de declarar válida deliberação de sócios, em reunião, no sentido da exclusão de sócio minoritário – Denegação – Ausência de prova inequívoca da verossimilhança das alegações do agravante e de fundamentação relevante, a impedir a excepcional concessão de tutela antecipada *inaudita altera pars* – Recurso improvido. (TJSP – AI nº 2222959-25.2015.8.26.0000 – 2ª Câmara Reservada de Direito Empresarial – Rel. Des. Caio Marcelo Mendes de Oliveira – j. 14.03.2016).

[11] "(...) Singela notificação unilateral dos agravados não tem o condão de suprir decisão judicial de afastamento de sócio que lhes foi negada. Garantia do recorrente de exercer as suas prerrogativas e faculdades de sócio, dentre as quais a de receber a distribuição de lucros e frequentar a sede da sociedade até o momento de sua formal exclusão do quadro societário. Recurso provido (TJSP – 1ª Câmara Reservada de Direito Empresarial – AI nº 2105732-48.2014.8.26.0000 – Rel. Des. Francisco Loureiro – j. 14.08.2014).

[12] "(...) A data-base para apuração dos haveres coincide com o momento em que o sócio manifestar vontade de se retirar da sociedade limitada estabelecida por tempo indeterminado. 6. O prazo contratual previsto para o pagamento dos haveres do sócio que se retira da sociedade supõe quantum incontroverso; se houver divergência a respeito, e só for dirimida em ação judicial, cuja tramitação tenha esgotado o aludido prazo, o pagamento dos haveres é exigível de imediato" (STJ – 3ª T. – REsp nº 1.371.843 – Min. Paulo de Tarso Sanseverino – j. 20.03.2014).

No incidente de desconsideração da personalidade jurídica também é possível utilizar a tutela provisória de urgência antecipada para obtenção imediata da superação da pessoa jurídica, uma vez demonstrados os pressupostos de direito material e a urgência na concessão da medida. O cabimento se dá em qualquer fase do processo, inclusive na petição inicial (art. 134, *caput* e §2º), assim também os pleitos de tutela provisória também poderão servir à garantia do incidente de desconsideração. Por exemplo, a propositura de incidente de desconsideração da personalidade jurídica fundada no art. 50 do CC, juntamente com o pedido principal de cobrança de valores, tudo somado ao pedido de tutela provisória de urgência, com caráter conservativo para arresto de bens dos devedores (art. 301 do CPC/2015).[13]

Até mesmo em caso de falência, o Superior Tribunal de Justiça já acolheu pretensão de extensão de efeitos para outras sociedades com base na desconsideração da personalidade jurídica, inclusive admitindo antecipação de tutela para esses fins.[14]

13.3.3 Ordenamento empresarial

Há bastante celeuma quando se considera a repercussão de uma decisão judicial sobre a gestão societária, sempre havendo limites de intervenção *interna corporis* em casos restritíssimos de ilegalidade e abuso.[15] Fala-se, então, em casos de retirada do administrador das

---

[13] "A alienação de bens que põe em risco a solvência do devedor configura o fundado receio de dano que, demais disso, se confirma pela notícia, nos autos da ação principal de homologação de sentença estrangeira, de qual a empresa do devedor encontra-se em processo de liquidação judicial instaurado perante a Suprema Corte do Caribe Oriental (SEC 5.692, US). A sentença estrangeira, ainda que pendente de homologação, constitui prova literal de dívida líquida e certa (CPC/2015, art. 814). Agravo regimental não provido" (STJ – AgRg-MC nº 17.411 – C.Esp. – Rel. Min. Ari Pargendler – DJe 01.09.2014 – p. 534).

[14] "Nos v. acórdãos paradigmas deste col. Superior Tribunal de Justiça, discutiu-se a impossibilidade de constrição do faturamento mensal integral de uma sociedade, quando existem outros bens suficientes para a garantia do juízo. Por outro lado, no v. acórdão proferido pelo eg. Tribunal de Justiça estadual, a controvérsia foi dirimida com base na existência dos pressupostos autorizadores da concessão de antecipação de tutela, entendendo-se existente fraude e confusão patrimonial a autorizar a desconsideração da personalidade jurídica da sociedade empresária e extensão dos efeitos da falência decretada em face de empresa coligada, no tocante à arrecadação e avaliação de bens. (...) pode pedir ao juiz, com base na teoria da desconsideração da personalidade jurídica, que estenda os efeitos da falência às sociedades do mesmo grupo, sempre que houver evidências de sua utilização com abuso de direito, para fraudar a lei ou prejudicar terceiros' (REsp 228.357/SP, Rel. Min. Castro Filho, 3ª Turma, DJ de 02.02.2004)" (STJ – AgRg-REsp 1.229.579 – 4ª T. – Rel. Min. Raul Araújo – DJe 08.02.2013).

[15] Nesse sentido: "Societário. Cautelar antecedente. Pedido de afastamento do sócio – administrador da gerência de sociedades das quais pretende o autor se excluir na demanda

funções se, comprovadamente, demonstra-se que a sua permanência poderá prejudicar a condução do processo ou a continuidade das atividades societárias. Em outros termos, a probabilidade do direito e o perigo de dano ou o risco ao resultado útil do processo (art. 300, *caput*, do CPC/2015) deverão ser estritamente demonstrados, com a evidência de que a sociedade não tem instrumentos de natureza societária (como a deliberação de assembleia) que possam solucionar o problema.

Os pedidos dessa natureza são muito comuns, mas agora deverão passar pela adaptação terminológica e também pelo esclarecimento da intensidade da probabilidade do direito para obtenção da tutela de urgência.[16] Nesse sentido, é de se admitir o pedido de tutela de urgência cautelar conservativa para suspensão de poderes administrativos de sócio-administrador que coloque em risco a estabilidade patrimonial da sociedade e o resultado útil de demanda principal de dissolução parcial de sociedade, a ser proposta nos mesmos autos, no prazo de 30 dias (art. 308 do CPC/2015).[17]

---

principal, com nomeação de interventor judicial e bloqueio de contas bancárias. Liminar denegada por falta de prova suficiente das irregularidades imputadas ao administrador. Excepcionalidade da concessão de provimentos antecipatórios, previamente ao contraditório. Intervenção judicial na administração societária, outrossim, que por si só é também extraordinária, somente se mostrando passível de deferimento em situações especialíssimas. Possibilidade de acautelamento do autor por outros meios quanto à preservação de patrimônio suficiente ao pagamento de seus haveres. Decisão de Primeiro Grau mantida nessa parte. Agravo de instrumento do autor não provido quanto a esse aspecto. Societário. Cautelar. Identificação e anotação dos bens existentes no estoque de cada uma das empresas. Cabimento. Medida que não foi requerida com conteúdo constritivo, mas com vistas à apuração dos bens componentes do acervo social, não causando prejuízo às sociedades. Direito do sócio à obtenção de informações, que abrange a ciência acerca dos bens componentes do ativo. Medida adequada. Decisão reformada quanto a esse tema. Agravo de instrumento do autor provido nesse particular" (TJSP – 2ª Câmara Reservada de Direito Empresarial – AI nº 2094737-39.2015.8.26.0000 – Rel. Des. Fabio Tabosa – j. 15.06.2015).

[16] A discussão anterior, tal como deverá ocorrer com o novo CPC/2015, perquiria a urgência e riscos de difícil reparação com a permanência de sócio à frente da administração: "As instâncias ordinárias indeferiram a tutela antecipada requerida pelo sócio majoritário, porque não ficou demonstrado a urgência ou o risco de difícil reparação que a permanência do outro sócio acarretaria para a administração da empresa" (STJ – 3ª Turma – AgRg no AREsp nº 587931 – Rel. Min. Moura Ribeiro – j. 18.11.2014). No mesmo sentido: TJSP – 1ª Câmara Reservada de Direito Empresarial – AI nº 0016559-81.2013.8.26.0000 – Rel. Des. Teixeira Leite – j. 12.03.2013. TJSP – 2ª Câmara Reservada de Direito Empresarial – AI nº 2185294-09.2014.8.26.0000 – Rel. Des. Ricardo Negrão – j. 17.11.2014. TJSP – 2ª Câmara Reservada de Direito Empresarial – AI nº 2145889-63.2014.8.26.0000 – Rel. Des. Ricardo Negrão – j. 10.12.2014.

[17] Esses os novos instrumentos processuais para casos como o seguinte: "Tutela antecipada. Medida cautelar inominada preparatória de ação de dissolução parcial de sociedade com apuração e pagamento de haveres sociais. Suspensão dos poderes de administração do sócio requerido. Deferimento. Preenchimento dos requisitos autorizadores da sua concessão. Artigo 273 do Código de Processo Civil. Saques injustificados na conta corrente da empresa efetuados pelo requerido, sem o consentimento dos demais, gerando, inclusive, a devolução

Outra discussão comum é da solução de controvérsias nas administrações conjuntas, caso ocorram divergências entre os administradores. O art. 1.014 do Código Civil, aplicável aos demais tipos societários, dispõe que nos "atos de competência conjunta de vários administradores, torna-se necessário o concurso de todos, salvo nos casos urgentes, em que a omissão ou retardo das providências possa ocasionar dano irreparável ou grave". A urgência prevista na regra de direito material permite que a própria sociedade encontre meios de suprir a recusa de outro administrador à celebração de negócios. Pela regra, o administrador atua isoladamente com base na urgência e no dano irreparável ou grave. Caso não se caracterize a excepcionalidade, o administrador responderá por eventuais danos (arts. 1.013, §2º e 1.016). Todavia, podem ser identificados negócios corriqueiros obstados pela dissidência do outro administrador. É nesses casos que a intervenção judicial se torna importante, seja com tutela antecipada satisfativa de suprir a assinatura do administrador dissidente, seja com tutela cautelar conservativa para obter afastamento útil ao resultado de processo de dissolução parcial.

Na mesma linha de problemas, apontam-se casos em que a assinatura conjunta poderá inviabilizar a continuidade da sociedade. Não sendo o caso de afastar administrador e havendo impasse entre os sócios (por exemplo, em comuníssimas sociedades de dois sócios, com 50% de quotas cada e desempate nas mãos do juiz por força do art. 1.010, §2º, do CC), a tutela antecipada satisfativa pode ser destinada a permitir que a administração seja desempenhada por um único sócio e com as devidas contas prestadas também no processo.[18]

Em caso de falta de administração, a legislação geral, por meio do art. 49 do CC, dá a solução com a possibilidade de nomeação de administrador provisório obtida liminarmente em antecipação de tutela: "Art. 49. Se a administração da pessoa jurídica vier a faltar, o juiz, a requerimento de qualquer interessado, nomear-lhe-á administrador provisório". Outra sede legislativa que admite "intervenção na empresa"

---

de outros cheques emitidos para pagamento de obrigações da empresa. Inequívoca quebra da *affectio societatis*, demonstrando a impossibilidade de administração conjunta. Agravo de instrumento desprovido" (TJSP – 2ª Câmara Reservada de Direito Empresarial – AI nº 2027516-73.2014.8.26.0000 – Rel. Des. José Reynaldo – j. 01.10.2014).

[18] TUTELA ANTECIPADA. Ação de dissolução parcial de sociedade. Exclusão de sócio. Pedido de afastamento liminar. Ausência de prova inequívoca do direito alegado. Alegação de prática de atos que colocam em risco a continuidade da empresa que não se comprovou. Inviabilidade, todavia, de prática conjunta dos negócios jurídicos, diante da patente animosidade entre as partes. Recurso provido em parte (TJSP – 1ª Câmara Reservada de Direito Empresarial – AI nº 2062859-96.2015.8.26.0000 – Rel. Des. Teixeira Leite – j. 24.06.2015).

por ordem judicial está prevista nos arts. 96, 102 e seguintes da Lei nº 12.529/2011, que cuida do cumprimento específico de obrigações firmadas em penalidades antitruste determinadas pelo CADE.[19] [20] O afastamento de administradores também encontra fundamento legal no art. 69 da Lei nº 11.101/2005 (LREF), porque o "devedor ou seus administradores serão mantidos na condução da atividade empresarial, sob fiscalização do Comitê", salvo se: "I – houver sido condenado em sentença penal transitada em julgado por crime cometido em recuperação judicial ou falência anteriores ou por crime contra o patrimônio, a economia popular ou a ordem econômica previstos na legislação vigente; II – houver indícios veementes de ter cometido crime previsto nesta Lei; III – houver agido com dolo, simulação ou fraude contra os interesses de seus credores; IV – houver praticado qualquer das seguintes condutas: a) efetuar gastos pessoais manifestamente excessivos em relação a sua situação patrimonial; b) efetuar despesas injustificáveis por sua natureza ou vulto, em relação ao capital ou gênero do negócio, ao movimento das operações e a outras circunstâncias análogas; c) descapitalizar injustificadamente a empresa ou realizar operações prejudiciais ao seu funcionamento regular; d) simular ou omitir créditos ao apresentar a relação de que trata o inciso III do caput do art. 51 desta Lei, sem relevante razão de direito ou amparo de decisão judicial; V – negar-se a prestar informações solicitadas pelo administrador judicial ou pelos demais membros do Comitê; VI – tiver seu afastamento previsto no plano de recuperação judicial". Verificadas as hipóteses, o juiz da recuperação poderá nomear substituto de acordo com o contrato social ou conforme previsão do próprio plano de recuperação.[21]

Mais complexa e tormentosa – pela falta de fundamentos de direito material – é a intervenção judicial na sociedade[22] em caso de litígios

---

[19] Comentando o dispositivo na lei anterior, esclareceu João Bosco Leopoldino da Fonseca que é nomeado um interventor, pessoa "encarregada de fazer ou de não fazer, assumindo para isto a direção da empresa, por nomeação do juiz" (1995. p. 170).

[20] Com proposta para aplicação analógica à dissolução parcial de sociedade: (NUNES, 2012. p. 489).

[21] Em matéria de recuperação de empresas, a restrição às tutelas provisórias está no art. 40 da LREF, que prevê: "Art. 40. Não será deferido provimento liminar, de caráter cautelar ou antecipatório dos efeitos da tutela, para a suspensão ou adiamento da assembléia-geral de credores em razão de pendência de discussão acerca da existência, da quantificação ou da classificação de créditos".

[22] Luis Fernando C. Pereira indica as razões: "A agressão à sociedade privada que representa a destituição e a nomeação de um terceiro administrador judicial (não eleito pela assembleia e, por vezes, sequer acionista); o interesse tutelado na medida; a ausência de previsão legal neste sentido (ao contrário de exemplos do direito comparado); as variadas formas

entre sócios e malferimento de deveres de administração (arts. 1.011 do CC e 153 da LSA). A concessão de tutela de urgência nesses casos não é indene a críticas, seja pela intervenção no domínio econômico sem hipótese legal, seja pela existência de instrumentos societários próprios para tal medida. Após intensa análise desses casos, inclusive com observação da matéria no direito comparado, Luis Fernando C. Pereira sustenta a possibilidade em demandas que tenham por base a conduta de administrador lesiva a interesses sociais, naturalmente com grande parcimônia nesse tipo de atuação judicial (2002, p. 219). Na mesma decisão, o juiz deverá indicar a forma da intervenção, sujeita à discricionariedade do julgador, justamente pela falta de parâmetros legislativos, abrindo a possibilidade do interventor-observador, do interventor-gestor e do interventor-administrador (PEREIRA, 2002, p. 249-passim).

13.4 Impactos na arbitragem

O advento do CPC/2015 também representou um reforço para o procedimento arbitral, cujo protagonismo em matéria societária é desejável.

Vários dispositivos do CPC/2015 reforçaram a arbitragem: (*a*) o art. 189, IV, prevê que atos processuais que versem sobre arbitragem tramitam em segredo de justiça se provado que a confidencialidade foi pactuada; (*b*) no art. 237, inciso IV, a carta arbitral é o instrumento formal de comunicação entre árbitros e Poder Judiciário; (*c*) o art. 337, inciso X, regula o afastamento de jurisdição estatal. Porém, a falta de alegação de convenção de arbitragem em contestação faz estender a jurisdição estatal (art. 337, §6º); (*d*) o art. 485, inciso VII corrobora o princípio *Kompetenz-Kompetenz*, ao reconhecer que o juízo arbitral fixe a competência (art. 8º, parágrafo único, Lei nº 9.307/96 – Lei de Arbitragem); (*e*) a arbitragem de certa maneira influenciou a redação do art. 190 acerca da autocomposição para especificidades da causa e da prova técnica simplificada (art. 464, §§3º e 4º, com coleta de prova simples de depoimento de especialista – *expert witness*); (*f*) a rejeição de cláusula de arbitragem é hipótese entre os *numerus clausus* do agravo de instrumento (art. 1.015, III).

---

de intervenção; a legitimidade para a propositura da medida; a natureza do provimento; os limites da intervenção" (2002, p. 208).

Pouco depois da aprovação do CPC/2015 (em 16 de março de 2015), todavia, foi promulgada a Lei nº 13.129, de 26 de maio de 2015, que alterou a Lei de Arbitragem. Para tanto, inseriu os arts. 22-A e 22-B, que passaram a regular as tutelas cautelares e de urgência no procedimento arbitral.[23] Na qualidade de lei especial posterior, passou a reger a matéria e a compatibilização entre os regimes se faz necessária.

Pelo art. 22-A, *caput*, da Lei de Arbitragem, as partes podem pedir medida cautelar ou de urgência para assegurar resultado útil do procedimento arbitral. Tal medida se justifica porque o cumprimento da decisão ainda continua sendo feito pelo Poder Judiciário. Com a extinção do processo cautelar, a medida disponível é a tutela de urgência conservativa, com a obrigação de instituição da arbitragem no prazo de 30 dias, contado da data de efetivação da respectiva decisão (art. 22-A, parágrafo único, da Lei de Arbitragem). Essa interpretação permite a compatibilização dos ritos. De interessante é que, uma vez instituída a arbitragem, caberá aos árbitros manter, modificar ou revogar a medida cautelar ou de urgência concedida pelo Poder Judiciário (art. 22-B, *caput*, da Lei de Arbitragem).

Se a arbitragem já tiver sido instituída, a tutela de urgência ou cautelar será requerida diretamente aos árbitros, com o *exequatur* promovido pelo Poder Judiciário.

13.5 Negócios jurídicos processuais

O CPC/2015, de modo inovador e sem equivalente exato em direito comparado, rompe a dogmática até então reinol, e, através de uma *cláusula geral de negócio jurídico processual*, passa a admitir que a vontade das partes, através de negócios jurídicos processuais bilaterais atípicos (não disciplinados casuisticamente em lei), tenha impacto no procedimento e na relação jurídica processual estabelecida em lei.

O art. 190 dispõe que *"versando o processo sobre direitos que admitam autocomposição, é lícito às partes plenamente capazes estipular mudanças no procedimento para ajustá-lo às especificidades da causa e convencionar sobre os seus ônus, poderes, faculdades e deveres processuais, antes ou durante o processo"*.

O impacto no publicismo processual é evidente, vez que em substituição à lei, as partes passam a ter poder e autonomia para

---

[23] No direito anterior, admitindo a antecipação de efeitos da tutela pelo árbitro: (MÜSSNICH; TRAVASSOS, 2012. p. 248).

definir o modo de ser do processo civil. Se não é posto literalmente em xeque o ideário de um processo civil público e com regras cogentes e inderrogáveis pela vontade das partes, ao menos se mitiga o rigor do publicismo processual, inaugurando-se no direito processual brasileiro uma fase de *neoliberalismo processual*, que embora incapaz de tornar o processo *"coisa das partes"*, como no período da *litiscontestatio* romana (*ordo judiciorum privatorum*), abala a estrutura de um sem número de institutos processuais, doravante com regramento manipulável pelos litigantes.[24]

Evidentemente, há condições para a validade e eficácia dos negócios jurídicos processuais.

Os negócios jurídicos processuais bilaterais, como espécie de negócios jurídicos, submetem-se, com as devidas adaptações, ao regime jurídico destes (art. 104 e ss. do CC), sendo necessário que as partes sejam capazes, o objeto seja lícito (não viole garantia constitucionais) e a forma seja a prescrita ou não defesa em lei. Além do que, por evidente, deve ser respeitada a autonomia da vontade, colocando em xeque negócios jurídicos processuais celebrados em erro, com dolo, simulação, etc.

Mas há, também, condições específicas dos negócios jurídicos processuais, estabelecidas no próprio art. 190 do CPC/2015, só podendo ele ser celebrado no âmbito de relações sujeitas à autocomposição e por partes plenamente (*sic* absolutamente) capazes.[25]

Com bom parâmetro comparativo na Lei de Arbitragem – que fala em cláusula compromissória e compromisso arbitral (arts. 4º e 9º da Lei 9.307/96) –, o art. 190, *caput*, do CPC/2015, estabelece, ainda, a possibilidade de as convenções processuais serem celebradas antes ou durante o processo.

As primeiras, as convenções pré-processuais, ordinariamente são celebradas em cláusulas contratuais específicas, inclusive no bojo dos próprios instrumentos contratuais atinentes à relação jurídica material (compra e venda, doação, distribuição, etc.) ou, porque não,

---

[24] Em realidade, tem-se no CPC/2015 dois modelos de negócios jurídicos processuais: a) os atípicos ou inominados, previstos no art. 190 do CPC/2015 (sempre bilaterais); e b) os típicos ou nominados, encontrados em dispositivos esparsos e específicos do CPC/2015 (estes bilaterais, unilaterais ou plurilaterais), como a cláusula de eleição de foro (art. 63 CPC/2015), a suspensão do processo por vontade das partes (art. 313, II, CPC/2015), a convenção sobre ônus da prova, (373, §3º, CPC/2015), a convenção de arbitragem (art. 485, VII, CPC/2015), a convenção de escolha do perito (art. 471, CPC/2015), etc.

[25] Para uma ampla análise das condições gerais e específicas de validade eficácia dos negócios jurídicos processuais, ver por todos GAJARDONI, Fernando da Fonseca, DELLORE, Luiz; Roque, Andre; OLIVEIRA JR. Zulmar Duarte. *Teoria geral do processo*: comentários ao CPC de 2015. Parte geral. São Paulo: Forense, 2015. p. 616-620.

nos contratos e estatutos sociais. Não há impedimento, todavia, para que a celebração se dê em instrumento contratual separado celebrado concomitantemente ou posteriormente ao contrato principal (art. 4º, 1º, da Lei 9.307/96).

Mais uma vez utilizando-se do parâmetro da Lei de Arbitragem (art.8º), tem-se que convenção pré-processual é autônoma em relação ao contrato em que estiver inserta, de tal sorte que a nulidade deste não implica, necessariamente, a nulidade da convenção. Nestes casos, a ação relativa ao evento (a arguição de nulidade) será processada conforme as regras processuais e procedimentais estabelecidas na convenção.

A convenção também pode ser processual, no curso de demanda já ajuizada. As partes a celebrarão por instrumento escrito apresentado a juízo ou mediante redução da convenção a termo nos autos.

O art. 190 do CPC/2015 trata de dois temas distintos, embora pertencentes ao gênero dos negócios jurídicos bilaterais atípicos (convenções processuais atípicas/inominadas). Primeiramente, disciplina a *flexibilização voluntária de procedimentos* (convenção sobre procedimentos), isto é, a possibilidade de as partes convencionarem *mudanças no procedimento para ajustá-lo às especificidades da causa*. A seguir, o dispositivo cuida da convenção sobre situações jurídicas processuais, admitindo que as partes deliberem *sobre os seus ônus, poderes, faculdades e deveres processuais*.

Pode haver flexibilização voluntária do procedimento sem alteração nas situações jurídicas processuais (poderes, deveres, ônus e faculdades das partes). Pode haver convenção sobre situações jurídicas sem flexibilização do procedimento. E pode haver ambas, isto é, alterações procedimentais voluntárias acompanhadas de convenções sobre situações jurídicas

Há, portanto, autonomia entre as duas espécies de negócios jurídicos bilaterais atípicos previstos no art. 190, *caput*, do CPC/2015 (convenção sobre procedimento e convenção sobre situação jurídica).

Apenas a título exemplificativo – e no que mais atine ao direito comercial/empresarial – podemos imaginar inúmeras situações de convenções processuais (sobre procedimento ou situações jurídicas) relativas ao direito empresarial: i) ampliação de prazos para resposta, recursos e manifestações em geral (enunciado 19 do FPPC); ii) redução de prazos para resposta, recurso e manifestações em geral (acautelando-se, apenas, para que a convenção não inviabilize o direito constitucional de defesa e, por conseguinte, seja considerada de objeto ilícito); iii) inserção de atos processuais não previstos no procedimento estabelecido em lei (como reuniões ou audiências de mediação extrajudicial após tantos meses de trâmite processual); iv) estabelecimento de novas formas de intimação ou citação, como comunicação por *e-mail*, WhatsApp, telefone, citação por advogado, etc.; v) estabelecimento de novas formas de colheita de prova (por telefone, por *e-mail*, extrajudicialmente, etc.); vi) escolha de procedimento diverso do abstratamente previsto em lei para o caso (desde que capaz de tutelar o direito material em debate); vii) criação de um procedimento próprio para o caso (desde que capaz de tutelar adequadamente o direito material em debate e não violador das garantias constitucionais do processo); viii) pacto de não denunciação à lide ou chamamento ao processo; ix) acordo para rateio de despesas processuais; x) acordo de isenção de honorários de sucumbência (fixados judicialmente), nesse caso, restando a dúvida se o advogado também precisaria firmá-lo; xi) convenção de julgamento em instância única, com renúncia antecipada a qualquer recurso interponível contra a sentença; xii) estipulação contratual de multa pela sucumbência na demanda; xiii) acordo para não ajuizamento de demanda em determinando período (cláusula de paz); etc.

A convenção prevista no art. 190, do CPC/2015, uma vez celebrada, obriga as partes e sucessores. Mas não fica afastado o controle de sua validade pelo juiz. Tão logo ela seja apresentada para cumprimento, o juiz poderá, de ofício ou a requerimento, controlar a sua validade, recusando-lhe aplicação nos casos de: a) nulidade; b) inserção abusiva em contrato de adesão; ou c) em que alguma parte se encontre em manifesta situação de vulnerabilidade (art. 190, parágrafo único, do CPC/2015).

13.6 Conclusão

O presente estudo buscou compatibilizar a reforma do processo civil brasileiro com as demandas urgentes do direito societário, que não são poucas e que guardam complexidade normalmente atrelada às barreiras de intervenção judicial em temas que podem se resolver internamente. Além disso, o tempo do processo é descolado do tempo real de condução administrativa de uma sociedade, trazendo por consequência a urgência como característica de pleitos surgidos na estrutura societária, patrimônio e empresarial. Estranho paradoxo esse de pouca intervenção em temas demasiado urgentes.

A questão se complica com o advento de tutelas provisórias subdivididas em evidência e urgência. E estas, por sua vez, em cautelares e antecipadas, sem um critério nítido do legislador, que relegou ao juiz o poder de tal definição. Esse o encaixe necessário para a definição do pleito de urgência nos processos societários.

Além disso, a disciplina legal dos negócios jurídicos processuais atípicos abre um novo leque para atuação na advocacia empresarial consultiva, com os sócios e as empresas, ainda nos seus estatutos/contratos sociais, podendo efetuar alterações nas regras do processo e do procedimento judicial eventual.

Referências

BUENO, Cassio Scarpinella. *Novo código de processo civil anotado*. São Paulo: Saraiva. 2015.

CAPPELLETTI, Mauro. *Juízes legisladores?* Tradução Carlos Alberto Álvaro de Oliveira. Porto Alegre: Sérgio Antônio Fabris, 1999.

CASTRO, Rodrigo R. Monteiro de; ARAÚJO, Rodrigo Mendes de. Tutelas de urgência e o direito de retirada de sócio nas sociedades limitadas. In: YARSHELL, Flavio Luiz. *et al*. *Processo societário*. São Paulo: Quartier Latin, 2012. p. 667-691.

FONSECA, João Bosco Leopoldino. *Lei de proteção da concorrência*: comentários à Lei Antitruste. Rio de Janeiro: Forense, 1995.

FRANÇA, Erasmo Valladão Azevedo e Novaes; ADAMEK, Marcelo Vieira von. *Da ação de dissolução parcial de sociedade*: comentários breves ao CPC. São Paulo: Malheiros, 2016.

GAJARDONI, Fernando da Fonseca, DELLOR, Luiz; Roque, Andre; OLIVEIRA JR. Zulmar Duarte. *Teoria geral do processo*: comentários ao CPC de 2015. Parte geral. São Paulo: Forense, 2015.

GONÇALVES NETO, Alfredo Assis Gonçalves. *Dissolução societária e penhora de quotas no CPC 2015*. Disponível em: <http://www.conjur.com.br/2016-jul-04/direito-civil-atual-disso-lucao-societaria-penhora-quotas-sociais-CPC/2015-2015-parte>. Acesso em: 03 ago. 2016.

MÜSSNICH, Francisco Antunes Maciel; TRAVASSOS, Marcela Maffei Quadra. Medidas liminares em arbitragens e sociedades limitadas. In: YARSHELL, Flavio Luiz *et al*. *Processo societário*. São Paulo: Quartier Latin, 2012. p. 239-254.

NUNES, Marcelo Guedes. Intervenção judicial: a nova Lei do CADE e a dissolução de sociedades. In: YARSHELL, Flavio Luiz *et al. Processo societário*. São Paulo: Quartier Latin, 2012. p. 489-509.

PEREIRA, Luiz Fernando C. *Medidas urgentes no direito societário*. São Paulo: Revista dos Tribunais, 2002.

Informação bibliográfica deste texto, conforme a NBR 6023:2002 da Associação Brasileira de Normas Técnicas (ABNT):

DINIZ, Gustavo Saad; GAJARDONI, Fernando da Fonseca. Tutelas provisórias e negócios jurídicos processuais em matéria societária. In: RIBEIRO, Marcia Carla Pereira; CARAMÊS, Guilherme Bonato Campos (Coord.). *Direito empresarial e o CPC/2015*. 2. ed. rev., ampl. e atual. Belo Horizonte: Fórum, 2018. p. 243-260. ISBN 978-85-450-0523-0.

CAPÍTULO 14

OS NEGÓCIOS PROCESSUAIS E A ESTRUTURA DE GOVERNANÇA DOS CONTRATOS EMPRESARIAIS DE LONGO PRAZO

Vinícius Klein
Matheus Vasconcelos

14.1 Introdução

O Código de Processo Civil de 2015 traz diversos impactos no Direito Empresarial. No que diz respeito aos contratos empresariais, o CPC/2015 impacta tanto o desenho das suas cláusulas quanto a sua execução. Nesse ponto, destaca-se a disciplina das convenções processuais, que irá afetar tanto a redação das cláusulas contratos, ou seja, o seu *design*, que se dá no momento anterior a execução contratual, quanto a sua implementação (*enforcement*) que ocorre *ex post* a execução contratual. Assim, trata-se de novidade que demanda uma análise mais aprofundada.

Essa análise será mais profícua se for realizada no âmbito de uma visão interdisciplinar de Direito e Economia (*Law & Economics*) que seja capaz de aumentar a capacidade de compreensão da realidade empresarial pela teoria jurídica, indicando os benefícios e dificuldades advindas das novas alternativas de governança que irão se apresentar no âmbito do direito contratual pátrio.

Aqui, deve-se observar que no âmbito da própria literatura especializada de processo civil, os ganhos de eficiência e os benefícios econômicos têm sido citados no debate acerca da legalidade e da conveniência da aceitação das convenções processuais. A perspectiva do Direito e Economia já tem sido utilizada na análise dos contratos empresariais e no direito empresarial em geral com resultados positivos na melhor compreensão da atividade econômica. Portanto, trata-se de proposta a contribuir de forma benéfica para o debate acerca do tema.

A possibilidade de contratualização dos procedimentos de imposição das disposições contratuais no bojo do processo judicial e não apenas na arbitragem podem impactar de forma significativa os contratos empresariais.

14.2 Negócios processuais no Novo Código de Processo Civil: apontamentos iniciais, regramento legal e limitações às convenções processuais

O advento do Novo Código de Processo Civil brasileiro por meio da Lei nº 13.105/2015, que entrou em vigor em 18 de março de 2016, trouxe mudanças significativas no direito processual civil, com reflexos em diversos outros campos do direito. A possibilidade conferida aos litigantes de negociar sobre o procedimento, embora também prevista pelo Código anterior em disposições típicas pontuais, é, por certo, uma das novidades que, com a redação conferida pela novel legislação, muito repercutirá na resolução de litígios judicializados. Assiste-se, portanto, à inclusão de instituto classicamente de direito privado – o negócio jurídico – no âmbito do Direito Processual, esfera tipicamente de direito público.[1]

Após a conquista da autonomia científica do Direito Processual e de seu enquadramento como ramo de Direito Público, o pensamento dominante entre os teóricos, por muito tempo, concluía pela

---

[1] Embora seja assente na doutrina que a divisão do direito em dois ramos (público e privado) tenha objetivo apenas didático e metodológico em razão da ordem jurídica ser una (vide SUNFELD, 2009, p. 134), é sabido também que tal bifurcação remonta ao Direito Romano, mais precisamente ao fragmento de Ulpiano constante das Institutas de Justiniano 1,1,4: *"Hujus studii duae sunt positiones, publicum et privatum. Publicum jus est quod ad statum rei Romanae spectat, privat quod ad singulorum utilitatem pertinet"* (em tradução livre, "Deste estudo existem duas posições, público e privado. O direito público diz respeito ao estado da coisa romana, à polis ou civitas, o privado à utilidade dos particulares"). Pontue-se que, em Roma, o Direito Privado era dividido em três segmentos: Direito das Pessoas, Direito das Coisas e Direito das Ações (Comentários de Gaio, 1, 8). O Direito das Ações, equivalente ao atual Direito Processual, era, pois, ramo do Direito Privado, transportado para o Direito Público no fim do século XIX concomitantemente à autonomia científica alcançada pelo direito processual graças aos estudos de Wach, na Alemanha, e Chiovenda, na Itália. (CORRÊIA, p. 298-299, 1954).

impossibilidade de se conciliar convenção e processo.² As normas processuais, essencialmente cogentes, não poderiam ser afastadas ou substituídas por acordos de vontade. No entanto, apesar dessa aparente incompatibilidade que sepultava o debate e o desenvolvimento teórico das convenções processuais, o dia a dia forense e a prática contratual se encarregaram de apontar possibilidades e perspectivas para o até então desventurado instituto, almejando sua compatibilização às normas processuais. Antonio do Passo Cabral aponta que este fenômeno ocorreu essencialmente devido a duas razões: às formalidades do procedimento estatal, que são cada vez mais conflitantes às necessidades do tráfego jurídico; e à inviabilidade dos mecanismos extrajudiciais de solução de controvérsias (como a arbitragem, a conciliação e a mediação) para inúmeros tipos de litígio, seja por serem incabíveis, seja por serem economicamente inviáveis (CABRAL, 2016, p. 35).

A novidade trazida pelo Código de Processo Civil de 2015 em relação à negociação processual reside primordialmente na cláusula geral de negócios jurídicos processuais prevista no *caput* do artigo 190, inserto no Livro IV "Dos atos processuais". O dispositivo legal aludido prevê aos litigantes plenamente capazes a faculdade de, em causas que versem sobre direitos que admitam autocomposição, estipularem mudanças no procedimento para ajustá-lo às especificidades da causa e convencionar sobre os seus ônus, poderes, faculdades e deveres processuais. Essa possibilidade de formatação e adequação do procedimento pelas partes é muito próxima ao instituto da arbitragem, que certamente inspirou os moldes como as convenções processuais foram dispostas no Novo Código.³

Os negócios jurídicos processuais, como dito brevemente alhures, não são em si institutos novos ao processo. O Código de 1973 previa

---

[2] Entre os autores brasileiros contemporâneos contrários à negociação processual, destacam-se os professores Cândido Rangel Dinamarco e Alexandre Freitas Câmara. Ambos, no entanto, em virtude da nova previsão legislativa com o advento do Novo Código de Processo Civil mudaram de posição, passando a admitir tal possibilidade em conferências proferidas recentemente. Sobre o posicionamento anterior, vide (DINAMARCO, 2009. p. 484-485); e (CÂMARA, 2012. p. 274).

[3] Segundo Eduardo Talamini, a "arbitragem foi a fonte de inspiração – ou o fator de incentivo – para o legislador instituir essa possibilidade de ampla formatação voluntária do processo judicial. O raciocínio subjacente à cláusula geral de negócios jurídicos processuais estabelecida no art. 190 é o seguinte: se as partes podem até mesmo retirar do Judiciário a solução de um conflito, atribuindo-a a um juiz privado em um processo delineado pela vontade delas, não há porque impedi-las de optar por manter a solução do conflito perante o juiz estatal, mas em um procedimento e (ou) processo também por elas desenhado". (TALAMINI, 2015).

hipóteses taxativas sobre as quais era possível convencionar,[4] sendo a mais conhecida a cláusula de eleição de foro (artigo 111 do CPC de 1973). A grande virtude da nova legislação processual civil foi ter ido além das hipóteses *numerus clausus*,[5] consagrando a cláusula geral de negócios jurídicos que encerra qualquer dúvida sobre a possibilidade de acordos processuais, seja sobre o procedimento judicial ou das próprias posições jurídicas processuais.[6]

Antes de adentrar na análise pormenor do instituto, para melhor delimitação do tema e esclarecimento da terminologia adotada, iremos distinguir em algumas linhas as conceituações e diferenças entre os termos mais empregados, muitas vezes como sinônimos, aos negócios jurídicos processuais. A literatura tradicional costuma distinguir o intercâmbio de valores ou interesses (*contractus*) e a troca de consentimento (*consentio*), como no direito romano. Fala-se, pois, em duas categorias de transação processual: contratos, quando as vontades dos sujeitos dizem respeito a interesses materiais contrapostos; e convenções ou acordos, nos casos em que as vontades convergem para um interesse comum.[7] Adverte-se, por sua vez, que o negócio processual em sua modalidade contrato, dada à sua natureza intrinsecamente patrimonial

---

[4] Leonardo José Carneiro da Cunha, em trabalho específico sobre o tema, enumera todas as hipóteses de negociação processual no Código de Processo Civil de 1973, chegando a um total de 33 (trinta e três) tipificações. (CUNHA, 2014. p. 14-16).

[5] Daniel Amorim Assumpção Neves lista, entre outros exemplos, a "escolha do mediador ou conciliador (art. 168 do Novo CPC), a suspensão do processo por convenção das partes (art. 313, II, do Novo CPC), a convenção de arbitragem (art. 3º, §1º, do Novo CPC), o saneamento consensual (art. 357, §2º, do Novo CPC), o acordo para o adiantamento da audiência de instrução e julgamento (art. 362, I, do Novo CPC), a convenção entre os litisconsortes para dividir entre si o tempo das alegações finais orais em audiência (art. 364, §1º, do Novo CPC), a convenção sobre a redistribuição do ônus da prova (art. 373, §3º, do Novo CPC), acordo para retirar dos autos o documento cuja falsidade foi arguida (art. 432, parágrafo único, do Novo CPC) e a escolha consensual do perito (art. 471 do Novo CPC)". (2016. p. 318).

[6] Importa lembrar que o CPC de 1973 previa em seu artigo 158 que os "atos das partes, consistentes em declarações unilaterais ou bilaterais de vontade, produzem imediatamente a constituição, a modificação ou a extinção de direitos processuais". À época, no entanto, o entendimento dominante sobre o dispositivo considerava que o efeito dos atos processuais resultaria sempre da lei, não da vontade. Entre os doutrinadores que divergiam dessa concepção, admitindo a existência e a possibilidade de convenções processuais, destacam-se TUCCI, Rogério Lauria. Negócio jurídico processual. In: FRANCA, Rubens Limongi. *Enciclopédia Saraiva de Direito*. São Paulo: Saraiva, 1977. v. 54, p. 190-192; SANTOS, Moacyr Amaral. *Primeiras linhas de direito processual civil*: processo de conhecimento. Atualização Maria Beatriz Amaral Santos Köhnen. 25. ed. São Paulo: Saraiva, 2007. p. 291-292; BARBOSA MOREIRA, José Carlos. Convenções das partes sobre matéria processual. São Paulo: Saraiva, 1984. p. 87-98 (*Temas de direito processual – terceira série*); *apud* (CUNHA, 2014, p. 11-14).

[7] (CABRAL, 2016, p. 52). O autor discorre detalhadamente sobre outros termos também utilizados, como avença, pacto, protocolo e cláusula, os quais não foram mencionados por não interessar ao intuito do trabalho. p. 56-58.

e de interesses conflitantes, será certamente uma espécie esporádica.[8] A própria noção de convenção ou acordo processual, além de ser o termo adotado tanto pelo Código de 1973 quanto pelo de 2015 (CABRAL, 2016, p. 56), é mais compatível com os princípios informadores do Novo CPC, especialmente o princípio da cooperação, previsto no artigo 6º.[9]

Feito o esclarecimento inicial quanto à terminologia, passa-se à análise da estrutura normativa de modo a verificar seus alcances e suas repercussões na elaboração e execução dos contratos empresariais de longo prazo. Segundo o artigo 190, *ipsis literis*, "Versando o processo sobre direitos que admitam autocomposição, é lícito às partes plenamente capazes estipular mudanças no procedimento para ajustá-lo às especificidades da causa e convencionar sobre os seus ônus, poderes, faculdades e deveres processuais, antes ou durante o processo". O parágrafo único do dispositivo enuncia que: "De ofício ou a requerimento, o juiz controlará a validade das convenções previstas neste artigo, recusando-lhes aplicação somente nos casos de nulidade ou de inserção abusiva em contrato de adesão ou em que alguma parte se encontre em manifesta situação de vulnerabilidade".

De início, urge verificar a capacidade para a celebração de convenções processuais, tendo em vista existir divergência doutrinária nesse aspecto. Parte da doutrina aponta que é necessária a capacidade material, de modo que os relativamente ou absolutamente incapazes, ainda que assistidos, não podem celebrar negócio processual.[10] Outro segmento doutrinário defende que a capacidade é apenas a processual, de modo que estando representados, os incapazes poderão celebrar negócio jurídico (DIDIER, 2016, p. 389 *et seq*). A nosso ver, no entanto, é necessário cumular tanto a capacidade material, contemplando os requisitos de validade do negócio jurídico previstos no artigo 104 do Código Civil, como a processual, já que a parte "precisa ter capacidade de estar em juízo, de forma que aquelas que são incapazes no plano material, ganham capacidade processual ao estarem devidamente representadas".[11] O que ocorre, em regra, é que haverá correspondência

---

[8] Antonio do Passo Cabral exemplifica como contrato processual aquele que disponha sobre a distribuição das custas do processo. (CABRAL, 2016, p. 55).

[9] Art. 6º Todos os sujeitos do processo devem cooperar entre si para que se obtenha, em tempo razoável, decisão de mérito justa e efetiva.

[10] Enunciado 38 da Escola Nacional de Formação e Aperfeiçoamento de Magistrados (ENFAM): "Somente partes absolutamente capazes podem celebrar convenção pré-processual atípica (arts. 190 e 191 do CPC/2015)".

[11] (NEVES, 2016, p. 324). No mesmo sentido é o Enunciado 403 do Fórum Permanente de Processualistas Civis (FPPC), "A validade do negócio jurídico processual requer agente

entre as capacidades material e processual, até porque para o incapaz estar em juízo ele necessariamente deverá estar representado e, no caso de negócio celebrado antes da instauração do processo, o terá de ser pelo seu representante legal.

O segundo ponto a ser examinado trata do requisito objetivo a ser observado para realizar a convenção; mais precisamente, qual conteúdo pode ser objeto do negócio processual: direitos que admitam autocomposição. Tal nomenclatura foi aplaudida pelos doutrinadores tendo em vista a recorrente confusão em direitos que não admitem autocomposição e direitos indisponíveis, haja vista a possibilidade de autocomposição sobre direitos disponíveis. Nesse caso, naturalmente, a autocomposição não terá por objeto o direito material, mas as formas de exercício do direito, tais como o modo e momento de cumprimento da obrigação.[12]

No que diz respeito, ainda, ao objeto da convenção, há no *caput* do artigo 190 outra delimitação que restringe o pactuado a "mudanças no procedimento para ajustá-lo às especificidades da causa". Pela literalidade do dispositivo, o negócio processual estaria vinculado às peculiaridades do caso concreto, sendo esta correlação lógica uma baliza para os pactuantes. No entanto, nesse ponto, também não há consenso doutrinário, sendo duas as posições principais: para a primeira corrente, o Novo CPC não consagrou uma autonomia da vontade plena ou livre, mas sim uma vontade justificada, condicionada a uma adequação procedimental que sirva às especificidades da causa (NEVES, 2016, p. 325); doutro lado, há quem defenda que o artigo 190 é uma cláusula geral e dele decorre o princípio da atipicidade da negociação sobre o processo, concretizando o autorregramento da vontade, devendo o conteúdo do acordo ser apenas conveniente às partes, de modo que as especificidades da causa seriam eleitas pelos próprios negociantes ao pactuar daquela forma.[13]

---

capaz, objeto lícito, possível, determinado ou determinável e forma prescrita ou não defesa em lei". Vide também a Seção V – "Das convenções processuais" da Resolução nº 118/2014 do Conselho Nacional do Ministério Público (CNMP).

[12] (NEVES, 2016, p. 325). O autor esclarece ainda que, devido a essa importante distinção, é admitida a convenção processual nos processos coletivos, mesmo que os direitos difusos e coletivos sejam indisponíveis e o Ministério Público seja o autor da ação. Vide também os Enunciados 253 e 255 do Fórum Permanente de Processualistas Civis (FPPC), respectivamente: "O Ministério Público pode celebrar negócio processual quando atua como parte", e "É admissível a celebração de convenção processual coletiva".

[13] (DIDIER JR., 2016, p. 133 e 384). (CABRAL, 2016, p. 141-143). Esta posição vai ao encontro do conceito de autonomia privada elaborado por Francisco Amaral: "A autonomia privada constitui-se, portanto, em uma esfera de atuação do sujeito no âmbito do direito privado,

O Fórum Permanente de Processualistas Civis (FPPC) emitiu dois enunciados sobre o tema – 257 e 258, adiante transcritos: "O art. 190 autoriza que as partes tanto estipulem mudanças do procedimento quanto convencionem sobre os seus ônus, poderes, faculdades e deveres processuais" e "As partes podem convencionar sobre seus ônus, poderes, faculdades e deveres processuais, ainda que essa convenção não importe ajustes às especificidades da causa". Ou seja, embora exista divergência, a qual se resume, basicamente, à forma de interpretação usada para extrair a norma do dispositivo (restritiva ou extensiva), com a aprovação dos enunciados acima, verifica-se que a doutrina majoritária admite a celebração de convenções processuais, ainda que seus termos não guardem necessariamente correspondência com as particularidades do caso concreto. Percebe-se, na verdade, que a leitura do artigo 190 deve ser feita em paralelo à leitura do artigo 425 do Código Civil, que permite a celebração de contratos privados atípicos, desde que cumpridas as ressalvas e limitações legais: as partes não podem dispor sobre competência absoluta ou sobre matéria reservada à lei, como é o caso do rol de recursos, por exemplo.

O parágrafo único do artigo 190 traz a hipótese de controle judicial dos negócios processuais, que deverá ser analisada em conjunto com a eficácia da convenção, contida no artigo 200.[14] A regra é que, celebrado o negócio, estará ele de pronto gerando efeitos. Segundo prevê o parágrafo único do artigo 190, contudo, o juiz poderá de ofício ou a requerimento controlar a validade da convenção celebrada, devendo afastar a aplicação das cláusulas em três casos expressos: havendo nulidade, no caso de inserção abusiva da parte em contratos de adesão e em caso de uma das partes se encontrar em manifesta situação de vulnerabilidade. Reitera-se, pois, que dentre os atos das partes, englobando-se nestes os negócios processuais, a regra é a dispensa de homologação pelo juízo.[15]

Os pressupostos subjetivos e objetivos analisados, concernentes nos requisitos formais para a celebração de convenções processuais, aliados à teoria dos negócios jurídicos, sobretudo quanto às condições de validade e eficácia, não deixam de ser limitações que deverão

---

mais propriamente um espaço que lhe é concedido para exercer atividade jurídica. Os particulares tornam-se, desse modo, e nessas condições, legisladores sobre seus próprios interesses". (AMARAL, 2003, p. 347).

[14] Art. 200. Os atos das partes consistentes em declarações unilaterais ou bilaterais de vontade produzem imediatamente a constituição, modificação ou extinção de direitos processuais.

[15] Um exemplo de negócio jurídico que requer homologação judicial para surtir efeitos está no art. 200, parágrafo único: A desistência da ação só produzirá efeitos após homologação judicial.

ser observadas. Ambos irão impactar na confecção dos negócios processuais, e em especial no caso da estrutura e da execução dos contratos empresariais de longo prazo, como será visto nos dois tópicos subsequentes do trabalho.

14.3 O *design* dos contratos empresariais de longo prazo

Analisar-se-á, inicialmente, o conceito e o enquadramento doutrinário dos contratos empresariais de longo prazo. Os contratos empresariais podem ser definidos como os contratos entre indivíduos que exercem determinada atividade econômica visando a lucro, podendo assumir riscos e não estar inseridos, ao menos *a priori*, em nenhuma relação de hipossuficiência ou vulnerabilidade.[16] Essas características não excluem, entretanto, a existência de partes com poderes de barganha bastante díspares e com situação de dependência uma com relação à outra.[17]

Os contratos empresariais, como os demais contratos, de acordo com classificação já tradicional no Direito Civil, podem ser: *instantâneos*, nos quais a prestação única é cumprida quase que concomitantemente à celebração da avença; *de trato sucessivo*, quando as prestações são sucessivas e contínuas, protraindo-se após a celebração do contrato.[18] A expressão longo prazo é utilizada aqui indicando os contratos de trato sucessivo. Já a expressão relacional é utilizada para identificar a teoria relacional dos contratos.[19] Desse modo, objetiva-se evitar maiores confusões terminológicas.

Entretanto, apesar do reconhecimento dos contratos de longa duração, a teoria clássica do contrato sempre manteve como padrão de contratação os contratos instantâneos. Os contratos de longo prazo seriam

---

[16] Nesse sentido é a posição de Forgioni que afirma: "Ao assim proceder, identificamos os contratos empresariais como aqueles em que ambos (ou todos) os polos da relação têm sua atividade movida pela *busca do lucro*". (FORGIONI, 2009, p. 29).

[17] Essa questão será aprofundada posteriormente, mas desde já se pode afirmar que essa regra geral comporta algumas exceções, por exemplo, a legislação acerca da franquia (Lei nº 8.955/1994) elege como contratante a ser protegido o franqueador e a legislação que trata da concessão comercial (Lei nº 6729/1979) tem caráter nitidamente protetivo com relação ao concessionário de veículos automotores de via terrestre.

[18] Trata-se de classificação bastante conhecida na manualística, apesar de não ser isenta de polêmicas (como por exemplo, a diferenciação entre os contratos de trato sucessivo e de execução periódica), no sentido exposto nesta tese ver: (BESSONE, 1997, p. 85).

[19] A expressão contrato relacional tem sido empregada por alguns autores como Lôbo para identificar um tipo específico de contrato de trato sucessivo, em que a finalidade essencial é a instituição de regras procedimentais, nesse sentido ver: (LÔBO, 2011, p. 113-115).

excepcionais e os instantâneos a regra geral, o que era compatível com o momento histórico em que foi forjado o modelo clássico de contrato. A proliferação desses contratos na sociedade atual colocou em cheque a utilização do contrato instantâneo como referência ideal da relação contratual. Esse descolamento da teoria jurídica e da realidade instigou, dentre outras reações, a construção da teoria dos contratos relacionais, que tem como referência os contratos de longo prazo.

Dentre os autores que trabalham na perspectiva da teoria dos contratos relacionais, destaca-se Ian R. Macneil, existindo, no entanto, outros autores que trabalham dentro da perspectiva relacional.[20] O próprio Macneil enumerou os quatro postulados a que uma teoria contratual deve obedecer para que possa ser considerada relacional: "1) toda a transação está incrustada num complexo de relações; 2) a compreensão de qualquer transação depende da compreensão dos elementos essenciais das relações que a cercam; 3) uma análise efetiva de qualquer transação requer a identificação e a consideração das relações que a cercam e podem afetá-la de forma significativa; 4) a combinação contextual das relações e da transação é mais eficiente e produz um resultado final mais completo e analiticamente mais preciso do que uma a partir de uma análise não contextualizada da transação".[21]

Não cabe aqui uma análise mais aprofundada da teoria relacional desenvolvida por Macneil,[22] mas apenas a uma apresentação geral e rápida da teoria relacional para que fique clara a especificidade dos contratos empresariais.

Para Macneil, existem dois tipos de contrato: o contrato como se descontínuo[23] e o relacional. Na verdade, trata-se de dois polos extremos, sendo que a maioria dos contratos se encontra entre esses dois polos. O contrato como se descontínuo pode ser definido como "aquele em

---

[20] Dentre os autores que seguem as premissas centrais da teoria relacional dos contratos podem-se citar: Takeschi Uchida, Lisa Bernstein, Stewart Macaulay e David Campbell.

[21] Tradução livre de: "*A relational contract theory may be defined as any theory based on four core propositions: First, every transaction in embedded in complex relations. Second, understanding any transaction requires understanding all essential elements of its enveloping relations. Third, effective analysis of any transaction requires recognition and consideration of all essential elements of its enveloping relations that might affect the transaction significantly. Fourth, combined contextual analysis of relations and transactions is more efficient and produces a more complete and sure final analytical product than does commencing with non-contextual analysis of transactions*". (MACNEIL, 2000, p. 881).

[22] Para essa análise ver: (KLEIN, 2015. p. 349).

[23] Inicialmente, Macneil denominava o polo oposto ao relacional de 'descontínuo', mas posteriormente optou por reformular a expressão a substituindo pela nomenclatura 'como se descontínuo' de modo a enfatizar a inexistência de contratos puramente descontínuos. Para uma análise da posição do autor ver: Macneil, 2000, p. 895.

que não existe relação entre as partes além da simples troca de bens" (MACNEIL, 2009, p. 10). Trata-se de um contrato instantâneo, no qual não são geradas expectativas futuras e a comunicação entre as partes é a mínima possível. O contrato como se descontínuo puro é uma ficção, já que sempre é necessária uma linguagem comum, uma ordem social que evite a guerra contínua, um sistema monetário e um mecanismo para impor o cumprimento das promessas. Como a sociedade é quem produz tais condições e, por conseguinte, interfere nas relações contratuais, o modelo descontínuo é uma abstração não encontrada na realidade.

O contrato relacional seria aquele em que as partes se relacionam de forma primária. O conceito de relação primária envolve três elementos: a relação se dá com o indivíduo de forma completa, ou seja, não segmentada; a comunicação é profunda e extensa, já que não há uma limitação aos modelos públicos e formais de interação e os benefícios buscados são soberanos, não se limitando a meros objetivos práticos, mas voltados ao desenvolvimento individual amplo (MACNEIL, 1974).

Após a descrição dos conceitos de contrato como se descontínuo e relacional, Macneil (2009, p. 11-19) passa a analisar quais seriam os critérios aptos para que se classifique um contrato nessas duas categorias. Para fins desse estudo se faz necessária apenas uma menção ao critério mais próximo ao objeto deste trabalho.

Um ponto bastante relevante é o planejamento específico e vinculativo, permitindo o consentimento explícito em cada parte do contrato. A relação presente no contrato como se descontínuo é pontual, instantânea e restrita de forma ao objeto do contrato, sendo que todos os eventos possíveis são antecipados e planejados de forma a vincular as partes. Nesse caso o consentimento abrange todos os fatores relevantes da contratação, uma vez que não há qualquer espaço para a incerteza.

Entretanto, as relações contratuais modernas exigem alto grau de mensuração e especificidade, em virtude do próprio avanço tecnológico, o que leva à definição de padrões relacionais entre as partes. Todavia, na troca moderna, existem muitos bens não mensuráveis. O avanço tecnológico levou há uma diferenciação intensa entre os bens e o alto grau de especialização tornou bastante complexa a identificação do bem adequado para cada necessidade. Para ilustrar, pode-se pensar na compra de um computador. A especificação de cada modelo é cada vez mais significativa, com mudanças funcionais diversas, por exemplo, diferentes capacidades: memória, processamento, tamanho de tela, peso, duração da bateria, dentro outros. A mensuração da qualidade do produto em comparação com os demais disponíveis no mercado e a identificação do modelo mais adequado são complexas.

Ainda, os padrões tecnológicos diversos utilizados por empresas concorrentes levam a necessidade de insumos levemente diferenciados, por exemplo, qualidades diferentes de vidro para o uso em cada modelo de automóvel, o que torna imperiosa a correta identificação do bem a ser transacionado. Como a mudança tecnológica é constante, além da identificação correta do bem no momento inicial a possibilidade de adaptação a novas especificações técnicas oriundas da adoção de outros padrões tecnológicos é necessária, mas torna mais difícil a tarefa de mensurar o valor e as qualidades de cada bem.

Desse modo, nas relações contratuais relacionais o planejamento está menos ligado à substância da troca e mais às estruturas e processos que regulam a relação entre as partes. Além disso, o planejamento é necessariamente incompleto, embora possa ser flexível. A relação contratual é necessariamente incompleta, ou seja, não se pode identificar previamente todas as alterações da realidade que serão significativas para a relação contratual. A complexidade e a incerteza cada vez mais levam os contratantes a trocar uma enumeração que se pretende exaustiva de todas as contingências possíveis e as suas consequências para o contrato por disposições procedimentais.

Portanto, desenham-se no contrato estruturas adequadas para buscar uma solução para as controvérsias que irão surgir em vez de buscar um planejamento substancial que traga a solução para cada contingência. Pode-se exemplificar a questão a partir da análise da cláusula de preço em contratos de fornecimento de longo prazo. Nesse caso os contratantes podem usar dois métodos de forma cumulativa. O primeiro é uma cláusula de escala móvel, em que o preço se ajusta automaticamente às mudanças do contexto econômico a partir da aplicação de índices indicados no instrumento contratual. Mas mesmo esse mecanismo tem seus defeitos e pode ser incapaz de ajustar a remuneração contratual na hipótese de um aumento abrupto de custos para um contratante.[24] Nessa hipótese de falha da cláusula indicada, a

---

[24] Na doutrina contratual anglo-saxã a discussão acerca do ajuste judicial dos contratos empresariais, contexto da teoria relacional dos contratos, remonta à década de 1980, tendo sido capitaneada pela Caso AluminumCo. Of Am. (Alcoa) *vs.* Essex Group Inc., 449 F. Supp. 53 (W.D.Pa.1980). Apesar de lateralidade do tema pode-se mencionar a posição de Hilmann ao afirmar que nos contratos de longo prazo há dois casos em que a revisão de preços é devida: primeiro, quando há uma expectativa legítima do contratante em manter o contrato fixo, normalmente quando baixas no mercado o carregam à necessidade de revisão, sendo o resultado disso o dever de equidade e boa-fé dos contratantes analisados no caso concreto, independentemente de cláusula expressa. Segundo, quando calamidades imprevistas causam prejuízos astronômicos aos contratantes, tais como desastres naturais. Para o autor, a intervenção dos tribunais na revisão contratual do preço não deve ser vista

possibilidade alternativa mencionada pela doutrina era a arbitragem. Como a entrada em vigor do atual Código de Processo Civil tem-se a alternativa das convenções processuais.

As principais críticas dizem respeito à impossibilidade de sucesso de uma intervenção judicial nesses termos, como Schwartz & Scott (2003), que afirmam que o erro judiciário elimina os supostos ganhos da teoria relacional. Outros autores, como Goldberg (2006, p. 378-379), apesar de concordarem com a exigência de que a intervenção judicial leve em conta o contexto que cerca a transação, reduzem esse contexto a uma perspectiva quase que exclusivamente econômica.

Agora no âmbito da teoria econômica deve-se destacar a Nova Economia Institucional (NEI) e em especial pela chamada economia dos custos de transação (ECT) de Oliver Williamson. A redescoberta dos contratos empresariais, na expressão de Forgioni,[25] é orientada pela absorção dos elementos trazidos por esta proposta teórica. Nesse sentido, basta observar que a própria manualística de Direito Empresarial já incorporou alguns instrumentais econômicos advindos da NEI, mesmo que os conceitos sejam utilizados não para produzir novas conclusões, mas para dar uma nova roupagem a construções anteriores.[26] A teoria econômica tem outras construções acerca do contrato, sendo que a proposta majoritária inclusive não é a defendida pela ECT.[27] Para os fins deste estudo, entretanto, destaca-se a ECT, que é a teoria que melhor explicita as nuances trazidas pelas convenções processuais.

A ECT adota como premissas comportamentais a racionalidade limitada (*bounded rationality*) e o oportunismo.

---

pejorativamente, no entanto o judiciário deveria se ater mais a reformas no *prazo* contratual, normalmente diminuído o tempo de contrato para o investidor recuperar seus dispêndios, no lugar da intervenção evasiva do preço contratual. Nesse sentido ver: (HILLMAN, 1987, p. 24).

[25] Forgioni identifica quatro razões para a redescoberta dos contratos empresariais: i) consolidação do Direito do consumidor; ii) desverticalização das empresas e incremento dos contratos de colaboração interempresariais; iii) desenvolvimento do pensamento microeconômico e iv) privatizações. A posição da autora pode ser observada em: (FORGIONI, 2009, p. 17-22).

[26] Nesse sentido tem-se o exemplo do manual de direito empresarial de Coelho que ao descrever os contratos empresariais utiliza conceitos típicos de NEI, em especial a noção de custos de transação: "Na verdade, a tecnologia dos contratos constata que, na relação entre *desiguais*, nenhum dos contratantes é livre, porque não tem condições de negociar amplamente o contrato. O débil, em razão das suas necessidades e insuficiência de informações; o forte, pelo acréscimo de custos que a renegociação acarreta. Somente o vínculo entre os contratantes dotados dos mesmos recursos para arcar com os custos de transação pode ser visto como produto de livre manifestação de vontade". (COELHO, 2011, p.33).

[27] Para uma análise da teoria dos incentivos ver: (KLEIN, 2016, p. 242).

A racionalidade limitada, adotada de forma mais decidida no seu período inaugural, deve ser entendida como a premissa de que os indivíduos são intencionalmente racionais, mas limitados em termos cognitivos,[28] tanto pela falta de informação quanto pela falta de capacidade de processá-la de forma perfeita.

A segunda hipótese comportamental da ECT é o oportunismo, que é definido por Williamson[29] como "o agir malicioso visando ao autointeresse". Assim, a ECT mantém a premissa do egoísmo neoclássico reconstruída sob a noção de oportunismo. Em realidade, para a ECT o oportunismo é um grau mais forte de autointeresse do que o egoísmo neoclássico. Trata-se de uma diferença quantitativa derivada do contexto da ECT, em que os agentes têm mais possibilidades de comportamento, em especial pela ausência de informação perfeita.

Essas duas hipóteses comportamentais constituem o homem contratual da ECT, que vive num contexto de contratos incompletos, em função da racionalidade limitada, uma vez que não consegue *ex ante* planejar soluções eficientes para todos os riscos presentes na contratação. Nesse contexto, como observa Williamson (1996, p. 56), torna-se imperativa a construção de estruturas para solucionar conflitos *ex post*. Essas estruturas, entre as quais estão as convenções processuais, são os mecanismos de governança.

A tarefa desse homem contratual, em termos de organização econômica, é identificar os atributos das transações para que possa escolher uma estrutura de governança capaz de efetivamente economizar custos de transação, que devem ser entendidos como: "os custos *ex ante* de redação, negociação e criação de garantias de um acordo e, em especial, os custos *ex post* de inadequação e ajustamento que surgem quando a execução do contrato ocorre de forma equivocada como resultado de lacunas, erros, omissões e distúrbios não antecipados; em outras palavras, os custos para colocar o sistema econômico em funcionamento".[30]

---

[28] Tradução nossa do conceito de racionalidade limitada desenvolvido por Simon, que na última edição da sua obra *Administrative Behavior* afirma: "*human behavior is intendedly rational, but only boundedly so*" (SIMON, 1997, p. 88).

[29] Tradução livre da definição dada por Wiilliamson: "*defined as self-interest seeking with guile*". (WILLIAMSON, 1996, p. 6).

[30] Tradução livre do original: *The ex ante costs of drafting, negotiating, and safeguarding an agreement and, more especially, the ex post costs of maladaptation and adjustment that arise when contract execution is misaligned as a result of gaps, errors, omissions, and unanticipated disturbances; the costs of running the economic system*". (WILLIAMSON, 1996, p. 379).

Para a ECT, uma transação ocorre quando um bem ou um serviço é transferido através de uma interface tecnológica distinguível. As transações são mediadas pelas estruturas de governança. Essas estruturas possuem dois polos extremados, que correspondem ao mercado e a firma (hierarquia), entre eles tem-se uma região intermediária ocupada pelos mecanismos híbridos.

A ECT identificou três dimensões chaves das transações: especificidade de ativos (*asset specificity*), incerteza (*uncertainty*) e frequência (*frequency*).

A especificidade dos ativos é a dimensão de maior relevância, sendo definida como o grau pelo qual um ativo pode ser realocado em usos alternativos sem o sacrifício do seu valor produtivo (WILLIAMSON, 1996, p. 59). De forma exemplificativa, o autor cita ao menos seis tipos de especificidade de ativos: física, humana, locacional, ativos dedicados, ativos relacionados a marcas e a especificidade temporária.

A incerteza é incorporada à ECT como uma incerteza comportamental derivada do homem contratual e da sua principal consequência, que é a incompletude dos contratos. Essa situação é agravada quando adicionada à especificidade dos ativos, o que gera diversos riscos (*hazards*) para as transações. Afinal, se as partes não conseguem acordar todos os eventos e os agentes são oportunistas, tem-se necessariamente alguma incerteza comportamental (WILLIAMSON, 1996, p. 60).

A terceira dimensão é a frequência, que diz respeito à quantidade de vezes que as transações ocorrem.

A outra ponta do processo de alinhamento é a dos modos de governança, que são tratados como um *continuum* com dois extremos, ocupados pelos mercados de um lado e pela hierarquia do outro, havendo diversas formas híbridas no espaço intermediário.

As dimensões dos modos de governança também são três: intensidade de incentivos, (*incentive intensity*), controle e comando administrativo (*administrative command and control*) e o regime jurídico contratual (*contract law regime*) (WILLIAMSON, 1996, p. 681).

A intensidade do incentivo é forte quando o fluxo de receitas líquidas é apropriado de forma autônoma pelo agente, e fraca quando são utilizados esquemas custosos de recompensa. Já o comando e controle administrativo são fortes quando a propriedade unificada permite que as disputas sejam resolvidas por um superior comum aos agentes. Por fim, quanto ao regime jurídico ele é forte se a imposição dá-se por meio de normas jurídicas impostas por tribunais e fraco se eles são resolvidos no âmbito da ordem privada.

Para fins deste estudo basta observar que o mercado é forte em termos de intensidade dos incentivos e regime jurídico contratual, mas fraco em termos de comando e controle administrativo. Já a hierarquia é forte em termos de comando e controle administrativo, mas fraca em termos de intensidade dos incentivos e de regime jurídico contratual.

A ECT, no campo dos mecanismos híbridos, dá destaque aos contratos de longo prazo, que se tornaram uma ilustração dos problemas inerentes à organização econômica em transações complexas.

Com a ajuda desses dois referenciais teóricos pode-se observar que nos contratos empresariais de longo prazo a impossibilidade de planejamento completo e vinculante torna inevitáveis os conflitos *ex post* e indispensável a preocupação com a construção de mecanismos de governança de caráter procedimental. Após observar-se a possibilidade e a necessidade desses mecanismos de governança, bem como os limites das convenções processuais pode-se avançar na questão acerca dos ganhos de eficácia e eficiências dos mecanismos de governança nos contratos empresariais de longo prazo, que será objeto da próxima seção.

14.4 Os benefícios e os desafios da adoção das convenções processuais nos contratos empresariais de longo prazo

O processo de imposição (*enforcement*) dos contratos empresariais de longo prazo é bastante complexo, como vimos na seção anterior considerando que, nessa hipótese, tem-se a impossibilidade de um planejamento concreto e, especificamente quando se têm situações agudas de incerteza, a necessidade de mecanismos de governança é clara.

A inclusão de mais uma ferramenta no direito brasileiro para a construção de um mecanismo de governança pode aumentar a eficiência das transações, uma vez que nos casos de mecanismos híbridos como os contratos empresariais de longo prazo a possibilidade de combinar o regime jurídico forte do direito contratual com instrumentais anteriormente exclusivos da ordem privada, como a mediação e a arbitragem, é benéfica e também desafiadora para a prática empresarial.

Em primeiro lugar, a possibilidade conferida às partes de convencionar sobre a execução contratual antes da instalação do litígio, seja no próprio contrato empresarial de longo prazo, seja em avença celebrada à parte, traz, de início, ganhos de eficiência e controle para o andamento e cumprimento contratual (*enforcement*). Estudos feitos em países que já adotam essa possibilidade demonstram que os contratantes conseguem alcançar ganhos adicionais de contratação gerenciando e adequando as regras processuais que regerão suas eventuais disputas judiciais, como é o caso da disposição sobre encargos probatórios e escolha do perito (SCOTT; TRIANTIS, 2006).

Outra questão diz respeito à escolha da estrutura normativa que será utilizada para a confecção do contrato: termos vagos (*standards*), termos precisos (*rules*) ou ambos? A incapacidade humana de prever e regular todas as possibilidades de ocorrência futura no mundo dos fatos já foi, há muito, reconhecida pela teoria do direito. No caso da elaboração de contratos empresariais de longo prazo, tal reconhecimento é de vital importância tendo em vista não apenas o tempo e o custo gastos neste exercício de futurologia (denominados de custos de *front-end*), mas também da dificuldade de se calcular a probabilidade de ocorrência de cada evento (SCOTT; TRIANTIS, 2006, p 817-818). Dessa forma, tem-se reconhecido que na redação de contratos comerciais o uso de termos vagos justifica-se pela textura aberta que abarca uma maior quantidade de situações fáticas. Há, portanto, uma combinação ideal de termos vagos e precisos que, manejadas pelas partes do melhor modo segundo as necessidades da transação realizada, minimiza o custo da contratação como um todo, de modo que os gastos evitados são tidos como incentivos para a realização da negociação em si.

No que diz respeito às limitações que os negócios processuais hão de suportar, tema que certamente ainda despertará muito debate na doutrina, seu impacto na confecção dos contratos empresariais de longo prazo não será tão significativo se comparado às que se aplicarão às convenções envolvendo direitos difusos, ou a Fazenda Pública, por exemplo. Isso porque, como visto na primeira seção deste, o Código de Processo Civil de 2015 empregou na cláusula geral de negócios jurídicos o princípio do autorregramento da vontade, de modo a albergar todos os direitos que admitam autocomposição, que são a regra no âmbito das relações empresariais. Reitera-se, portanto, que, especificamente no âmbito dos contratos empresariais, a questão gerará controvérsias, em especial em relação ao objeto do pactuado: normas puramente procedimentais, normas processuais em sentido estrito ou misto. Embora haja concordância que as normas do procedimento possam ser alteradas, o que soa óbvio pela redação legal atual, mas não o era na égide do *codex* anterior mesmo contendo redação similar, a abordagem relativa aos direitos processuais em sentido estrito, sobretudo os de assento constitucional (renúncia ao segundo grau de jurisdição, por exemplo), certamente ainda será objeto de longos debates pela literatura e pela jurisprudência.

As limitações às convenções processuais para os contratos empresariais de longo prazo serão certamente o maior desafio para a implementação do instituto, com segurança e previsibilidade, comandos capitais para as transações comerciais como um todo. As partes precisarão, portanto, ter a garantia de que as convenções processuais celebradas não serão afastadas pelo juiz de ofício. Retomando o comando legal insculpido no artigo 190 do Código de Processo Civil de 2015, o juiz deverá afastar a aplicação das cláusulas em três hipóteses: de nulidade, de inserção abusiva da parte em contratos de adesão, e no caso de uma das partes se encontrar em manifesta situação de vulnerabilidade. Os três cenários podem compreender situações pactuadas em contratos empresariais de longo prazo: a nulidade pode acometer qualquer negócio jurídico; a inserção abusiva em contrato de franquia poderá estar dentro, em tese, de um contrato de franquia; a manifesta situação de vulnerabilidade, embora seja previsão cujo objetivo, à primeira vista, aparente ser a proteção da pessoa natural, pode acometer uma pessoa jurídica em iminência de pedir sua recuperação judicial, por exemplo.

Até que se consolidem, portanto, os limites do controle judicial sobre as convenções processuais, seu uso poderá ser mais tímido e esporádico. Tem-se, todavia, um potencial bastante significativo de ganhos e de gerenciamento de conflitos para a execução de contratos empresariais de longo prazo por meio da redação legal conferida à cláusula geral de negócios processuais. Aspectos muito importantes do procedimento de imposição dos contratos empresariais de longo prazo poderão ser melhorados do ponto de vista econômico pelas convenções processuais.

14.5 Conclusão

Assim, este trabalho procurou demonstrar que as convenções processuais podem ser mecanismos eficientes para a maior eficiência na imposição dos contratos empresariais de longo prazo.

O uso adequado deste instrumental poderá permitir a construção de estruturas de governança mais bem adaptadas a cada relação contratual, afastando tanto os custos de um procedimento arbitral nas situações em que ele não for o mais adequado, quanto reduzindo os custos do procedimento jurisdicional em especial os decorrentes da morosidade decorrente do recurso às diversas instâncias hierárquicas e da dificuldade de produção de prova pericial.

Esses ganhos, entretanto, dependem por um lado do papel a que se der ao magistrado na aceitação e construção das convenções processuais e por outro a sua concretização é necessariamente mitigada pelo irrealismo das premissas comportamentais das principais teorias econômicas do contrato, o que inclui a ECT aqui trabalhada, já que a construção das convenções pelas partes poderá ser uma escolha ineficiente ou equivocada, uma vez que mesmo a racionalidade limitada na forma que ela tem sido trabalhada pela ECT é muito exigente em comparação ao mundo real.

Entretanto, os ganhos oportunizados pelas convenções processuais são claros e tangíveis, cabendo aos agentes econômicos e aos operadores do direito a adoção de condutas que favoreçam a sua efetiva concretização.

Referências

AMARAL, Francisco. *Direito civil*: introdução. 5. ed. Rio de Janeiro: Renovar, 2003.

AXELROLD, Robert. *The complexity of cooperation*. Princeton: Princeton University Press, 1997.

AXELROLD, Robert. *The evolution of cooperation*. New York: Basic Books, 1985.

BESSONE, Darcy. *Do contrato*: teoria geral. 4. ed. São Paulo: Saraiva, 1997.

CABRAL, Antonio do Passo. *Convenções processuais*. Salvador: Juspodivm, 2016.

CÂMARA, Alexandre Freitas. *Lições de direito processual civil*. 23. ed. São Paulo: Atlas, 2012. p. 274. v. 1.

COELHO, Fábio Ulhoa. *Curso de direito comercial*: direito de empresa. São Paulo: Saraiva, 2011. v. 3.

COOTER, Robert D.; RUBINFELD, Daniel L. Economic analysis of legal disputes and their resolution. *Journal of economic literature*, n. 27, 1989.

CORRÊIA, Alexandre Augusto de Castro. O direito romano vivo. *Revista da Faculdade de Direito da Universidade de São Paulo*, v. 49, 1954.

CUNHA, Leonardo Carneiro da. Negócios jurídicos processuais: Relatório Nacional (Brasil). *Relatório apresentado no I Congresso Peru-Brasil de Direito Processual*, 2014. Mimeo.

DIDIER JR., Fredie. *Curso de direito processual civil*. 18. ed. Salvador: Juspodivm, 2016. v. 1.

DINAMARCO, Cândido Rangel. *Instituições de direito processual civil*. 6. ed. São Paulo: Malheiros, 2009. v. 2.

DODGE, Jaime L. The limits of procedural private ordering. *Virginia Law Review*, v. 97, n. 4, p. 723-799, 2011.

FORGIONI, Paula A. *Teoria geral dos contratos empresariais*. São Paulo: RT, 2009.

GALANTER, Marc. Why the 'haves' come out ahead: speculations on the limits of legal change. *Law and Society Law Review*, n. 9, 1974

GOLDBERG, Victor P. *Framing contract law*: an economic perspective. Cambridge: Harvard University Press, 2006.

HILLMAN, Robert A. Court adjustment of long-term contracts: an analysis under modern contract law. *Duke Law Journal*, Durham, v. 1987, n. 1, 1987.

KLEIN, Vinicius. *A economia dos contratos*: uma análise microeconômica. Curitiba: CRV, 2016.

KLEIN, Vinicius. *Os contratos empresariais de longo prazo:* uma análise a partir da argumentação judicial. Rio de Janeiro: Lumen Juris, 2015.

LÔBO, Paulo. *Direito civil*: contratos. São Paulo: Saraiva, 2011.

MACAULAY, Stewart. Non-contractual relations in business: a preliminary study. *American Sociological Review*, Thousand Oaks, v. 28, n. 1, p. 55-67, 1963.

MACNEIL, Ian R. *O novo contrato social*. Rio de Janeiro: Elsevier, 2009.

MACNEIL, Ian R. Relational contract theory: challenges and queries. *Northwestern University Scholl of Law Review*, Chicago, v. 94, n. 3, p. 877-907, 2000.

NEVES, Daniel Amorim Assumpção. *Manual de direito processual civil*. 8. ed. Salvador: Juspodivm, 2016.

SCHWARTZ, Alan; SCOTT, Robert E. Contract theory and the limits of contract law. *Yale Law Journal*, New Haven, v. 113, p. 594-609, nov. / dec. 2003.

SCOTT, Robert E. A theory of self-enforcing indefinite agreements. *Columbia Law Journal*, v. 103, n. 7, p. 1641-1699, 2003.

SCOTT, Robert E.; TRIANTIS, George G. Antecipating litigation in contract design. *Yale Law Journal*, n. 115, p. 814-879, 2006.

SIMON, Herbert. *Administrative behavior*: a study of decision-making processes in administrative organizations. 5. ed. New York: Macmillan, 1997.

SUNFELD, Carlos Ari. *Fundamentos de direito público*. 4. ed. São Paulo: Malheiros, 2009.

TALAMINI, Eduardo. *Um processo pra chamar de seu*: nota sobre os negócios jurídicos processuais. 2015. Disponível em: <https://www.academia.edu/17136701/Um_processo_pra_chamar_de_seu_nota_sobre_os_neg%C3%B3cios_jur%C3%ADdicos_processuais>. Acesso em: 22 ago. 2016.

WILLIAMSON, Oliver E. *The economic institutions of capitalism*. New York: Free Press, 1985.

WILLIAMSON, Oliver E. *The mechanism of governance*. New York: Oxford University Press, 1996.

Informação bibliográfica deste texto, conforme a NBR 6023:2002 da Associação Brasileira de Normas Técnicas (ABNT):

KLEIN, Vinícius; VASCONCELOS, Matheus. Os negócios processuais e a estrutura de governança dos contratos empresariais de longo prazo. In: RIBEIRO, Marcia Carla Pereira; CARAMÊS, Guilherme Bonato Campos (Coord.). *Direito empresarial e o CPC/2015*. 2. ed. rev., ampl. e atual. Belo Horizonte: Fórum, 2018. p. 261-279. ISBN 978-85-450-0523-0.

PARTE V

INCIDENTE DE RESOLUÇÃO DE DEMANDAS REPETITIVAS E LITIGÂNCIA DE MÁ-FÉ

CAPÍTULO 15

OS MECANISMOS DO CÓDIGO DE PROCESSO CIVIL DE 2015 ORIENTADOS À INIBIÇÃO DA LITIGÂNCIA PREDATÓRIA NO ÂMBITO DA TUTELA À PROPRIEDADE INTELECTUAL

Eduardo Oliveira Agustinho
Diogo Kastrup Richter

15.1 Introdução

Existem inúmeras razões que conferem a uma pessoa o direito de explorar exclusivamente o fruto de sua criatividade, por meio da concessão de um título de propriedade intelectual, o qual transmuta, artificialmente, por meio da lei, esse resultado criativo em um bem incorpóreo. Gabriel di Blasi enumera algumas: o direito natural de posse do bem outorgado ao autor; o proveito econômico, técnico, científico e social que proporciona a invenção à sociedade; a contribuição para o desenvolvimento de uma nação, independente do seu grau de evolução (2005, p. 53-57).

O direito de fruição econômica do sistema de patentes, de fato, é verdadeiro direito fundamental, previsto no art. 5º, XXIX, da CF/1988, não se olvidando da promoção dos valores sociais e da dignidade da pessoa humana dos quais o direito intelectual não pode se afastar (arts. 170 e 1º, III, da CF/1988) (DI BLASI, 1996, p. 53-57).

A exploração da propriedade intelectual, no entanto, pode encontrar barreiras e tensões ao detectar-se um abuso no seu exercício, quando ela, em vez de estimular o investimento em inovação e a economia competitiva, transforma-se em instrumento estratégico para bloquear a entrada de novos agentes econômicos no mercado, prejudicar rivais, manter posições comerciais dominantes e, especialmente na esfera judicial, gerar uma mera probabilidade de defesa de direito, quando não uma intenção litigiosa eivada de má-fé. Esse fenômeno é denominado litigância predatória, ou como é conhecido internacionalmente, *sham litigation* (SALGADO E SILVA; ZUCOLOTO; BARBOSA, 2012, p. 26).

O Brasil, por estar evoluindo econômico e tecnologicamente – mesmo em meio a todas as dificuldades enfrentadas –, deve observar com maior atenção a evolução desse fenômeno por parte da tutela jurisdicional, tendo em vista que as maneiras de exorbitar o usufruto da propriedade intelectual se sofisticam tanto quanto a tecnologia em si.

Nesse sentido, a promulgação do novo Código de Processo Civil (Lei nº 13.105), em março de 2015, *firmando* o grau de importância do imperativo da boa-fé nas relações processuais, sobretudo com o suporte do princípio da cooperação (arts. 5º e 6º), dá novo impulso a mecanismos processuais já existentes que podem servir à inibição dessas práticas abusivas.

Um deles é a responsabilização objetiva do requerente que, cessada a eficácia de tutela de urgência anteriormente requerida, deve indenização pelos danos causados à parte contrária, conforme o art. 302 do CPC/2015 – regra similar ao contido no art. 811 do CPC/1973 –, sugerindo-se neste artigo a utilização dos parâmetros de reparação existentes na própria Lei da Propriedade Industrial (Lei nº 9.279/1996), em seu art. 210.

É com base nesse instituto processual, vivificado no CPC/2015 com a explicitação do princípio da cooperação e tendo como apoio a Lei de Propriedade Industrial (LPI), que este estudo desenvolve e analisa uma das possibilidades jurisdicionais de combater a prática da litigância predatória.

15.2 Sham Litigation: Origem e Conceituação

Terepins (2007) relata que a concepção da litigância predatória tem como precursora a doutrina estadunidense Noerr-Pennington, esta originada de dois casos paradigmáticos julgados pela Suprema Corte dos EUA: *Eastern Railroad Presidents Conference et al. vs. Noerr Motor Freight. Inc.*, julgado em 1961, e *United Mine Workers of America vs. Pennington et al.*, julgado em 1965.

Fruto da interpretação dos casos mencionados, a doutrina busca resguardar a proteção ao direito de petição, previsto na Primeira Emenda da Constituição dos Estados Unidos da América (EUA), bem como o *decision-making proccess*, em face da responsabilidade antitruste: entende-se que não pode o direito de petição ser mitigado em razão da preservação do ambiente econômico competitivo (TEREPINS, 2007).

No entanto, há quem evoque esse direito em circunstâncias puramente individualistas e duvidosas, implicando custos significativos e desnecessários à parte contrária, à concorrência comercial e ao próprio Judiciário. Em razão disso, a evolução da Noerr-Pennington, principalmente com o caso *USS-Posco Industries vs. Contra Costa Building & Construction Trade Council*, levou doutrina e jurisprudência a relativizá-la, sendo uma de suas exceções justamente a litigância predatória, ou como é chamada nos EUA, *sham litigation* ou *sham exception* (TEREPINS, 2007).

O litígio predatório é, pois, o abuso do direito de ação. Salgado e Filho, Zucoloto e Barbosa clarificam que a finalidade de tal lide não é lucrar (em ampla concepção) a partir de um pedido de tutela jurisdicional que se espera vitorioso, mas sim com a limitação ou impedimento de participação de um concorrente no mercado, gerando, consequentemente, ganhos monopolistas ao requerente; o litígio não espera uma tutela efetiva do Judiciário, mas tão somente atacar o rival, obtendo vantagens econômicas (2012, p. 28).

Na linha das explicações dos autores supracitados, em *Professional Real Estate Inc. et at. vs. Columbia Pictures Industries Inc. et al.*, julgado em 1993, a Suprema Corte dos EUA estabeleceu parâmetros objetivos para a caracterização da *sham litigation*: (i) desprovimento de base objetiva na ação, no sentido de que nenhum requerente, razoavelmente, poderia ter expectativas de ser bem sucedido em seu mérito; (ii) atendida a etapa anterior, a Corte deverá apreciar as motivações do requerente, analisando se o litigante realizou uma tentativa de interferir nos negócios de um concorrente utilizando o processo judicial (e não seu resultado) como arma anticompetitiva (2012, p. 29).

É importante frisar que uma ação bem-sucedida não pode ser considerada *sham litigation*; uma malsucedida, por seu turno, deve ter sua expectativa razoável de vitória analisada quanto a seus fundamentos (SALGADO E SILVA; ZUCOLOTO; BARBOSA, 2012, p. 29).

Conforme apontado por Salgado e Filho, Zucoloto e Barbosa (2012, p. 31-32), bem como por Terepins (2007), existem alguns casos emblemáticos no Brasil relacionados à litigância predatória, julgados pelo Cade, meramente citados a seguir a fins exemplificativos: Seva Engenharia Eletrônica S.A. contra Siemens VDO Automotive Ltda.;[1]

---

[1] Processo Administrativo nº 08012.00448/2005-51, XX.

Associação Nacional dos Fabricantes de Autopeças contra as fabricantes automobilísticas Fiat Automóveis S.A., Ford Motor Company Brasil Ltda. e Volkswagen do Brasil Indústria de Veículos Automotores Ltda.;[2] o canal televisivo especializado em vendas Shop Tour contra a concorrência de maneira geral;[3] Sindicato do Comércio Varejista de Derivados de Petróleo do Distrito Federal, Rede Gasol e Grupo Igrejinha contra diversos concorrentes;[4] Acumuladores Moura S.A. contra Enersystem do Brasil Ltda. e outras.[5]

Nas demandas envolvendo infringência dos bens protegidos pela Lei da Propriedade Industrial (Lei nº 9.279/1996), é comum e esperado que se requeira a execução de tutela de urgência na demanda, em tese visando à proteção da marca, do desenho industrial, da invenção, ou mesmo, da abstenção na prática de concorrência desleal, uma vez que a espera por decisão final apenas prejudicaria ainda mais o incessante dano causado pela parte contrária. Na sistemática atual, o instituto da tutela provisória se baseia nos arts. 294 a 311 do CPC/2015 e arts. 207 a 210 da LPI (esta somente como tutela de urgência).

Nesse sentido, a efetivação da tutela de urgência requerida por um litigante predatório é a melhor forma de atingir seu adversário, tendo em vista que, uma vez executada a tutela urgente aparentemente necessária, o requerido sofrerá danos injustos até o proferimento de sentença, quando se deveria, no máximo, reverter tal tutela e identificar o caso de *sham litigation*.

Em realidade, como visto acima, ao demandante predatório pouco importa o resultado final da sentença: o mero acionamento da máquina judiciária em desfavor do adversário comercial já bastaria para causar os danos colaterais (econômicos, concorrenciais) esperados. O atendimento ao seu caliginoso pedido de tutela de urgência, pois, seria um grande bônus ao dano que pretende causar.

15.3 A sistemática da tutela provisória no Código de Código de Processo Civil de 2015

O novo Código de Processo Civil (Lei nº 13.105/2015) modificou os termos utilizados no procedimento cautelar, o qual passou a ser chamado de "tutela provisória".

---

[2] Averiguação Preliminar do Processo nº 08012.002673/2007-51, de 12.04.2007.
[3] Processo Administrativo nº 08012.004283/2000-40.
[4] Processo Administrativo nº 08000.024581/1994-77.
[5] Averiguação Preliminar 08012.006076/2003-72.

Agora, a tutela de urgência e a nova tutela da evidência passam a ser modalidades de tutela provisória no CPC/2015 (art. 294 *caput* do CPC/2015). Por sua vez, a tutela de urgência abrange tanto a tutela antecipada quanto a tutela cautelar como suas modalidades, assim como o era anteriormente, ambas podendo ser invocadas em caráter incidental ou antecedente (art. 294, parágrafo único, do CPC/2015), aplicando-se a elas o mesmo regime de pressupostos e via processual, exceto quanto à tutela de urgência requerida em caráter antecedente (vide arts. 303, 308 e 309 do CPC/2015).

Luiz Rodrigues Wambier ensina que a tutela provisória se insere no contexto das garantias fundamentais da razoável duração do processo, dos meios que assegurem a celeridade de sua tramitação e da proteção jurisdicional (art. 5º, XXXV e LXXVIII, da CF/88), garantindo uma tutela adequada, efetiva e tempestiva, superando situações de perigo na demora e redistribuindo o ônus do tempo da tramitação do processo em caso de *fumus boni iuris*, sempre se atentando ao princípio da proporcionalidade (2016, p. 860-861).

15.3.1 A Tutela de urgência no Código de Processo Civil de 2015

A tutela de urgência destina-se a eliminar perigo de dano grave e de difícil reparação que pode sofrer o mérito da causa, requerendo a comprovação da verossimilhança do direito defendido e do comprometimento da efetividade da tutela final (art. 300 do CPC/2015).

A questão principal da tutela de urgência é que ela pode ser pleiteada e concedida antes da formulação do pedido principal e inclusive antes da manifestação da parte adversária (*inaudita altera parte*). Também pode ser concedida depois da contestação e a todo tempo, como por exemplo, em sede de sentença, no Tribunal e nos Tribunais superiores (WAMBIER, 2016, p. 871).

Pinho, Alves e Pinho opinam que o *Codex* de 2015 apresenta certas mudanças na tutela de modalidade urgente que se revelam úteis aos casos envolvendo direitos de propriedade industrial. Uma delas é o abandono da exigência de "prova inequívoca" para a concessão da tutela pleiteada, constante no art. 273 do diploma anterior, elemento que era constantemente criticado por doutrina e jurisprudência, haja vista a questionabilidade de se exigir prova contundente numa fase processual que se exige mera verossimilhança das alegações (2016).

Na nova sistemática, o juiz deverá avaliar o grau de convencimento das provas apresentadas para decidir pela concessão ou não da tutela, desnecessitando assinalar suposta áurea inequívoca delas. Note-se que o art. 300 do CPC/2015 requer tão somente "elementos que evidenciem a *probabilidade* do direito" para a concessão da tutela de urgência. Isso facilitará de sobremaneira a concessão de tutela de urgência em casos que requerem produção de provas elaboradas, como geralmente ocorre nos casos atinentes a direitos de propriedade industrial.

Outra grande vantagem é que, ao realizar o pedido da tutela antecipada em caráter antecedente, basta que o autor apresente o requerimento dela, o pedido da tutela final e a exposição das razões de fato e de direito que fundamentam o pedido liminar, com a exposição do *periculum in mora* (*caput* do art. 303) (PINHO; ALVES; PINHO, 2016).

Concedida a tutela antecipada em caráter antecedente, o autor possui um prazo de quinze dias para aditar a petição inicial, juntando novos documentos, complementando sua argumentação e confirmando o pedido do mérito, podendo o juiz, inclusive, fixar prazo maior caso julgue necessário (art. 303, §1º, I).

Novamente em razão da complexidade das provas que são necessárias formular nas ações que cuidam de direitos de propriedade industrial, muitas vezes o autor se via numa dicotomia: propor rapidamente uma demanda com uma petição inicial indecente em questão de provas ou suportar o dano um pouco mais enquanto prepara uma inicial mais robusta. Agora, em situações de emergência, o requerente possui um tempo extra para apresentar o pedido de tutela antecipada em caráter antecedente e então aditar a petição inicial (PINHO; ALVES; PINHO, 2016).

Quanto às mudanças que recaem sobre tutela de urgência na modalidade cautelar, além da eliminação dos procedimentos específicos, o autor não mais necessita propor uma nova demanda no prazo de 30 dias, mas que somente adite, nesse mesmo prazo, a sua petição inicial, formulando o pedido principal caso já não o tenha feito inicialmente (art. 308 do CPC/2015).

É de suma importância que a tutela de urgência possa ser revertida ao *status quo ante* (art. 300, §3º do CPC/2015). Entretanto, também pode ser ela considerada reversível quando puder haver indenização capaz de efetivamente compensar o dano sofrido pelo réu. Essa questão deve ser apreciada sob o princípio da proporcionalidade, ponderando-se os bens jurídicos postos em risco de cada lado, ao conceder-se ou não a medida requerida provisoriamente (WAMBIER, 2016, p. 874-875).

A decisão que concede a tutela provisória é passível imediatamente de efetivação, não havendo qualquer espécie de processo executivo ou cumprimento de sentença, apesar da aplicação das regras sobre execução provisória no que couber (art. 297, parágrafo único, do CPC/2015). Bedaque elucida que, não havendo balizamento legislativo acerca da realização prática da tutela provisória, exceto meras exemplificações no art. 301, o juiz deverá determinar as providências necessárias a sua efetivação (art. 297) (BEDAQUE, 2015, p. 497).

No caso da tutela antecipada em caráter antecedente, se o requerido não recorrer da decisão concessiva da referida tutela, o processo será extinto assim que se efetivar a medida, mantendo-se sua eficácia – sem coisa julgada material – até que seja revista, reformada ou invalidada em ação própria, com prazo decadencial de dois anos (art. 304 do CPC/2015) (WAMBIER, 2016, p. 863).

A tutela de urgência perderá sua eficácia nos seguintes casos: (a) quando concedida em caráter antecedente, o autor não propõe a demanda principal no prazo devido (arts. 303, §2º, e 309, I, do CPC/2015); (b) quando não for efetivada no prazo de trinta dias, contado desde sua concessão (art. 309, II, do CPC/2015); (c) quando a sentença relativa à pretensão principal for desvantajosa ao requerente do pedido principal (art. 309, III, do CPC/2015) e; (iv) quando o processo for extinto na fase da tutela urgente antecedente, antes da ocorrência dos eventos supraelencados (art. 302, III e IV, do CPC/2015, respectivamente) (WAMBIER, 2016, p. 878-879).

Finalmente, uma vez cessada a eficácia da tutela provisória, o requerente é *responsável objetivamente*[6] pelos danos causados à parte contrária (art. 302 do CPC/2015), sem a necessidade de qualquer tipo de requerimento por parte do réu – o dever de indenizar é efeito anexo da própria decisão que implique a descontinuação da eficácia da tutela, conquanto não haja mais recurso cabível contra ela. Note-se que, embora esta regra esteja disposta na disciplina da tutela de urgência, ela é válida a todas as espécies de tutela provisória (WAMBIER, 2016, p. 880).

Tesser leciona que essa responsabilidade baseia-se na justa reparação pela indevida interferência na esfera jurídica da parte requerida a pedido da requerente, quando esta teve denegado o direito que afirmou ter inicialmente em caráter urgente (2015, p. 505). Se o autor assumiu o risco de pleitear a tutela provisória, pouco importa, portanto, se agiu de boa ou má-fé.

---

[6] Schreiber conceitua a responsabilidade objetiva como uma responsabilidade que independe de culpa ou qualquer outro fator de imputação subjetiva, focando-se na necessidade de reparar os danos causados ao prejudicado, abandonando o fator "risco" o papel fundamental de aplicação do instituto. (SCHREIBER, 2013, p. 30).

A caracterização de responsabilidade objetiva nos deslindes supra, embora melhor sistematizada no CPC/2015, já era prevista no CPC/1973, em seu art. 811. O novo Código, entretanto, não mais restringiu a possibilidade de tal responsabilidade em relação à sentença no processo principal, visto que a nova sistemática permite que a tutela de urgência seja pleiteada também de forma autônoma (TESSER, 2015, p. 504-505).

A modalidade objetiva da responsabilização retira-se do *caput* do art. 302, já que determina expressamente que ela ocorre "independentemente da reparação por dano processual". Isso significa que eventual detecção de litigância de má-fé por parte do requerente também poderá ser cumulativamente processada e punida (TESSER, 2015, p. 504).

15.3.2 A Tutela da evidência no Código de Processo Civil de 2015

Modalidade nova de tutela provisória, para a tutela da evidência basta a verossimilhança do direito defendido, independendo de demonstração de perigo ou de risco ao resultado útil do processo, desde que caracterizado algum dos casos taxativos indicados nos incisos do art. 311 do CPC/2015.

Ressalta-se uma vez mais que, segundo Wambier, o autor de pedido de tutela da evidência é objetivamente responsável pelos danos causados caso cesse a eficácia de tutela anteriormente concedida, ainda que tal previsão esteja contida no título que trata da tutela de urgência (2016, p. 880).

15.4 A sistemática da tutela de urgência na lei da propriedade industrial

Conforme já mencionado, a tutela de urgência também encontra previsão própria na Lei de Propriedade Industrial (Lei nº 9.279/1996), nos §§1º e 2º do art. 209 da LPI, tendo em vista a essencialidade desse instituto nas demandas envolvendo direitos de propriedade industrial.

Isso porque, em geral, no mencionado tipo de demanda, confrontando-se empresas que disputam num mesmo mercado relevante, a demora na prestação jurisdicional requerida por aquele que vê seu direito de exploração de propriedade industrial frustrado sofre potencial perda de mercado e de clientela. Ademais, tais demandas costumam durar consideravelmente, haja vista a comum necessidade de se realizar complexas provas periciais no decorrer do andamento processual (PINHO; ALVES; PINHO, 2016).

Tecendo comentários acerca da LPI, Instituto *Dannemann Siemsen* de Estudos Jurídicos e Técnicos (IDS) explana que as tutelas de urgência incluídas nos §§1º e 2º do art. 209 podem ser definidas, respectivamente, como tutelas inibitórias e de remoção de ato ilícito. Verificadas uma das condutas proibitivas dispostas especialmente nos arts. 42, 189, 190 e 195, III, da LPI, estará caracterizado o ato ilícito, a ser inibido ou retirado, inclusive – e sobretudo – por meio de tutela de urgência, inibindo a continuidade da prática ilegal (2013, p. 492-493).

Visando à proteção da marca, da invenção ou do direito autoral, a alegação de ocorrência de danos na violação de propriedade industrial é mero argumento de reforço, tendo em vista que não é pressuposto para a constituição do ilícito, mas sim, e tão somente, para a obrigação indenizatória. O dano, em realidade, está intrinsecamente ligado à realização do ilícito, necessitando a proteção dos direitos de propriedade industrial da tutela inibitória para ser efetiva na prática (IDS, 2013, p. 494-497).

Acerca da indenização por atos que infrinjam direitos de propriedade, esta contempla não só os lucros cessantes[7] (art. 208 da LPI), mas também a indenização por perdas e danos decorrentes de prejuízos causados pelo ilícito, mesmo que seja por hipóteses não descritas no texto legal, conforme o art. 209 da LPI, fazendo este artigo um exercício de extensão do direito de reparação.

Os parâmetros utilizados pela LPI para calcular o valor da indenização por lucros cessantes devida ao sujeito que teve seus direitos de PI violados encontram-se no art. 210 da Lei analisada, devendo-se optar por aquele mais favorável ao prejudicado. São eles: (i) os benefícios que o prejudicado teria auferido se a violação não houvesse ocorrido; (ii) os benefícios que foram auferidos pelo autor da violação do direito; (iii) a remuneração que o infrator pagaria ao titular do direito violado pela concessão de uma licença que lhe permitisse legalmente explorar o bem.

15.5 Uma releitura da responsabilidade objetiva como forma de combater a litigância predatória

Conforme visto anteriormente, a responsabilidade objetiva do autor de pedido de tutela provisória que, cessada a eficácia da tutela concedida anteriormente, deve indenizar pelos danos causados à parte

---

[7] Recorda-se que o art. 402 do Código Civil conceitua lucros cessantes como o que o credor razoavelmente deixou de lucrar.

contrária não é uma novidade *per se* contida no CPC/2015, exceto pelo fim da restrição de tal responsabilidade limitada à sentença do processo principal.

O que sim é original é a releitura que se pode fazer desse ônus de indenização a partir dos princípios da boa-fé e da cooperação, de maneira a combater a prática da litigância predatória, especialmente nos casos envolvendo direitos de propriedade industrial, de maneira mais incisiva.

15.5.1 Os princípios da boa-fé e da cooperação como normas fundamentais do Código de Processo Civil de 2015

O CPC/2015 inovou ao apresentar um capítulo contendo as normas fundamentais do Processo Civil (Livro I, Capítulo I, da Parte Geral do CPC/2015). Nessa senda, dois marcos estruturais do novo diploma são o princípio da boa-fé (art. 5º) e o princípio da cooperação (art. 6º), indicando que todos os sujeitos do processo, adotando condutas nutridas de boa-fé, devem cooperar entre si para se obter o fim último da tutela jurisdicional, qual seja uma "decisão de mérito justa e efetiva" em tempo razoável.

Por mais que seja uma novidade ao Código de Processo Civil, o Código Civil de 2002 já havia trazido à tona o princípio da boa-fé objetiva, prevista como cláusula geral em seus arts. 113 e 187.

Leonardo de Garcia bem indica que a boa-fé subjetiva e a objetiva são diferentes quanto a sua essência e consequências no âmbito das relações sociais sob a égide da tutela jurisdicional. "A boa-fé subjetiva", ele leciona, "não é um princípio, e sim um estado psicológico, em que há uma convicção interna sobre a realidade dos fatos", contrapondo-se à concepção de má-fé (2016, p. 196).

A boa-fé objetiva, por sua vez "compreende um modelo ético de conduta social, caracterizado por uma atuação de acordo com determinados padrões sociais de lisura, honestidade e correção, de modo a não frustrar a legítima confiança da outra parte. Constitui um conjunto de padrões éticos de comportamento, aferíveis objetivamente, que devem ser seguidos pelas partes contratantes em todas as fases da existência da relação contratual, desde a sua criação, durante o período de cumprimento e, até mesmo, após a sua extinção. Por meio dela, exige-se uma atividade de cooperação, constituindo-se, assim, uma fonte normativa impositiva de comportamentos (...)." (GARCIA, 2016, p. 196).

Em apertada síntese, Marco Antonio Zanellato enumera que a boa-fé objetiva possui as funções de informação e conformação das normas jurídicas; de interpretação; de integração do contrato e; de limitação do exercício de direitos subjetivos (2015, p. 163).

Anderson Schreiber explana que a concepção da boa-fé objetiva veio limitar exuberâncias do liberalismo jurídico, impondo uma obrigação de lealdade aos agentes privados, num intento coercitivo de proporcionar a construção de um ambiente relacional entremeado pela confiança mútua e respeito aos interesses alheios (2013, p. 47-48).

E é nessa senda aberta pela preocupação com a construção de um ambiente de relações sociais verdadeiras e respeitosas, ao mesmo tempo em que se busca sancionar o uso do aparato judiciário em favor de interesses puramente pessoais, que o CPC/2015 dispôs o princípio da cooperação, sendo uma "conjugação de aspectos relevantes dos princípios do contraditório e da boa-fé", como bem destaca Wambier (2016, p. 83).

Artur César de Souza aclarece que, apesar dos naturais anseios particulares de cada parte do litígio, a cooperação processual corresponde a uma colaboração recíproca entre os sujeitos do processo, afastando pretensões egoístas e individualistas na disputa, bem como a ideia de confronto incessante entre autor e réu, com o fim de alcançar o fim útil e esperado da tutela jurisdicional: a justiça (2013).

Nesse sentido, é essencial perceber a diferença entre conciliação e cooperação. O CPC/2015 não exige que as partes encontrem um consenso para a resolução da lide, mas sim que cooperem entre si para alcançar o fim último, conforme supraexplanado.

Além do rol de condutas de má-fé taxadas no art. 80 do CPC/2015, existem outros destaques do novo *Codex* que possuem seu conteúdo normativo baseado no princípio da cooperação, como o dever de colaborar com o Poder Judiciário para o descobrimento da verdade (art. 378), dever de comparecer em juízo, respondendo ao que lhe for perguntado, dever de colaborar com o juízo na realização de inspeção judicial, dever de praticar o ato que lhe for determinado (art. 379, I, II e III) e o dever do juiz de atender aos fins sociais e às exigências do bem comum ao aplicar o ordenamento jurídico (art. 8º), sem falar dos demais momentos do CPC/2015, conduzidos pelo mesmo princípio, voltados à produção de provas, à execução e à relação com terceiros (SOUZA, 2013).

O princípio da cooperação, ao juiz, desdobra-se em quatro deveres: de esclarecimento, de diálogo, de prevenção e de auxílio. Quanto às partes, elas devem cooperar no sentido de, por exemplo, não se recusar, injustificadamente ou desarrazoadamente, a fornecer elementos imprescindíveis para que o adversário possa produzir prova relevante para a causa (WAMBIER, 2016, p. 83).

15.5.2 A cessação de efeitos da tutela de urgência e o consequente dever de indenizar como indícios de prática de litigância predatória nos casos envolvendo direitos de propriedade industrial

Nos processos judiciais envolvendo direitos de propriedade industrial, é comum e esperado, como citado anteriormente, que o autor formule requerimento de tutela de urgência, tendo em vista a impossibilidade prática de se esperar o fim do andamento processual para se estancar o dano.

Essa questão é tão importante, e a urgência demonstra-se tão latente, que o dano sofrido pelo detentor de propriedade industrial, no lapso temporal em que a parte contrária infringiu (e infringe) seu direito, é presumido,[8] demonstrando a importância que o Judiciário concede à tutela de um direito de propriedade industrial que se percebe não na iminência de dano, mas já danificado com a perda de parcela do mercado e de clientela com o uso indevido do direito por terceiro, fatores que não fogem de laboriosos parâmetros dotados de certa subjetividade para a quantificação da perda e consequente indenização.

Por um lado, se é reservado especial cuidado à tutela provisória de autor que encontra seu direito de propriedade industrial prejudicado, por outro, um agente econômico que almeja prejudicar o livre exercício comercial de um concorrente (seja impedindo sua entrada no mercado ou impondo-lhe custos insuportáveis, por exemplo) eventualmente pode aproveitar-se dessa benesse processual para prejudicá-lo indevidamente pela via judicial.

Em outras palavras, o litigante predatório encontra um caminho de relativo fácil acesso e de alta probabilidade de sucesso ao dissimuladamente invocar a violação de sua propriedade industrial por um concorrente comercial, na ânsia de prejudicá-lo, recorrendo à tutela provisória para atingir seu objetivo. Ressalta-se que ao litigante predatório pouco importa o resultado final do processo, visto que o processo em si é o fim, e não o meio para se perpetrar o ato funesto.

---

[8] Nesse sentido: REsp nº 15.424-0/SP; REsp nº 1.174.098/MG; REsp nº 978.200/PR; REsp nº 466.761/RJ; REsp 125.694/RJ; REsp nº 101.059/RJ; REsp n. 30.582/SP.

Nesse diapasão, considerando que o CPC/2015 acertadamente melhorou a sistemática do instituto da tutela provisória, abandonou a exigência de "prova inequívoca" para a concessão de tutela de urgência e concedeu melhores condições ao autor que deseja propor tutela antecipada em caráter antecedente, como já mencionado, é de se esperar que os pedidos de tutela provisória, em especial os de tutela de urgência nos casos de direitos de propriedade industrial, serão concedidos com maior facilidade.

Portanto, se é esperado maior emprego do mencionado instituto (tanto pelo litigante de boa-fé quanto por aquele de má-fé) e ao litigante predatório pouco importa o resultado final da demanda, a repressão à prática da *sham litigation* deve concentrar-se nos princípios instituídos pelo CPC/2015 e no aperfeiçoamento dos parâmetros de indenização devida por aquele que teve a tutela de urgência favorável revertida posteriormente.

15.5.2.1 Quanto aos princípios

É necessário um esforço de todos os sujeitos processuais, em especial dos magistrados, para que as normas fundamentais do Processo Civil não quedem inefetivos. As partes devem *sempre* agir pelo bem do fim útil do processo – obter uma tutela jurisdicional em tempo razoável – e essa tarefa deve ser constantemente vigiada por todos os envolvidos.

O litígio predatório, desprovido de base objetiva, confronta diretamente com o dever de cooperação das partes, já que o próprio autor não almeja obter fim algum com a tutela jurisdicional. O litigante predatório atenta, pois, desde o princípio da demanda contra a boa-fé. Sua petição inicial – ou seu pedido de tutela provisória – já constitui, em si, uma afronta ao ambiente sadio que o CPC/2015 busca criar nas relações processuais.

15.5.2.2 Quanto à indenização devida

É necessário um olhar aguçado para se verificar a prática de *sham litigation*.

Não atendido (ou eventualmente não requerido) o pedido de tutela provisória, atendendo-se os requisitos da litigância predatória, conforme analisado supra, o adversário do litigante possui, agora, um arcabouço legislativo mais robusto para enfrentá-lo judicialmente e acusá-lo de má-fé e de litigância predatória, podendo-se basear com afinco a grave violação dos princípios fundamentais do Processo Civil, o que deve ser indenizado proporcionalmente ao dano suportado.

Inclusive, se é possível requerer a indenização por danos morais pela infringência de direitos sobre propriedade industrial – entendimento consolidado do Superior Tribunal de Justiça –,[9] o mesmo pode ser requerido por aquele que é alvo de litigância predatória.

Por outro lado, atendido o pedido de tutela provisória do litigante predatório e revertida esta posteriormente, detectada ou não a referida prática legal, sugere-se utilizar os parâmetros de indenização do art. 210 da LPI para quantificar o valor devido pelo responsável objetivamente, quais sejam: (i) os benefícios que o prejudicado teria auferido se a violação não houvesse ocorrido; (ii) os benefícios que foram auferidos pelo autor da violação do direito; (iii) a remuneração que o infrator pagaria ao titular do direito violado pela concessão de uma licença que lhe permitisse legalmente explorar o bem.

Ora, se o mencionado artigo dedica-se a instituir três parâmetros de quantificação de reparação àquele que razoavelmente deixou de lucrar com a exploração de sua propriedade industrial (escolha a critério do lesado), o mesmo é válido àquele que detinha propriedade industrial, porém foi indevidamente impedido de explorá-la por terceiro que não deseja contemplá-lo concorrendo no mercado, coibido de exercer sua livre iniciativa graças à manobra judicial prejudicial e enganosa.

Em qualquer caso, além do ressarcimento devido pelo litigante predatório, a detecção de seus praticantes deve ser prontamente indicada ao Conselho Administrativo de Defesa Econômica, o qual deverá reprimir eventuais infrações da Lei de Defesa Econômica.

15.6 Conclusão

O embate entre o antitruste, que promove a concorrência, e a propriedade industrial, que incentiva a inovação com base em sua exploração exclusiva, ganha outro capítulo com o confronto contra a *sham litigation*. Tal prática, tão nociva ao mercado de livre concorrência, deve ser repelida de forma cada vez mais eficiente pelo Poder Judiciário brasileiro.

A litigância predatória representa um perigo não só ao mercado concorrencial, mas também à própria tutela jurisdicional, pois o uso

---

[9] Nesse entendimento, veja-se: REsp n. 466.761/RJ, 2002/0104945-0, 3ª Turma do STJ, rel. Ministra Nancy Andrighi, ac. unân., jul. em 03.04.2003.

indiscriminado do direito de petição representa demanda desnecessárias chegando aos cuidados de magistrados, peritos e servidores, incorrendo em morosidade da Justiça, sobretudo levando em consideração a enorme complexidade que envolve os casos de propriedade industrial, as quais demandam uma quantidade considerável de tempo dos sujeitos do processo para serem analisados.

O CPC/2015 acertadamente trouxe uma sólida estrutura de princípios, os quais devem ser constantemente almejados pelas partes e pelo juiz do processo, se de fato quer-se criar um hígido ambiente processual.

As mudanças ocorridas com o instituto da tutela provisória, ao tempo que promovem sua melhor sistematização e utilização, também exigem olhares atentos dos envolvidos na relação processual para que não seja o regime desvirtuado.

Portanto, a constante busca pela execução eficaz da tutela jurisdicional confere não apenas maior agilidade na prestação jurisdicional, uma vez que todos os envolvidos na lide devem cooperar para alcançar seu fim último, mas também maior zelo na detecção e eliminação de litigantes predatórios, havendo mais um aliado legislativo no combate a *sham litigation*.

Referências

BEDAQUE, José Roberto dos Santos. Arts. 294 a 299. In: TUCCI, José Rogério Cruz. *et al.* (Coord.). *Código de Processo Civil anotado*. São Paulo: AASP/ OAB-PR, 2015.

DI BLASI, Gabriel. *A propriedade industrial*: os sistemas de marcas, patentes e desenhos industriais analisados a partir da Lei nº 9.279, de 14 de maio de 1996. 2. ed. rev. e atual. Rio de Janeiro: Forense, 2005.

GARCIA, Leonardo de. Deveres de consideração nas relações contratuais. *Revista Síntese Direito Civil e Processual Civil*, v. 17, n. 99, p. 191-214, jan./ fev. 2016.

IDS. Instituto Dannemann Siemsen de Estudos Jurídicos e Técnicos. *Comentários à lei da propriedade industrial*. 3. ed. rev. e atual. Rio de Janeiro: Renovar, 2013.

PINHO, Humberto Dalla Bernardina de; ALVES, Tatiana Machado; PINHO, Roberto Rodrigues Monteiro de. O novo Código de Processo Civil e a propriedade industrial: o impacto das inovações sobre tutela provisória. *Revista de Processo*, v. 257, p. 319-340, jul. 2016.

SALGADO E SILVA, Lucia Helena; ZUCOLOTO, Graziela Ferrero; BARBOSA, Denis Borges de. Litigância predatória no Brasil. *Radar*, n. 22, p. 25-37, out. 2012. Disponível em: <http://www.ipea.gov.br/portal/images/stories/PDFs/radar/121114_radar22.pdf>. Acesso em: 2 abr. 2013.

SCHREIBER, Anderson. *Novos paradigmas da responsabilidade civil*: da erosão dos filtros da reparação à diluição dos danos. 5. ed. São Paulo: Atlas, 2013.

SOUZA, Artur César de. O princípio da cooperação no projeto do novo Código de Processo Civil. *Revista de Processo*, v. 225, p. 65-80, nov. 2013.

TEREPINS, Sandra. Sham Litigation: uma exceção à doutrina Noerr-Pennington e a experiência recente vivida pelo Cade. *Revista do IBRAC*, v. 15, p. 63-97, jan. 2007.

TESSER, André Luiz Bauml. Arts. 300 a 302. In: TUCCI, José Rogério Cruz et al. (Coord.). *Código de Processo Civil anotado*. São Paulo: AASP/ OAB-PR, 2015.

WAMBIER, Luiz Rodrigues. *Curso avançado de processo civil*: cognição jurisdicional (processo comum de conhecimento e tutela provisória). 16. ed. rev. e ampl. de acordo com o Novo CPC. São Paulo: Revista dos Tribunais, 2016. v. 2.

WAMBIER, Luiz Rodrigues. *Curso avançado de processo civil*: teoria geral do processo. 16. ed. rev. e ampl. de acordo com o Novo CPC. São Paulo: Revista dos Tribunais, 2016. v. 2. v. 1.

ZANELLATO, Marco Antonio. Boa-fé objetiva: formas de expressão e aplicações. *Revista de Direito do Consumidor*, v. 24, n. 100, p. 141-194, jul./ ago. 2015.

Informação bibliográfica deste texto, conforme a NBR 6023:2002 da Associação Brasileira de Normas Técnicas (ABNT):

AGUSTINHO, Eduardo Oliveira; RICHTER, Diogo Kastrup. Os mecanismos do Código de Processo Civil de 2015 orientados à inibição da litigância predatória no âmbito da tutela à propriedade intelectual. In: RIBEIRO, Marcia Carla Pereira; CARAMÊS, Guilherme Bonato Campos (Coord.). *Direito empresarial e o CPC/2015*. 2. ed. rev., ampl. e atual. Belo Horizonte: Fórum, 2018. p. 283-298. ISBN 978-85-450-0523-0.

O IRDR SOB A PERSPECTIVA EMPRESARIAL

Guilherme Bonato Campos Caramês
Gustavo Osna
Emerson Luís Dal Pozzo

16.1 Introdução

A despeito do Código de Processo Civil de 2015 ter fixado o prazo de um ano para o início de sua vigência, certamente não houve tempo hábil para o escrutínio de todo o arcabouço normativo por si incorporado. A amplitude no número de institutos inovadores, bem como das perspectivas a partir das quais é possível observá-los, torna vasto o campo de incertezas quanto ao futuro dessa legislação e dos seus respectivos reflexos na sociedade.

Nesse sentido, e na intenção de contribuir para o desvelamento dessas dúvidas, assume o presente trabalho o objetivo de investigar quais os possíveis diálogos entre o Incidente de Resolução de Demandas Repetitivas (IRDR), incorporado ao ordenamento jurídico brasileiro pelo Código de Processo de 2015, e as perspectivas empresariais vinculadas ao campo da tutela coletiva.

Para tanto, contudo, faz-se necessário estabelecer não somente as premissas que regem a atividade empresarial, mas também quais as peculiaridades que distinguem o IRDR dos demais mecanismos legais de coletivização da tutela jurisdicional.

Dessa forma, e partindo-se desses pressupostos, será possível analisar qual a influência do IRDR para fins de *small claims*, e também apurar quais as expectativas em relação à prerrogativa de ampla participação no incidente e a potencial assimetria a ser criada entre as partes após a eleição do caso-piloto.

Ao fim, pretende o artigo, em suma, vislumbrar a potencialidade do IRDR como instrumento auxiliar da jurisdição e a serviço do jurisdicionado, destacando o ponto de vista empresarial.

16.2 Direito Comercial e processo: previsibilidade e IRDR?

16.2.1 Direito Comercial e segurança: calculabilidade e quebra de expectativa

A álea é componente indissociável da atividade empresarial em uma economia de confissão capitalista, cujo credo enuncia a liberdade de iniciativa como um de seus fundamentos (CF, 1º, IV e 170, *caput*). Riscos são inerentes a qualquer negócio, escapam da previsibilidade até dos mais hábeis administradores[1] e não se rendem à mais refinada modelagem econômica. Aliás, se é livre a iniciativa, também é livre a concorrência e desse embate se tem como natural o sucesso de alguns empreendimentos e o insucesso doutros.

Ditas liberdades, vale expender, compõem dois dos vértices do triângulo de princípios comuns ao direito comercial, completados pela função social da empresa (COELHO, 2014, p. 17) e tomando, todos eles, como pressuposta a opção sistêmica de hierarquia constitucional, pelo modo de produção capitalista, com todas as suas nuances.

Não há que se confundir, porém, os riscos típicos do exercício privado da atividade econômica organizada para produção e circulação de bens ou serviços com aqueles derivados da insegurança jurídica. Nessa esteira, vale asseverar: nenhum ramo é tão sensível à insegurança jurídica quanto o Direito Comercial.

A alocação racional de recursos visando ao exercício da empresa passa, *e.g.*, pela escolha de um tipo societário que atenda às pretensões dos futuros sócios, constituindo um quadro de verdadeira limitação de responsabilidade, sem margem para aplicação aleatória de institutos como a famigerada desconsideração da personalidade jurídica. Passa,

---

[1] Vide, nesta esteira, a preocupação que se externa em construções jurídicas visando ao adequado balizamento da possibilidade de *second guessing* em relação a decisões de negócio, como se depreende de regras como a *business judgment rule*, ao instituir que, ausentes a má-fé, a fraude ou a quebra de um dever fiduciário, a decisão do administrador é conclusiva e não pode ser revista judicialmente, ou, como com felicidade enuncia Alexandre Couto Silva (2007, p. 143), a regra "estatui que as decisões ou julgamentos do negócio honestos e tomados de boa-fé e com base em investigações razoáveis não serão questionadas judicialmente, ainda que a decisão seja enganada, infeliz, ou até mesmo desastrosa".

igualmente, pelo adequado delineamento das competências e responsabilidades de seus administradores, sejam diretores ou conselheiros. Exige a fixação de fórmulas seguras para a alienação das participações societárias ou para o exercício do recesso.

A precificação das mercadorias tem como pressuposto a construção de uma cadeia contratual de fornecimento de insumos cuja estabilidade permita a proposição de margens atingíveis de lucro. Tudo respeitando o que a contratação empresarial, pensada massivamente, tem de peculiar. Vale ter em vista a observação de Marcia Carla Pereira Ribeiro e Irineu Galeski Jr. (2015, p. 8), construída em vista da aspiração de criação de um regime único dos contratos, mas aplicáveis ao Direito Empresarial como um todo:

> Ainda sobre a unificação do Direito Privado protagonizada pelo Código Civil, a especialidade no tratamento atribuído à atividade negocial empresarial permanece. Relativamente à disciplina da empresa, esta aparece de forma destacada no Código Civil, inserida na disciplina dos negócios jurídicos, ainda que a Lei tenha pretendido a unificação do Direito das Obrigações. São as características indissociavelmente ligadas ao exercício da atividade econômica que não permitem o estabelecimento de um regime unitário global à disciplina do Direito das Obrigações. Somente o exercente da atividade econômica estará sujeito à disciplina da empresa, e não os demais sujeitos contemplados na disciplina civil. Há peculiaridades que decorrem do exercício da atividade econômica organizada que justificam a manutenção da especialidade do tratamento.

E, para trazer algum desfecho ao enxuto rol de exemplos, a determinação dos juros aplicáveis a contratos de mútuo demanda a adequada consciência da validade ou invalidade das garantias outorgadas, tanto quanto a clareza quanto à submissão ou não submissão das operações aos efeitos de processos de falência ou de recuperação judicial.

Qualquer decisão racional de investimento depende da possibilidade de se identificar com razoável grau de probabilidade os riscos a que se expõe o investidor. E a identificação passa, inexoravelmente, pela identificação, de antemão, do marco jurídico a que o empreendimento estará exposto.

Note-se que é possível construir avaliação de ordenamentos quanto a seu potencial para a atração de investimentos produtivos. Há margem, aliás, para verdadeira engenharia institucional visando à promoção de eficiência na captação de investimentos. E a alocação de montantes significativos de capital passará, em condições normais, pela determinação do grau de hospitalidade ou hostilidade ao investidor de dado ambiente institucional.

Nesse contexto, a insegurança constitui um desvalor em si mesma, na medida em que priva o ordenamento da calculabilidade. Ante o alto risco de quebra de expectativas, o potencial investidor foge do investimento produtivo ou, ao menos, repensa seu palco.

O cenário assume contornos especialmente relevantes quando se tem em vista um contexto global de livre fluxo de capitais. Ambientes com menores níveis de segurança jurídica tenderão a ser preteridos na tomada de decisões de investimento produtivo (ainda que permaneçam atraente para investimentos de outra ordem, sobremaneira de capital especulativo, com consequências potencialmente deletérias), sobretudo ao se ter em vista que o investidor hodierno não está adstrito a sua própria base territorial.

Nesse contexto, Fabio Ulhoa Coelho é preciso ao apontar a dupla face perversa da insegurança (2014, p. 25). Primeiramente, destacando que a identificação de menores níveis de segurança jurídica afasta investidores, que acabam optando por países cujos ordenamentos tenham mais claras as regras do jogo (e mais evidente seu respeito a elas). E, em segundo lugar, o que alcunha *modulação*, realizada pelos agentes econômicos, das deficiências dos marcos regulatórios, com potencial para implicações deletérias para a economia e ao universo de consumidores. Noutros termos, ainda na linha do autor, quando o investidor, malgrado a insegurança, decide investir, tende a adotar posturas menos conservadoras, aplicando taxas de risco mais substanciais quando precifica suas mercadorias ou seus serviços, atendendo à direta proporcionalidade entre o risco que se assume e o retorno que se espera.

Aflora, portanto, a necessidade de ponderar todos os riscos inerentes ao debate das questões empresariais na seara judicial, tanto sob a ótica do desfecho (atendendo ou não à clareza do contratualmente disposto, cogitando ou não os impactos econômicos do conteúdo da decisão para além da lide posta) com destaque para a mora processual, incompatível com a expectativa do mercado por respostas rápidas. Além disso, há que se ter em vista as dificuldades naturais dos julgadores em matérias negociais, corolário da própria construção da carreira da magistratura no Brasil, focada na generalidade nas fases iniciais e com rara especialização, ao menos em primeira instância.

E, nesse contexto, precariza-se a previsibilidade. Armando Castelar Pinheiro (2005, p. 264), em estudo sobre os magistrados, o Judiciário e a economia no Brasil, verificou que a politização do Judiciário, no sentido do transpasse das visões políticas do magistrado ao conteúdo das normas, é fenômeno frequente e uma das explicações razoáveis para as variações entre as decisões de casos semelhantes submetidos a juízes diversos.

Essa politização costuma resultar na atuação dos magistrados no sentido de favorecer determinados grupos sociais que possam ser considerados como as partes mais fracas na disputa judicial, atuando como promotores sociais. A pesquisa citada, a propósito, verificou que 73,1% dos magistrados consultados optaria por tomar decisões que violem os contratos em nome da busca da justiça social.[2]

Não que a busca da justiça social seja indesejável: o problema está no caminho que se adota e o da justiça do caso concreto certamente não é o mais eficiente. Mais do que isso: proliferam demandas individuais, com significativas variações de conteúdo e elevadíssimo período de estabilização pelos mecanismos de uniformização já instituídos, inviabilizando a segura tradução contratual do cálculo empresarial. E a aleatoriedade dos resultados não só diminui o apetite pelo investimento conservador, como aumenta, quiçá na mesma proporção, o apetite pelo litígio (eis que não parece não haver pretensão, ainda que absurda, que não guarde alguma possibilidade de êxito, mesmo que temporário).

Lançado o pano de fundo, mostra-se mais que pertinente o esforço dos juristas na construção de soluções coletivas que façam cessar a proliferação de demandas e decisões desencontradas. Incumbe, portanto, inaugurar a análise do incidente de resolução de demandas repetitivas.

16.2.2 Processo Civil e interesses seriais: o caminho ao IRDR

Viu-se até aqui que o direito empresarial, por suas peculiaridades e idiossincrasias, possui a previsibilidade como pedra angular. Em outros termos, as trocas inerentes a esse campo dependem do equilíbrio

---

[2] Aduz, ainda, o autor (2005, p. 265): "A não-neutralidade do magistrado tem duas consequências negativas do ponto de vista da Economia. Primeiro, os contratos se tornam mais incertos, pois podem ou não ser respeitados pelos magistrados, dependendo da forma com que ele encare a não-neutralidade e a posição relativa das partes. Isso significa que as transações econômicas ficam mais arriscadas, já que não necessariamente 'vale o escrito', o que faz com que se introduzam prêmios de risco que reduzem salários e aumentam juros, aluguéis e preços em geral (...) Isso faz com que, nos casos em que essa não-neutralidade é clara e sistemática, esses segmentos menos privilegiados sejam particularmente penalizados com prêmios de risco (isto é, preços) mais altos, ou então apenas alijados do mercado, pois a outra parte sabe que o dito e assinado na hora do contrato dificilmente será respeitado pelo magistrado, que buscará redefinir *ex post* os termos da troca contratada. *Isso significa que são exatamente as partes que o magistrado busca favorecer que se tornam as mais prejudicadas por essa não-neutralidade*" (p. 270, grifos nossos).

de expectativas de seus agentes, em um fluxo contínuo de procura por estabilidade.

Ocorre que, se o direito material dependeria desse atributo, a sua consecução no âmbito jurisdicional seria problemática. E isso porque o texto legislativo não possui em si um conteúdo unívoco.[3] A partir dele, é possível que diferentes intérpretes extraiam leituras também distintas, gerando um gargalo a ser percebido e contornado.

Para compreender o problema, é relevante observar um exemplo hipotético. Para tanto, tomemos como parâmetro o teor do art.422 do Código Civil, segundo o qual "os contratantes são obrigados a guardar, assim na conclusão do contrato, como em sua execução, os princípios de probidade e boa-fé". Em princípio, estaria assim estabelecida uma cláusula geral, a servir como parâmetro balizador da autonomia da vontade.

Contudo, observando a situação com lentes mais realistas, algumas questões tenderiam a prontamente surgir. Afinal, não seria crível que, ao se deparar com a noção de "boa-fé", diferentes sujeitos a conferissem conteúdos discrepantes? Assim, sendo, não haveria espaço para que, diante de uma mesma conduta, alguns verificassem ofensa a essa cláusula e outros não?

As respostas às indagações levam imediatamente a um desafio, com especial importância para o campo jurídico em análise. É que, se foi visto que o direito empresarial possui a previsibilidade em seu cerne, a porosidade textual e a pluralidade interpretativa tenderiam a conduzir a uma indesejada quebra de confiança.

Essa questão assumiria contornos ainda mais complexos em um contexto no qual diferentes sujeitos possuíssem posições jurídicas análogas. Nessas circunstâncias, comuns à sociedade de massa, ao problema da segurança se acrescentaria ainda um grave risco à isonomia.[4] Por qualquer das pontas, surgiria um indesejado nó para a atuação jurisdicional.

---

[3] Sobre o tema, veja-se a problematização de Bruno Torrano (2014, p.163), salientando que "o direito é um sistema que sofre das limitações inerentes aos instrumentos que seus criadores utilizam para agir no mundo. Toda norma jurídica escrita reflete as imperfeições e confusões de pensamento próprias de seres com racionalidade limitada que habitam um ambiente caracterizado pela escassez de recursos e pela assimetria de informações (...) se uma norma é escrita, ela sofre das vaguezas e imprecisões próprias da linguagem (...) as indeterminações não são intencionais, mas se ligam à plurivocidade do sentido verbal da norma".

[4] Ressalta-se, porém, que essa confluência entre a chamada "sociedade de massa" e os direitos individuais que recomendam tratamento coletivo não deve ser vista com olhares absolutos. É que, em síntese, "pode-se afirmar que com a "sociedade de massa" diversas relações passaram a ser travadas de maneira replicada e idêntica, tornando mais corriqueira a verificação de

Novamente elucidando o ponto, cabe uma vez mais o recurso à via exemplificativa. Para esse propósito, imaginemos que ao longo dos quatro primeiros meses de 2016 a instituição bancária Y desconta valores fixos de cada um dos seus correntistas, justificando se tratar de uma possível "taxa de manutenção". Do mesmo modo, suponhamos que entre esses correntistas se encontram A, B e C.

Nesse cenário, é certo que qualquer um dos três consumidores poderia conduzir a juízo a sua pretensão individual, colocando em debate a legalidade da cobrança e pleiteando a repetição dos valores devidos. Ato contínuo, qualquer um deles estaria propenso a obter um provimento judicial adequado para o acertamento do caso.

Contudo, mesmo diante dessa primeira hipótese, percebe-se que essa estrutura individualista de debate traria um risco latente. E isso porque, caso A, B e C conduzissem seus interesses separadamente ao Poder Judiciário, *nada* asseguraria que o mesmo magistrado fosse responsável pela análise de todos. Como consequência, *nada* garantiria que a mesma resposta fosse oferecida a cada um, abrindo-se espaço para que os indivíduos (embora providos de situação jurídica *idêntica*) recebessem tratamento diverso do órgão jurisdicional.

Esse cenário receberia contornos ainda mais problemáticos ao percebermos que, diante do caso em análise, seria bastante plausível que a questão não fosse conduzida a juízo *apenas* por A, por B e por C, mas sim por uma *pluralidade* de consumidores. A partir disso, o risco de quebra de isonomia e de imprevisibilidade se torna quase certo: havendo milhares de demandas versando sobre a mesma cobrança, de forma dissipada, é inviável supor que o tratamento a ser *imediatamente* conferido a cada uma também seria igual. A própria unidade do ordenamento seria colocada na linha de tiro.[5]

---

interesses afins relacionados a matérias similares. Um exemplo dessa massificação pode ser visto nos contratos bancários. É notório que esses negócios jurídicos não são celebrados mediante prévia negociação das partes. A situação, talvez, sequer pudesse ser diversa, tendo em vista as necessidades econômicas e o dinamismo da sociedade contemporânea. De qualquer modo, firmando termos contratuais idênticos a instituição financeira gera uma cadeia em que, havendo irregularidades de cobrança, diversos sujeitos que não se conhecem possivelmente possuirão interesses afins, estarão na mesma poltrona diante do ordenamento normativo e ocuparão posição fática similar. Esses interesses verdadeiramente poderiam ensejar campo fértil para a técnica de coletivização. Todavia, também aqui é incorreto afirmar que surgiu uma nova categoria de direitos, e a utilização do conceito de "direitos de massa" pode conduzir a essa errônea interpretação" (OSNA, 2014. p. 85).

[5] "É comum que na mesma semana algum de nossos juízes federais determine à União o fornecimento de um medicamento enquanto no gabinete ao lado o manto da "reserva do possível" fundamenta a rejeição de pretensão idêntica. Também não é raro que em um concurso público alguns candidatos obtenham pela via judicial a anulação de uma questão

Ao lado desse problema inicial, a análise atomizada desse tipo de questão também traria ao menos outro óbice – relacionado à própria gestão de nossas instituições. E isso porque, considerando o quadro acima, percebe-se que a cobrança realizada por Y originaria um *tsunami* de demandas judiciais tendo um mesmo fundo: a legalidade ou não da prática do banco. E, de forma pouco racional, esse debate seria seccionado em diferentes demandas; embora a cobrança fosse a mesma, haveria milhares de ações junto ao Judiciário, exigindo que os seus recursos fossem empregados de forma indesejável e *panprocessualmente* inoportuna.[6] Isso, especialmente, em um palco cujos recursos são sabidamente escassos (ARENHART; OSNA, 2014).

Foi para lidar com esses pontos-cegos que, em maior ou menor escala, tornou-se comum a defesa de mecanismos voltados à aglutinação processual de demandas individuais; à formação de um caminho que vai da pulverização à molecularização. A ideia central desse percurso parece clara: embora os interesses mantenham sua essência individual, coletivizá-los total ou parcialmente contribuiria para a otimização da gestão processual.

Em nossa visão, a análise comparada revela que há dois caminhos que, a partir de trilhas diferentes, procurariam seguir esse norte.[7] Esquematicamente, pode-se dizer que o primeiro deles é dado pelas *ações coletivas* para defesa de direitos individuais. O cerne dessa ideia pode ser sinteticamente exposto: considerando a afinidade entre os

---

cujo gabarito lhes foi desfavorável (beneficiando-se da pontuação equivalente), mas outros não. Em casos como esses, nos quais a situação é a mesma, a existência de decisões conflitantes fere a isonomia e a igualdade material (...) a análise do problema corrobora o fato de a técnica de coletivização constituir uma das ferramentas compatíveis com sua resolução. Realmente, ao reunir direitos afins em um mesmo processo garante-se que todos serão tutelados por uma única sentença, inviabilizando os conflitos intrínsecos à pulverização" (OSNA, 2014, p. 104-105). Também assim, Aluisio Mendes (2009, p. 35-36).

[6] Em resumo, "aglutinando direitos individuais, pretensões que seriam julgadas inúmeras vezes por inúmeros magistrados podem ser resumidas em um só processo, passando por uma única fase instrutória e gerando uma única decisão. Ganha-se em recursos humanos e materiais, facultando que o magistrado dedique um maior tempo ao litígio e evitando que vários julgadores tenham que decidir sucessivamente sobre casos afins. Sob esta perspectiva, a coletivização é uma medida de otimização do exercício jurisdicional e da jurisdição; uma questão de gerenciamento de processos (...) neste toque, a técnica vai ao encontro de relevantes balizas interpretativas sinalizadas nos momentos iniciais da presente obra (como a gestão judiciária) e reconhece que a readequação do processo contemporâneo no sentido de sua facticidade não passa por tópicos exclusivamente jurídicos" (OSNA, 2014, p. 101). Nessa linha, ver também Antônio Gidi (2007, p. 26). Ainda, Sérgio Cruz Arenhart (2013. p. 152-153). Sobre a abordagem *panprocessual*, ver, *passim*, (ARENHART; OSNA, 2014).

[7] Adotando esse enfoque com maior vagar, veja-se Gustavo Osna (2015, p. 115 *et seq*).

interesses, seria oportuno *concentrá-los* e *acertá-los* em um único processo. Com viés pragmático, coletiviza-se o debate *por completo* (OSNA, 2015). Para ilustrar essa primeira ponta, o exemplo regularmente trazido é aquele fornecido pelas *class actions* estadunidenses. Essa vinculação decorre da própria proeminência teórica assumida por essa figura tanto na academia jurídica quanto na própria realidade norte-americana,[8] em que pesem as críticas a ela direcionadas.[9] Em resumo, falar em processo coletivo sem mencionar o procedimento instituído pela *Federal Rule 23* é, no mínimo, incomum.[10]

Sintetizando o seu procedimento, pode-se dizer que a *US class action* possui como ponto de partida a propositura de uma demanda originalmente *individual*, em cujo bojo se requeira a *certificação coletiva*. Essa conversão se sujeitaria ao preenchimento tanto de requisitos *gerais* (trazidos pela *Rule 23(a)*)[11] quanto de pressupostos *específicos* (estabelecidos pela *Rule 23(b)*).[12] A depender desses últimos, o rito poderia assumir diferentes características, atribuindo conteúdo diverso a temas como a possibilidade de auto-exclusão (*opt-out*).[13]

---

[8] Sobre o avanço do mecanismo, ver Deborah Hensler (2000. p. 10-11).

[9] Assim, *passim*, (REDISH, 2009). Também, identificando com olhares céticos diversos aspectos relacionados à aplicação da ação de classe estadunidense, Richard Nagareda (2007).

[10] Sobre o tema, na doutrina brasileira, ver, exemplificativamente, (GIDI, 2007), (ROQUE, 2013) e (CRUZ E TUCCI, 1990).

[11] "(a) Prerequisites. One or more members of a class may sue or be sued as representative parties on behalf of all members only if: (1) the class is so numerous that joinder of all members is impracticable; (2) there are questions of law or fact common to the class; (3) the claims or defenses of the representative parties are typical of the claims or defenses of the class; and (4) the representative parties will fairly and adequately protect the interests of the class".

[12] "(b) A class action may be maintained if Rule 23(a) is satisfied and if: (1) prosecuting separate actions by or against individual class members would create a risk of: (A) inconsistent or varying adjudications with respect to individual class members that would establish incompatible standards of conduct for the party opposing the class; or (B) adjudications with respect to individual class members that, as a practical matter, would be dispositive of the interests of the other members not parties to the individual adjudications or would substantially impair or impede their ability to protect their interests; (2) the party opposing the class has acted or refused to act on grounds that apply generally to the class, so that final injunctive relief or corresponding declaratory relief is appropriate respecting the class as a whole; or (3) the court finds that the questions of law or fact common to class members predominate over any questions affecting only individual members, and that a class action is superior to other available methods for fairly and efficiently adjudicating the controversy. The matters pertinent to these findings include: (A) the class members' interests in individually controlling the prosecution or defense of separate actions; (B) the extent and nature of any litigation concerning the controversy already begun by or against class members; (C) the desirability or undesirability of concentrating the litigation of the claims in the particular forum; and (D) the likely difficulties in managing a class action."

[13] "As the name would imply, the Rule 23 (a) prerequisites for class certification are just that: prerequisites. Rule 23 (b) then requires that a court finding that the prerequisites are met

Ao lado dessa técnica, desenvolveram-se também outros mecanismos nela inspirados que podem ser inseridos na quadra da ação coletiva, ainda que com parâmetros diversos. Foi assim, por exemplo, com a inserção do art.140-bis no código consumerista italiano, procurando precisamente viabilizar uma alternativa procedimental de formação da ação de classe.[14] Também com processo civil sueco, em cuja estrutura se aprovou em 2002 uma modalidade própria de *class action* (HODGES, 2008, p. 67-70), ou na legislação israelense.[15]

Ainda nesse ponto, é necessário perceber que também o ordenamento brasileiro procurou adotar um modelo de *ação coletiva* para defesa de direitos individuais. Foi com esse propósito que, pela leitura simbiótica entre o Código de Defesa do Consumidor e a Lei de Ação Civil Pública, criou-se a figura dos "direitos individuais homogêneos" e concebeu-se uma demanda voltada à sua proteção aglutinada. Ainda que o mecanismo possua tópicos problemáticos que não podem ser aqui esmiuçados, é evidente que sua adoção representou uma tentativa de manejo mais razoável de interesses individuais similares.[16]

Por outro lado, além das *ações coletivas*, acreditamos que também há outra trilha procedimental inserida na coletivização. Nela, ao mesmo tempo em que se procura estabelecer técnicas de gestão de direitos individuais, não se concentra *todo* o debate em uma única medida.

---

determine which of the three primary sorts of class action is to be created. The distinct class action types correspond to familiar problems in the joinder rules, responding to competing demands for insufficient resources, the indivisibility of the remedies sought by the class, or the simple efficiency commands of aggregate treatment of small claims that would not merit prosecution on their own" (ISSACHAROFF, 2005, p. 79).

[14] "140-bis. 1. I diritti individuali omogenei dei consumatori e degli utenti di cui al comma 2 nonché' gli interessi collettivi sono tutelabili anche attraverso l'azione di classe, secondo le previsioni del presente articolo. A tal fine ciascun componente della classe, anche mediante associazioni cui dà mandato o comitati cui partecipa, può agire per l'accertamento della responsabilità e per la condanna al risarcimento del danno e alle restituzioni. 2. L'azione di classe ha per oggetto l'accertamento della responsabilità e la condanna al risarcimento del danno e alle restituzioni in favore degli utenti consumatori. L'azione tutela: a) i diritti contrattuali di una pluralità di consumatori e utenti che versano nei confronti di una stessa impresa in situazione omogenea, inclusi i diritti relativi a contratti stipulati ai sensi degli articoli 1341 e 1342 del codice civile; b) i diritti omogenei spettanti ai consumatori finali di un determinato prodotto o servizio nei confronti del relativo produttore, anche a prescindere da un diretto rapporto contrattuale; c) i diritti omogenei al ristoro del pregiudizio derivante agli stessi consumatori e utenti da pratiche commerciali scorrette o da comportamenti anticoncorrenziali (...)".

[15] Sobre o tema, (MAGEN; SEGAL, 2009). Sobre o tema das ações de classe em Israel, também, (MENDES; OSNA,2012).

[16] Sobre o tema, identificando possíveis incompletudes do modelo brasileiro, Gustavo Osna (2014).

Opera-se uma *coletivização parcial*, fixando-se de maneira una apenas algum ponto ou questão.[17] Esse tipo de ideia possui como exemplo relevante o mecanismo alemão das *Musterverfahren*, analisado recentemente por nossa doutrina.[18] Em resumo, trata-se de incidente procedimental cabível quando determinada questão fosse repetidamente colocada como objeto de litígios individuais. Certificado seu trâmite, as medidas individuais seriam suspensas, deliberando-se de forma coletiva e vinculante sobre a questão comum.[19]

Com igual escopo, vale menção ao modelo inglês de *GroupLitigationOrder*. Também ali se procura, explicitamente, assegurar que questões comuns sejam tratadas de forma conjunta, bloqueando-se eventuais riscos da pulverização em favor de uma administração mais gerencial.[20]

Enfim, endereçando o objeto específico do atual estudo, interessa ver que o novo Código de Processo Civil procurou assegurar que nosso ordenamento (além de dispor da *ação coletiva*) também se inserisse nessa segunda esfera. Foi com esse propósito que se instituiu o chamado Incidente de Resolução de Demandas Repetitivas (IRDR), confessamente

---

[17] Assim, *passim*, Gustavo Osna (2015).

[18] Ver, por todos, (CABRAL, 2007).

[19] "O escopo do Procedimento-Modelo é estabelecer uma esfera de decisão coletiva de questões comuns a litígios individuais, sem esbarrar nos ataques teóricos e entraves práticos da disciplina das ações coletivas de tipo representativo. Objetiva-se o esclarecimento unitário de características típicas a várias demandas isomórficas, com um espectro de abrangência subjetivo para além das partes. A finalidade do procedimento é fixar posicionamento sobre supostos fáticos ou jurídicos de pretensões repetitivas. A lei é clara em apontar estes escopos (*Feststellungsziele*) expressamente, assinalando que devem inclusive ser indicados no requerimento inicial (§1 (2)). Assim, não é difícil identificar o objeto do incidente coletivo: no *Musterverfahrendecidem*-se apenas alguns pontos litigiosos (*Streitpunkte*) expressamente indicados pelo requerente (apontados concretamente) e fixados pelo juízo, fazendo com que a decisão tomada em relação a estas questões atinja vários litígios individuais. Pode-se dizer, portanto, que o mérito da cognição no incidente compreende elementos fáticos ou questões prévias (*Varfragen*) de uma relação jurídica ou de fundamentos da pretensão individual" (CABRAL, 2007, p. 132).

[20] Referindo-se ao mecanismo, Neil Andrews (2009, p.343) destaca que "esse tipo de ordem é a mola mestra do sistema inglês quanto ao tratamento dado aos litígios com múltiplas partes (...) as GLO – *GroupLitigationOrders* – são uma forma específica de reunião das partes, por meio de listagem de ações com registro em grupo. Seus principais componentes são: (i) o tribunal deve aprovar a ordem do litígio em grupo; (ii) ao contrário do modelo de representação (...), o litígio em grupo envolve o *opt in* de cada indivíduo; (iii) um membro do grupo é titular tanto de uma cota do grupo, quanto do *status* geral de parte, no sentido pleno da expressão, do processo; (iv) durante o trâmite das GLO, o tribunal exerce administração intensa do caso e da instrução; (v) as decisões sobre questões "comuns" atingem o grupo, sendo a seu favor; (vi) os membros do grupo compartilham a responsabilidade pelas custas que decorrerem das questões "comuns"".

inspirado no *Musterverfahren* alemão[21] e provido de características típicas dessa mentalidade de coletivização parcial.

Compreendendo o problema, veja-se inicialmente que essa vocação é revelada pelos próprios pressupostos do IRDR. É que, de acordo com o diploma, sua instauração dependeria: (i) da "efetiva repetição de processos que contenham controvérsia sobre a mesma questão unicamente de direito"; (ii) da presença do "risco de ofensa à isonomia e à segurança jurídica").[22] Em outros termos, parte-se da similitude de interesses, procurando bloquear os riscos inerentes à pulverização.

A partir disso, sem ingressar detidamente em suas nuances procedimentais,[23] a ferramenta se operacionalizaria nos seguintes moldes: (i) havendo processo a ser objeto de apreciação, seria possível (a requerimento ou de ofício) suscitar o incidente perante a presidência do Tribunal competente, desde que preenchidos os requisitos descritos acima; (ii) uma vez instaurado o incidente, os processos relacionados à questão debatida seriam suspensos em âmbito regional ou estadual; (iii) o julgamento redundaria em tese jurídica a ser aplicada em todos os processos em curso no Estado ou na região, bem como naqueles a serem ali futuramente propostos.

Diante desse quadro, percebe-se assim que também por aqui se caminha no sentido da coletivização *parcial* de interesses. Em sua gênese,

---

[21] Após se remeter à necessidade de combater a "dispersão excessiva da jurisprudência" e o "assoberbamento de trabalho no Poder Judiciário", a exposição de motivos original do projeto afirmou explicitamente que "com os mesmos objetivos, criou-se, com inspiração no direito alemão, o já referido incidente de Resolução de Demandas Repetitivas, que consiste na identificação de processos que contenham a mesma questão de direito, que estejam ainda no primeiro grau de jurisdição, para decisão conjunta". Em nota de rodapé, a exposição esclareceu (nota 19) que "no direito alemão a figura se chama *Musterverfahren* e gera decisão que serve de modelo (= Muster) para a resolução de uma quantidade expressiva de processos em que as partes estejam na mesma situação, não se tratando necessariamente, do mesmo autor nem do mesmo réu" e enfatizou (nota 20) que "tais medidas refletem, sem dúvida, a tendência de coletivização do processo".

[22] "Art. 976. É cabível a instauração do incidente de resolução de demandas repetitivas quando houver, simultaneamente: I – efetiva repetição de processos que contenham controvérsia sobre a mesma questão unicamente de direito; II – risco de ofensa à isonomia e à segurança jurídica. §1º A desistência ou o abandono do processo não impede o exame de mérito do incidente. §2º Se não for o requerente, o Ministério Público intervirá obrigatoriamente no incidente e deverá assumir sua titularidade em caso de desistência ou de abandono. §3º A inadmissão do incidente de resolução de demandas repetitivas por ausência de qualquer de seus pressupostos de admissibilidade não impede que, uma vez satisfeito o requisito, seja o incidente novamente suscitado. §4º É incabível o incidente de resolução de demandas repetitivas quando um dos tribunais superiores, no âmbito de sua respectiva competência, já tiver afetado recurso para definição de tese sobre questão de direito material ou processual repetitiva. §5º Não serão exigidas custas processuais no incidente de resolução de demandas repetitivas."

[23] Para a compreensão do mecanismo, ainda que com enfoque parcialmente diverso daquele aqui proposto, recomenda-se Sofia Temer (2016).

o instrumento procura permitir que, diante de interesses jurídicos afins, ocorra a *transposição coletiva* de um mesmo ato jurisdicional para todos. Pretensamente, haveria contribuição relevante para a previsibilidade.

16.3 IRDR: duas perspectivas críticas

16.3.1 O incidente e as *small claims*

Como visto até aqui, o IRDR foi incorporado à legislação brasileira com a pretensão de oferecer uma resposta única a todas as demandas judiciais "que contenham controvérsia sobre a mesma questão unicamente de direito" (art. 976, inc. I, do CPC15). Sua invocação, por conseguinte, seria capaz de proporcionar "isonomia e segurança jurídica" (art. 976, inc. II, do CPC15) a todos os jurisdicionados que estivessem em juízo a debater sobre idêntica questão de Direito.

Mas e para aqueles que não estivessem em juízo? E mais, e para aqueles que não estivessem e não pretendessem ingressar sozinhos em juízo na busca de seu direito?

Enquanto a primeira pergunta pode ser facilmente respondida, uma vez que os efeitos da decisão do IRDR são extensíveis aos futuros casos congêneres por expressa disposição legal (art. 985 CPC15), a segunda indagação, por outro lado, nos instiga a refletir sobre os limites do IRDR em seu objetivo de oferecer tratamento comum a questões individuais.

Nesse sentido, de antemão é imperioso anotar que tanto o IRDR como a ação civil pública, como forma de coletivização total, possuem pertinência para conferir tratamento igualitário a questões seriais apresentadas ao Judiciário. Efetivamente, com a entrada em vigor deste novo incidente aglutinador, torna-se possível a eleição de um ou outro modelo, em uma escolha a ser apurada casuisticamente. Há, sem dúvidas, uma área de coincidência entre ambos.

Contudo, ao partir da premissa de que o incidente somente é cabível quando existir "efetiva repetição de processos", restringe-se o IRDR apenas às controvérsias nas quais seja possível o ajuizamento individual de demandas, sugerindo assim, uma peculiaridade frente à coletivização total.

Enquanto o modelo de ação coletiva tem como característica, inclusive histórica,[24] a aptidão de viabilizar acesso à justiça mesmo para

---

[24] "Historically, the class action was developed as a mechanism to vindicate in one suit the claims of a group of individuals with common grievances. Three fundamental policy considerations underlie the class action concept: reducing the burden on the courts; eliminating the risk

pretensões cujo interesse econômico não supera os custos de apresentação individual[25] da demanda, o IRDR sequer pode ser instaurado sem o ajuizamento prévio de uma multiplicidade de processos. No que diz respeito as *small claims*, portanto, a incorporação do IRDR na legislação processual é pouco relevante.

A importância dessa constatação, mais do que simples identificação dos limites de abrangência do IRDR, revela-se quando da análise do cenário a partir do qual surgiu a base para sua institucionalização, bem como de seus reflexos para a atividade empresarial.

Ao pressupor o ingresso prévio de ações individuais, o IRDR se soma aos diversos mecanismos de coletivização parcial inseridos na legislação brasileira nos últimos tempos: súmulas vinculantes, sentença liminar de improcedência, súmula impeditiva de recursos, repercussão geral, recursos repetitivos e ampliação dos poderes de decisão do relator (CAMBI, 2016, p. 363).[26]

Nesse contexto, e levando-se em conta a inexistência de reformas ou modificações normativas que busquem ao aumento da efetividade da ação civil pública,[27] inegável a tendência legislativa no sentido de sobrevalorização dos mecanismos gerenciais em detrimento da

---

to parties of inconsistent determinations by different courts relating to the same issue; and most importantly, providing a vehicle for redressing small injuries to a large number of persons" (LAUGHLIN, 1976, p. 101).

[25] "os custos de apresentação agem como filtros para disputas. As disputas de valores altos passam pelo filtro e produzem processos judiciais, enquanto as de valores baixos não passam e não produzem processos" (COOTER; ULLEN, 2010, p. 41).

[26] Tais mecanismos foram inseridos no até então vigente CPC de73, respectivamente, pelos artigos 285-A, 518, §1º, 543-A e 543-B, 543-C e 557, *caput*. No caso das súmulas vinculantes, foram elas inseridas na ordem constitucional por meio da EC 45/2004.

[27] Neste sentido, Andre Vasconcelos Roque (2013, p. 520) enfatiza que "(...) o principal recuo sofrido nos últimos anos se deu quando o art. 16 da Lei de Ação Civil Pública foi modificado, para dispor que a coisa julgada *erga omnes* ficaria restrita aos limites da competência territorial do órgão prolator da decisão". Complementa ainda o autor, em nota de rodapé na mesma passagem: "Este não foi o único recuo imposto pelo legislador às ações coletivas, todavia. Outros exemplos criticáveis da reforma legislativa podem ser encontrados no art. 2º-A da lei nº 9.494/97, acrescentado pela Medida Provisória 2.180-35/2001, que restringe os efeitos da sentença em ações coletivas propostas por associações aos associados com domicílio no âmbito da competência territorial do órgão prolator e no art. 1º, parágrafo único da Lei de Ação Civil Pública, também inserido pela Medida Provisória 2.180-35/2001, que proíbe a propositura de ações coletivas que envolvam tributos, contribuições previdenciárias, FGTS e outros fundos de natureza institucional cujos beneficiários possam ser individualmente determinados". Da mesma forma, a despeito do apelo para sistematização da tutela coletiva no Brasil por meio de um Código de Processo Civil Coletivo (modelos USP e UERJ/UNESA), o Projeto de Lei nº 5.139/2009, fruto desse cenário, foi preterido pela tramitação do Projeto de Lei nº 8.046/2010, relativo ao Novo Código de Processo Civil, aprovado em 2015.

coletivização total, a despeito de apenas este modelo ser vocacionado a tutelar também as *small claims*.[28]

A perspectiva de tutela coletiva que se constrói, desta feita, deixa de privilegiar a realização do direito material e do acesso à justiça independentemente do valor da pretensão individual, características estas inerentes à coletivização total. Como consequência, de influência direta sobre a atividade empresarial, torna-se mais complexa e menos provável a efetiva responsabilização dos agentes que venham a causar danos massivos, mitigando eventual prejuízo a ser absorvido pela conduta ilícita. Notadamente, quando os danos massificados gerarem pretensões individuais ínfimas, a ausência de *deterrence* acaba por estimular as empresas a manterem condutas geradoras de danos (CARAMES; BOLZANI, 2015, p. 535).

Tal comportamento, explica Richard Posner (2007, p. 349-350), decorre do fato de que a simples possibilidade de responsabilização por danos em massa, conferida pelo mecanismo de coletivização total (com referência às *class actions*), faz com que potenciais infratores se sintam desencorajados a praticar condutas ilícitas coletivas e resistam à tentação de obter lucros fáceis em detrimento de direitos e interesses de uma coletividade que, de outra forma, estaria completamente indefesa e vulnerável.

Assim sendo, a efetividade na tutela das *small claims*, mais do que simplesmente garantir o acesso à justiça por meio do ressarcimento de cada indivíduo lesado, tem o potencial de promover a internalização pela empresa dos custos de prevenção do ilícito. Em outras palavras, mais do que recompor o dano, a ampla responsabilização da empresa pelos danos massivos por si causados tende a prevenir a ocorrência de novos danos.

Portanto, em razão do IRDR não se conformar como um mecanismo hábil à tutela das *small claims*, sofrendo do mesmo mal dos demais instrumentos de coletivização parcial instituídos na legislação brasileira nos últimos anos, o presente tópico teve o condão de demonstrar a necessidade de valorização da coletivização total para este fim. Afinal, sem a perspectiva de tutela de pretensões de valor reduzido, não há estímulos para que as grandes sociedades empresárias causadoras de

---

[28] "O principal fator de estímulo à prática de ilícitos de pequeno valor contra um grupo de pessoas em uma sociedade desprovida de tutela coletiva de direitos é a sua alta lucratividade associada à certeza de impunidade. (...) Se esta pessoa estiver em posição de poder violar o direito de inúmeras pessoas, de forma a somar todos os inúmeros pequenos prejuízos do grupo violado, ela pode contar com a inércia dos lesados e obter, ilícita e impunemente, um lucro extremamente alto" (GIDI, 2007, p. 33).

danos massivos passem a atuar de forma preventiva, em consonância com a própria ordem constitucional.[29]

16.3.2 IRDR, Participação e Assimetria

O art. 977 do CPC de 2015 dispõe que o IRDR poderá ser instaurado a pedido das partes, por petição direcionada ao presidente do Tribunal, ou de ofício pelo relator, que encaminhará sua indicação, da mesma forma, à presidência da Corte. Desta forma, portanto, a demanda específica[30] a partir da qual surgiu a provocação para a instauração do IRDR é que balizará o seu julgamento.[31]

Assim sendo, e diante da existência de interessados externos ao processo individual eleito, os quais também ficarão submetidos à tese jurídica fixada, é necessário garantir um procedimento para o IRDR que busque tutelá-los.

Nessa direção, a legislação processual autoriza a ampla participação de terceiros estranhos à ação originária do incidente (art. 983 CPC15).[32] A chamada "participação democrática" seria, portanto, uma das disposições mais importantes para assegurar a constitucionalidade do IRDR (MENDES, 2016, p. 343).

---

[29] "É justamente nesse contexto que se preconiza a premência da refundamentação da responsabilidade civil, em um sentido eminentemente preventivo, única forma de se funcionalizar o direito de responsabilidade civil com vistas a se viabilizar a concretização, tanto quanto possível, de uma nova garantia de respeito à integridade dos direitos, por via da *manutentio in integrum* dos direitos fundamentais (individuais e transindividuais), especialmente daqueles de natureza extrapatrimonial e indispensáveis à proteção da dignidade da pessoa humana" (VENTURI, 2012, p. 50).

[30] (...) ou demandas específicas. Conforme ressalta Aloísio Mendes e Sofia Temer (2016, p. 331), "As situações podem ser resumidas em duas, portanto: (i) formação do procedimento incidental a partir de um processo específico; ou (ii) formação a partir de vários processos distintos, sem que haja um 'originário' específico. "

[31] "No modelo brasileiro, há a cisão do julgamento, que se desdobra em uma decisão objetiva e outra subjetiva complexa. Em outras palavras, enquanto um órgão judiciário julga todas as questões comuns objeto do incidente, o outro órgão julga o processo originário, com todas as suas peculiaridades, observando a prévia decisão do incidente" (CAMBI; 2016, p. 375). A despeito desta colocação, que separa o julgamento objetivo da tese do IRDR das subjetividades do processo originário, é importante esclarecer que a fundamentação subjetivamente construída na demanda eleita para o incidente é a base para a discussão das teses relacionadas no IRDR, as quais, por evidente, podem ser complementadas pelos demais partícipes do IRDR. "Com efeito, quando o incidente for iniciado por iniciativa da parte (art. 977, II), o procedimento incidental modelo será formado a partir de suas petições e manifestações, bem como das da parte adversa, no processo originário" (MENDES, 2016, p. 330).

[32] Aqui incluídos, além dos sujeitos parciais dos processos em que se discuta a mesma questão jurídica, também os órgãos, entidades e pessoas na condição de *amicus curiae* (art. 138 CPC15).

Nesse sentido, porém, cumpre investigar quais as limitações da ampla participação conferida pelo diploma processual.

Pois bem, antes de tudo, importa ressaltar que a jurisdição contemporânea não mais pode ser pensada sob o enfoque apenas teórico, desatento à realidade e às restrições materiais (OSNA, 2014, p. 50). A análise do atual processo civil e seus institutos, dentre os quais o IRDR, obriga ao intérprete a realizar juízos de ponderação entre a complexidade das funções jurisdicionais e os limites inerentes à sua materialização (OSNA, 2014, p. 43).

Por esta razão, quando se passa a analisar a possibilidade de ampla participação de interessados no IRDR, conferida pelo art. 283 do CPC15, inafastável a percepção acerca dos potenciais problemas de ordem material a serem eventualmente enfrentados.

Para aclarar esta perspectiva, oportuno citar como exemplo o abarrotamento dos tribunais brasileiros com ações judiciais nas quais se discute a chamada "tarifa por serviço de terceiros", usualmente prevista em contratos de financiamento e arrendamento mercantil de veículos. Nesse caso, após a eleição de um recurso individual para a instauração do IRDR, dezenas de milhares de consumidores poderiam se manifestar em razão da ampla participação autorizada pelo texto legal. Sem dúvidas, não haveria tribunal capaz de processar o incidente se todos os interessados efetivamente resolvessem dele participar.

Portanto, ao conferir a todos os interessados a possibilidade de manifestação no IRDR, em verdade a legislação torna-se falaciosa justamente porque a pretensão de que todos sejam capazes de influir na decisão judicial é irrealizável. Se há esta abertura para ampla participação, como pretensa condição para a tutela dos direitos dos ausentes, deveria haver estrutura material para a operacionalização do IRDR mesmo na eventualidade de efetiva manifestação por parte daqueles que não participavam do processo originário.

Desse modo, e diante da inviabilidade dessa perspectiva material, desde logo se nota que a inconformidade desse mecanismo de ampla participação no IRDR parece repousar em premissa anterior, sobre a qual estariam arraigadas as concepções acerca das garantias processuais dos ausentes.[33]

---

[33] É interessante notar que a apontada origem das garantias processuais se restringia à inviabilidade de um indivíduo sofrer prejuízos à sua vida, à sua liberdade ou à sua propriedade sem que a *Law ofland* tivesse sido respeitada. Neste sentido, inafastável a conclusão de que a abrangência das garantias do devido processo legal constituídas no último século, em verdade, também foi forjada ao longo do tempo e de acordo com os valores de maior relevo em cada momento histórico. Evidente, portanto, que diante das

Nesse contexto, o contraditório, tal como se pode extrair da legislação, é visto como a capacidade de influir na decisão judicial, por meio da prerrogativa de manifestação pessoal. Contudo, ao se inserir na esfera da tutela coletiva, tal definição precisa ser reinterpretada para ilidir a existência de um atrito irremediável com sua concretização (OSNA, 2014, p. 142). Conforme recorda Marcos Cavalcanti (2016, p. 473), o próprio Mauro Cappelletti, já há muito tempo, defendia que até os princípios constitucionais mais consagrados deveriam ser repensados ante as transformações da sociedade. (1989, p. 304).

Nesse sentido, o devido processo legal não estaria condicionado à participação, mas sim à representação,[34] afastando o pressuposto incorporado na legislação processual que rege o IRDR, ou seja, de que uma decisão não poderia vincular aqueles que não tivessem participado do debate sem que ao menos tenham sido convidados para tanto.[35]

Aliás, retomando mais uma vez ao modelo estadunidense das *class actions* ante sua importância referencial,[36] nota-se que a solução adotada para tutelar o interesse dos ausentes foi justamente esta, ou seja, a representatividade adequada. Ao contrário da potencial influência dos indivíduos ausentes na decisão final, conferida pela ampla participação, a *Federal Rule 23 (a) (4)*[37] adotou critérios para garantir que as partes

---

formatações contextuais, dentre as quais o próprio papel do Estado, não somente é possível como necessária a reformulação dos contornos das garantias processuais. No mesmo sentido, Gustavo Osna (2014, p. 143).

[34] Nesse sentido, Owen Fiss (1993, p. 971), André Vasconcelos Roque (2013, p. 131-132), Gustavo Osna (2014, p. 149 *et seq.*), e Marcos Cavalcanti (2016, p. 474).

[35] "Como explicitado pela Suprema Corte em *Hansberry v. Lee*, precedente em que foram pela primeira vez articuladas as relações entre o princípio do devido processo legal e as *classactions*, os membros ausentes de uma ação coletiva, embora não participantes do processo na qualidade de partes formais, podem estar vinculados ao julgamento desde que representados adequadamente. Eles participam e são ouvidos no processo coletivo, mas através de seus representantes, que funcionam como um porta-voz de todo o grupo em juízo" (ROQUE, 2013, p. 132).

[36] "De fato, a *class action* norte-americana (...) alçou sua efetividade como um mecanismo orientado à tutela coletiva de direitos, não se propondo a refutar a individualidade de tais interesses. O dado é relevante, tendo em conta que resguardadas as diferenças culturais indicadas por Gidi (mitigadas com a aproximação entre *civil law e common law* percebida por Taruffo) nosso sistema possui inspiração na estrutura norte-americana, havendo boa possibilidade de que nos beneficiemos dos ensinamentos trazidos por aquele instrumento" (OSNA, 2014, p. 78).

[37] Em 2003 foi acrescentada a alínea (g) à *Federal Rule* 23. "O advogado deverá representar justa e adequadamente os interesses de todo o grupo, não apenas do representante (alínea (g) (4)), sendo tal requisito aferido segundo os critérios definidos na subseção (g) (1) (A): a qualidade do trabalho do patrono identificar as possíveis pretensões da ação; sua experiência em ações coletivas, outros procedimentos processuais complexos e pretensões da mesma natureza; seu conhecimento do direito aplicável à espécie e os recursos disponíveis para representar a coletividade" (ROQUE, 2013, p. 137).

representativas e os advogados possam efetuar a mais leal e qualificada defesa dos interesses da classe (CAVALCANTI, 2016, p. 469).

Na sistemática estadunidense, a defesa dos interessados ausentes é protagonizada pelo magistrado, a quem compete investigar, dentre outras características, o interesse jurídico do representante na demanda, seu comprometimento e credibilidade, sua disponibilidade de tempo, a capacidade técnica dos advogados patronos da ação, qualidade das petições e ainda a apuração de eventual conflito de interesses na própria classe.

Há, portanto, por meio da representatividade adequada, a convergência entre as pretensões de celeridade processual e efetividade na tutela do interesse dos ausentes na ação coletiva ou paradigma, considerando-se as condições materiais impostas pela realidade como impeditivas da ampla participação.

Neste sentido, e por não passar a disposição de ampla participação de uma ficção de aplicação material limitada, percebe-se que a pretensão de garantia do devido processo legal no IRDR recai sobre a atuação do Ministério Público como *custos legis* (art. 976 do CPC15) e a eventual participação dos demais legitimados extraordinários como *amicus curiae*.[38]

Portanto, para a tutela dos interesses ausentes durante a tramitação do IRDR, a legislação processual atribui representatividade a estes entes, os quais seriam presumidamente hábeis a defendê-los, independentemente de aptidão técnica para tanto. Evidente, desta forma, que apesar de autorizar a representação destes interesses, não privilegia sua representação adequada.

Neste sentido, partindo-se da constatação de que a ampla participação no IRDR é falaciosa ante as limitações materiais impostas, e também em razão da decisão de mérito desfavorável no IRDR apresentar eficácia vinculante,[39] nota-se que a ausência de controle sobre a

---

[38] Frisa-se, contudo, que apesar da possibilidade de intervenção dos demais legitimados, tal diligência não é compulsória, podendo o IRDR ser instaurado com base na seleção de um recurso individual e julgado sem qualquer manifestação adicional, salvo do Ministério Público como *custos legis*. De toda sorte, apesar desta ressalva, tal peculiaridade não implica em maiores consequências para o ponto que se pretende destacar neste contexto: o devido processo legal se pauta na presunção de representatividade adequada por estes entes, seja o Ministério Público, sejam os demais legitimados.

[39] Nesse sentido, destaca Marcos Cavalcanti a diferença do IRDR em relação às ações coletivas, usando o modelo de coletivização total como referência (2016, p. 477): "Com relação às ações coletivas que tutelam os direitos individuais homogêneos, a legislação processual brasileira atribui eficácia *erga omnes* apenas às decisões de procedência. Por isso, alguns estudiosos entendem não ser necessário o referido controle da representação adequada

qualidade dos representantes do grupo "viola o direito ao contraditório de todos os litigantes abrangidos pelo IRDR" (CAVALCANTI, 2016, p. 481).

Aliás, mais do que isto. Diante do esvaziamento da prerrogativa de ampla participação e da ausência de análise de adequação acerca dos entes representativos do grupo, verifica-se que o destino do IRDR acaba por depender, em larga medida, da aleatoriedade da escolha do(s) caso(s)-piloto.[40]

E neste sentido, por se alicerçar em fatores imprevisíveis, é evidente o risco de que em determinados casos reste comprometida a defesa dos interesses coletivos pela própria deficiência técnica do recurso selecionado.

E isto porque, a despeito do ajuizamento de determinadas demandas ser completamente inviável pelo baixo valor da pretensão econômica envolvida, conforme já ressaltado no tópico anterior, dedicado as *small claims*, há uma zona cinzenta na qual não é facilmente aferível a viabilidade ou não de uma ação, gerando ações massificadas com potencial redução na qualidade argumentativa.

Resgatando o exemplo das ações individuais que discutem "tarifa por serviço de terceiros", verifica-se uma espécie de ação judicial na qual, diante da baixa expectativa de retorno econômico, somente a ampla massificação com diluição de custos a torna viável. Nesses casos, a prioridade é a celeridade e o volume de demandas ajuizadas, de forma que as teses utilizadas são usualmente padronizadas e sem maior profundidade técnica.

E nesse contexto, apesar da massificação ter o condão de potencializar a redução da qualidade técnica tanto das peças da parte autora quanto da ré, o que implicaria em certo "equilíbrio de forças" entre os litigantes, tal perspectiva não se sustenta após a eleição de um processo para fins de IRDR, momento no qual há uma ruptura na lógica de incentivos.

Com a seleção do paradigma, automaticamente o interesse econômico da empresa aumenta exponencialmente, pressupondo, por

---

dessas demandas. Na hipótese de improcedência dos pedidos, os membros ausentes do processo coletivo não ficam prejudicados e podem ingressar com suas ações individuais ou dar continuidade a elas".

[40] Afinal, apesar de disposição presente no §6º do art. 1.036 do CPC15 (aplicável analogicamente ao IRDR) dispor que "somente podem ser selecionados recursos admissíveis que contenham abrangente argumentação e discussão a respeito da questão a ser decidida", remanesce ainda ampla subjetividade para a definição dos conceitos trazidos na lei, o que é acrescido pela prerrogativa dos tribunais locais em elaborar as definições para esta seleção.

evidente, sua conformação no polo passivo como causadora de danos massivos. Seguindo o exemplo em questão, as instituições financeiras e arrendadoras poderiam afastar o provisionamento relativo a milhares de ações indenizatórias no caso de uma decisão favorável no IRDR. Neste sentido, por mais que um dos advogados em defesa dos consumidores tenha dezenas, ou mesmo centenas de processos seriais nos quais se discutam a mesma questão jurídica, o potencial econômico relativo ao sucesso da demanda não é equiparável ao das empresas.

Por consequência, além da ausência de uma análise relativa à adequação de representatividade, em verdade o mecanismo do IRDR propicia uma assimetria na balança de incentivos econômicos, o que permite maiores investimentos na qualidade da defesa técnica e dos profissionais envolvidos após a instauração do IRDR, sobretudo quando se recorda que no julgamento paradigma é possível a complementação das razões oferecidas na ação eleita.

Dessa feita, por todo o exposto, além das críticas de natureza eminentemente processual ao instituto, sobretudo no que se refere à irrealizável pretensão de garantia de ampla participação concomitantemente à ausência de critérios de representatividade, verifica-se do ponto de vista empresarial uma potencial vantagem em relação à instauração do IRDR, uma vez que a assimetria de incentivos econômicos tende a ampliar a qualidade de sua defesa técnica de forma mais significativa do que dos consumidores.

16.4 Considerações finais

Após o levantamento das premissas que orientam a atividade empresarial, e também do cenário no qual está inserida a inovação legislativa do IRDR, é possível aferir, desde logo, limitações à abrangência do instituto e também perspectivas de sua utilização.

Ante a condição de existência de multiplicidade de demandas ajuizadas previamente, o IRDR se apresenta como mais um eficiente instrumento inserido pelo legislador nos últimos tempos para desafogar o Judiciário do abarrotamento de processos individuais. Sob este aspecto, sem dúvida, o IRDR não apenas propõe tratamento igualitário para questões comuns, como oferece previsibilidade às empresas sujeitas a grande litigância, uma vez que a decisão ali proferida estabiliza-se tanto para as ações em curso como futuras.

Contudo, justamente por refletir a preferência legislativa em prol de mecanismos de coletivização parcial, o IRDR não interfere na possibilidade de tornar viável a tutela das *small claims*. Desta feita, e em razão da necessidade de efetiva responsabilização do agente causador dos danos massivos para fins de realização dos preceitos constitucionais, evidente a necessidade de complementação do instituto com instrumentos de ação coletiva. Assim sendo, portanto, o presente artigo chama a atenção para que, independentemente da aptidão do IRDR para desafogamento do Judiciário, evite-se colocar em segundo plano a prioridade de ampliação da efetividade da ação civil pública, sobretudo por ser este o modelo de tutela coletiva apto a viabilizar as *small claims*.

Verificou-se, ainda, que em razão da impossibilidade material de participação de todos os interessados no IRDR, a legislação deveria ter resguardado o contraditório, entendido como direito à representação adequada, ao estabelecer uma forma de controle para aferição da capacidade técnica dos representantes e seus advogados para a defesa leal e pujante dos interesses da classe. Como consequência desta deficiência legislativa, tornou-se a aleatoriedade na escolha dos casos-piloto fator de risco para a tutela dos interesses coletivos, sobretudo para as causas de pequeno valor que necessariamente precisam ser massificadas para tornarem-se viáveis.

Afinal, conforme analisado, com a eleição de uma destas causas para fins de IRDR, passa a empresa causadora de danos massificados a ter grande interesse econômico no julgamento favorável da demanda. Nesse sentido, com a potencial extinção de centenas ou milhares de ações em seu desfavor, torna-se possível para a empresa a ampliação dos investimentos na defesa técnica a ser apresentada por si, ao contrário do que ocorre para os pequenos litigantes, que mantém fixada a sua pretensão individual mesmo após a instauração do incidente.

Portanto, ante toda a exposição, verifica-se que a empresa litigante tende a ser beneficiada com a institucionalização do IRDR. Afinal, além de o incidente permitir a resolução unificada de determinadas questões controversas, conferindo previsibilidade para os casos futuros e expectativa de tratamento isonômico, sua instauração permite, a depender dos valores individuais relacionados às ações aglutinadas, uma potencial vantagem em termos de investimento em defesa técnica frente ao grupo, aumentando suas chances de êxito no julgamento final. Isto, por evidente, sem interferir no acesso à justiça das *small claims*, cuja hipotética efetividade poderia implicar severos prejuízos para empresas que eventualmente venham a causar danos em massa.

Referências

ARENHART, Sérgio Cruz. *A tutela coletiva de interesses individuais*: para além da proteção dos interesses individuais homogêneos. São Paulo: RT, 2013.

ARENHART, Sérgio Cruz; OSNA, Gustavo. Complexity, proportionality and the 'pan-procedural' approach: some bases of contemporary civil litigation. *International Journal of Procedural Law*. Cambridge, n. 4, 2014.

ANDREWS, Neil. *O moderno processo civil*. Tradução Teresa Arruda Alvim Wambier. São Paulo: RT, 2009.

CABRAL, Antonio do Passo. O novo procedimento-modelo (*Musterverfahren*) alemão: uma alternativa às ações coletivas. *Revista de Processo*, v. 147, 2007.

CARAMÊS, Guilherme Bonato Campos; BOLZANI, Cesar Felipe. Responsabilidade civil, análise econômica do Direito e Superior Tribunal de Justiça: um estudo sobre a adoção dos *punitive damages* no Brasil. In: CONPEDI/UFMG/FUMEC/ Dom Helder Câmara. (Org.). *Direito, Economia e Desenvolvimento Sustentável* I. 2015. Disponível em: <http://www.conpedi.org.br/publicacoes/66fsl345/ki9ipk3k/ST8P7i09Y6DuyK92.pdf>. p. 530-549.

CAPPELLETTI, Mauro. *Vindicating the public interest through the courts. The judicial process in comparative perspective*. Oxford: Claredon Press, 1989.

CAVALCANTI, Marcos de Araújo. A falta de controle judicial da adequação da representatividade no Incidente de Resolução de Demandas Repetitivas. In: MACÊDO, Lucas Buril de; PEIXOTO, Ravi; FREIRE, Alexandre. (Org.). *Processos nos tribunais e meios de impugnação às decisões judiciais*. 2. ed. Salvador: Juspodivm, 2016. v. 6, p. 469-482.

COELHO, Fábio Ulhoa. *Os desafios do direito comercial*: com anotações ao projeto de código comercial. São Paulo: Saraiva, 2014.

COOTER, Robert; ULEN, Thomas. *Direito e economia*. Tradução Luis Marcos Sander e Francisco Araújo da Costa. 5. ed. Porto Alegre: Bookman, 2010.

CRUZ E TUCCI, José Rogério. *Class action e mandado de segurança coletivo, diversificações conceptuais*. São Paulo: RT, 1990.

GIDI, Antonio. *A Class Action como instrumento de tutela coletiva de direitos*. São Paulo: RT, 2007.

HENSLER, Deborah. *Class Action Dilemmas: pursuing public goals for private gain*. Santa Monica: Rand, 2000.

HODGES, Christopher. *The reform of class and representative actions in European Legal Systems*. Oxford: Hart Publishing, 2008.

ISSACHAROFF, Samuel. *Civil procedure*. New York: Foundation Press, 2005.

LAUGHLIN, James P. Federal appellate review of the grant or denial of class actions status. *Boston College Industrial and Commercial Law Review*, n. 18, p. 101, 1976.

MAGEN, Amichai; SEGAL, Peretz. The Globalizations of Class Action: Israel. *The annals of the American Academy of Political and Social Science*, n. 622, 2009.

MENDES, Aluisio Gonçalves de Castro. *Ações coletivas no direito comparado e nacional*. 2. ed. São Paulo: RT, 2009.

MENDES, Aluisio Gonçalves de Castro; OSNA, Gustavo. A Lei das Ações de Classe em Israel. *Revista de Processo*, n. 214, 2012.

NAGAREDA, Richard. *Mass torts in a world of settlement*. Chicago: University of Chicago Press, 2007.

OSNA, Gustavo. *Direitos individuais homogêneos*: pressupostos, fundamentos e aplicação no processo civil. São Paulo: RT, 2014.

OSNA, Gustavo. Coletivização total e coletivização parcial: aportes comparados e o processo civil brasileiro. *Revista de Processo Comparado*, n. 1, 2015.

PINHEIRO, Armando Castelar. Magistrados, Judiciário e Economia no Brasil. In: ZYLBERSZTAJN, D.; SZTAJN, Raquel. *Direito e economia*: análise econômica do direito e das organizações. Rio de Janeiro: Campus, 2005.

POSNER, Richard. *Economic analysis of law*. 7. ed. New York: Aspen Publishers, 2007.

REDISH, Martin. *Wholesale Justice: constitutional democracy and the problem of the class action lawsuit*. Stanford: Stanford University Press, 2009.

RIBEIRO, Marcia Carla Pereira; GALESKI JR., Irineu. *Teoria geral dos contratos*: contratos empresariais e análise econômica. 2. ed. São Paulo: Revista dos Tribunais, 2015.

ROQUE, André Vasconcelos. *Class Action: ações coletivas nos Estados Unidos*: o que podemos aprender com eles? Salvador: Juspodivm, 2013.

SILVA, Alexandre Couto. *Responsabilidade dos administradores de S/A*: business judgment rule. Rio de Janeiro: Elsevier, 2007.

TEMER, Sofia. *Incidente de resolução de demandas repetitivas*. Salvador: Juspodivm, 2016.

TORRANO, Bruno. *Do fato à legalidade*: introdução à teoria analítica do direito. Rio de Janeiro: Lumen Juris, 2014.

VENTURI, Thaís G. P. A construção da responsabilidade civil preventiva no direito civil contemporâneo. Tese (Doutorado em Direito das Relações Sociais) – Programa de Pós-Graduação em Direito, Universidade Federal do Paraná, 2012.

Informação bibliográfica deste texto, conforme a NBR 6023:2002 da Associação Brasileira de Normas Técnicas (ABNT):

CARAMÊS, Guilherme Bonato Campos; OSNA, Gustavo; DAL POZZO, Emerson Luís. O IRDR sob a perspectiva empresarial. In: RIBEIRO, Marcia Carla Pereira; CARAMÊS, Guilherme Bonato Campos (Coord.). *Direito empresarial e o CPC/2015*. 2. ed. rev., ampl. e atual. Belo Horizonte: Fórum, 2018. p. 299-322. ISBN 978-85-450-0523-0.

SOBRE OS AUTORES

Alexandre Ferreira de Assumpção Alves
Mestre e Doutor em Direito. Professor Associado de Direito Comercial nas Faculdades de Direito da UERJ e da UFRJ. Docente permanente do Programa de Pós-Graduação *Stricto Sensu* em Direito da UERJ. Linha de pesquisa: Empresa e Atividades Econômicas.

Bárbara Victória Müller Marchezan
Graduanda em Direito pela Universidade Federal da Bahia. *E-mail*: <barbaramarchezan05@gmail.com>.

Bruno Guandalini
Doutorando em Arbitragem pela Université de Nice (Sophia-Antipolis). LL.M. (International Arbitration and Dispute Resolution) – Georgetown University Law Center. Mestre e Especialista em Direito dos Negócios e da Empresa, Université de Paris II Panthéon-Assas. Bacharel em Direito pela Faculdade de Direito de Curitiba. *E-mail*: <bguandalini@cmtlaw.com.br> e <brunoguanda@gmail.com>.

Diogo Kastrup Richter
Graduando em Direito pela PUCPR. Intercambista do Santander Bolsas Iberoamericanas em 2014, sendo aluno visitante da Universidade de Zaragoza, Espanha. Membro do Núcleo de Estudos Avançados de Direito Internacional e Desenvolvimento Sustentável da PUCPR. *E-mail*: <diogo.k.richter@gmail.com>.

Eduardo Oliveira Agustinho
Doutor em Direito Econômico e Socioambiental pela PUCPR. Professor de Direito Empresarial da PUCPR e das Faculdades da Indústria. Advogado. *E-mail*: <eduardo.agustinho@pucpr.br>.

Emerson Luís Dal Pozzo
Doutor em Direito Empresarial pela Universidade Federal do Paraná (UFPR). Mestre em Direito Empresarial pela Universidade Federal do Paraná (UFPR) e graduado em direito pela mesma instituição. Advogado. Professor de cursos de pós-graduação e especialização. *E-mail*: <emerson.dal.pozzo@dpdadvogados.com.br>.

Fábio Ulhoa Coelho
Professor Titular da Pontifícia Universidade Católica de São Paulo. *E-mail*: <fabio@ulhoacoelho.com.br>.

Fernando da Fonseca Gajardoni
Professor Doutor de Direito Processual Civil e Arbitragem da USP-FDRP. Doutor e Mestre em Direito Processual pela USP-FD. Juiz de Direito no Estado de São Paulo.

Giovani Ribeiro Rodrigues Alves
Advogado. Professor de Direito Empresarial de Cursos de Graduação e Pós-Graduação. Mestre e Doutorando em Direito pela Universidade Federal do Paraná. E-mail: <giovani@alveseribeiroadvogados.com.br>.

Gladimir Adriani Poletto
Mestre pela PUCPR. Doutorando em Direito Econômico e Desenvolvimento pela PUCPR. Advogado. E-mail: <poletto@poletto.adv.br>.

Guilherme Bonato Campos Caramês
Mestre em Direito das Relações Sociais do Programa de Pós-Graduação em Direito da Universidade Federal do Paraná. Graduado em Direito pela mesma instituição. Assessor jurídico no Tribunal de Justiça do Estado do Paraná. E-mail: <guilhermebonatocarames@gmail.com>.

Gustavo Osna
Doutor em Direito Processual Civil pela Universidade Federal do Paraná (UFPR). Mestre em Direito Processual Civil pela Universidade Federal do Paraná (UFPR) e graduado em Direito pela mesma instituição. Membro do Instituto Brasileiro de Direito Processual (IBDP) e do Núcleo de Direito Processual Civil Comparado (UFPR). Advogado. Professor de Cursos de Pós-Graduação e Especialização. E-mail: <gustavo@mosadvocacia.com.br>.

Gustavo Saad Diniz
Professor Associado de Direito Comercial da USP-FDRP. Doutor e Livre Docente em Direito Comercial pela USP. Mestre em Direito pela Unesp/Franca. Advogado.

Helena de Toledo Coelho
Doutora em Direito das Relações Sociais pela Pontifícia Universidade Católica de São Paulo (PUC-SP). Professora Adjunta na Pontifícia Universidade Católica do Paraná (PUCPR). Professora de Direito Processual Civil da Pontifícia Universidade Católica do Paraná (PUCPR). Advogada. E-mail: <helena@cgaadv.com.br>.

Irena Carneiro Martins
Mestre em Direito Privado pela Universidade Federal da Bahia (UFBA). Especialista em Direito da Economia e da Empresa pela Fundação Getulio Vargas (FGV/RJ). Bacharela pela Faculdade Nacional de Direito (UFRJ). Sócia do escritório Gomes Martins Advogados & Consultores.

João Glicério de Oliveira Filho
Advogado. Doutor em Direito. Professor de Direito Empresarial da Universidade Federal da Bahia (Graduação, Mestrado, Doutorado), da UniJorge, da Faculdade Baiana de Direito e da Ruy Barbosa. E-mail: <joao@joaoglicerio.com>.

Marcia Carla Pereira Ribeiro
Professora de Direito Empresarial da UFPR e da PUCPR. Mestre, Doutora e Pós-Doutora em Direito.

Mariana Pinto
Advogada. Sócia do Escritório Campinho Advogados. Mestre em Economia Empresarial pela Universidade Candido Mendes. Doutoranda em Direito pela Universidade do Estado do Rio de Janeiro (UERJ), na linha de pesquisa Empresa e Atividades Econômicas. *E-mail*: <mpinto@campinhoadv.com>.

Marlon Tomazette
Mestre e Doutor em Direito no Centro Universitário de Brasília (UniCEUB). Professor de Direito Comercial no UniCEUB, na Escola Superior do Ministério Público do Distrito Federal e Territórios e no Instituto de Direito Público (IDP). Procurador do Distrito Federal. Advogado. *E-mail*: <marlon@direitocomercial.com>.

Matheus Vasconcelos
Pesquisador membro do Núcleo de Investigações Constitucionais do Programa de Pós-Graduação em Direito da UFPR (NINC-PPGD/UFPR). Especialista em Direito Administrativo pelo Instituto de Direito Romeu Felipe Bacellar. Assessor jurídico junto à Assessoria Técnica do Procurador-Geral do Estado do Paraná. Advogado.

Oksandro Gonçalves
Doutor em Direito das Relações Sociais pela Pontifícia Universidade Católica de São Paulo (PUC-SP). Professor Titular na Pontifícia Universidade Católica do Paraná (PUCPR). Professor do Programa de Pós-Graduação em Direito da Pontifícia Universidade Católica do Paraná (PUCPR). Advogado. *E-mail*: <oksandro@cgaadv.com.br>.

Roxana Cardoso Brasileiro Borges
Professora Associada de Direito Civil da Universidade Federal da Bahia e da Universidade do Estado da Bahia. Doutora em Direito Civil pela Pontifícia Universidade Católica de São Paulo. Mestre em Instituições Jurídico-Políticas pela Universidade Federal de Santa Catarina. Bacharela em Direito pela Universidade Católica do Salvador. Consultora. Parecerista.

Sabrina Maria Fadel Becue
Mestre em Direito Comercial pela USP. Doutoranda em Direito Comercial na USP. Advogada. *E-mail*: <sabecue@gmail.com>.

Sandro Mansur Gibran
Mestre e Doutor em Direito pela PUCPR. Pós-Doutorando em Direito pela UFPR. Advogado. Professor de Direito Empresarial.

Sérgio Campinho
Advogado. Sócio do Escritório Campinho Advogados. Professor de Direito Comercial da Faculdade de Direito da Universidade do Estado do Rio de Janeiro (UERJ). *E-mail*: <scampinho@campinhoadv.com>.

Vinícius Klein
Doutor em Direito Civil pela UERJ. Doutor em Desenvolvimento Econômico pela UFPR. Visiting Scholar na Columbia University (EUA) em 2012. Mestre em Direito Das Relações Sociais pela UFPR. Professor de Direito e Economia no Departamento de Economia da UFPR. Procurador do Estado do Paraná Presidente da Associação Paranaense de Direito e Economia (ADEPAR). *E-mail*: <viniciusklein78@yahoo.com.br>.

Esta obra foi composta em fonte Palatino Linotype, corpo 10
e impressa em papel Offset 75g (miolo) e Supremo 250g (capa)
pela Gráfica O Lutador, em Belo Horizonte/MG.